PROCÈS-VERBAUX

DE

L'ACADÉMIE ROYALE

D'ARCHITECTURE

X

TABLE GÉNÉRALE

PROCÈS-VERBAUX

DE

L'ACADÉMIE ROYALE

D'ARCHITECTURE

1671-1793

PUBLIÉS POUR LA

SOCIÉTÉ DE L'HISTOIRE DE L'ART FRANÇAIS

Sous les auspices de l'Académie des Beaux-Arts

PAR

M. Henry LEMONNIER

TOME X

TABLE GÉNÉRALE

PAR

M. W. VIENNOT

PARIS

LIBRAIRIE ARMAND COLIN

103, BOULEVARD SAINT-MICHEL (Vᵉ)

MÉDAILLE COMMÉMORATIVE

DE LA FONDATION DE L'ACADÉMIE

PRÉFACE

L'ACADÉMIE ROYALE D'ARCHITECTURE
(1671-1793)

I. — LA VIE ACADÉMIQUE

L'histoire de notre architecture moderne reste encore peu connue, j'ai déjà eu occasion de le dire. Que sait-on sur Louis Le Vau († 1670), ce précurseur de Jules Hardouin-Mansart à Versailles, sur François Blondel, le constructeur de la porte Saint-Denis, sur les deux Mansart, sur Robert de Cotte, sur Boffrand, pour prendre d'abord les quelques noms du XVIIe et du XVIIIe siècle les plus prononcés? Soufflot et Ange-Jacques Gabriel n'ont été étudiés que récemment. Qui a jamais entendu parler d'architectes et d'édifices provinciaux, comme si toute vie artistique avait cessé, une fois franchis les faubourgs de Paris?

Quant à l'Académie d'architecture[1], il n'y a pas

1. Voir *Procès-verbaux de l'Académie royale d'architecture* (1671-1793), publiés pour la Société de l'Histoire de l'Art français, sous le patronage de l'Institut, Académie des Beaux-Arts, Fondation Debrousse, 9 vol. in-8º, 1911-1926 (avec les introductions, surtout des t. I et IX, qui peuvent compléter ce qui est dit ici).

Sur *Soufflot*, voir Monvain-Monval, *Soufflot, sa vie, son œuvre, son esthétique*; 1 vol. in-8º (thèse, 1918). — Sur *Gabriel*, voir Comte de Fels, *Ange-Jacques Gabriel*; 1 vol. in-4º; 2e édit., in-8º, 1924 (quelques réserves à faire sur ces deux ouvrages).

d'exagération à dire qu'elle était insoupçonnée, il y a quelques années, au point de ne pas même être citée dans des histoires de l'art cependant développées. Elle a eu pourtant une existence très active et en contact fréquent avec son temps. Créée en 1671, elle ouvrit ses séances, le 31 décembre, en présence de « Monseigneur Colbert, qui en avait la conduite, et de plusieurs personnes de qualité ». Elle se composait alors de six membres, d'un directeur-professeur, d'un secrétaire-rédacteur. Elle s'augmenta assez vite et se développa régulièrement : en 1699, elle reçut de Mansart, alors surintendant des bâtiments royaux, une première ébauche d'organisation, puis, en 1717, du duc d'Antin, lui aussi surintendant, les statuts maintenus presque sans changement jusqu'en 1793, date de sa suppression. Alors commence son vrai rôle d'Académie officielle. De six membres, par des augmentations progressives, elle arrivera à trente-deux, auxquels se joindront, dans la seconde moitié du XVIIIe siècle, douze correspondants français ou étrangers, six associés libres français. Au cours des temps, elle réunira des architectes, des ingénieurs, des savants, même des écrivains, des hommes d'État ou de hauts fonctionnaires ; ce fait explique à l'avance bien des choses. Placée sous l'autorité des surintendants des Bâtiments, parmi lesquels Colbert, Louvois, d'Antin, Marigny, d'Angiviller ont tenu une place plus ou moins importante, elle avait à sa tête un directeur, qui réglait l'ordre de ses séances et les présidait. Il était assisté d'un secrétaire rédigeant les procès-verbaux.

L'Académie avait été conçue par Colbert comme une institution chargée de délibérer sur la doctrine, de la fixer, de l'enseigner, mais aussi comme un corps admi-

nistratif au service de l'État. Elle garda jusqu'au bout ce double caractère et l'on peut la suivre, en renversant l'ordre, dans son rôle administratif, puis dans ses délibérations sur les questions d'art, pour aboutir à l'examen de sa doctrine et de son enseignement, puisque c'est là surtout ce qu'elle a laissé après elle.

« C'est dans cette Académie, avait dit Colbert, que S. M. a voulu que les règles les plus justes et les plus correctes de l'architecture fussent enseignées publiquement, afin qu'il pût s'y former un séminaire, pour ainsi dire, de jeunes architectes. » A cette première partie, considérée comme fondamentale, l'esthétique pure, il faut ajouter ceci : « Néanmoins, comme il est vrai que la connaissance de l'architecture ne suffit pas seule pour faire un architecte, S. M. a voulu... que l'on enseignât les autres sciences qui sont nécessaires aux architectes, comme sont celles-cy : la géométrie, l'arithmétique, la mécanique, c'est-à-dire les forces mouvantes, les hydrauliques, la gnomonique, la perspective, la coupe des pierres et diverses autres parties de mathématique. » Notons ceci : esthétique et science, c'est toute l'architecture des théoriciens modernes, c'est déjà celle de l'ancienne Académie.

Voici d'abord la Compagnie dans son rôle administratif et consultatif.

Dès 1678, Colbert charge quelques-uns de ses membres d'étudier, au point de vue de la construction [1], certains monuments anciens de Paris et de la province jusqu'à Rouen. Vers la même date, elle donne son avis sur le Louvre, puis, en 1685, sur les projets pour l'aqueduc de Maintenon [2], qu'elle discute très sérieusement, en

1. T. I, p. 168 et suiv.
2. T. II, p. 70-90.

contradiction avec Louvois ; elle s'occupe aussi, à Paris, du Pont-Royal.

Au cours du XVIIIe siècle on la rencontre, à Paris, à propos de la place Louis XV, de l'église Saint-Sulpice[1], de la première Madeleine, du Palais de Justice. En province, elle ira, dans les délibérations de ses séances, jusqu'à Bagnères-de-Luchon, Bordeaux, Boulogne-sur-Mer[2], Grenoble, Lyon, Montpellier, Nantes[3], Orléans, Strasbourg. Pour Lyon, elle délibérera longuement sur les travaux du pont[4] (janvier et mars 1718) ; pour Montpellier, il s'agira de la célèbre place du Peyrou[5] (1765) ; pour Nantes, du pont de Pyrmil, à deux reprises, en 1696 et 1714[6].

A l'étranger, elle donnera son avis, — sévère, — sur les projets pour l'église Saint-Jean de Liége[7] (1753) ; elle sera consultée à propos de la cathédrale de Mayence et par des princes allemands pour leurs palais (où travaillent d'ailleurs des académiciens).

Tout cela toujours très étudié et objet de rapports qui montrent l'Académie préoccupée de la pratique autant que de la théorie[8].

II. — L'ESPRIT DE L'ŒUVRE

Nous avons noté ci-dessus la préoccupation de la science dans la seconde partie du programme de Colbert

1. T. VII, p. 172, 173, 185.
2. T. VII, p. 105-107.
3. T. VII, p. 89, 147, 270.
4. T. IV, p. 139, 142.
5. T. VII, p. 204-213, 231-235.
6. T. II, p. 79-85 ; t. IV, p. 41-45.
7. T. VI, p. 195-198.
8. Pour avoir complètement l'idée de ces travaux, il faudrait consulter les introductions des différents volumes I à IX, aux mots *travaux de l'Académie*.

et d'Antin ; l'Académie s'y conforma par obéissance
sans doute et aussi par une sorte d'entraînement volon-
taire. Elle y fut d'ailleurs amenée par la présence
parmi ses membres d'hommes de science, architectes
ou étrangers à l'architecture, mais les uns et les autres
également portés à ces études. Assez souvent même, les
deux académies fusionnèrent par leurs représentants.
C'est ainsi que Blondel, l'architecte de la porte Saint-
Denis, professant les mathématiques au Collège royal,
appartint à l'Académie des sciences. Il publia un mémoire sur la *Résolution par la géométrie des quatre principaux problèmes de l'architecture*. Après lui, Philippe
de La Hire, le célèbre géomètre, passait de l'Académie
des sciences (1678) à l'Académie d'architecture, où il
professa l'art de la construction et qu'il dirigea de 1687
à 1718, date de sa mort. Il donna, on le pense bien, une
large place à « la mathématique ». S'il présenta à ses
confrères son *Cours d'architecture* et une étude sur le
Bon Goust, il les entretint aussi et fréquemment de géométrie, de statique, d'hydraulique et, dans ses leçons, il
expliquait aux élèves les *Principales parties de géométrie nécessaires aux architectes* ou... toutes les *Parties
de mécanique*... Il appliqua la géométrie à la question de
l'arrière-voussure dite de Marseille. Ses confrères furent
initiés par lui à ces disciplines, qui renouvelaient
en partie leur sentiment de la technique, peut-être
même de l'esthétique.

Il y eut ensuite une dizaine d'années où le professorat
d'architecture fut confié à Desgodetz, l'auteur des *Édifices de Rome dessinés et mesurés exactement*, semi-archi-
tecte, semi-archéologue. Puis, en 1730, la Compagnie
choisit pour enseigner les mathématiques (1730) Camus, membre de l'Académie des sciences, à qui elle

attribua en 1733 le secrétariat, qu'il occupa jusqu'à sa mort en 1768. Il donna une grande place à la géométrie, il expliquait les « forces des machines et leurs usages », ce qui ne l'empêchait pas de préparer des élèves pour le grand-prix. Il s'attacha surtout à réformer le toisé : « La précision du toisé dépend de la géométrie », et ainsi, muni de calculs, de chiffres, de figures savantes, le toisé renouvelé allait occuper l'Académie pendant de longues [1] (exceptionnellement longues) années. C'est une des surprises rencontrées dans les procès-verbaux des séances de ces « Vitruviens ». C'est, avec exagération si l'on veut, la prépondérance de l'esprit scientifique, et cela va très au delà de son application particulière au toisé.

Préparée ainsi par l'étude des sciences, l'Académie ne resta pas étrangère aux questions industrielles ou économiques. Elle étudia (rapport de Robert de Cotte) les premières machines à vapeur construites pour Boffrand, en 1725 ; elle visita une fabrique de laminage du plomb, procédé importé d'Angleterre. La fabrication du plâtre, des matériaux et des machines de construction, occupa plusieurs de ses séances ; en 1746, elle prit connaissance, non sans quelque surprise, d'un système de voûtes en briques, venu du midi. Elle ne négligea pas même les œuvres de grande ou de petite serrurerie, depuis les ponts en fer jusqu'aux serrures, ni les objets mobiliers, fauteuils nouveaux, carrosses, tout cela venant d'Angleterre, en rapports fréquents avec nous. Même elle loua la lampe dite Quinquet, dont la fortune a été durable, presque officiellement.

On voit aussi traités chez elle de grands problèmes de

1. Voir l'introduction du t. V, p. VII, et le t. VI à partir de la p. 145.

science appliquée, par exemple, sur un rapport de Perronet [1], celui des marées, à employer comme force motrice
(repris aujourd'hui à titre de nouveauté). Elle eut connaissance d'un projet de protection contre les tremblements de terre, probablement à cause de celui de Lis-
bonne. Mais ne nous étonnons pas qu'elle ait reculé devant la discussion du système de Copernic ou devant la
quadrature du cercle.

S'il est intéressant de la suivre dans les travaux de ses
architectes, dans les consultations auxquelles elle ré-
pondit, il faut peut-être avant tout concentrer la plus
grande partie de son histoire dans sa doctrine, telle
qu'elle la constitua, l'enseigna, la répandit. On peut la
résumer ainsi : respect des traditions que nous ont
léguées l'antiquité gréco-romaine et ses grands inter-
prètes italiens du xvie siècle, Vitruve, Alberti, Serlio,
Palladio, Vignole, ou quelques Français, de l'Orme et
Bullant ; soumission, — raisonnée, — aux maîtres et
aux modèles illustres, proscription des innovations ha-
sardées, des « licences », des fantaisies de l'imagination
sans règles, esthétique fondée sur la science des proportions, variant dans leurs nuances seulement, suivant
l'emploi des ordres : du dorique, de l'ionique, du corinthien, science d'où découle toute l'harmonie architecturale ; voilà la doctrine dans sa philosophie dogmatique. Mais, comme nos artistes du xviie siècle, formés
à ces hautes leçons, ont réalisé un style qui en exprime
l'esprit et ont créé à leur tour des édifices dignes de servir de modèles, c'est à eux comme aux anciens qu'il faut
recourir pour y chercher la beauté de l'architecture moderne et vivante. Ainsi l'art du xviiie siècle aura pour

1. T. VII, p. 222-225, août 1765.

base, avec l'art de l'antiquité, celui du XVIIe, dont il sera, sans changements que de détails, la continuation dans l'architecture publique et monumentale [1]. La construction de Saint-Sulpice se continuera sans heurts de Louis XIV à Louis XVI. L'évolution très lente ne se produira, au XVIIIe siècle, que par une courbe d'idées peu accentuée. On le constate à la lecture des procès-verbaux, où les discussions ne mettent jamais en cause les principes essentiels.

Quant à l'enseignement et à la pédagogie agissante, on n'a malheureusement pas le détail des leçons académiques ; on peut du moins en juger à peu près par les programmes des grands-prix. Fonctionnant depuis 1673 pour la peinture et la sculpture, promis depuis longtemps pour l'architecture, organisés seulement en 1720, ces concours restèrent pendant assez longtemps bornés à des sujets assez simples.

Un maître-autel pour une cathédrale (1724), un plan d'église (1729), un arc de triomphe (1730). Puis vient un bâtiment de 25 à 30 toises (toise = 2 mètres environ) de longueur sur 15 à 16 de largeur (1752), construit sur trois rues et une place, ce qui annonce presque les sujets du XIXe siècle. Les voici mieux dans le projet d'un collège de 180 toises de côté, avec cours, neuf salles, un réfectoire, des logements, une grande chapelle, etc. (1780). En 1784, un lazaret dans une île, avec port, magasins ou logements, 200 toises, le port non compris [2].

Si l'Académie resta toujours très ferme et très décidée, lorsqu'il s'agit de la doctrine et de son application,

1. J'ai insisté dans l'introduction du t. VI, p. XXIX, XXX, sur la différence à faire entre les édifices publics et les constructions privées (surtout les hôtels). Cf. t. V, introduction, p. XII.

2. Cf. t. III, p. 120, 142, 149 ; t. IX, p. XXIV et la note, p. 13, 35, 36, 129.

il ne faut pas croire qu'elle ait apporté partout un esprit
d'exclusivisme fermé. Elle ne se refusa pas à com-
prendre les « merveilles » de la construction gothique[1] ;
elle laissait dire chez elle que les « bâtiments les plus
simples, — en dehors de toute école, — contiennent
souvent des traits de génie, auxquels de grands édifices
doivent une partie de leur beauté ». Elle faisait appel
au « génie de l'architecte » et louait les grands hommes
« qui avaient su s'élever au-dessus des règles ». Grâce
peut-être à cette largeur d'idées et surtout à la valeur
des œuvres françaises, elle se répandit en dehors de nos
frontières dans toute l'Europe. Rayonnement de nos
architectes, des de Cotte, Boffrand, La Guêpière, Petitot,
La Mothe, appelés par les souverains en Allemagne ou
en Suède, en Russie, en Italie même, considérée alors
comme la grande institutrice intellectuelle ; immigra-
tion des architectes étrangers briguant chez nous le titre
de correspondants, voilà le double mouvement qui ca-
ractérise l'expansion académique, en rapport avec celle
de la France elle-même. C'était à peu près l'époque où,
en 1784, Rivarol allait faire couronner par l'Académie
de Berlin son mémoire sur l'*Universalité de la langue
française*.

Et, comme il convient aussi à l'époque de l'*Encyclo-
pédie*, elle embrassa toutes les activités. Des archi-
tectes : les Gabriel, après Boffrand et les de Cotte,
Jacques-François Blondel, Soufflot, Chalgrin, Antoine,
Boullée ; des ingénieurs : Hupeau, Régemorte, Perronet ;
des mathématiciens, tel Mauduit ; des archéologues :
Fontanieu, David-Leroy. Parmi les associés honoraires,
Trudaine de Montigny, de l'Académie des sciences, l'hy-

1. A propos de l'église Notre-Dame de Dijon, *Procès-verbaux*,
t. VII, p. 84, 86, 127-130. — Observations sur un livre de Potain, *Procès-verbaux*, t. VII, p. 242, 243.

drographe Bossut, le peintre Pierre (et plus tard Vien), des représentants de la grande aristocratie ou de hauts fonctionnaires : le baron de Breteuil, ministre d'État, le président de Cotte. Parmi les correspondants en France ou à l'étranger : d'Aggeville à Marseille, Ceineray à Nantes, de La Guêpière en Allemagne, Valin de La Mothe en Russie ; puis des étrangers : l'Anglais Chambers, le Suisse Ritter, les Italiens Temanza et Tagliafichi, un Suédois, le baron de Krönstedt, un Autrichien, le comte de Hoetzendorf. Voilà quelque chose d'un large éclectisme qui se concilie assez bien avec la tolérance.

Elle bénéficiait aussi de son union étroite avec la vie de Paris. C'est qu'en effet, à partir de la seconde moitié du XVIIIe siècle, Paris devint décidément la capitale artistique, économique, sociale, même politique, malgré le séjour de la cour et du gouvernement officiel à Versailles, détrôné en réalité. A côté de l'effervescence d'activité, du développement de l'industrie et du commerce, la série des projets faits pour l'agrandissement de la ville, pour les améliorations matérielles à y introduire, pour son embellissement, montre qu'elle devenait vraiment le centre du pays. Il n'est pas d'écrivain ou d'écrivailleur, depuis Voltaire jusqu'à Mercier, pas de bourgeois, qui n'ait ses idées et ne les émette. A propos de la mise au concours de la place Louis XV, une trentaine de projets furent présentés qui bouleversaient tout Paris (1748-1754). Tout le monde d'architectes, d'entrepreneurs ou de rêveurs voyait grand. Jusqu'à la Révolution, la même tendance se maintiendra. On veut un Paris qui soit beau, mais aussi un Paris organisé d'après des données raisonnées, presque rectilignes, se substituant aux tracés de fortune du moyen âge. C'est l'urbanisme qui fait ses débuts, encore discrets. Alors l'Aca-

démie est consultée sur les projets pour régulariser la
Seine, éviter les inondations, établir sur le fleuve (1790
et suiv.) une gare (un port), pouvant recevoir 400 bateaux. Mais tout allait changer dans les idées, puis dans
les faits politiques et sociaux.

III. — Nouveaux horizons

Au moment où l'Académie arrivait ainsi à son plein
développement, la prévision d'une révolution prochaine,
politique et sociale, commençait à se répandre. Tout ce
qui avait fait l'esprit du XVIIe et du XVIIIe siècle allait
être combattu. Tout d'abord, la génération artistique
architecturale allait disparaître en partie, Jacques-
François Blondel en 1774, Soufflot et Gabriel en 1780 et
1782. Après eux, c'est une légion d'architectes en pleine
maturité d'âge et de production, mais presque tous
de valeur moyenne ; Chalgrin, Gondoin, Heurtier,
Brongniard, Antoine, ou des originaux, comme Ledoux et le mégalomane Boullée. Les premiers, à des de-
grés et avec des mérites différents, construisent des
œuvres de conciliation, qui gardent quelque chose de la
tradition en essayant de la renouveler. Mais, parmi
eux, pas un guide, pas un chef concentrant et dirigeant
les efforts, aussi les esprits hardis ou aventureux se
donnent libre carrière. Et précisément, à partir de 1775
environ, la réaction contre la théorie, et non plus seulement contre les œuvres des XVIIe et XVIIIe siècles, se
propage. Les doctrines nouvelles qui prétendent rame-
ner l'art à la sévérité de l'antique s'emparent peu à peu
des esprits ; les rénovateurs, revenant au passé comme
tant de novateurs, ne voulaient plus d'autres modèles
que les temples de Poestum, le dorique primitif de la

Grèce et de la Sicile, l'architecture de la Rome républi-
caine ou encore l'Étrusque et l'Égyptien. Sévérité de la
ligne, austérité des profils et de l'ornementation [1], puis-
sance de la masse, ces principes commencent à s'appli-
quer dans les monuments funéraires ou dans quelques
églises.

Qu'allait faire l'Académie en présence de ces déclarations, où se combattaient des traditions glorieuses et
des nouveautés qui trouvaient des défenseurs ardents?
Elle essaya pendant quelque temps de garder la mesure ;
en 1768, elle avait félicité Chalgrin qui, dans le portique
de Saint-Philippe du Roule, s'était inspiré de l'antique :
« La décoration de l'église, disait-elle, est conforme aux
bonnes règles de l'architecture. » En 1775, elle remer-
ciait Paris, rapportant de Rome des plans, élévations
des meilleurs ouvrages antiques [2], mais aussi elle repro-
chait aux élèves de l'Académie de France de ne pas
tenir assez compte des nécessités pratiques et de l'esprit du style moderne.

Encore, en 1784, elle gardait son sang-froid. « Parfois, en voulant imiter les anciens, on tombe dans l'ex-
cès opposé (à celui de l'art du XVIIIe siècle), qui devient
ridicule. » Elle faisait observer que « les règles que les

1. L'initiative vint de Peyre le jeune, qui n'a guère laissé que
son nom, et à cette occasion. On lit dans le procès-verbal du
23 février 1778 : « Ensuite, M. Peyre le jeune a fait lecture d'un
mémoire sur l'utilité dont les élèves à Rome pourraient être à
l'Académie en levant avec exactitude les monuments antiques... »
Il fut approuvé et sa proposition passa dans l'article 3 du règlement sur le travail des élèves. T. VIII, p. 338 et n. 2.

2. *Procès-verbaux*, t. VIII, p. 228, 229, 420. On peut rappeler
l'importance du voyage de Soufflot et Dumont à Pœstum en
1751 et celle de la publication du *Temple de Poestum ou Posidonia*, en 1764. Mais l'Académie avait peu goûté l'art de Pompéi et Herculanum, « plutôt chinois ou arabe » !

anciens se sont prescrites n'étaient pas telles qu'elles ne leur laissassent une très grande latitude pour nuancer le caractère des ordres, attention que nous n'avons peut-être pas assez dans nos productions modernes ». Elle disait de certains projets d'élèves que ceux-ci « avaient su imiter de grands ensembles (antiques), des proportions et des détails très purs, et même une *partie des défauts* signalés dans leurs projets ». Le trait était spirituel et juste.

Mais rien ne pouvait arrêter le mouvement vers l'archéologie. En 1790, l'Académie est conquise, ou à peu près. Elle recommande au pensionnaire chargé d'étudier le Panthéon de Rome[1] de s'attacher à rétablir l'état ancien, en faisant abstraction de toutes les adjonctions : « Il fouillera les cours des maisons voisines pour constater si le monument était relié aux Thermes d'Agrippa, comme le prétend Palladio ; il établira des plans à diverses hauteurs, des élévations, rédigera des mémoires explicatifs. » Nous voilà presque en présence d'un programme d'aujourd'hui. Elle décidait aussi de faire dresser la liste des monuments de l'ancienne Rome[2] susceptibles d'une étude (jusqu'à Nocera, Capoue, Naples, Poestum). Elle s'occupait même des anciens monuments de France, ouvrant ainsi une voie nouvelle.

Ces études suscitaient des enthousiasmes et presque des héroïsmes : Percier, appelé à relever le dessin de la colonne Trajane, « qui avait couté la vie à un ouvrier chargé des échafaudages », dessinait, suspendu à une corde, le dessous des chapiteaux, puis se laissait des-

---

1. *Procès-verbaux*, t. IX, p. 259, 260, 314 ; *Correspondance des directeurs*, t. XV, p. 393, 395.

2. *Correspondance*, t. XV, p. 404-409.

cendre le long de la colonne, en la mesurant, comme en pleine sécurité.

Au reste, il n'y avait plus de place pour les discussions esthétiques, comme il n'y en avait plus pour les institutions royales dont faisait partie l'Académie d'architecture. A partir de 1789 et presque immédiatement, on entre dans les temps révolutionnaires. Alors, il ne s'agit plus de savoir comment vivent les Compagnies savantes, mais si elles vivront et jusques à quand. L'Académie d'architecture, moins connue, plus étrangère à la publicité, ne bénéficiera pas de son obscurité discrète : elle sera entraînée dans le tourbillon qui emportera l'Académie de peinture et l'Académie française, sur lesquelles se sont accumulées les haines.

De 1792 à 1793, elle est réduite à son enseignement, réduit lui-même aux exercices des concours.

Au milieu des troubles publics, depuis les journées de juillet et octobre 1789 jusqu'à celles d'août et septembre 1792, au milieu des angoisses de la patrie menacée, si elle continue à travailler, on sent qu'elle est désemparée, et tout dénote autour d'elle la désorganisation. La direction des Bâtiments s'affaisse dans les mains débiles de d'Angiviller ; non seulement le pouvoir monarchique, mais la Convention elle-même est dominée par les clubs et les associations populaires ; de petits groupes turbulents arrivent à faire peur. Les craignait-elle, en effet, lorsque, le 8 août 1793, elle supprima l'Académie d'architecture en même temps que les autres Compagnies dans lesquelles se concentra pendant plus d'un siècle le mouvement intellectuel français. Faute grave ; la preuve en est qu'elle les rétablit bientôt sous le nom d'Institut, en se donnant la satisfaction enfantine de remplacer le mot Académie par le

mot classe et, ce qui était plus sérieux, en ne donnant aux arts qu'une place partagée avec la littérature. David put ainsi siéger auprès de Chalgrin dans la troisième classe et rester fidèle à sa fameuse phrase : « Je fus jadis de l'Académie. » Les révolutions et les révolutionnaires ont de ces compromissions et savent se payer, — ou payer les autres, — de mots de ce genre.

IV. — QUE PENSER DE L'ACADÉMIE?

Il n'y aurait pas d'intérêt à grandir outre mesure le rôle de l'Académie d'architecture ; il est plus utile de le déterminer. J'essaierai de le faire en toute sincérité et impartialité, en me fondant sur l'étude des faits incontestables. Les procès-verbaux sont là, écrits au jour le jour, véritable besogne de greffier, j'emploie ce mot à dessein. On constatera d'abord qu'à deux ou trois exceptions près elle a compris, durant quatre générations, les architectes de valeur, quelques-uns restés célèbres, et à côté d'eux des représentants de la science pure ou appliquée, depuis La Hire jusqu'à Perronet. Avec tous ces hommes, par leurs œuvres, par leurs idées, elle a répandu l'art et le renom de la France jusqu'aux extrémités de l'Europe ; c'est bien quelque chose.

A étudier ce qu'elle a été chez nous, on observera qu'elle a prêté à l'État, aux villes et même aux particuliers, un concours actif et toujours désintéressé. Par là, elle s'est trouvée mêlée de très près à tout le mouvement architectural du temps et même aux questions industrielles, économiques. Ainsi, on n'exagérerait pas trop en disant qu'elle pourrait, en ce point, avoir une place

dans les procès-verbaux de l'Académie des sciences, presque comme dans les siens[1].

Par sa doctrine, ses discussions, ses déclarations, son enseignement, elle a marqué sa place dans l'histoire de l'architecture. Celle du XVIIIe siècle vient d'elle tout entière, soit dans les bâtiments publics, soit dans les constructions privées. C'est un fait sur lequel j'ai attiré l'attention et sur lequel j'insiste encore, la distinction, aussi bien que le rapprochement, étant très importante.

Il ne faut pas lui demander ce que par sa nature même, par sa constitution, elle ne pouvait donner. Telles qu'elles sont composées, les Académies représentent la tradition, elles sont surtout un pouvoir de modération, de mesure, elles doivent aux idées nouvelles de ne pas les repousser de parti pris (il est fâcheux qu'elles l'aient quelquefois oublié) ; elles ont le droit et le devoir de les analyser, de les discuter, de les mettre au point, dirait-on volontiers. L'Académie ne manqua pas tout à fait à cette tâche. Par sa composition si variée, par la place donnée aux sciences, par son élargissement jusque vers les choses pratiques, elle ne pouvait rester étroitement dogmatique, et la présence d'écrivains, d'hommes d'État, même de gens du monde, l'entraînait à s'ouvrir ; elle fut donc tolérante, dans ce XVIIIe siècle, si tolérant pendant longtemps, ne fût-ce que par son indifférence aristocratique.

Ce n'est pas sur le style factice de la Révolution et de l'Empire, créé par des pédagogues asservis à l'antiquité, qu'il faut juger notre Académie, d'abord parce qu'elle n'existait plus, alors qu'il atteignit sa pleine extension.

---

1. Les deux académies se trouvent parfois rapprochées dans des travaux identiques.

A cette raison, qui dispenserait d'en chercher d'autres, on peut ajouter que ce style ne dérive pas d'elle, elle le subit plutôt qu'elle ne l'accepta[1], nous l'avons montré. Le classicisme, tel qu'elle le professa et le pratiqua, était plus souple et plus libre d'esprit ; on n'a pas voulu l'étudier, parce qu'il était commode de le condamner en l'ignorant. Il répondait, on peut le croire, à des besoins positifs et pouvait s'adapter à une civilisation moderne. Aujourd'hui encore, malgré les attaques dirigées contre lui depuis cent ans, au nom de théories, d'ailleurs divergentes entre elles, il garde dans l'essentiel de ses doctrines, quelque chose de son autorité, fondée sur les règles qui sont à la base de l'architecture[2].

Henry LEMONNIER.

1. Quatremère de Quincy, le grand promoteur de l'antiquomanie, était son adversaire déclaré autant que David. Cf. R. Schneider, *Quatremère de Quincy et ses interventions dans les actes* (thèse pour le doctorat) ; 1 vol. in-8°, 1910.

2. La publication des *Procès-verbaux*, entreprise il y a vingt ans (en 1910), va se terminer définitivement avec la table générale due à M. William Viennot, conservateur honoraire à la Bibliothèque Nationale, qui a bien voulu en assumer la charge et que je tiens à remercier personnellement.

AVERTISSEMENT

La table qui suit est divisée en deux parties, l'une
contenant les noms de lieux, de personnes et, en général,
des matières autres que les termes d'architecture et
techniques, qui forment la seconde. Dans la première,
le rédacteur s'est efforcé d'être complet et il a, en général, accompagné chaque mot d'une courte explication,
éclairant la tabulation. Quand cette explication manque,
c'est qu'il s'agit d'une simple citation, que seul le souci
d'être complet a empêché de négliger ; peut-être, malgré
sa sécheresse, un travailleur sera-t-il mis par elle sur
une piste inattendue. Dans la seconde table, au con-
traire, un choix s'imposait, sous peine de grossir indéfi-
niment le volume sans grand profit, et voici les règles
qui l'ont dicté :

1º Être très complet pour tout ce qui touche au côté
pratique de la construction et des inventions ; être plus
sommaire quant aux longues discussions sur l'emploi des
Ordres et la doctrine de Vitruve ; être très sommaire,
enfin, pour tout ce qui a trait à la coutume et au toisé.
Ces deux dernières questions n'offrent plus guère qu'un
intérêt rétrospectif ; de plus, l'Académie suit pas à pas
le texte de la Coutume expliquée par des architectes
spécialisés ; ces textes sont toujours à la disposition de
celui qui les voudrait consulter ; la seule chose indispensable était de montrer, par le relevé du nombre des
pages qui y sont consacrées, l'importance que l'Académie ajoutait à ces questions, importance que du reste

M. Lemonnier a fait ressortir dans ses préfaces et les nombreuses notes jointes à sa publication.

L'ordre alphabétique est adopté, tant pour les noms de lieux et de personnes que pour les mots typiques. En cas d'homonymie, les noms de personnes viennent avant les autres. Pour les articles consacrés aux villes, objets de citations nombreuses, les monuments sont également groupés suivant l'ordre alphabétique de leurs catégories (abbayes, églises, maisons, palais, ponts, rues, etc.) et chaque catégorie elle-même est toujours classée par ordre alphabétique.

Pour les articles consacrés aux personnes et spécialement aux académiciens, les renseignements biographiques viennent en tête (généralités, études, concours, prix, candidatures, réceptions, voyages, maladies, décès, élèves, rôle académique, travaux divers, écrits). Pour la date de promotion, la date choisie (quand la chose a été possible) a toujours été celle de la lettre officielle de notification à l'intéressé ; à son défaut, celle du brevet s'il est publié ; et enfin, faute de mieux, celle de la séance où la nomination est annoncée. Dans certains cas, il a fallu se contenter de l'apparition de la signature au registre. De même pour la date du décès ; on n'a souvent que la date de la séance où il est annoncé, sans précision du jour exact.

Enfin, le rédacteur croit devoir avertir les lecteurs que sa Table fera peut-être naître de fausses espérances. Les procès-verbaux ne nous sont arrivés, dans bien des cas, que sous la forme de résumés ; trop souvent la chose annoncée n'est représentée que par cette annonce, qu'il était cependant indispensable de faire figurer à la table. Si peu que ce soit, c'est une indication précieuse sur

l'objet des travaux et sur les préoccupations de l'Académie et de ses membres.

Qu'il lui soit maintenant permis de s'excuser des imperfections qu'on découvrira dans son travail et d'exprimer ses sentiments de reconnaissance à son Comité de publication. Ils s'adressent tout spécialement à M. Marquet de Vasselot, qui lui a prodigué les encouragements, les conseils, et qui lui a fourni, ainsi que M. E. Dacier, de précieux et nombreux renseignements. Quelques-uns de ceux-ci sont dus, il le sait, à la complaisance de M. Hautecœur, qui doit, lui aussi, en être publiquement remercié.

W. VIENNOT.

A

Abbate (Nicolo dell'). Fresques du logis de Vaurouy, à Paris, I, 171, 331.

Abbeville. Stucs du s^r Grisel, VIII, 200.

Abeille. Ingénieur du Roi. Projet de canal de communication des deux mers, IV, 316 ; V, 15, 291.

Abeille. Ingénieur (probablement fils du précédent). Procès-verbal de l'état de la Bourse de Nantes, V, 290-291. — Travaux à Rennes, ibid.

Académie d'architecture :
Actes officiels :
Délégation de Blondel près Colbert pour remettre l'Acad. à son souvenir, I, 125. — Placet à M. de Louvois relatif aux intérêts de l'Acad., II, 46. — S'assemble pour aller saluer Colbert et d'Ormoy, I, 272 ; le Mis d'Antin, III, 296, 298 ; pour demander la protection de Mansart, nommé surintendant, III, 56-57 ; le remercier, III, 162. — Délégation pour complimenter d'Angiviller, nommé directeur général, VIII, 202-203 ; Le Normant de Tournehem, VI, 41 ; M. de Marigny à l'occasion de son mariage, VII, 268 ; à la mort de Mme de Pompadour, VII, 171 ; Orry de Vignory à l'occasion de sa retraite, VI, 39 ; M. de Vandières pour la mort de son père, VI, 223.

— Souhaite la bonne année au duc d'Antin, III, 310 ; IV, 1, 17, 64, 187, 277, 317 ; à Colbert de Villacerf, II, 296 ; III, 29 ; à Le Normant de Tournehem, VI, 134, 136 ; à Louvois, II, 44, 70, 112, 154 ; à Mansart, III, 142, 166 ; au Mis de Marigny, VI, 190, 231 ; VII, 161, 268, 321. — Témoigne le désir d'avoir le portrait de d'Angiviller, VIII, 385 ; IX, 127, 129.

Armes :
Fer de reliure, IX, iii, 27.
Voir aussi : *Sceau.*

Avis demandés à l'Académie sur :
Des travaux à exécuter aux Andelys, II, 106 ; les ardoises d'Angers et de Rimaigne, IV, 252, 253, 254, 262 ; les procédés d'Angot pour rendre les planchers incombustibles et bannir le bois, IX, 77, 79, 80, 175 ; les lampes nouvelles des s^{rs} Argant et Quinquet, IX, 125 ; le projet de l'abbé Arnaud pour des bains publics, VIII, 319 ; l'imitation de l'encre de Chine par l'abbé Artaud, VIII, 277, 279 ; les cloisons de plâtre du s^r Aubertot, IX, 202 ; le blanc d'albâtre du s^r Avenard, IX, 177, 184 ; un projet de chapelle à Saint-Benezet, pour les Célestins d'Avignon, I, 167 ; un procédé de chauffage du s^r Baile, V, 300 ; des

projets pour les bains de Bagnères-de-Luchon, IX, 144,
146, 149-152 ; le compas
elliptique du sr Baradelle,
IX, 98 ; la méthode du
sr Babuty-Desgodets pour
la refente méplate des bois,
VII, 256-257 ; la pompe à
feu du sr Barkley, VIII, 136-
137 ; les poêles en reliefs du
sr Bartolin, VIII, 210 ; une
couverture provisoire pour
la cathédrale de Bayeux, I,
111-112 ; les projets du
sr Lefebvre pour une maison
de force à Beaulieu, près
Caen, VIII, 182-183 ; le vernis du sr Bernard, IX, 52-
53 ; le levier tournant du
sr N. Bernières, VIII, 278 ;
ses procédés pour courber
le verre, VII, 227 ; un projet d'hôpital pour Besançon,
I, 18, 20 ; les modèles du
sr P. Beysse, échelle de bibliothèque, porte et table
extensible, VIII, 310 ; les
propriétés du blanc de zinc
et sa substitution au blanc
de plomb, IX, 174, 179,
184 ; le Traité de la coupe
du bois pour le revêtement
des voûtes du sr Blanchard,
IV, 328, 333 ; la fondation
du pont de Blois, IV, 120-
123 ; de Boffrand sur son
mém. au sujet de la fonte
de la statue équestre de
Louis XIV, V, 330-331 ; le
projet du sr Sansovino pour
un palais pontifical aux environs de Bologne, V, 299,
301, 303 ; le mém. du sr Bonnet, pour une fabrique de
feuilles de cuivre, IX, 161-
162, 172, 173, 210 ; l'estimation d'une copie d'un dessin
chinois du sr Bonni (*sic*), IX,
81-84 ; les modèles du sr

Bonvoisin, doreur, VIII,
232 ; le projet de Combes
pour un hôtel de l'Acad. des
arts, à Bordeaux, IX, 232 ;
le portail de la cathédrale de
Boulogne, VII, 105-107 ; un
projet de château de A.-J.
de Bourge, VIII, 277 ; un
projet du même pour une
salle d'opéra, VIII, 42-44 ;
les travaux de l'archevêché
de Bourges, II, 122 ; les instruments de mesure en fer
du sr Boussard, VII, 170,
181 ; le projet de maison de
campagne pour le margrave
de Brandebourg, VIII, 79 ;
les échantillons de marbres
des environs de Briançon,
VIII, 307 ; les travaux du
canal de Briare, IV, 257,
259 ; le livre intitulé « Architecture moderne » [attribué
à Brizeux], V, 26, 29 ; des
briques légères contenant
du charbon, VII, 69-70 ; la
sonnette à déclic du sr Brullée, VII, 30, 37-41 ; les modèles de Henry Brunel, maître menuisier, pour les arrière-voussures et escaliers,
VII, 246-247 ; le marché et
compromis entre le Mis de
Bullion et le me maçon Lebrun, I, 253, 256-258 ; — le
maçon Vautrin, II, 160 ;
l'appareil de Cadet de Vaux
pour la déméphytisation des
puits, IX, 92 ; le projet des
PP. Jésuites pour une église
à Caen, II, 20-24 ; les projets de Lefebvre pour un palais de justice à Caen, VIII,
374 ; le projet de pont en fer
du sr Calippe, IX, 128 ; le verrou du même, VIII, 160 ; les
différents canaux pour la
communication des deux
mers, IV, 289, 304, 316 ; V,

13-15, 21, 37 ; du s^r Caron au sujet d'une contestation de titre, VIII, 185-186 ; les prétentions respectives des carriers et des toiseurs de pierre, IX, 193, 194, 195 ; les modèles en bois des cinq ordres du s^r Châle, IX, 79 ; le plan des casernes de Chalon-sur-Saône, VI, 6-7, 9 ; les travaux d'agrandissement de l'église Saint-Georges, à Chalon-sur-Saône, V, 146-147 ; le projet de travaux à la cathédrale de Châlons, VIII, 121, 131, 133, 150 ; une façade pour Chantilly, II, 109, 115 ; un projet de réservoir à Chantilly, I, 262 ; la manière de faire une chapelle de la Vierge dans une église d'architecture gothique, V, 345-346 ; l'échafaudage mobile du s^r Charpentier, VIII, 385 ; la pompe du même, IX, 51, 52, 53 ; une glacière à l'évêché de Chartres, II, 34 ; une question de mitoyenneté à Chartres, I, 109-111 ; les travaux du pont de Châteauneuf-sur-Cher, II, 79 ; — de Château-Thierry, IV, 258 ; différents chipolins à la cire, VI, 291, 295 ; les platesbandes en fer du s^r Chopitel, VI, 150 ; les imitations de marbres, en stuc, du s^r Clerici, VII, 20-21, 27 ; les projets d'Ixnard pour la résidence électorale à Coblentz, VIII, 382-383, 386, 387, 388 ; ceux de Peyre le jeune succédant à Ixnard, disgracié, IX, 6, 7, 8, 10 ; la sonnette du s^r Fr. Cocheri, IX, 242 ; les nouvelles carrières aux environs de Compiègne, VI, 174-175 ; les projets de

N.-H. Jardin pour la construction d'une église royale à Copenhague, VI, xxxiv, 250-252, 254-256, 355-357 ; les tringles de la manufacture de David, à Corbeil, VI, 188 ; les lettres de Cossigny sur l'usage de la pouzzolane, IX, 201, 202 ; les serrures nouvelles du s^r Coty, IX, 263-264 ; une nouvelle couverture en tuiles, X, 206-207 ; le vernis contre la rouille des s^{rs} Crevel et Loriot, VIII, 216-217, 230 ; le mastic du s^r Crosel, IX, 193 ; l'emploi du cuivre rouge en feuilles pour les couvertures, VII, 37, 45, 194-195, 202-203, 244-245 ; les procédés du s^r Dandrillon pour la dorure sur bois, VI, 311-312, 314-315 ; — et la peinture en détrempe, VI, 280 ; sur une construction de Vaucanson en Dauphiné, VIII, 190-193 ; la dissertation du s^r David sur les fontaines et la possibilité d'en créer, VIII, 273 ; l'ordre d'architecture inventé par le s^r Debard, IX, 323-325 ; les crayons du s^r Delafosse, VIII, 104 ; les modèles d'escaliers en bois du s^r Deplaye, IX, 188 ; une édition nouvelle des œuvres de feu Desgodets, VIII, 369-371 ; les Vies des architectes de Dezalier d'Argenville, IX, 147, 149 ; les projets du s^r Le Fièvre pour le curage des ports de Dieppe et de Fécamp, IX, 300 ; la restauration de Saint-Bénigne de Dijon, VII, xxvi, xxxviii, 140, 142 ; la navigation de la Dordogne, II, 163-164 ; la réparation de l'église de

Dourdan, IV, 6-7 ; les plaques de poêles du s^r Dubois, peintes aux émaux de porcelaine, IX, 240 ; les réparations aux églises de campagne, IV, 220, 224 ; la définition des entresols et des mezzanines, VI, 184-185 ; les briques nouvelles du s^r Fabre, VIII, 122, 125 ; les recherches sur la pouzzolane de Faujas de Saint-Fond, VIII, 366-367, 380 ; IX, 16, 88 ; les procédés de dorure du s^r Félon, VII, 31 ; l'épuration des fers, IX, 80 ; les fours et procédés du s^r Féroussat de Castelbon pour la fabrication du plâtre, VIII, 214, 217-218, 234-239, 352, 355, 357 ; le fauteuil à ressort du s^r Ferry, VIII, 192-193 ; la serrure du s^r Fontaine, IX, 145, 148 ; les affiches concernant les travaux du s^r Forgue en matière de bâtiments, VII, 117-118 ; une série d'inventions du s^r Fourneau : caisse pour la défense des ports, IX, 242, 248 ; — modèles de charpenterie, VIII, 136 ; — grue, IX, 68, 75, 76, 88 ; — machine à épuiser les eaux et charpente résistant aux tremblements de terre, IX, 159 ; — machine à transporter les fardeaux, IX, 80 ; — moulin, IX, 249, 250 ; — plancher, VIII, 279 ; IX, 96 ; — poutres renforcées, IX, 87 ; — sonnette, IX, 75 ; — ouvrage de tour, VIII, 272, 279 ; les schistes de Franchèze, VII, 9-10 ; la poulie du s^r Fyot, VIII, 177 ; les procédés d'assemblages des bois du s^r Gabory, IX, 104, 105 ; des questions de Gabriel relatives à des travaux dans l'eau, V, 72-73 ; les ornements et sculptures en carton du s^r Gardeur, VIII, 338, 351, 352, 363 ; IX, 35 ; les travaux de navigabilité de la Garonne, II, 126-127 ; les modèles de serrures du s^r Georget, VIII, 311 ; IX, 153 ; un ouvrage de Gérard, maître serrurier, VIII, 93-94 ; les cintres pour le pont de Gien, V, 270 ; le mém. de Giraud sur les moyens de supprimer les fosses d'aisances, VIII, 318 ; les marbres des environs de Giromagny, VIII, 180-181 ; les briques et les carreaux cuits au charbon de terre ainsi que les nouveaux fourneaux du s^r Goblet, IX, 132, 133, 135 ; le mém. du chevalier de Grignon sur le charbon épuré, IX, 10 ; les modèles de stucs du s^r Grisel, VIII, 200 ; les projets du chapitre de Mürbach pour la construction de l'église de Guebwiller, VIII, 26, 51-52, 55-57, 59 ; les bas-reliefs en bois du s^r N.-J. Guichard, VIII, 218 ; divers bâtiments destinés à Guillaume III d'Orange, II, 69, 86 ; la machine pour se peser du s^r Hadin, VIII, 201 ; — du s^r François Hanin, VIII, 243 ; les procédés du s^r Hartley, destinés à préserver les bâtiments du feu, VIII, 315-318, 320, 347-348 ; le peson à ressort du s^r Hassin, VIII, 129 ; les crayons du s^r Hebert, VIII, 174 ; les travaux du pont à Hennebont, II, 120 ; les briques légères de Hubert, VII, 132-133 ; les

travaux de navigabilité de l'Isle, de la Vézère et de la Garonne, II, 126-127 ; la pompe du s^r Jacquet, VII, 150-151, 153-154 ; le système de Jardin pour des combles à fermes légères, IX, 36, 39, 87 ; le procédé de peinture à fresque du s^r Joly, VII, 45-46 ; les réparations de l'église de l'abbaye de Jouy, II, 107-108 ; le modèle de jalousie en fer du s^r Labadie, VI, 302, 305, 307-308 ; le vernis des s^{rs} Laboureau et Bernard, IX, 52, 53 ; le projet de M. de La Brière sur les sépultures, IX, 189 ; les travaux du pont de La Charité, II, 105-106, 115-117 ; la préparation de la chaux de M. de La Faye, VIII, 305, 307, 308 ; le pont de La Ferté-sous-Jouarre, II, 79, 91, 93-94 ; la mitre de cheminée du s^r Lagneau, IX, 245, 248 ; les travaux du canal de Languedoc, IV, 257, 258, 259 ; les projets de décoration du chœur de la cathédrale de Laon, IX, 144-145, 147-148 ; le comble en charpente et la grue du s^r Lasnier, IX, 194, 196 ; les briques légères du s^r Laurent, VII, 150, 152, 155-156 ; les réflexions sur les voûtes du s^r Laurent, VII, 263-264 ; les jalousies en fer du s^r Lebeuf, VI, 324 ; le tablier de cheminée du s^r Lebœuf, VIII, 201, 210, 211 ; les échantillons de vernis sans odeur du s^r Lefebvre, VI, 302 ; le procédé de dorure du s^r Lefèvre, IX, 54 ; le moulin à blé et les pyramides tronquées du maître charpentier J.-P. Le Fièvre, IX,

298, 299 ; le blanc d'albâtre des s^{rs} Le Nain et Avenard, IX, 177, 184 ; une lettre à d'Alembert par M. Le Rohbergher de Vausenville sur la quadrature du cercle, VIII, 176, 367, 368 ; le mém. de Jean-Bapt. Leroy sur son aérostat, IX, 124 ; les projets de constructions du s^r Lestrade, VII, 139-140 ; les modèles de stéréotomie du s^r Le Turc, VIII, 206 ; les projets de reconstruction de l'église Saint-Jean de Liége, VI, xxxiii, 195-198, 203-206 ; les travaux du chœur de Saint-Pierre, à Lille, II, 78, 80 ; la pierre d'une carrière nouvelle à L'Isle-Adam, VIII, 390 ; IX, 6, 7, 11, 12, 18, 19, 20 ; le pare-fumée du s^r de Lisle de Saint-Martin, IX, 239 ; les travaux de canalisation du Loing, IV, 257, 259, 260, 261, 262, 263 ; les projets de Chambers pour Somerset-House, à Londres, VIII, 317 ; le nouveau ciment d'A. Loriot, VIII, 177 ; — diverses machines du même, VI, 258-259, 267, 271-273 ; VII, 190 ; le vernis contre la rouille des s^{rs} Loriot et Crevel, VIII, 216-217, 230 ; les vases d'albâtre de Lorraine du s^r Vaquer, VIII, 201 ; l'enduit ou spalte du s^r Lucotte, VIII, 353, 388 ; le projet du s^r Lucotte pour la taille de pierre hors Paris, IX, 206-208 ; le Vignole moderne du même, IX, 184 ; les projets d'un opéra de C.-T. Lussault, IX, 125 ; les projets pour la manécanterie de Saint-Jean de Lyon, VII, 103-105 ; les projets de

Soufflot pour l'hôpital de Lyon, VI, 72, 118 ; les réparations du pont sur le Rhône à Lyon, II, XXXII, XXXIII, 164-165, 177-178 ; IV, XLVI, XLVII, 139, 142-143 ; le projet d'un réservoir à Lyon, V, 269 ; la machine du s^r Macary utilisant la force de la marée, VII, 222-227 ; le mastic ou spalme du s^r Maille, VI, XXVIII, 155-156, 157-159 ; la construction du château de la Malgrange, près Nancy, IV, 4 ; la proposition du s^r Mandrin d'un chapiteau pour un sixième ordre d'architecture, VI, 145 ; l'exposition des principes qu'on doit suivre dans les théâtres modernes, par le s^r Manginot, VIII, 40, 43, 44 ; les expériences contre la débâcle des glaces de la Marne, VIII, 206-207 ; les projets pour une salle de spectacles à Marseille, VIII, 153, 158 ; IX, 138-140, 201 ; les modèles des portes et croisées du s^r Marteau, menuisier des Bâtiments du Roi, IV, 313, 324-325 ; un balustre de marbre du s^r Migeon, VII, 114 ; les projets pour la tour de la cathédrale de Mayence, VIII, 78, 83-89 ; les serrures du s^r Merlin, IX, 78 ; les procédés du s^r Mignerot pour la courbure et la réintégration de la force des bois, IX, 126, 128, 131 ; les modèles de ponts en charpente du même, IX, 312-314 ; un ciment volcanique fait des laves du Mont-Dore, VIII, 31-32 ; les fragments d'un Traité d'architecture du s^r Montgarnie, d'Aix, VI, XXXI, 13-14 ;

une manière de cintres pratiquée à Montpellier, II, 182 ; les plans de l'Hôtel-Dieu de Montpellier, VII, XXXIX-XL, 50, 53-56 ; les projets pour la place du Peyrou à Montpellier, VII, XL, 204-213, 231, 233-235 ; le modèle de Morand pour un mur en talus, VIII, 361, 364, 371, 381 ; IX, 21 ; les ornements en carton moulé du même, VIII, 307 ; les travaux du pont de Moulins, II, 94-96, 103-104, 224-225 ; les procédés de M. de Régemorte pour la construction du pont de Moulins, VII, 28-29, 196-199 ; un projet de pont de bateaux à Moulins, V, 286-288 ; les crayons du s^r Nadaux, IX, 19 ; l'état et les réparations de la Bourse de Nantes, V, 290-291 ; — les projets de Céneray, VIII, 181 ; les projets d'une Chambre des comptes à Nantes, VII, 147 ; les projets de Céneray pour l'embellissement de Nantes, VII, XXXVIII, 147, 270 ; VIII, 152 ; les travaux du pont de Pirmil, à Nantes, II, XXXII, XXXIII, 79-84 (fig.) ; IV, XXIV, XLVII-LI, 41-42, 44-53, 55-61, 76-77, 79-80, 82-83, 125-131 ; V, VIII, 13-14, 17 ; le Traité des cinq ordres de P. Nativelle, V, 10 ; le projet de moulin à eau du s^r Nicolas dit Delot, IX, 198, 199 ; un ms. concernant les antiquités de Nîmes, IX, 154, 158 ; les vases, par le s^r Olivier, IX, 251 ; les travaux de la cathédrale d'Orléans, IV, 266-268 ; VII, XL, 5-58, 69 ; le modèle de poutres de P. Panseron, IX, 172, 188, 192.

Paris : les travaux de l'arc de triomphe Saint-Antoine, II, 97-102 ; la construction de moulins sur le canal en projet autour de Paris, II, 142-143 ; les projets de translation du Châtelet sur le terrain des Cordeliers, IX, 1-3, 8-9 ; les projets de Jallier et Bellanger pour un théâtre pour la Comédie-Italienne, VIII, 124-125 ; les plans de transformation de la Comédie-Italienne, par de Wailly et Heurtier, IX, 126-128 ; les travaux du couvent des Capucines-Saint-Honoré, II, 107 ; les projets de tabernacle pour les Carmes de la rue de Vaugirard, I, 164, 165, 265 ; les projets de Peyre pour la reconstruction du couvent et église des Dames de Sainte-Marie du faubourg Saint-Jacques, VII, 273 ; les travaux du couvent et de l'église des Feuillants de la rue Saint-Honoré, I, 143-144, 146-147, 151-152 ; la création d'une École d'architecture par Jacques-Fr. Blondel, V, 314-315 ; la construction de la Madeleine, VIII, XIII, 157-159, 161-165 ; — les travaux de Couture et les imputations de la brochure de Hulin, IX, 151-154, 157-158, 190-191, 192 ; la décoration du chœur de Saint-Germain-l'Auxerrois par MM. Bacarit et Vassé, VI, 264-267 ; une difficulté à l'église Saint-Nicolas-du-Chardonnet, III, 273 ; les projets de Chalgrin pour Saint-Philippe du Roule, VIII, 28-31 ; l'état de la tour de l'église de Saint-Sauveur, VIII, 223-224, 226, 228 ; les travaux d'achèvement de Saint-Sulpice, VII, XLI, 172-173, 185, 322 ; VIII, XIII, 2-3, 5-9 ; la critique du s^r Desbœufs, élève, contre la construction de l'église Sainte-Geneviève par Soufflot, VII, XXX, XLI, 223 ; les projets d'autel pour l'église de la Sorbonne, I, LVI, 318-319 ; la sépulture de Mazarin au collège des Quatre-Nations, I, 104-105, 112 ; les travaux d'un égout, dans le quartier du Palais-Royal, IV, 284-285, 290-291 ; la fabrique de plomb laminé hors la porte Saint-Antoine et ses produits, V, 69-71, 72-78 ; la réclamation des habitants du faubourg Saint-Victor, contre une construction de la maison de Navarre, IX, 187-188 ; la requête du prévôt des marchands de Paris pour l'examen d'un projet de gare d'eau, IX, 141, 142, 148-149, 152 ; la coupole de la nouvelle Halle au blé, IX, 117, 134 ; les projets de Loret pour les Halles, IX, 40-41, 42 ; l'écoulement des eaux de l'hôpital de Bicêtre, IX, 24, 25, 26, 27, 28, 31, 33, 234 ; la solidité des constructions qui se font à l'Hôtel-de-Ville pour les fêtes de réceptions de Leurs Majestés, IX, 59, 60, 61-63 ; — texte des rapports, 351-357 ; l'état de l'hôtel de Conti, V, 161-163 ; de Mansart, sur le dôme des Invalides, II, 175-177, 179, 184 ; sur les projets de Boullée pour la transformation de l'hôtel de La Force, IX, 22, 23 ; la solidité d'une maison de la rue

Mouffetard destinée à servir de caserne, VII, XLI, 239, 245-246, 249-255, 260-261 ; du sr Mestayer pour un plan de maison à élever rue Vivienne, I, 130 ; le projet de Peyre pour le déplacement du marché du Palais-Royal, IX, 233 ; les travaux du Palais de Justice, IX, XVI, 96-100, 104-108, 110-116, 118-119 ; les projets de fermeture du Palais-Royal, VII, XLI, 172-174 ; le modèle fait par Perrault pour l'attique des pavillons du Louvre, I, 137 ; les modèles du baron de Tessin pour l'achèvement du Louvre, III, 234-236 ; la question de suppression des fossés de la place Louis XV, IX, 199-200 ; le projet du sr Giraud pour une place au Roi et à la Reine à Paris, IX, 104 ; la construction d'une place dans la ville de Paris pour y mettre la figure du Roi, VI, 105-106, 191 ; le piédestal de la statue du Roi de la place Vendôme, II, 166 ; les travaux de remplacement du Pont-Rouge, II, 49-50, 53-55, 56, 59 ; — son état, IX, 264-266, 271 ; les travaux du Pont-Royal, II, 91-93, 125-126, 149, 161.

Les modèles de serrures du sr J.-B. Paroin, VIII, 297, 298 ; le mastic du sr Paroisse, IX, 307 ; la question de la peinture sur verre et décision de procéder à des essais, VI, 279-280 ; le modèle d'un belvédère du sr Pérard, VIII, 264 ; l'invention de Petitot pour rafraîchir les appartements, VII, 189 ; les projets de Peyre l'aîné pour de nouveaux magasins à poudre, VIII, 185-186 ; l'invention de Picault pour le rentoilage des tableaux, VI, XXXIII, 69-71 ; du sr H. Pietre sur certains de ses ouvrages, VIII, 277 ; les machines à piloter et à arracher les pieux, V, 338 ; un pont de fer, IX, 209 ; les travaux de réparation du pont à Pont-de-l'Arche, II, 130 ; — à Pont-Saint-Esprit, II, 128 ; — à Pont-sur-Yonne, II, 96, 114-115 ; les échantillons des marbres des carrières de la Mise de Poulpry, IX, 186, 189, 190 ; l'affaire de la serrure commandée par la Reine au sr Landry Poux, IX, 227, 228-229, 230-231, 237, 240, 249 ; le Traité des ordres de Potain, VII, XXXVIII, XLII, 87, 89, 98, 108-112, 237-238, 241-244 ; la lampe du sr Quinquet, IX, 125 ; un projet d'église pour l'abbaye de Prémontré, IX, 163, 165, 179, 184, 275, 371 ; — la coupe de l'escalier de l'abbaye, IX, 326 ; le mém. du sr Radel sur l'établissement d'une manufacture d'ouvrages de granit, porphyre et autres pierres précieuses, VIII, 252 ; sur les honoraires dus à un architecte, consultation du chevalier Ratte, maire de Montpellier, VIII, 361, 362 ; l'achèvement du portail de la cathédrale de Rennes, I, 68 ; — les projets de Potain, VII, 114, 138-139, 217 ; — les projets de reconstruction, IX, 144, 145-146, 148, 150-151 ; une affaire de mitoyenneté à Rennes, IV, 313-314 ; V, 152-153 ; les projets du frère

Romain pour un moulin sur le Rhône, II, 157 ; les verres du s^r de Rollanveaux, VI, 182 ; le vernis contre la rouille du s^r Rossignol, IX, 160, 161, 165 ; les projets d'un pont à Rouen, V, 7-8 ; les arabesques de talc en bas-relief du s^r Rougé, VIII, 266 ; un projet d'hôpital pour Saint-Brieuc, I, 261-263 ; une charpente de comble pour Saint-Cloud, VII, 112 ; le projet de dôme de Daviler pour les religieuses de l'Annonciade à Saint-Denis, I, 320 ; le procédé de voûtes en poterie du s^r de Saint-Far, IX, 156, 157, 159 ; les projets de Potain pour l'église de Saint-Germain-en-Laye, VII, 217 ; une question de mitoyenneté à Saint-Germain-en-Laye, VI, 22-24 ; les travaux du pont de Saint-Pourçain, II, 117-118, 144-146 ; les dessins des constructions de G. Quarenghi à Saint-Pétersbourg, IX, 120-121 ; les tuiles métalliques usitées à Saint-Pétersbourg, VII, 7-9 ; l'Abrégé pratique des cinq modes d'architecture, par M. Sansovino, V, 277 ; les verres blancs fabriqués à Sarrebourg, VI, 180 ; la toile métallique de Saverlandt, IX, 161 ; les projets du cardinal de Rohan pour son château de Saverne, IX, 76 ; les travaux du pont de Savines, sur la Durance, IV, 262 ; les briques légères de Scheffer, VIII, 155-156 ; les travaux de ponts sur la Sédelle et la rivière de Montgarnier dans la Marche, II, 136, 138 ; les travaux du pont de Sens, IV, 320 ; — de Seurre, IV, 284 ; — de Sèvres, IV, 321, 323 ; les échantillons de pierres et marbres de Sibérie, VIII, 231, 245-246, 253, 274, 275 ; le mém. de M. de Silvy, Principes d'architecture, VI, XXXII, 202, 206-211, 295, 297 ; le mém. du s^r Simonnin sur le Système de Copernic, VI, XXXII, 65 ; les modèles de différents ordres par le s^r Six, VIII, 264 ; sur l'emploi du granit, par le même, IX, 202, 203, 206 ; les travaux de I.-I. Starov, architecte russe, VII, 263 ; les plans d'un nouveau canal de Stors à Paris, IV, 295 ; les réparations à faire à la cathédrale de Strasbourg, VII, XXXIX, 32-37 ; les projets de La Guêpière pour le théâtre du palais de Stuttgart, VII, 151-152, 175-178 ; le Mém. abrégé et recueil de quelques antiquités de la Suisse, par Ritter, IX, 237, 243, 244 ; le procédé de planchers du s^r Taboureux, IX, 243, 244 ; le procédé du s^r Talamona contre la rouille, IX, 237-238 ; un chapelet pour élever les eaux, présenté par Tanevot, VI, 39 ; la pompe perfectionnée du s^r Thiais, VIII, 142 ; le nouveau procédé de soudure du plomb du s^r Thibaut, VI, 250, 264, 267-272 ; le projet de pompe pour la ville de Paris du s^r Thibaut, VII, 59 ; la tôle vernissée, IX, 206 ; les travaux du pont de Tonnerre, II, 111 ; les serrures du s^r Toqué, IX, 250, 255 ; les moulures en bois et métal

du s^r Tournu, VIII, 209 ; les escalier et lit du s^r Tranoy, VIII, 133, 134, 156 ; les modèles de rampes, courbes, voussures et revêtements en bois du s^r Trompette, VIII, 134-135 ; les projets de Rousset pour l'hôtel de ville d'Uzès, VII, 217 ; les procédés de peinture du s^r Vallée, VII, XLI, 42-43, 46, 50-52 ; les échantillons de pierre de la carrière du s^r Lebrun d'Heurgival, près Vernon, IX, 162, 165, 173, 178 ; l'invention du s^r Verra pour élever l'eau, IX, 68 ; la disposition des pavillons des ailes à l'entrée de la cour du château de Versailles, I, 9-10 ; les difficultés rencontrées dans un des appartements de Versailles (salon de Vénus), I, 99-100 ; les projets de Loriot pour la chapelle de Versailles, VI, 252 ; les travaux d'adduction des eaux de l'Eure à Versailles, II, XXXIV-XLIII, 70, 75-78, 84-90 ; le modèle des pavillons latéraux, fait par Mansart, pour la fontaine de la Renommée, à Versailles, I, 136 ; les travaux de navigabilité de la Vézère, II, 126-127 ; la persienne inventée par le s^r Viguier, VIII, 151 ; la navigabilité de la Vilaine, V, 17-18 ; le projet de M. de Villemaire pour mettre les bâtiments en état de résister aux tremblements de terre, VII, 200 ; un autel à l'église de Vineuil-les-Blois, I, 76 ; les mém. des s^{rs} Poncet [Pouchet] et Perruchaut sur leurs granits et porphyres des Vosges, IX, 177, 183, 186 ; un procédé de construction de voûtes en briques à plat, VI, XXXII, 74-81, 144, 225, 228-229 ; VIII, 309 ; le mastic du s^r Wallon, IX, 121.

Bibliothèque : Construction d'un poêle, IX, 221, 222.

Dessins : achat à la vente du Mis de Ménars, IX, 69-70, 71 ; état des acquis, IX, 367-368 ; dépouillement des dessins, IX, 220-221 ; don de P.-A. Paris, IX, 49 ; dépôt de ceux de Percier, IX, 271 ; achat de dessins et croquis des ponts de Schaffhouse et de Wattingen, VIII, 107 ; dessins et modèles de poêles offerts par Vallin de La Mothe, VIII, 199-200.

Livres : récolement et établissement d'un catalogue, VI, 214-215, 219, 221, 237 ; révision, VIII, 355, 356 ; livres dont elle a besoin, VIII, 383, 384 ; acquisitions, VII, 190 ; vérification, VII, 68. — Acquisition d'un ms. de Desgodets, VIII, 370 ; copie et adjonction à l'ex. des Édifices antiques de Desgodets, des réflexions de P.-A. Paris sur les dessins de cet ouvrage, IX, 48.

Dons : de d'Angiviller, VII, 68 ; VIII, 242 ; de d'Argenville, IX, 206 ; de E. Blanchard, V, 51 ; de Jacques Blondel, VI, 188-189, 221 ; de Jean-F. Blondel, VI, 170 ; de Boffrand, V, 348 ; VI, 29 ; de Bossut, VIII, 297 ; de Brébion, VIII, 243 ; de Cathala, IX, 256 ; de Cauvet, VIII, 310 ;

de Chalgrin, IX, 168 ; de Clerisseau, VIII, 363 ; de Collet, IX, 137 ; de Contant, VIII, 77 ; de David-Leroy, VIII, 12, 59, 311 ; de Desgodets, II, 6 ; de Desmarets, VIII, 371 ; de Dupuis, IX, 136 ; de Durand, VIII, 145 ; du Cte d'Espie, VI, 225 ; de Faujas de Saint-Fond, VIII, 366 ; de Franque, VIII, 388 ; de Gondoin, IX, 9 ; de Jaillot, VIII, 144 ; de Jombert, VIII, 389 ; de Legendre, VIII, 55 ; de Lucotte, IX, 184 ; de Mauduit, IX, 109 ; de Montalembert, IX, 240 ; de Morand, VIII, 308 ; de Neufforges, IX, 32 ; de Norden, VII, xxxviii ; de C. Perrault, I, 50 ; de Perronnet, IX, 108 ; de Peyre, VII, 292 ; de Pigage, VIII, 343 ; de Renard, IX, 118 ; de l'abbé de Saint-Non, IX, 68 ; de Soufflot, VIII, 387, 389-390 ; IX, 11 ; de Trouard, IX, 27 ; de Tenon, IX, 235 ; de Vien, IX, 253 ; de Vittone, VII, 102, 108 ; du prévôt des marchands, VIII, 124, 125. — J.-F. Blondel y fait divers emprunts, VI, 334 ; VII, 135, 146 ; — en demande la libre disposition, VII, 164-165.

Cérémonies :

Inauguration des nouveaux locaux et diverses cérémonies et correspondances à ce sujet, VIII, 239-243. — Services funèbres pour Marie Leczinska, pour Louis XV et le Dauphin : voir ces noms. — *Te Deum* en action de grâces pour l'accouchement de Marie-Antoinette, la convales-cence de Louis XV, du Dauphin, la naissance du duc de Bourgogne : voir ces noms. — Visite du Grand Dauphin, de Joseph II, de Louis XV : voir ces noms.

Composition :

Généralités, I, x, xiii, xx-xxi, 2-3 ; III, 58, 63 ; V, v. — Augmentation de la 2e classe à dater de 1728, V, 32-33 ; à dater de 1750, VI, 129-130, 135, 173-174. — Égalité du nombre dans les deux classes, VI, 155 ; décision royale qui porte le nombre des membres à trente, quinze dans chaque classe, VI, 247 ; remerciements et demande de lettres patentes de confirmation, VI, 248, 249 ; question d'interprétation au sujet du nombre de la 2e classe, VIII, 211-214.

Constitution :

Établie par Colbert le 31 déc. 1671, I, ix, xv, 1-2 ; nouvelle du 12 févr. 1699, I, xii-xiii ; II, xxx ; III, vii-ix, 58-59 ; IV, ix ; VII, ix-x.

Décisions :

Décide la rédaction d'un mém. au contrôleur général touchant les nominations d'arbitres en bâtiment, II, 131-132. — L'examen par MM. Courtonne et Camus de la construction et figure des panaches des principaux dômes, en vue d'une méthode pour les toiser, V, 105. — Souhaite que M. Colbert fasse distribuer la Résolution des quatre principaux problèmes de l'architecture de M. Blondel, I, 103 ; qu'il désigne un élève pour relever l'arc de triom-

phe découvert à Reims, I, 158 ; II, 33. — Fait imprimer cent exemplaires des planches du Parallèle des cinq ordres d'architecture de F. Bruant, VI, 221. — Ordonne de faire quelques modèles des plus beaux chapiteaux ioniques du Louvre ou autres, I, 93 ; deux modèles de chapiteau ionique, antique et moderne, V, 258-259, 265, 266-267, 285 ; l'exécution de deux copies du traité du toisé lu en 1751 [Traité de Desgodets], VI, 175-176.

Dons :

A l'Acad. : de M. de Trudaine, la médaille commémorative de la construction du pont de Neuilly, VIII, 139. Voir aussi : Bibliothèque.

A chaque membre : de A. Félibien, un ex. de ses Principes d'architecture, I, 113 ; du prévôt des marchands, un ex. du Plan de Paris, V, 276-277.

Enseignement :

Généralités, I, IX ; IV, XII-XVII ; V, IX-X ; VII, XXXI-XXXV ; cessation et reprise sans émoluments, en 1694, II, 280-281 ; organisation nouvelle de 1699, III, 58-59 ; réformes de 1773, VIII, 176.

Professeurs : demande au Roi d'accorder aux acad. nommés prof. de ne perdre ni leur rang ni le droit à la classe supérieure, VI, 97. — Situation, VIII, 212-213. Voir : F. Blondel, Jacq.-Fr. Blondel, P. de La Hire, G.-P. de La Hire fils, A. Desgodets, F. Bruand, de Cour-

tonne, Camus, Jossenay, Loriot, David-Leroy, Mauduit.

Professeur d'hydraulique : création de la chaire, VIII, 292-294. Voir : Bossut (abbé), Charles (C.-A.-C.), Monge.

Professeur de trait : son décès et son remplacement, IX, 317-321, 323, 328. Voir : Louchet, Rieux.

Professeurs intérimaires : voir : Lebon et Leroux (J.-B.).

Professeur adjoint : nécessité d'en conserver un, VIII, 179, 196 ; exposé de la question, IX, 28, 34, 35 ; nomination, IX, 35, 37-39 ; David-Leroy en demande un, IX, 185, 186 ; nomination, IX, 186. Voir : Bellicard, Cherpitel, David-Leroy.

Leçons publiques : sujets. 1672-1686. Cours d'architecture professé par F. Blondel, I, 3 ; II, 135.

1687. Enseignement de P. de La Hire (matières non détaillées), II, 137.

1688-1689. Coupe des pierres, II, 152, 169.

1699-1700. Mécanique et optique, III, 82.

1702-1703. Coupe des pierres et géométrie, III, 162.

1704-1705. Id., suite, III, 205.

1705-1706. Principes de l'architecture, III, 227.

1706-1707. Architecture, mécanique et hydrostatique, III, 258.

1707-1708. Coupe des pierres et hydrostatique, III, 281.

1708-1709. Coupe des pier-

res et perspective, III, 04.

1712-1713. Coupe des pierres et mécanique, IV, 14.

1713-1714. (Pas de détail.) IV, 31.

Enseignement de La Hire le fils :

1718-1719. Coupe des pierres et toisé des surfaces, IV, 160.

Enseignement de Desgodets :

1719-1720, IV, 175 (Ordres d'architecture).

1721-1722. Suite des ordres, IV, 231.

1722-1723. Suite des ordres, proportions des édif. et coutume, IV, 254-255.

1723-1724. Distribution et perspective, 2ᵉ partie de la coutume, IV, 274.

1724-1725. Ordres, distribution, toisé, IV, 293.

1725-1726. Suite, IV, 312.

1726-1727. Suite, IV, 333.

1727-1728. Suite. Coupe des pierres, V, 16.

Enseignement de F. Bruand et divers :

1729-1730. F. Bruand. Distribution des bâtiments, ordres, V, 49.

1733. 1º De Courtonne. Architecture, perspective, distribution ; 2º Camus. Géométrie, toisé mécanique, V, 130.

1738-1739. 1º De Courtonne. Architecture et perspective ; 2º Camus. Statique, V, 239-240.

1744. 1º Camus. Mathématiques ; 2º Jossenay. Ordres, goût, construction, VI, 18.

1746. 1º Camus. Géométrie pratique ; 2º Jossenay.

Même progr. qu'en 1744, VI, 59.

1759. 1º Camus. Mécanique ; 2º Loriot. Ordres d'architecture, coupe des pierres, VII, 25.

1761. 1º Camus. Mécanique ; 2º Loriot. Ordres et coupe des pierres et des bois, VII, 83.

1762-1774. 1º Blondel (Jacq.-Fr.). Cours général d'architecture ; 2º Camus. Mathématiques et géométrie, VII, 121-126.

1774. 1º David-Leroy. Histoire de l'architecture, théorie et pratique ; 2º Mauduit. Géométrie, théorie et pratique, VIII, 203-204.

1778. Mauduit (indéterm.), VIII, 361.

1779. Mauduit (indétermin.), VIII, 389.

Élèves : choix, VIII, 183. — Concours des aspirants, IX, 308. — Désignation par le directeur général, VIII, 391. — Enregistrement des noms et adresses, VI, XIII-XIV, 40-41, 62-64 ; VII, XXXI. — Liste de déc. 1745, VI, 40-41 ; de mai 1762, VII, 99 ; de févr. 1770, VIII, 69 ; de 1774, VIII, 188-189 ; de mai 1775, VIII, 224-226. — Présentation, VII, 139. — Privilèges, VIII, 221-223. — Radiation, VII, XXX, 223. — Règlement, VI, 87-88 ; VII, 84, 87, 88, 91, 92-95 ; VIII, 204, 244, 245, 246, 265, 269, 411-416. Voir aussi : Blondel (Jacq.-Fr.).

Prix : création de prix trimestriels, III, IX ; sujets et examens, III, 120-121, 143-144, 169, 173 (rien entre

1703 et 1720). — Le premier concours de médailles par H. Lemonnier, IV, 245.

Prix d'émulation. Création par de Marigny, VII, XXXIV. — Mémoire de J.-F. Blondel à ce sujet, VII, 146. — Règlement nouveau, IX, 272. — Liste de sujets, VIII, 70-71. — Médaille distribuée, VIII, 40, 49.

Sujet, jugement et distribution de la médaille :

1763. Juin. Portail pour Saint-Martin des-Champs, VII, 150, 163. — Juill. Place devant la colonn. du Louvre, VII, 151, 163. — Août. Dissertation sur la préférence d'un 3ᵉ ordre à un attique, VII, 151, 163. — Nov. (indéterm.), VII, 163. — Déc. Façade d'un théâtre, VII, 163, 164.

1764. Janv. Porte d'arsenal, VII, 168. — Févr. Trois hôtels sur le terrain des Cordelières de la rue de Grenelle, VII, 169. — Mars. Vestibule d'une maison de plaisance, VII, 171. — Avril (indéterm.), VII, 176, 188. — Mai. Distribution de deux hôtels, VII, 180, 188. — Juin. Colonne colossale pour le milieu de la cour du Louvre, VII, 182, 188. — Juill. Dissertation sur les colonnes, VII, 183, 188. — Août (indéterm.), VII, 187, 188. — Nov. Halle au blé, VII, 190, 191, 203. — Déc. Porte principale d'un palais, VII, 194, 203.

1765. Janv. Escalier de palais, VII, 200, 203. —

Févr. Portail d'église, VII, 203, 204. — Mars. Autel à la romaine, VII, 208, 209. — Avril, VII (indéterm.), 214, 215. — Mai. Projet convenant au terrain de l'ancienne Monnaie, VII, 216. — Juin. Façade d'hôtel de ville, VII, 220. — Juill. Cénotaphe de Henri IV, VII, 228. — Août, VII, 231. — Nov. Galerie d'un hôtel, VII, 236. — Déc. Salle de bal, VII, 238.

1766. Janv. Chaire à prêcher, VII, 244. — Févr. Dissertation sur la prééminence de l'architecture, VII, 245. — Id. Fontaine pour Paris, VII, 247, 248. — Avril. Appartement de bains, VII, 263, 264. — Mai. Autel en baldaquins, VI, 264. — Juin. Cimetière, VII, 265. — Juill. Jardin de maison de plaisance, VII, 266. — Août. Salle de spectacle particulière, VII, 267. — Nov. Chapelle de maison royale, VII, 269. — Déc. Orangerie, VII, 271.

1767. Janv. Salle de festins, VII, 273. — Févr. Grotte, VII, 274. — Mars. Escalier de maison royale, VII, 278. — Avril. Église en rotonde, VII, 289. — Mai. Façade d'un bureau général d'un des six corps de marchands, VII, 300. — Juin. Phare, VII, 301. — Juill. Obélisque et fontaine, VII, 308. — Août. Sépulture d'une famille illustre, VII, 319 ; VIII, 40. — Nov. Cheminée d'un salon, VIII, 3. —

Déc. Belvédère, VIII, 3,
40.

1768. Janv. Façade d'un palais, VIII, 7, 40. — Févr.
Œuvre dans le milieu de la
nef d'une église paroissiale, VIII, 10, 40. —
Mars. Temple à l'hymen,
VIII, 11, 40. — Avril.
Porte de ville de guerre,
VIII, 14, 40. — Mai. Salon de treillages, VIII, 17,
40. — Juin. Boucherie,
VIII, 23, 40. — Juill.
Place publique, VIII, 31,
40. — Août. Catafalque
royal, VIII, 31, 40. —
Nov. Prison, VIII, 34, 49.
— Déc. Porte de manufacture, VIII, 38, 49.

1769. Janv. Trois croisées
doriques, VIII, 43, 49. —
Févr. Chambre de parade,
VIII, 45, 49. — Mars.
Vestibule de palais royal,
VIII, 46, 49. — Avril.
Petite église ronde, VIII,
47, 49. — Mai. Orangerie,
VIII, 50. — Juin. Reposoir, VIII, 55. — Juill.
Obélisque, VIII, 58. —
Août. Façade de palais,
VIII, 58. — Nov. Fontaine publique à Paris,
VIII, 60, 93. — Déc. Observatoire, VIII, 67, 97.

1770. Janv. Bains publics,
VIII, 70, 97. — Févr.
Kiosque, VIII, 71, 97. —
Mars. Grande porte d'écurie, VIII, 72, 97. — Avril.
Pavillon avec chapelle,
VIII, 74, 97. — Mai. Portail de monastère, VIII,
77, 97. — Juin (indéterm.),
VIII, 77. — Juill. Fontaine, VIII, 80, 97. —
Août. Laiterie, VIII, 81,
97. — Nov. Salon, VIII,

83, 97. — Déc. (indéterm.), VIII, 93.

1771. Janv. Porte d'arsenal,
VIII, 94, 97. — Févr.
(indéterm.), VIII, 94. —
Mars (id.), VIII, 96. —
Avril (id.), VIII, 98. —
Mai. Porte de marché,
VIII, 101. — Juin. Rez-de-chaussée et premier
d'un petit hôtel, VIII,
103. — Juill. Baptistère,
VIII, 103, 113. — Août.
Belvédère, VIII, 107, 113.
— Nov. Maison de plaisance, VIII, 110, 113. —
Déc. Maison pour des
Sœurs-Grises, VIII, 111,
113.

1772. Janv. Porte triomphale, VIII, 121. — Févr.
Chapelle pour mariages,
VIII, 124. — Mars. Porte
à placards pour le fond
d'une galerie, VIII, 128,
130. — Avril. Fontaine,
VIII, 131. — Mai. Temple
d'Apollon, VIII, 134. —
Juin. Porte de ville, VIII,
135. — Juill. Baldaquin,
VIII, 136. — Août. Temple de Neptune, VIII,
138. — Nov. Château,
VIII, 141. — Déc. Appartement de bains, VIII,
143.

1173. Janv. Hospice, VIII,
144. — Mars. Salle d'audience d'un ministre, VIII,
149. — Avril. Chapelle de
la Vierge, VIII, 151, 152,
156. — Mai. Château
d'eau, VIII, 157. — Juin.
Façade de palais, VIII,
158. — Juill. Porte de
parc, VIII, 166. — Août.
Pavillon, VIII, 168. —
Nov. Fête sur l'eau, VIII,
178. — Déc. Riche maison

de campagne, VIII, 180.
1774. Janv. Colonne rostrale, VIII, 181. — Févr. Pont triomphal, VIII, 186. — Mars. Décor d'une rue, VIII, 190. — Avril. Lazaret, VIII, 196. — Mai. Avant-corps d'un palais, VIII, 196. — Juin. Halle, VIII, 198. — Juill. Laiterie, VIII, 200. — Août. Cascade, VIII, 202. — Nov. Muséum, VIII, 206. — Déc. Entre-colonnement, VIII, 208.
1775. Janv. Porte de ville, VIII, 211. — Févr. Portique de palais, VIII, 214. — Mars. Poêle, VIII, 217. —Avril. Autel de rotonde, VIII, 220. — Id. Église paroissiale, VIII, 226. — Mai. Décor extérieur du côté d'une basilique, VIII, 228. — Juin. Distribution d'un terrain, VIII, 229. — Juillet. Id., VIII, 230. — Août. Bourse, VIII, 234. — (S. d.). Salle de spectacle, VIII, 243. — Nov. Porte d'arsenal, VIII, 244. — Déc. Grand escalier, VIII, 245.
1776. Janv. Château d'eau, VIII, 247. — Févr. Obélisque, VIII, 252. — Mars. Cheminée, VIII, 265. — Avril. Belvédère, VIII, 267. — Mai. Porte de la principale cour d'un palais, VIII, 273. — Juin. Laiterie, VIII, 274. — Id. Chambre de parade, VIII, 278. — Juill. Observatoire, VIII, 280. — Août. Portail d'église, VIII, 282. — Nov. Porte d'une manufacture de glaces, VIII, 283. — Déc. Fontaine, VIII, 284.
1777. Janv. Baldaquin, VIII, 291. — Févr. Kiosque, VIII, 298. — Mars. Hôtel, VIII, 304. — Avril. Chapelle à la Trinité, VIII, 302. — Mai. Colonne rostrale, VIII, 305. — Juin. Corps de garde, VIII, 306. — Juill. Orangerie, VIII, 308. — Août. Casernes, VIII, 313. — Sept. Appartement de bains, VIII, 318. — Nov. Petite salle de spectacle, VIII, 334. — Déc. Guérite, VIII, 334.
1778. Janv. Escalier de terrasse, VIII, 334. — Mars. Grande porte d'écurie, VIII, 343. — Avril. Lazaret, VIII, 352. — Mai. Façade de palais, VIII, 353. — Juin. Entrecolonnement, VIII, 355. — Juill. Plafond d'un péristyle, VIII, 359. — Août. Petite église, VIII, 360. — Nov. Cénotaphe de Henri IV, VIII, 365. — Déc. Façade d'un théâtre, VIII, 366.
1779. Janv. Laiterie, VIII, 367. — Févr. Porte de ville, VIII, 368. — Mars. Galerie de palais, VIII, 373. — Avril. Maison de campagne, VIII, 379. — Mai. Grotte et fontaines, VIII, 381. — Juin. Belvédère, VIII, 382. — Juill. Coupe des pierres, VIII, 385. — Août. Dôme de cathédrale, VIII, 388. — Nov. Château, VIII, 391. — Déc. Pont triomphal, VIII, 392, 393.
1780. Janv. Temple de Nep-

tune, IX, 4. — Mars. Appartement de bains, IX, 10. — Avril. Porte d'un parc, IX, 15. — Mai. Kiosque, IX, 17. — Juin. Chapelle sépulcrale, IX, 18. — Juill. Fontaine, IX, 24. — Août. Porte de ville, IX, 27. — Nov. Vauxhall, IX, 31. — Déc. Reposoir, IX, 33.

1781. Janv. Museum, IX, 35. — Févr. Place publique, IX, 37. — Févr. Orangerie, IX, 39. — Avril. Petit pavillon, IX, 47. — Mai. Porte d'arsenal, IX, 48. — Juin. Escalier de terrasse, IX, 49. — Juill. Perspective, IX, 50. — Août. Fête publique, IX, 55. — Nov. Salle de bal, IX, 58. — Déc. Colonne triomphale, IX, 64.

1782. Janv. Cirque, IX, 65. — Févr. Arc de triomphe pour une victoire en Amérique, IX, 67. — Mars. Baldaquin, IX, 68. — Avril. Bourse, IX, 71. — Mai. Fontaine, IX, 75. — Juin. Laiterie, IX, 76. — Juill. Portique, IX, 83, 94, 95. — Août. Maison princière dans un jardin, IX, 85. — Nov. Château d'eau, IX, 86. — Déc. Porte d'arsenal, IX, 88.

1783. Janv. Temple à la Trinité, IX, 92. — Févr. Grand escalier, IX, 93. — Mars. Arc de triomphe, IX, 96. — Avril. Cénotaphe pour les victimes du tremblement de terre de Messine, IX, 103. — Mai. Avant-corps d'un palais, IX, 103. — Juin. Kiosque, IX, 106. — Juill. Frise corinthienne, IX, 117. — Août. Établissement pour sourds-muets, IX, 117. — Nov. Salle de comédie, IX, 120. — Déc. Pont triomphal, IX, 121. — Id. (Perspective.) Perron de jardin, IX, 121.

1784. Janv. Château, IX, 122. — Févr. Temple à Apollon, IX, 123. — Id. Fontaine, IX, 125. — Avril. Halle, IX, 129. — Mai. Phare, IX, 132. — Juin. Porte d'écurie, IX, 133. — Juill. Porte de manufacture de glaces, IX, 135. — Nov. Palais, IX, 141. — Déc. Porte de l'hôtel d'Uzès, IX, 143.

1785. Janv. (indéterm.), IX, 148. — Févr., Palais, IX, 151. — Mars. Chapelle à la Trinité, IX, 153. — Avril. Orangerie, IX, 154. — Mai. Grotte, IX, 156. — Juin. Casernes, IX, 158. — Déc. Douane, IX, 171.

1786. Janv. Reposoir, IX, 172. — Févr. Portail de Sainte-Geneviève, IX, 176. — Mars. Porte de ville, IX, 178. — Mai. Pont triomphal, IX, 183. — Juin. Obélisque, IX, 185. — Juill. Casernes, IX, 187. — Id. Corps de garde, IX, 188. — Août. Entre-colonnement, IX, 189. — Id. Boucherie, IX, 190. — Sept. École de navigation, IX, 192. — Nov. Église paroissiale, IX, 194. — Déc. Bourse, IX, 195.

1787. Janv. Temple, IX, 196. — Id. Place publique, IX, 197. — Févr. Temple des muses, IX,

199. — Mars. Cénotaphe pour Henri IV, IX, 201. — Id. Baptistère, IX, 202. — Avril. Hippodrome, IX, 203. — Id. Bâtiment dans un parc, IX, 205. — Mai. Colonne itinéraire, IX, 206. — Juill. Guérite, IX, 210. — Août. Hôpital, IX, 212. — Nov. Bibliothèque, IX, 213. — Déc. Porte de ville, IX, 214.

1788. Janv. Laiterie, IX, 218. — Mars. Place publique, IX, 223. — Avril. Phare, IX, 226. — Mai. Portique de palais, IX, 228. — Août. Petite salle de spectacle, IX, 235. — Nov. Cénotaphe des compagnons de La Pérouse, IX, 236. — Déc. Grotte, IX, 238.

1789. Janv. Fontaine publique, IX, 241. — Févr. Palais des États-Généraux, IX, 243. — Mars. Chaire à prêcher, IX, 244. — Avril. Caisse d'escompte, IX, 245. — Mai. Reposoir, IX, 249. — Nov. Fête publique, IX, 257. — Déc. Cénotaphe, IX, 257.

1790. Janv. Kiosques, IX, 262. — Févr. Banque nationale, IX, 263. — Avril. Prison, IX, 266. — Août. Cirque, IX, 276. — Id. Édifice pour les Assemblées nationales, IX, 276. — Nov. Gare, IX, 284.

1791. Janv. Corps de garde, IX, 289. — Févr. Orangerie, IX, 296. — Mars. Labyrinthe, IX, 300. — Avril. Cénotaphe de Mirabeau, IX, 301. — Mai. Colonne rostrale, IX, 304. — Août. Lazaret, IX, 309. — Déc. Pavillon, IX, 311.

1792. Janv. Porte de la cour d'un palais, IX, 312. — Févr. Paroisse de village, IX, 315. — Mars. Faces d'un pont, IX, 318. —, Avril. Maison de plaisance d'un prince, IX, 320. — Mai. Lycée, IX, 323. — Juin. Porte d'arsenal maritime, IX, 325. — Juill. Ferme, IX, 328. — Août. Hôtel, IX, 330. — Sept. Hôpital, IX, 331. — Nov. Édifice pour une Convention nationale, IX, 332.

1793. Janv. Appartement de bains, IX, 335. — Févr. Maison de campagne, IX, 337. — Mars. Bourse, IX, 338.

Grand prix : institution, IV, xiv-xvii. — Admission au concours, VI, 120, 306-307 ; VII, 70 ; IX, 301-302. — Organisation, IV, xiv-xvii ; V, 241-242, 255 ; VI, xiv, 6, 16, 208, 220-221, 265 ; VII, xxxiv-xxxv, 70, 91-92, 102, 108-109, 145, 183, 204, 216 ; VIII, 14, 17, 35, 40, 41, 135, 141, 143, 186, 279, 282, 296, 297, 301-304, 360, 373-375 ; IX, 15, 50, 51, 109, 304. — Prix supplémentaire, VI, 227, 243. — Règlement, VI, 306-307 ; VIII, 17, 417-419. — Sujet, IV, xiv ; V, ix-x.

1720. Entrée de palais d'ordre dorique, IV, 200.

1721. Plan d'église, IV, 226.

1722. Arc de triomphe, IV, 244.

1723. Hôtel de grand seigneur, IV, 266.

1724. Grand autel de cathédrale, IV, 287.

1725. Église de couvent de religieuses, IV, 304.

1726. Portail d'église, IV, 327.

1727. Hôtel, rez-de-chaussée et premier étage, V, 11.

1728. Plan d'un château, V, 28.

1729. Plan d'église, V, 43.

1730. Arc de triomphe, V, 56.

1731. Bâtiment carré, V, 72.

1732. Portail d'église, V, 94.

1733. Place publique, V, 117.

1734. Autel principal au rond-point du chœur d'une église avec chapelle derrière, V, 141.

1735. Galerie avec chapelle et salon à l'une et à l'autre extrémité, V, 164.

1736. Superbe maison de campagne, V, 189.

1737. Escaliers pour hôtel ordinaire et palais magnifique, V, 216.

1738. Porte d'une grande ville, V, 229, 238-239. (Concours recommencé avec le même sujet.)

1739. Écurie pour un souverain, V, 255, 256.

1740. Plan général de jardins pour un château, V, 271-272, 275.

1741. Chœur de cathédrale, V, 292.

1742. Façade d'un hôtel de ville, V, 317.

1743. Chapelle avec porche et sacristie, V, 343.

1744. Grande bibliothèque, VI, 5.

1745. Phare sur un rocher, VI, 25.

1746. Hôtel sans jardin, VI, 48.

1747. Arc de triomphe, VI, 73.

1748. Bourse de commerce, VI, 101.

1749. Temple à la Paix, VI, 121.

1750. Orangerie voûtée, VI, 141.

1751. Fontaine publique, VI, 161.

1752. Façade extérieure de palais, VI, 179.

1753. Portail d'église, puis galerie et salon, VI, 199.

1754. Salons pour les arts, VI, 219.

1755. Chapelle sépulcrale, VI, 236.

1756. Ménagerie pour un souverain, VI, 260.

— 2e progr. Pavillon central d'un palais, VI, 263.

1757. Bâtiment avec salle de concert, VI, 296.

1758. Pavillon au bord d'une rivière, VI, 322-323.

1759. Académie d'équitation XI, 14-16.

1760. Église paroissiale, VII, 43-44.

1761. Salle de concert, VII, 71.

1762. Foire couverte, VII, 100, 101.

1763. Arc de triomphe, VII, 143-144.

1764. Collège, VII, 174-175.

1765. Maison de plaisance, VII, 213-214.

1765, 2e concours. Dôme de cathédrale, VII, 215.

1766. Portail de cathédrale, VII, 248-249.

1767. Douane de grande ville, VII, 275-276.

1768. Salle de comédie, VIII, 14-15.

1769. Fête publique, temple de l'Hymen, VIII, 47-48.
1770. Arsenal, VIII, 75.
1771. Hôtel-Dieu, VIII, 99-100.
1772. Palais princier, VIII, 132.
1773. Pavillon des fêtes, VIII, 153.
1774. Bain de ville d'eaux, VIII, 193.
1775. Écoles de médecine, VIII, 227.
1776. Château, VIII, 269-270.
1777. Château d'eau, VIII, 301.
1778. Prison, VIII, 345.
1779. Museum, VIII, 377.
1780. Collège, IX, 13-14.
1781. Cathédrale, IX, 45-47.
1782. Palais de justice, IX, 72-73.
1783. Ménagerie, IX, 100-102.
1784. Lazaret, IX, 129-130.
1785. Mausolée d'un souverain, IX, 155.
1786. Palais des Académies, IX, 181-182.
1787. Hôtel-de-Ville, IX, 203-205.
1788. Trésor royal, IX, 225-226, 227-228.
1789. Faculté de médecine, IX, 246-248.
1790. Pas de concours.
1791. Galerie publique d'un palais, IX, 302-303.
1792. Marché, IX, 321-322.
1793. Caserne, IX, 340-342.
Lecture d'un mém. contenant tous les sujets de prix proposés depuis 1723, VI, 259.
Examen des esquisses et jugement et distribution des prix :
1720, IV, 206-207.
1721, IV, 230-232.
1722, IV, 251-254.
1723, IV, 273.
1724, IV, 292.
1725, IV, 312-313.
1726, IV, 327, 331.
1727, V, 11, 14-15.
1728, V, 28-29, 33-34.
1729, V, 49-50.
1730, V, 64.
1731, V, 73, 84-85.
1732, V, 103-104.
1733, V, 119, 129.
1734, V, 141, 151-152.
1735, V, 177.
1736, V, 198-199.
1727, V, 216.
1738, V, 240-241.
1739, V. 263-264.
1740, V, 278-280.
1741, V, 301-304.
1742, V, 330-331.
1743, V, 343-344, 349-350.
1744, VI, 16. Pas de prix.
1745, VI, 26, 35-38.
1746, VI, 48-49, 57-58.
1747, VI, 73, 85-87.
1748, VI, 102-103, 110 111.
1749, VI, 121, 122, 127-129.
1750, VI, 141, 147.
1751, VI, 161, 168.
1752, VI, 180, 185-187.
1753, VI, 199-200, 207-208.
1754, VI, 220, 226-227.
1755, VI, 236, 241-243.
1756, VI, 261-265, 276-277.
1757, VI, 297. Pas de prix.
1758, VI, 323, 331-333.
1759, VII, 16, 22-25.
1760, VII, 44, 59-60.
1761, VII, 72, 79-80.
1762, VII, 101, 116, 118-119.
1763, VII, 144-145, 152-153.
1764, VII, 172, 174-175, 183-185.
1765, VII, 213-216.

1766, VII, 249, 261-262.
1767, VII, 277-278, 301-302.
1768, VIII, 25, 27-30, 32-36.
1769, VIII, 58-59, 60.
1770, VIII, 76, 81-82, 85.
1771, VIII, 106-107, 156.
1772, VIII, 137-138, 156.
1773, VIII, 167, 168-169.
1774, VIII, 195, 199-200, 202-203.
1775, VIII, 232-233.
1776, VIII, 278-280.
1777, VIII, 301, 310, 311-313.
1778, VIII, 349-351, 358-360.
1779, VIII, 377, 379, 386, 387.
1780, IX, 13-14, 24, 26.
1781, IX, 47, 54-55.
1782, IX, 74, 84.
1783, IX, 102-103, 112.
1784, IX, 137-138.
1785, IX, 163.
1786, IX, 191-192.
1787, IX, 211.
1788, IX, 235.
1789, IX, 256.
1790. Pas de concours.
1791, IX, 309.
1792, IX, 331.

Liste chronologique des lauréats :

1720. A. Derizet.
1721. P. Buache.
1722. J.-M. Chevotet.
1723. J. Pinard.
1724. J.-P. Boncourt.
1725. P.-E. Lebon.
1726. Carlier.
1727. F. Gallot.
1728. Desmarets.
1729. E.-J. de Bourge.
1730. C.-L. Daviler.
1731. F. Marteau.
1732. F.-M. de Mercy.
1733. Haneuse.
1734. Wattebled.
1735. L.-J. Laurent.
1736. Pollevert.
1737. G.-M. Dumont.
1738. Potain.
1739. J.-P. d'Orbay.
1740. M. Brébion.
1741. N. Jardin.
1742. C. Hermand.
1743. P. Moreau.
1744. **Prix** non distribué.
1745. E.-P. Petitot (prix réservé de 1744).
1746. Brébion et Clerisseau (prix réservé de 1745).
1747. Bellicard.
1748. Parvis.
1749. Barreau de Chefdeville.
1750. David-Leroy.
1751. M.-J. Peyre l'aîné.
1752. C. de Wailly.
1753. L.-F. Trouard.
1754. Helin.
1755. Mareschaux.
1756. H.-A. Lemaire.
1757. **Prix** non distribué.
1758. Chalgrin, Cherpitel (prix réservé de 1757).
1759. A. Leroy.
1760. J.-E.-M. Lefebvre.
1761. A.-J. de Bourge.
1762. A.-F. Peyre le jeune.
1763. D'Arnaudin.
1764. Mouton.
1765. Heurtier.
1766. Raimond.
1767. Dorleans.
1768. J.-P. Lemoine.
1769. Guerne.
1770. Huvé.
1771. Prix non distribué.
1772. Lussault, Marquis (prix réservé de 1771).
1773. Renard.
1774. Crucy.
1775. P.-G. Lemoine.
1776. J.-L. Després.
1777. Desein.
1778. Gisors.

1779. De Lannoy.
1780. Trouard fils.
1781. Combes.
1782. P. Bernard.
1783. Vaudoyer.
1784. Hubert.
1785. J.-C.-A. Moreau.
1786. Percier.
1787. Prix non distribué.
1788. Tardieu.
1789. J.-.-L.-F. Lefebvre.
1790. Pas de concours.
1791. La Gardette.
1792. Normand.

Particularités diverses : en 1744 : concours supprimé pour irrégularité, VI, 16 ; en 1748 : Louis accusé d'irrégularité, VI, 102-104 ; en 1752 : esquisses trouvées irrégulières et distribution d'un nouveau sujet, VI, 199 ; Id. en 1756, VI, 261-263 ; en 1757 : suppression, VI, 297 ; en 1759 : radiation de deux élèves, VII, 23 ; en 1785 : conduite scandaleuse des élèves à la distribution, IX, 165, 167-168 ; en 1789 : durée prolongée, IX, 252 ; en 1790 : protestation contre les statuts. Voir : Statuts ; en 1793 : avance de la date réclamée, IX, 339.

Décision de former une collection de tous les grands prix, VIII, 354 ; IX, 35-37, 41. 42-43. — Gratification aux élèves qui font les copies, VIII, 356. — Proposition de Prieur pour la gravure, IX, 202, 203. 208, 209. — Envoi des lauréats à Rome, I, IX ; IV, XIII-XVIII ; n'est pas un droit, IX, 42-43 ; règlement pour leurs travaux, VIII, 363, 119-122 ; désignation des monuments à étudier, IX, 239-240, 260-261, 327 ; examen et rapports, VIII, 317-321, 333-337, 372, 374-377 ; IX, 6, 10, 59-62, 86, 88, 118-120, 140, 143, 184-185, 196-198, 209-210, 213-218, 237, 239-240, 259-261, 264, 270-271, 326-327. Voir aussi : Acad. de France à Rome. — École concurrente. Voir : Blondel (Jacques-Fr.).

Fondation :

Généralités, I, I, VII, 1-3 ; IX, VII ; médaille commémorative, I, XI ; distribuée aux prix d'émulation, VIII, 37, 49. — Anniversaire, VIII, 108 ; discours, VIII, 113-120 ; prix spécial, VIII, 112. Voir aussi Constitution.

Histoire :

Coup d'œil général, 1671-1793, I, VII-XIV ; IX, XIII-XXXII. — Période 1671-1681, I, XIV-LXIII ; 1682-1696, II, IX-XLVII ; 1697-1711, III, VII-XXIV ; 1712-1726, IV, V-LI ; 1727-1743, V, V-XII ; 1744-1758, VI, IX-XXXV ; 1759-1767, VII, IX-XLIV ; 1768-1779, VIII, IX-XV ; 1780-1793, IX, VII-XI. — Projet de rédaction de mém., VI, 38 ; d'une histoire de ses travaux, VII, 112-113, 114-115 ; VIII, 120, 125-128. — Nomination d'un historiographe, VII, 120.

Lectures :

L'Acad. reçoit du surintendant l'ordre de lire les meilleurs auteurs d'architecture, III, 63. — Pour les lectures faites, voir : Alberti, F. Blondel, Bullant, Bullet, de Chambray, Delorme, Desgodets, Encyclopédie, d'Espie, Euclide, A. et J.-F.

Félibien, Fresier, Gautier, Laugier, Le Muet, Maillier, May, Montesquieu, Norden, Palladio, Patte. Perrault, Scamozzi, Vitruve.

Local :

Installation, 1, 2 ; II, XVI-XIX (plan), 230 ; V, 63. — Nouveau local, VI, 334 ; VIII, X, 131, 140, 141, 144-145, 146, 151, 154-155, 204-205, 239-243. — Logement du secrétaire, IX, 261.

Membres :

Dignitaires. — Directeur, voir : F. Blondel, R. de Cotte, J. Gabriel, J.-A. Gabriel, Mique. Secretaire, voir : A. Félibien, J.-F. Félibien, l'abbé Camus, Sedaine. Sous-secrétaire, voir : J. Prevost. Historiographe, voir : David-Leroy. Pour les professeurs, voir à la section Enseignement. — Décision d'établir un tableau des acad. suivant l'ordre de réception, V, 146. — État des architectes qui doivent remplir les places vacantes, suivant le rang qu'ils y doivent tenir, au 17 septembre 1756, VI, 289-290 ; observations de Moreau-Desproux sur la mauvaise rédaction de la liste insérée dans l'Almanach royal, VIII, 286-289 ; liste correcte, VIII, 289-290 ; établissement de la liste, VIII, 311, 357, 358, 360 ; IX, 27, 64, 310, 332. — Liste chronologique. Voir à la fin de la Table. — Fac-similés des signatures des premiers académiciens, I, XIX. — Délibération sur les avantages, pour ses membres, d'une exposition de leurs travaux et projets, VIII, 302, 304. — Réceptions, examens des projets et travaux des candidats, IX, 58.

Associés libres : VIII, X ; nomination des six premiers, VIII, 261-262.

Correspondants :

Délibération sur la nécessité de leur création tant à l'intérieur qu'à l'étranger, VI, 334-335, 336-337, 338. — Candidatures, VII, XVIII-XXIV, 1-7, 10-14, 31, 41-43, 45-48, 62-63, 77, 95-97 ; VIII, 17, 55, 61-62, 65, 68, 71, 105-106, 152, 183, 313, 314, 316, 338, 339, 340, 341. — Liste, VIII, 290. — Règlement, VII, 48-50 ; VIII, 45-46, 49-55, 150. — Relations avec l'Acad. imp. des Beaux-Arts de Saint-Pétersbourg, voir : Saint-Pétersbourg. — Cit., VIII, 33, 35, 36, 37, 38, 45, 46, 47, 158, 120, 121, 180, 197-198, 226, 230, 280, 290, 304, 306, 314, 315, 316, 318, 343, 353, 354 ; IX, XXIV-XXV, 44, 45, 52, 63, 67, 71, 89, 90, 91, 92-94, 118, 132, 133, 144, 179, 197, 218, 220, 237, 239, 258, 259, 305, 329.

Mobilier :

Demande de renouvellement, VIII, 130 ; achats faits à la succession de Jacq.-F. Blondel, VIII, 183-185 ; à la vente du Mis de Marigny, IX, 69-72, 368-369. — Vol de deux flambeaux d'argent, IX, 259.

Personnel :

Création d'un poste de concierge, VIII, 270, 276, 299 ; perte, IX, 317 ; suisse, VI, 313 ; quitte l'Acad. pour s'engager, IX, 347.

Privilèges :

Qualité et privilèges de ses membres. I, XVII-XVIII, XXI, 109.

Rapports avec les fonctionnaires des Bâtiments : Assistent aux séances, I, XVIII, XX, XXII ; III, VII-VIII, 58 ; VII, 137 ; VIII, 47 ; aux élections, VI, 53. — Lecture et enregistrement des articles concernant l'Acad. dans l'Édit relatif à l'administration des Bâtiments du Roi et lettre du directeur à ce sujet. VIII, 348-350. — Question de la présidence en l'absence du directeur et des intendants, VIII, 344. — Affaire Mique soulevée par sa radiation de la liste des membres, observations et pièces diverses officielles, VIII, 321-334 ; IX, 64.

Registres :

Procès-verbaux originaux déposés au secrétariat de l'Académie des Beaux-Arts, I, I-II. — Une copie aux Archives nationales, I. I : V, IV. — Récupération des anciens registres confiés à Beausire le jeune, VII, XXX-XXXI, 42, 46, 53, 57, 58, 61 : VIII, 56, 67-74. — Mém. de David-Leroy à leur sujet, VII, 200, 202, 270-274. Voir à la section : *Travaux.* les diverses lectures et projets d'extraits.

Sceau :

Modèle, VII, XXXIX, 18, 21-22.

Séances :

Date et heure, I, 21, 125, 297, 323 : II, 46 : III, 58 ; VIII. 174-175 ; assiduité, VI, 136 ; retard, VI, 151.

Statuts :

Rien au début, I, XXII. — Statuts et règlements approuvés le 16 février 1717, IV, V-IX, 110, 163, 181, 191, 294 ; texte intégral des lettres patentes d'enregistrement, IV, 335-347 ; lecture et transcription au registre, VI, 18-19 ; délibération sur les articles 4 et 5, V, 241-243 ; demande de dérogation à l'article 11, VIII, 174-175 ; cités, I, XIII, 1, 2 ; IV, 253 ; V, v, 2, 7, 51, 65 ; VI, x ; VII, XVII, XXVIII, XXXI ; VIII, 21, 47, 117. — Lettres patentes de 1728, texte, VI, 339-341 ; enregistrement, VI, 261 ; citées, V, IV, 28, 32-33, 52 ; VII, XXVII. — Lettres patentes de 1756, sollicitation, VI, 248, 249 ; texte, VI, 341-343 ; enregistrement, VI, 287 ; citées, VI, IX ; VII, XXVII, 120. — Lettres patentes de nov. 1775, texte, VIII, 395-411 ; lettre du directeur en annonçant l'envoi et lecture des statuts, VIII, 247-249 ; correspondances diverses et discussion sur l'interprétation de certains articles, VIII, 250-260 ; citées, I, XIII ; VI, 337. — Lecture en séance, V, 104, 130, 155, 198, 241, 263, 279, 303, 314, 351 ; VI, 18-19, 40, 58, 97, 111, 120, 129, 136, 148, 187, 208, 243, 248, 250, 334, 337 ; VII, 62, 83, 120, 155, 185, 229, 263, 318 ; VIII, 33, 59, 82, 109, 138, 170, 203, 241, 282, 314, 361, 389 ; IX, 28, 55, 85, 117, 140, 166, 193, 213, 236, 256, 283, 310.

Infractions :

Affaire de la nomination

directe de Ch. de Wailly, protestations, fermeture et reprise des séances, VII, IX, XVIII, XXIV-XXIX, 276-318 ; infraction signalée par le directeur général, IX, 290-291, 292- 296. — Modifications, mém. des élèves en réclamant et diverses pièces relatives, IX, 262-272.

Traitement :

Appointements des membres, I, XVIII ; III, 304 ; VI, 129-130, 172-173 ; VII, 136-138. — Embarras financiers et diverses lettres officielles à ce sujet, VIII, 82-86, 89-92, 110, 113, 123 ; offre l'avance du prix des médailles, VIII, 89-90. — Droits de présence, arriéré, VIII, 298, 308, 311, 312, 355, 357 ; IX, 53, 55, 56-58, 70, 74, 78, 86, 91-92, 111-113, 118, 120, 127, 348 ; rapport des commissaires, IX, 115-116 ; ordonnance de liquidation, IX, 315. — Droit de présence accordé pour la séance extraordinaire du jugement des esquisses, IX, 15-17. — Demande au nom du Comité des pensions de l'état des traitements et pensions des membres et élèves, IX, 277 ; réponse, état demandé et diverses lettres relatives, IX, 277-285. — Demande par le Directoire du département de Paris d'une liste de la composition et des revenus et charges, IX, 313-314.

Travaux :

Difficultés qui se présentent du fait des bâtiments et toisé, I, 108-109. — Corps de doctrine touchant les fondations, II, 38-45, 48 ; les ponts et chaussées et aqueducs, IV, 220. — Examen des cinq ordres en général, V, 141 ; des colonnes employées avec des pilastres, III, 116-117 ; voir aussi : Ordres, à la Table des termes techniques. — Règlement équitable des mémoires, IX, 51. — Examen des estampes de Piranese, VI, 224. — Décide la transcription des cahiers rédigés touchant les servitudes, V, 20-21 ; le toisé, IV, 200 ; les us et coutumes, IV, 220 ; voir aussi : Servitudes, Toisé et Coutume, à la Table des termes techniques. — Visite ordonnée par Colbert des carrières, églises et monuments de Paris et des environs, afin de reconnaître l'état et la qualité de leurs pierres, I, 168-249, 251-252, 260-263, 325-335 ; II, 60-62, 209 ; III, 66-72, 353-354 ; nouvelle lecture des procès-verbaux, V, 18-19, 21-24.

Vacances :

Lettre du surintendant fixant la date, III, 161 ; IV, 211.

Divers : s'emploie à la pacification du différend, au sujet d'une maison, entre les frères Jean et Antoine Le Paultre, I, 165, 167, 175-176. — Visite au Louvre les prix d'encouragement de la Société des amis des arts, IX, 274. — Envoi et distribution au nom de l'Acad. de peinture de l'Adresse et projets de statuts... pour l'Acad. générale, IX, 297, 298. — Approbation de l'ouvrage de J.-D. Leroy sur Les ruines de la Grèce et

sollicitation au M¹⁸ de Marigny pour qu'il attribue à l'auteur la place qui est vacante en 2ᵉ classe, VI, 335-336.

ACADÉMIE DES BEAUX-ARTS. Son secrétariat conserve les mss. orig. des Procès-verbaux de l'Acad. d'architecture, I, 1 ; un ex. du Rapport sur la visite des monuments de Pa ris et carrières, I, 168. — Divers, II, III, III, v ; IV, III.

ACADÉMIE DE CHIRURGIE. Projets et dessins de Gondoin, VIII, 166.

ACADÉMIE DE DANSE, I, VIII.

ACADÉMIE FRANÇAISE. Dépenses prévues par la loi du 20 août 1790, I, XIV. — Demande l'acception du mot « campagne » pour MM. les architectes, IX, 194-195 ; la définition des entresols et des mezzanines, VI, 184-185 ; citée, I, VII ; IV, 335 ; VI, 184 ; IX, 173.

ACADÉMIE DE FRANCE A ROME. Directeur, I, XII ; IX, 369. — Suppression, I, XIV ; IX, XXIX. — Correspondance des directeurs, publiée par A. de Montaiglon et J. Guiffrey, 1876-1910, I, II, v, XII ; XXIV, XLVII, LIII ; II, VIII, XIV, XV, XX, 32, 55 ; III, XVI, XIX, XXI, XXII, 40 ; IV, XI, XXII, XXVI, XXVIII, XXX ; V, VI, 210, 222, 305 ; VI, 99, 120, 251 ; VII, 28, 113 ; VIII, 58, 334-335, 343, 363, 375 ; IX, XI, 17, 59, 86, 103, 118, 140, 143, 172, 202, 212, 213, 214, 217, 218, 237, 259, 263, 266, 271, 327. — Ses élèves envoyés directement par le surintendant, I, LIII — Mélanges, III, 329. —

Monuments désignés aux élèves comme sujets d'études, IX, 239-240, 260-261, 263, 327. — Élèves. Voir aux noms de : Antoine, Antoine (J.-D.), Daviler, Bonnard, de Bourge, Bruand, Cartaud, Cherpitel, Combes, Crucy, David-Leroy, Derizet, Deseine, Desgots, Desprès, Dorleans, Dumont, Duvivier, Franque, Gourlade, Hazon, Heurtier, Lebon, Lemoine, Louis, Lussault, de Lyen, Marteau, Percier, Peyre (A.-F. et M.-J.), Renard, Vigné de Vigny, de Wailly. — Liste des pensionnaires, publ. par J. Guiffrey et Barthélemy, 1908, I, LIII ; III, XVII ; IV, XIV, XVII ; citée, I, VIII, XVIII, LIII ; II, XX, 154 ; III, XVI, XIX ; IV, XX, XXV, XXVIII ; V, 210 ; VI, XXI, 17, 120, 251, 304, 330 ; VII, XIV, XV, XVII, XXI, XXII, XXIV, XXV, XXVI, XXXIV, 28, 96, 232, 275 ; VIII, XI, 11, 42, 97, 133, 191, 198, 228, 255, 318-319, 334-337, 362, 363 ; IX, XXIII, XXIV, 17, 28, 43, 59, 85, 195, 212. Voir aussi : Acad. d'architecture, élèves, grand prix.

ACADÉMIE GÉNÉRALE. Projet de statuts, IX, 297, 298.

ACADÉMIE DES INSCRIPTIONS. Fondation, I, VII, IV, 335 ; dépenses, I, XIV. — Mém., IV, 295. — Poêle, IX, 221. — Procès-verbaux, III, 280. — Règlement, VI, 337.

ACADÉMIE DE MUSIQUE, I, VIII.

ACADÉMIE DE PEINTURE. Historiographe, I, XLIX ; III, 162. — Secrétaire, I, XLIX. — Vice-protecteur, IV, XXXVIII. — Logement, I, 2 ;

II, xvi. — Accorde au titulaire du grand prix d'architecture le droit à la salle de dessin et au modèle, VIII, 205. — Conférences, publ. par H. Jouin, II, iv. — Id., publ. par Fontaine, I, xi ; II, iv. — Procès-verbaux, publ. par A. de Montaiglon, 1875-1892, avec une table par P. Cornu, 1909, I, i-ii, v, lxiii ; II, iv, viii, xvii ; IV, xi, xxxi ; VI, 69, 145 ; VIII, 221 ; IX, 118, 297, 320. — Cités, I, i, vii, xiv, xvii, xxi ; III, ix, xv, xvi ; IV, xxxi, 335 ; VI, x, xix, 16, 17 ; VII, xvii, xxxix ; VIII, 63, 142 ; IX, xxviii.

ACADÉMIE (PETITE), I, vii.

ACADÉMIE DE SAINT-LUC, VII, 273 ; VIII, 177, 180, 218.

ACADÉMIE DES SCIENCES. Correspondants étrangers, VI, 338. — Dépenses, I, xiv. — Entrée de Blondel, I, xxiv ; de G.-P. de La Hire, IV, xxiii ; de C. Perrault, I, li. — Histoire, I, xxvi ; II, 221 ; III, 268, 277, 326, 352 ; IV, 67, 149, 319 ; VI, 4, 258 ; VII, 39, 260 ; VIII, 57-58. — Mém., II, xxvii, xxviii ; III, xi, 39, 56, 57, 146, 164, 182, 263, 268, 274, 286, 350, 358 ; IV, xxiii, 15, 309 ; V, 338 ; VI, 4, 65, 90, 156 ; VII, 241 ; VIII, 206, 267 ; IX, 223. — Présentations diverses par M. de Wailly, IX, 273. — Rapport sur l'adduction des eaux de l'Yvette, 1782, IX, 274. — L'ancienne Acad. des sciences, par A. Maury, I, xxvi. — Citée, III, 163, 184 ; IV, 335 ; VI, 165, 272, 298, 337 ; VII, ix, xix, xxxvii, 14, 227 ; VIII, 21, 178, 305, 368 ; IX, 6, 10, 41, 98, 108, 124, 150, 178, 326.

ACADÉMIE DES SPECTACLES, I, viii.

ACADÉMIES. Frais d'entretien, I, xii, xiv ; II, xxi. La Convention les supprime, I, xiv ; VI, viii.

ACHARD. Admis à concourir en 1763, VII, 145. — Candidat au prix d'émulation de janvier 1764, VII, 168. — Esquisse au concours du grand prix en 1765, VII, 214.

ACHARD DE BEAUMONT (Noël). Élève, VI, 40.

ACQUIGNY, I, 236.

ADÉLAÏDE (Mme). Recommande le sr Durand, IX, 180.

ADRIANA (villa). Voir : Tivoli.

ADRIATIQUE, II, 215, 331.

ADRIEN. Voir : Hadrien.

ADRY (François-Louis). Élève, VI, 63.

AEBUTIUS (Marcus). Tombeau, III, 39.

AÉROSTAT de Jean-Bapt. Leroy, IX, 124.

AFFRY (Louis-Aug.-Ph., comte d'). Associé libre, 1776, VIII 261. — Élèves, VIII, 285 ; IX, 48, 67, 76, 112. — Présente des plans pour les travaux du château de Saverne, IX, 76.

AFRIQUE, I, 191 ; VII, 241.

AGRIPPA, I, 70.

AGGEVILLE (Jacques d'). Architecte, né à Marseille en 1728, mort en 1794. — Note bio-bibliographique, IX, 370-371. — Présenté pour la correspondance, VIII, xii, xiv, 55, 61, 62, 67. — Éloge de Dandré-Bardon, IX, 118 ; de Soufflot, IX, 67. — Lettre et mém. sur les anciens canaux et la nécessité de celui de la Provence,

VIII, 121. — Mém. sur les embellissements de Marseille, VIII, 364. — Lettre (indéterm.), VIII, 318. — Discours prononcé à Marseille (indéterm.), 44.

AGRONERUS, VIII, 12.

AGRUS, VIII, 12.

AGUESSEAU (D'), IV, 347.

AIGLE D'OR (l'), vaisseau de Blondel, I, xxiv.

AIGON. Prix d'émulation de déc. 1776, VIII, 285.

AIGUILLON (duc D'), VII, XXVIII.

AISNE. Archiviste, IX, 371.

AIX. Archevêque, IX, 163, 164. — Concrétion semblable au marbre formée dans un aqueduc voisin, IX, 88-89. — Travaux de P. Mignard à la cathédrale et à l'Hôtel-Dieu, I, XLVII. — Palais de justice, IX, XVI, 163, 164, 166.

AIX-LA-CHAPELLE. Médaille commémorative du traité, VI, XXVI, 105, 128, 147, 168.

ALAIN. Maçon juré. Visite les carrières entre Paris et Auxerre, I, 325.

ALBANO. Fragment dorique d'une ruine chez de Chambray, III, 237-238. — Ruine antique, III, 129.

ALBERICUS. Moine de Saint-Denis. Sa mosaïque de la chapelle Saint-Firmin à l'église abbatiale de Saint-Denis, I, 190.

ALBERTI (Leone-Battista). Architecte. Jugement de son œuvre, I, 8, 22, 88. — Auteur de : De re ædificatoria libri decem, 1485, éd. par G. Tory, 1512, I, 164 ; lecture de la traduction de J. Martin, 1553, I, 165-167, 205-206, 211-212, 249-251,

263-273 ; II, 47, 228-252 ; édition citée, II, 345, 360 ; III, 29, 33, 35, 292 ; cit., I, LV, 84 ; II, V, XLIV, XLV, 24, 203 ; III, 43, 239, 242 ; VII, 110, 135 ; IX, XVIII, XIX.

ALBOUY. Maître charpentier. Échafaudages de la Halle au blé à Paris, IX, 117.

ALCAMÈNE, III, 48.

ALEMBERT (D'). Nouvelles expériences sur la résistance des fluides, VIII, 297. Voir aussi : Encyclopédie.

ALEXANDRE VII. Pape. Tombeau, VIII, 12.

ALEXANDRIE. Colonne de Pompée, III, 205-206.

ALFIERI (comte D'). Porche de Saint-Pierre de Genève, VIII, 69, 76.

ALLEMAGNE. Succession de Bavière, troubles, VIII, 366. — Constructions, II, 299 ; VIII, 37. — Travaux de Dupuis, VII, 31. — Pierres des bords du Rhin, VIII, 339 ; IX, 11. — Médaille commémorative de la paix avec la Russie, V, 303, 331, 350 ; VI, 37.

ALLIER. Département, II, 94 ; VII, 9. — Rivière. Voir : Moulins, Pont.

ALLOU (Antoine). Aspirant au prix en 1927, IV, 327.

ALMANACH ROYAL. Liste des académiciens, VIII, 286-287 ; IX, 27, 64, 310, 332.

ALMERICO (P.). Maison hors Vicence, IX, 307.

ALSACE. Cartes militaires, IX, 345. — Constructions, VIII, 26. — Marbres, VIII, 180.

AMAND (Jacques-François). Élève, VI, 41, 64.

AMBASSEVILLE (Mme D'). Propriétaire d'une carrière à Trossy-Saint-Leu, I, 199.

AMBOISE (Charles D'). Grand maître de France. Sa statue à Gaillon, I, 222.

AMBOISE (Georges Ier, card. D'). Sa statue au château de Gaillon qu'il a construit, I, 221-222 ; sa famille représentée sur les vitraux de la chapelle, I, 222. — Fait travailler à Rouen à l'archevêché, I, 229 ; à Notre-Dame, I, 228 ; à Saint-Maclou, I, 226 ; au Palais de justice, I, 227. — Donne son nom à la grande cloche de la tour du Beurre, I, 228. — Seigneur de Louviers, I, 236.

AMBOISE (Georges II, card. D'). Reconstruit la tour centrale de Notre-Dame de Rouen, I, 229.

AMBOISE (Jacques d'). Abbé de Cluny. Fait rebâtir la maison des Thermes, à Paris, I, 179.

AMELOT. Hôtel de la rue du Grand-Chantier, travaux de Bullet, II, XXIII.

AMELOT (A.-L.-A.). Arrêt du Conseil, VIII, 294. — Fêtes de 1782, IX, 61.

AMELOT DE BIZEUIL. Travaux de P. Cottard à l'hôtel, II, XII.

AMÉRIQUE. Capitulation de Yorktown, IX, 67.

AMIENS (le s[r]). Caserne de Chalon-sur-Saône, VI, 6.

AMIENS. Abbé du couvent de Saint-Jean, I, 330. — Cathédrale, nef, V, 10 ; pavé de marbre, IX, 335. — Fabrication de pièces pour moulins à papier, IX, 340. — Ville, IX, 345.

AMMANATI (Bart.). Travaux aux ponts de Florence, I, 268.

AMPRINVILLE. Carrière, I, 243.

ANCÔNE. Arc de Trajan chez Blondel, III, 30 ; chez Serlio, III, 139 ; cit., II, 216. — Théâtre, chez Serlio, III, 139.

ANDERNACH. Tras des environs, VIII, 371.

ANDRÉOSSY. Carte du canal royal... en Languedoc, 1669. IV, 258.

ANDROUET DU CERCEAU. Voir : Du Cerceau.

ANET. Château, visite, I, 237-239 ; emploi des méthodes de Ph. Delorme, I, 154 ; escalier de Desgots, IV. XXVI ; porte et nymphe de Cellini, II, 275 ; trompe, II, 262-263. — Église Saint-Lin, visite, I, 240 ; V, 23.

ANDRION. Voir : Dandrillon.

ANGARANO (comte Jacques). Maison dess. par Palladio, III, 93. — Pont sur le Cismone, III, 97.

ANGERS. Abbaye de Saint-Serge. Abbé, I, 125 ; II, 362, — Ardoises, IX, 252, 253, 254, 262. — Artiste (naissance d'), VII, 236. — Instruments de mesure en fer du s[r] Boussard, VII, 170, 181. — Église de Toussaint, VII, XXXVIII, 189.

ANGIBAULT cadet. Élève de Le Carpentier, VII, 99. — Aspire au prix d'émulation de nov. et de déc. 1763, VII, 163 ; de janv. 1764, VII, 168 ; de mars, VII, 171 ; d'avril, VII, 176 ; de juin, VII, 182.

ANGIBAULT aîné (Jean ou Charles-Guillaume). Né à Paris le 6 août 1742. Élève de Deluzy, VII, 99. — Aspire au prix d'émulation de nov. 1763, VII, 163 ; de janv. 1764, VII, 168 ; de

mars, VII, 171 ; d'avril,
VII, 176 ; de juin, VII, 182 ;
de janv. 1705, VII, 200 ; de
févr. 1765, VII, 204 ; prix
en janv. 1765, VII, 200, 204.
— Esquisse au concours du
grand prix de 1765, VII,
214.

ANGIVILLER (C.-C. DE LA BIL-
LARDERIE, comte D'). Nom-
mé directeur général, VIII,
IX, 202 ; IX, XXIX. — Conseiller d'État d'épée, IX,
201. — Compliments de l'A-
cad. à ces occasions, VIII,
203 ; IX, 201. — Préside la
distribution des prix, VIII,
207, 233, 279-280, 313. —
Maladie, VIII, 391 ; IX, 44,
62. — Mariage, IX, 56. —
Séjour à Fontainebleau,
VIII, 240 ; IX, 118, 119. —
Portrait, VIII, 385 ; IX,
127, 129. — Destitution et
émigration, IX, 308. — Élèves, VIII, 392, 393 ; IX, 35,
39, 53, 235. — Ses lettres
transcrites : accordant les
droits de présence à l'assemblée du jugement des prix,
IX, 16-17 ; relatives aux
droits de présence arriérés,
IX, 56, 74, 78, 112-113 ; à
l'affaire des traitements et
pensions, IX, 284, 285, 287 ;
à la création de la chaire
d'hydraulique, VIII, 292-
293 ; témoignant de son désir de conférer le titre d'élève à des sujets qui peuvent
l'intéresser et spécialement
au sʳ Magu, VIII, 391, 392 ;
relative au concours et à la
conformité des esquisses
avec le dessin, VIII, 303 ;
d'approbation aux projets
formés par l'Acad. pour
rendre le séjour à Rome plus
utile aux élèves, VIII, 347-
348 ; relative à la désignation des travaux aux élèves
à Rome, IX, 216-217 ; an-
nonçant les dessins envoyés
de Rome par les élèves et
demandant un rapport de
leur examen, VIII, 317 ;
d'approbation au projet de
la collection des grands prix,
mais établissant que le prix
ne comporte pas nécessaire-
ment le séjour à Rome, IX,
42-43 ; relative au travail
de l'élève Bonnard à Rome,
IX, 241-242 ; à la conduite
scandaleuse des élèves au
dernier jugement des grands
prix, IX, 167-168 ; à l'exemption de la milice pour les
élèves, VIII, 221-222 ; au
mém. des élèves et aux modifications aux statuts, IX,
267-270 ; à la vétérance accordée à Hardouin-Mansart,
VIII, 262-263 ; à l'affaire de
la suppression du nom de
Mique sur la liste des membres et de son rétablissement,
VIII, 321-323, 331-333 ; aux
questions de préséances sou-
levées par l'établissement de
la liste des membres, VIII,
287-288 ; à une interprétation des statuts concernant
le professorat, VIII, 213 ;
aux nouveaux statuts de
1775 et à l'interprétation de
certains articles, VIII, 247-
249, 251, 253-260 ; aux
droits des officiers des Bâtiments, VIII, 349-350 ; à une
infraction aux statuts, IX,
290-291, 292-296 ; au projet
de Palais de justice pour
Aix, IX, 164 ; à la cons-
truction des bains de Ba-
gnères-de-Luchon, IX, 146 ;
à l'affaire de M. le duc de
Chaulnes avec M. Bonni, IX,

83-84 ; à la communication des anciens projets d'adduction des eaux de l'Eure à Versailles, IX, 219 ; à la décoration du chœur de la cathédrale de Laon, IX, 147 ; à la construction d'une salle de spectacle à Marseille, IX, 139 ; aux travaux du faubourg Saint-Victor à Paris, IX, 187-188 ; au projet du s[r] Loret pour les Halles de Paris, IX, 40 ; à l'examen des préparatifs des fêtes de 1782, IX, 61 ; à la construction d'une gare d'eau à Paris, IX, 142 ; aux arrêts du Parlement confiant à l'Acad. l'examen des travaux du Palais de justice, IX, 97-98, 105-119 ; à la galerie du Louvre, IX, 358-362 ; aux travaux de la place Louis XV à Paris, IX, 199-200 ; à l'affaire Landry-Poux, IX, 228-229, 230-231 ; à la reconstruction de la cathédrale de Rennes, IX, 145-146. — Présente à l'Acad. les nouveaux associés libres, VIII, 261. — Offre trois vol. à la bibliothèque, VIII, 242 ; un ms. de Desgodets, VIII, 380. — Accorde un concierge à l'Acad., VIII, 270. — Accompagne Joseph II dans sa visite à l'Acad., VIII, 303. — Cit., VIII, 220, 224, 232, 239, 240, 241, 264, 267, 269, 273, 274, 281, 315, 316, 317, 319, 335, 340, 341, 343, 347, 348, 360, 363, 372, 374, 375, 383, 386, 422 ; IX, 1, 2, 5, 6, 21, 22, 23, 25, 26, 30, 31, 34, 35, 37, 39, 40, 41, 44, 53, 55, 56, 57, 59, 60, 70, 76, 80, 81, 82, 84, 86, 88, 91, 94, 96, 100, 108, 110, 116, 117, 119, 120, 121, 122, 123, 125, 133, 134, 135, 138, 141, 144, 153, 158, 162, 163, 165, 169, 170, 171, 176, 177, 178, 183, 191, 192, 198, 201, 207, 209, 211, 212, 214, 215, 218, 221, 222, 243, 251, 260, 261, 264, 267, 270, 271, 277, 278, 279, 280, 286, 288, 298, 299.

ANGLAIS (LES). Construction de Notre-Dame de Vernon. I, 220.

ANGLAISES (religieuses). Propriétaires de carrières à Pontoise, I, 202 ; sa pierre employée à l'abbaye de Saint-Martin, I, 204.

ANGLETERRE. Architecte du roi, VII, 96, 97. — Contrôleur des Bâtiments, VIII, 317. — Correspondant, VII, XXI ; IX, XXVI. — Courbure des glaces, VII, 240. — Crayons, VIII, 104, 174. — Cuivre en feuilles utilisé pour les couvertures et les vaisseaux, VII, 194-195, 202-203, 244-245. — Voyage des Desgots jeune, IV, XXVI. — Guerre avec la France, IX, 74. — Industriels, V, VIII. — Voyage de Jardin, VIII, 315. — Machine à feu, IV, 318 ; mue par la marée, VII, 227. — Médaille commémorative de la paix de 1763, VII, 185, 301. — Plomb laminé, V, 74-75, 78 ; IX, XX, XXI. — Roi, II, 86. — Usage, VII, 147.

ANGOT. Juré-expert. Montre ses procédés pour faire un plancher incombustible et bannir le bois de la construction, IX, 77, 79, 80, 175.

ANGOUMOIS. Carrières, I, 327.

ANJOU (duc D'). Médaille commémorative de sa naissance (1730), V, 85.

ANJOU. Ardoisières, III, 341.
Voir aussi ANGERS.
ANNE D'AUTRICHE. Cachot des
premiers chrétiens à Paris,
III, 227.
ANNONAY, III, 272.
ANNUAIRE historique de l'Yonne, V, 12.
ANTILLES. Voyage de Blondel,
I, XXII, XXIV.
ANTIN (Louis-Ant. DE PARDAILLAN DE GONDRIN DE
MONTESPAN, M¹ˢ puis duc
D'). Notice biographique, IV,
X ; V, VII. — Éloge, V, 187.
— Directeur général des
Bâtiments le 10 juin 1708,
III, 295-296. — Arrivée au
Louvre, III, 298. — Surintendant en 1716, V, VII. —
Meurt le 2 nov. 1736, V, 222.
— Lettre annonçant la création et donnant la liste de
huit académiciens nouveaux,
V, 32 ; donnant la préséance à Mollet en cas d'absence du premier architecte,
V, 145. — Cit., III, XVII,
319 ; IV, V, VI, XXVI, 55,
103, 149, 152, 153, 163, 175,
180, 187, 188, 191, 192, 193,
209, 218, 260, 261, 267, 277,
293, 302, 306, 317 ; V, VII,
26, 27, 28, 32, 33, 34, 36, 50,
54, 61, 65, 69, 70, 74, 76, 77,
78, 86, 96, 100, 124, 132,
133, 134, 135, 142, 144, 155,
158, 170, 171, 173, 174, 175,
176, 178, 179, 180, 182 ; VI,
339, 340 ; VIII, 117 ; IX,
XIV.
ANTIQUES du Roi. Chapiteau du
Panthéon, moulage, I, 139 ;
II, 280. — Visite par le Dauphin en 1677, I, 136.
ANTOINE. Envoyé à Rome en
1699, IV, XVI.
ANTOINE (Jacques-Denis). Né
le 6 août 1733, mort le

24 août 1801. — Présenté
pour la 2ᵉ classe en 1773,
VIII, 171 ; en 1774, VIII,
179, 195 ; en 1776, VIII,
264, 267, 272, 277 ; promu
le 11 août 1776, VIII, 278 ;
brevet, VIII, 281. — Réclamation faite contre lui par
Ledoux, IX, 255, 256. —
Voyage en Italie et à Rome
avec de Wailly, VIII, 344.
— Élèves, VIII, 304, 313,
388 ; IX, 309, 331. — Commis à la correspondance de
Ritter, IX, 244. — Examen
des esquisses de 1778, VIII,
358, 360 ; des conditions du
concours et des esquisses en
1779, VIII, 377, 379, 386,
387 ; en 1783, IX, 102, 111-
112. — Lit le début de son
Ms. Série de colonnes, VIII,
354 ; rapport, VIII, 382.
— Travaux du Palais de
justice à Paris, IX, 106, 111.
— Observations sur la sacristie de Saint-Pierre de
Rome, VIII, 344
Examens :
Examen comparatif des
ardoises d'Angers et de Rimaigne, IX, 252, 253, 254,
262 ; des propriétés du blanc
d'albâtre, IX, 177, 184 ; du
blanc de zinc, IX, 174, 179,
184 ; des projets de construction pour l'électeur de
Trèves à Coblentz, IX, 6, 7,
8, 10 ; des ornements en carton du sʳ Gardeur, VIII,
351 ; du comble en charpente et de la grue du sʳ Lasnier, IX, 194, 196 ; des
échantillons de pierre du
sʳ Lebrun d'Heurgival, IX,
162, 165, 173, 178 ; du modèle de mur en talus du
sʳ Morand, VIII, 371 ; IX,
21 ; de la construction faite

par la maison de Navarre au faubourg Saint-Victor à Paris, IX, 187-188 ; du projet de gare d'eau à Paris, IX, 141, 142, 148-149, 152 ; de la coupole de la nouvelle Halle au blé à Paris, IX, 117 ; des projets de la Grande Galerie, IX, 170-171, 173, 174, 175, 176, 180, 183, 358-362 ; du vernis contre la rouille du s^r Rossignol, IX, 160, 161, 165 ; de celui du s^r Talamona, IX, 238 ; des voûtes en poteries du s^r de Saint-Far, IX, 156, 157, 159 ; du mastic du s^r Wallon, IX, 121. — Cit. VIII, xv ; IX, XXVII, XXX, 29, 237.

ANTONIN. Construction, I, 64 ; III, 328.

ANVERS, III, 179.

APENNIN. Sapins, I, 84.

APOLLON. Temple dédié à, IX, 123.

APREMONT-SUR-ALLIER. Carrières, III, 70-71.

AQUILÉE. Patriarche, III, 137.

ARABES, I, 306.

ARCANGÉ ou ARCHANGÉ (Jean-Louis). Né le 11 mai 1750, mort en nov. 1832. — Élève, VIII, 189, 266. — Aspire au prix spécial de janv. 1772, VIII, 113 ; au prix d'émulation d'août 1772, VIII, 138 ; de juill. 1773, VIII, 166. — Admis à concourir en 1776, VIII, 272.

ARCHIMÈDE. Principe, V, 50.

ARCHITECTURE (L'), journal de la Société centrale, IV, 221.

ARCHIVES de l'Art français, I, XV-XVI, XXIV ; IV, XXV, XXVIII ; V, 10 ; IX, VIII.

ARCHIVES (Nouvelles) de l'Art français, I, XXXI, XXXIII, XXXIV, XL ; III, XV, XXII ;

IV, XXV, XXIX, XXX ; VI, 69 ; IX, VIII.

ARCHIVES nationales, I, 1.

ARCUEIL. Carrières, I, 247, 334 ; VI, 201. — Pierre employée à l'église des Jésuites, I, 194 ; sa qualité, III, 66 ; IV, 54 ; sa vente, I, 335.

ARDÈCHE. Pont, VII, 207.

ARGANT. Nouvelles lampes, IX, 125.

ARGENSON (hôtel d'). Trav. de Boffrand, IV, XXXIV. Voir aussi : Voyer d'Argenson.

ARGENTEUIL. Abbaye et paroisse. Visite, I, 189 ; V, 19. — Carrières voisines, I, 188-189, 212-214. Prieuré Notre-Dame. Voir : Abbaye.

ARGENVILLE (DÉZALIER D'). Voir : Dézalier d'Argenville.

ARGOUGES (D'). Intendant de Moulins, II, 103, 118.

ARLES. Hôtel de ville, travaux de Mansart, IX, 36, 334 ; ses voûtes, II, 59-60.

ARMANÇON. Canal, IV, 289, 316.

ARMAND (Claude). Voir : Hermand.

ARMANINI. Il Pantheon. Voir : Beltrami.

ARNAUD (abbé). Lit un projet de bains publics et d'école de natation, VIII, 319.

ARNAUDIN (Charles-François D'). Né à Versailles le 14 nov. 1741. — Élève, VII, 99. — Admis à concourir en 1760, VII, 44 ; en 1761, VII, 72, 79 ; en 1763, VII, 145 ; 1er prix le 30 août 1763, VII, 152, 153. — Présenté pour la 2e classe en 1785, IX, 169 ; en 1786, IX, 181 ; en 1791, IX, 297 ; promu le 27 févr. 1791, IX, 298, 299. — Lettre de Rome, IX, 170. — Études et projets, IX, 28.

ARNO, fleuve. Ponts à Florence, I, 268.

ARROUX, canal, IV, 289. — Porte. Voir : Autun.

ARSILI (D'). Candidat à la 2ᵉ classe en 1737, V, 217, 218.

ARTAUD (l'abbé). Présente une encre de son invention à la façon de Chine, VIII, 277, 279.

ARTOIS (comte D'). Médaille commémorative de la naissance, VII, 24, 80. — Fêtes à son mariage, VIII, 171. — Hôtel de ses gardes à Versailles, VIII, 166.

ARTOIS. Pierre à bâtir, I, 82.

ASIE, VII, 241.

ASNIÈRES, VII, 66.

ASOLO, II, 302.

ASSEMBLÉE NATIONALE. Réclame les idées des Acad. sur leur constitution, IX, 275-276. — Comité des pensions, IX, 277.

ASSISE. Temple de Minerve chez Palladio, I, 72 ; II, 124 ; IV, 34.

ATHÈNES. Acropole, I, 86. — Propylées, VII, 18, 41. — Temple de Jupiter Olympien selon Vitruve, I, 86 ; de Minerve, VII, 32. — Tour des vents, VII, 18. — Antiquities of A. by J. Stuart and Nic. Revett, 1761, VIII, 12, 14.

ATHIS (J.-P.-Jos. D'). Voir : Datis.

ATTIQUE. Ruine près de Thoricium, VII, 18.

ATTIRÉ. Aspire au prix spécial de janv. 1772, VIII, 113.

AUBERT. Architecte. Promu par le surintendant à la 2ᵉ classe le 10 janv. 1707, III, XX, 262 ; IV, XX.

AUBERT (Jean). Mort en 1741. — Présenté pour la 2ᵉ classe le 15 janv. et promu le 23 janv. 1720, IV, XX, 188 ; présenté pour la 1ʳᵉ classe en 1735, V, 170, 172 ; en 1737, V, 217, 218 ; en 1740, V, 281 ; promu le 2 déc. 1740, V, 282, 283, 292 ; brevet, V, 289. — Annonce de son décès à la séance du 13 nov. 1741, V, 305, 306, 308.

AUBERT (Mᵐᵉ). Figures pour le Traité du toisé de Desgodets, IV, 352 ; VI, 173.

AUBERTOT. Procédés de cloisons en plâtre, IX, 202.

AUBIN (Mᵐᵉ). Voir : Aubert (Mᵐᵉ).

AUBRIOT (Hugues). Prévôt de Paris, I, 182.

AUBRY (Bias). Présenté pour la 2ᵉ classe en 1737, V, 217.

AUBRY (Claude-Guillot). Né à Joinville (Haute-Marne), en 1703, mort en 1771. — Notice biographique, VI, XV. — 2ᵉ prix en 1721, IV, XV, XVI, 231-232. — Présenté pour la 2ᵉ classe en 1732, V, 100 ; en 1734, V, 154 ; en 1735, V, 173 ; en 1737, V, 217, 218 ; promu le 24 nov. 1737, V, 219 ; brevet, V, 285 ; présenté pour la 1ʳᵉ classe en 1755, VI, 249 ; en 1756, VI, 278 ; en 1758, VI, 310, 311, 317 ; promu le 2 mars 1758, VI, 318 ; brevet, VI, 324. — Annonce de son décès à la séance du 18 novembre 1771, VIII, XI, 108, 109, 111. — Ses élèves, VI, 64 ; VII, 44, 266. — Commissaire dans l'affaire de la création de correspondants, VII, 6, 10-14, 41-43, 45-50, 62-

63, 97 ; VIII, 46 ; examine la candidature de Marquet, VII, 148-149 ; propose le s^r Querret, VII, 6 ; examine la candidature de Ritter, VII, 4 ; de Temanza, VIII, 45. — Mém. sur les élèves et l'enseignement, VII, 84, 87, 92. — Commissaire dans l'affaire de la nomination directe de M. de Wailly, VII, 283-288, 291-298, 303-307.

Travaux divers :

Mém. sur les ordres superposés, VII, 17. — Travaux à l'hôtel de Conti à Paris, V, 161. — Recueil de dessins du péristyle du Louvre et du pavillon du milieu, VI, 256-257. — Toisé des légers ouvrages, V, 341-342, 344, 345. — Apporte et dépose un ms. du toisé suivant les principes de Desgodets, VI, 173.

Examens :

Examen du projet de portail pour la cathédrale de Boulogne, VII, 105-107 ; des projets de de Wailly pour la restauration de Saint-Bénigne de Dijon, VII, 140, 142 ; des dessins et mém. du s^r C. Dupuis, VII, 128, 131, 132, 134-135 ; d'un ouvrage de Gérard, maître serrurier, VIII, 93, 94 ; des persiennes du s^r Labadie, VI, 305 ; des briques des s^r Laurent et Scheffer, VII, 156, 162, 164, 166-167 ; des modèles apportés par le s^r A. Loriot, VI, 267 ; de dessins du même, VII, 84 ; du spalme du s^r Maille, VI, 156, 157, 159 ; des projets pour la place du Peyrou à Montpellier, VII, 207-213 ; des travaux de l'église Saint-Sulpice, VII,

173 ; du projet de fermeture du Palais-Royal, VII, 172-174 ; du Mém. de M. de Silvy, VI, 206, 208-210 ; du projet de théâtre de La Guêpière pour le palais de Stuttgart, VII, 151-152, 175-178 ; des procédés de peinture du s^r Vallée, VII, 43, 46, 50-52 ; du système de M. de Villemaire pour des bâtiments résistant aux tremblements de terre, VII, 200. — Cit., VI, 170, 178, 223, 248 ; VII, 136, 139, 171, 315, 316 ; VIII, 2, 77.

AUCH. Généralité, IX, 150. — Intendant, IX, 146.

AUCOC. L'Institut de France, lois, statuts, 1889, I, VII, 2, 109 ; IV, v, 335 ; V, v ; VI, 52, 337 ; VII, 47.

AUCOURT (D'). Officier des Bâtiments, I, XX ; II, XI. — Fac-similé de sa signature, I, XIX.

AUDE, fleuve, IV, 237.

AUFRANC (Charles-Gilbert). Aspire au prix en 1726, IV, 327 ; en 1728, V, 28 ; en 1730, V, 73 ; 2e prix en 1726, IV, 331.

AUGSBOURG. Acad. imp., VI, 325. — Guerre de la Ligue, I, XI ; II, XX.

AUGUSTE, II, 292.

AUMALE (Louise, duchesse D'). Élève le tombeau de sa mère, Diane de Poitiers, I, 239.

AUMONT (hôtel d'). Escalier, IV, 13.

AUNIS. Archives historiques, I, XXIII.

AURÉLIEN. Construction, I, 64.

AUSON. Directeur du département de Paris, IX, 313.

AUTRICHE. Visitée par Blondel, I, XXIII. — Guerre de succession, VI, 17, 57, 128. —

Médaille commémorative de l'alliance, VII, 24.

AUTUN. Arcs antiques (portes d'Arroux et Saint-André), I, 102-103 ; II, 74, 101. — Église Saint-Martin, IX, 335.

AUVERGNE (hôtel d'), à Paris, II, XII ; VII, 154 ; travaux de Lassurance, IV, XXX.

AUVERGNE. Briques en lave, VIII, 5. — Ciment volcanique, VIII, 31. — Pouzzolane, VIII, 368.

AUVRAY. Voir : Bellier de La Chavignerie.

AUXERRE. Artiste (naissance d'), VII, 24 ; VIII, 45, 55, 280. — Carrières des environs, I, 261, 325.

AUZANET (Barthélemy). Conseiller d'État, IV, 88, 274.

AUZOUT (Adrien). Mathématicien. Renflement des colonnes, interprétation de Vitruve, II, 337 ; IV, 66-67.

AVANDA (François). Élève de Chevotet, V, 343. — Aspire au prix en 1739, V, 256, 263 ; en 1741, V, 292, 302 ; en 1743, V, 343 ; admis à concourir en 1745, VI, 26, 36 ; en 1746, VI, 49 ; en 1749, VI, 121-122.

AVAUGOUR (D'). Accompagné par Blondel à Berlin, I, XXIII.

AVELINE (P.-A.). Graveur. Plan de l'église de la Sorbonne par Chevotet, I, 320.

AVIGNON. Architecte, VI, XXXI. — Artiste (naissance d'), I, XLVI. — Ancienne boucherie, IX, 337. — Couvent des Célestins, I, 167. — Escalier, projet de Franque, IX, 337. — Travaux de Fr. Franque et de son père, IX, 369. — Hôtel-Dieu. Façade de Franque, IX, 337. — Hôtels de Cappelis, de Caumont, de Tulle de Villefranche, de Villeneuve-Matignon, IX, 369. — Résidence de P. Mignard, I, XLVIII ; II, XI, 180. — Musée, IX, 369. — Paroisse Saint-Didier. Naissance d'artiste, IX, 369. — Pont, II, 42. — Théâtre, de P. Mignard, I, XLVII.

AVILER (C.-A. D'). Voir : Daviler.

AVRE. Rivière, II, XXVI.

AYA (Sebast. AB). Thermae diocletianae..., 1658. Un ex. offert à la bibliothèque par Trouard, IX, 27.

AZAY-LE-RIDEAU, IV, 49.

B

Babin. Aspire au prix en 1740, V, 273.

Babuty-Desgodets. Demande à lire un mém. sur la refente méplate des bois, VII, 256, 257, 327-328 ; VIII, 25. — Théorie et pratique du gros bois de charpente, 1763, VII, 327.

Bacarit (Claude). Décoration du chœur de Saint-Germain-l'Auxerrois, VI, 264-267.

Bacchiglione. Pont, II, 302 ; III, 38.

Bachaumont. Mém., VII, 223 ; IX, 51, 224 ; continuateur, IX, 208. — Tour de l'hôtel de Soissons, VII, 250.

Badoeri (frères). Villa à Veraga, près Padoue, dessin de Scamozzi, I, 316-317.

Bagarotti (Marco-Antonio). Architecte de Saint-Augustin de Plaisance, VII, 121.

Bagatelle, I, 246.

Bagnères-de-Luchon. Construction des bains, IX, XVI, 144, 146, 149-152.

Bagneux. Carrières, I, 247-249 ; III, 66, 72 ; VI, 201 ; vente de sa pierre, I, 335 ; plus d'emploi actuel, I, 327.

Bagni. Carrières près Tivoli (Travertin), IV, 54.

Bagnolet. Jardins de Desgots jeune, IV, XXVI.

Baile ou Bayle. Boîtes de fontes à placer dans les cheminées pour en augmenter la chaleur, V, 300, 304, 305.

Bailleul (Charles-François). Aspire au prix en 1733, V, 119 ; 2e prix en 1733, V, 129.

Bailly. Maire de Paris. Lettre demandant une commission pour juger de l'état du Pont-Rouge, IX, 264-266, 271.

Bailly (Yonne). Examen de trois échantillons de ses carrières, I, 261.

Bajénov (Basile-Ivanovitch). Présente différents dessins, VII, 113, 325. — Traduit Vitruve, VII, 113. — Travaux sous la direction de de Wailly, ibid.

Bal (Denis). Prop. de carrières à Montrouge, I, 247.

Balbek. Ruines, IX, 69. — Voyages, VIII, 118. — Les ruines, par Dawkins, L. 1767, VIII, 242.

Baldus. Interprétation de Vitruve, III, 47-48.

Balincourt (de). Hôtel à Paris, travaux de Liégeon, IX, 29.

Baltard (L.-Pierre). Né en 1764, mort le 22 janv. 1846. Prix d'émulation de févr. 1784, IX, 123. — Monuments de Paris, 1803-1807, III, 48.

Bar (duché de). Médaille commémorative de l'union à la France, V, 240.

Barabé. Architecte-graveur. Procédé de gravure au lavis, VII, XXXVIII, 140-141.

Baradelle. Présente un compas elliptique, IX, 98-99.

Baraguet ou Baraquey (Pier-

re-Thomas). Élève, VIII, 189, 226.

BARAUX (François-Dominique). Élève, VI, 40, 63.

BARBARO (Daniele). Dessins, II, 23. — Trad. de Vitruve, III, 49, 239, 242 ; V, 204, 205.

BARBET. Les grandes eaux de Versailles, 1907, II. XXXIX, 225 ; IV, 251.

BARBIER l'aîné. Demande la distribution aux membres de l'Acad. de l'Adresse et projet de statuts… pour l'Acad. générale, IX, 297.

BARBIER (François). Aspire au prix d'émulation de mars 1764, VII, 171 ; d'avril, VII, 176 ; de mai, VII, 180 ; de déc., VII, 194 ; de févr. 1765, VII, 204 ; de mars, VII, 208 ; prix en avril 1764, VII, 188 ; admis au concours en 1764, VII, 175 ; en 1765, VII, 214.

BARBIER (Jacques). Prix d'émulation de juill. 1778, VIII 361 ; admis à concourir en 1779, VIII, 380 ; 2e prix le 30 août 1779, VIII, 388.

BARBIERE (Domenico DEL), dit Recourre ou Recouvry. Travaux à Troyes, II, 19.

BARCELONE, IX, 45.

BARDET. Famille judiciaire alliée aux Gittard, I, XXXV.

BARDOUVILLE, I, 233.

BARKLEY (le sr). Pompe à feu de son invention, VIII, 136-137, 138, 149.

BARRÉ. Admis à concourir en 1753, VI, 200.

BARREAU DE CHEFDEVILLE. Admis à concourir en 1749, VI, 121, 122 ; 1er prix le 1er sept. 1749, VI, 128. —

Présenté pour la 2e classe en 1762, VII, 117.

BARROY (Jean-François). Aspire au prix en 1726, IV, 327.

BARTHÉLEMY (J.). Liste des pensionnaires de l'Acad. de France à Rome. Voir : Guiffrey (J.).

BARTOLIN. Modèles des poêles inventés par lui et en particulier de celui du Jardin des Plantes, VIII, 210.

BASAN. Catalogue de la vente de Ménars, IX, 73, 367, 368.

BASSANO. Pont voisin, I, 52 ; III, 38.

BASSE (Jean). Voir : Bosse (Jean).

BASSI (Martino). Dispareri in materia d'architettura, 1572 II, XLIV, 191.

BASSIN (carrière du), à Vernonnet, I, 219.

BATAILLE (le sr), VI, 64.

BATIMENTS de Monsieur. Contrôleur, I, XXXVI.

BATIMENTS du Roi. Édit concernant l'administration, VIII, 348-350 ; texte des articles concernant l'Académie, VIII, 422-425. — Commis, I, L ; IV, 220 ; IX, 230. — Comptes, III, IX ; IV, XIX. — Comptes… publiés par J. Guiffrey, I, XVII, XVIII, XXI, XXIV, XLI, XLIV, XLVIII, XLIX, LII, 329 ; II, XX, XXI, XXV, XXVI ; III, XXII, 290, 304 ; IV, XXIX, XXXVI ; V, 86. — Conseil, sa contribution à la fondation de l'Acad. d'architecture, I, VIII. — Contrôleurs, II, XI, 67 ; III, XVIII, XXIII ; IV, XX, XXIII, XXV, XXVI, 293 ; V, 32, 34, 77, 289, 319, 321 ; VI, XX, 244, 295 ; VII, XVI, XVII ; IX, 42. — Direction, I, XLII ; III, 296 ; V, VI, VII,

319 ; VI, x, xxvi ; VII, xvi ; VIII, 42 ; IX, 64. — Distribution d'un écrit les concernant, IX, 307. — Entrepreneur, I, xxxi, xl. — Experts, VI, xxii, 89 ; VII, xi, 90, 202. — Historiographe, I, xx, xlix. — Ingénieurs, I, xxxvi ; IV, 316 ; vii, 195. — Inspecteur général, II, xiv. — Inspecteurs, VII, 232 ; IX, 137, 233. — Intendant, I, xxxviii ; III, xxi, xxii ; IV, xxxviii ; V, 51, 77 ; VI, xvi, xix ; IX, 64. — Menuisier, IV, 313. — Officiers, I, xxxi, xl ; III, 63 ; assistent aux séances ; I, xviii, xx, xxii ; III, vii-viii, 58 ; VII, 137, 138 ; VIII, 47 ; aux élections, VI, 53 ; ordonnances sur leurs gages, III, 304. — Police, VI, 339. — Mém. sur la police des Bâtiments, par Duchesne, VI, 215. — Prévôt, VII, 311. — Secrétaire, VI, 120. — Surintendant, II, xxx ; III, vii, xiv, xviii, 52, 53, 56, 178, 179, 180 ; IV, 179, 180 ; V, vii ; VII, 300. — Toisé, V, 66.

BATIMENTS et ponts et chaussées de France. Maître général, I, xxxi.

BAUCHAL. Nouveau dictionnaire biographique et critique des architectes français, 1887, I, xxii ; III, 146.

BAUDOUIN. Aspire au prix en 1744, VI, 6.

BAVIÈRE (Électeur de). Constructions de Boffrand pour l', IV, xxxiv ; de R. de Cotte, IV, xl.

BAVIÈRE. Visite de F. Blondel, I, xxiii. — Troubles de la succession, VIII, 366.

BAYEUX. Incendie de la cathédrale et demande d'avis pour une couverture provisoire, I, lvi, 111-112 ; IX, xvi. — Évêque, I, 179.

BAYLE. Voir : Baile.

BAYONNE. Généralité, IX, 86. — Observations de Blondel, II, xxvii. — Professeur d'hydrographie, VI, xxxii, 65.

BAYREUTH. Résidence, VII, 96.

BAZAS, III, 356.

BAZILE (Mich.). Propriétaire d'une carrière près Bagneux, I, 248.

BEAU (Vincent DE). Trésorier général des Gardes-Françaises. Assiste au mariage de François Bruand, I, xxxiii.

BEAUCAIRE. Église paroissiale, IX, 335.

BEAUCE, I, 243.

BEAUFORT. Notaire à Paris, I, 256.

BEAULIEU, près Caen. Maison de force, VIII, 182.

BEAUNE, IV, 284, 316.

BEAUREGARD (le chevalier DE). Présente une invention du sr Fourneau, IX, 242.

BEAUSIRE (Jean). Maître général des Bâtiments. Mort en 1743. — Notice biographique, IV, xxvi-xxvii ; VI, xv. — Académicien le 19 nov. 1716, IV, 103 ; confirmé à la 1re classe le 31 mars 1718, IV, 154 ; admis à la vétérance en 1718, V, 280, 281 ; VI, 84. — Lit son mém. sur la manière d'asseoir de bons fondements, V, 30. — Avis écrit sur le toisé des fondations, V, 30. — Dissertation sur le bon goût, V, 140. — Construit l'écluse du canal du Loing à Moret, IV, xlviii,

257-263. — Lit un ancien tarif des matériaux de construction, IV, 187. — Ancien aqueduc dans le quartier du Palais-Royal, à Paris, IV, 284-285, 290-291. — Devis des ouvrages à faire pour la reconstruction du quai des Orfèvres, à Paris, V, 12. — Limites de la ville et faubourgs de Paris, V, 16. — Construction des plafonds, V, 181, 182. — Cit., IV, XII, XVIII, 110 ; V, VI, 344 ; IX, XXX.

BEAUSIRE (Jean-Baptiste). Fils aîné de Jean. Mort en 1764. — Notice biographique, VI, XV. — Présenté pour la 2ᵉ classe en 1720, IV, 188 ; promu le 5 mai 1732, V, 96 ; présenté pour la 1ʳᵉ classe en 1754, VI, 217 ; en 1755, VI, 244 ; promu le 10 déc. 1755, VI, 247, 290, 293 ; brevet, VI, 289, 292. — Annonce de son décès à la séance du 19 nov. 1764, VII, 186, 193, 202. — Élèves, VI, 121 ; VII, 99. — Examen des modèles apportés par le sʳ A. Loriot, VI, 267. — Décoration de la salle du bal à l'Hôtel-de-Ville de Paris lors du mariage de Mgr le Dauphin, VI, 142. — Cit., V, 298 ; VI, 130, 131, 190, 223, 248, 271, 290 ; VII, XVI, 32 ; IX, XXX.

BEAUSIRE (Jérôme). Fils cadet de Jean. Mort en juill. 1761. — Notice biographique, VI, XV-XVI. — Présenté pour la 2ᵉ classe en 1735, V, 179 ; en 1740, V, 281, 282 ; promu le 2 déc. 1740, V, 283 ; brevet, V, 291, 292 ; présenté pour la 1ʳᵉ classe en 1758, VI, 319. — Différend avec de Vigny, V, VIII, 311-312 ; VI, XXV, 312-313. — Va à Saint-Domingue où il meurt en juill. 1761, VII, XXXI, 42, 46, 90, 91 ; VIII, 56 ; — Élèves, V, 343 ; VI, 6, 26 ; VII, XV. — Catalogue des livres possédés par l'Acad., VI, 215 ; chargé de dresser une liste de livres concernant l'architecture, VI, 237. — Chargé du dépouillement des anciens registres et de la rédaction de tables, VI, 12, 13, 14, 15, 230, 231, 232, 233, 253, 279, 284 ; VII, XXX-XXXI, 42, 46, 53, 57, 61, 90 ; lettre à l'Acad. au sujet des registres à lui confiés, VII, 42 ; récupération des registres à son décès, VII, XXX-XXXI, 42, 46, 53, 57, 58, 61 ; VIII, 56, 67, 68, 69-70, 71-72, 73-74.

Travaux divers :

Recueil de dessins de colonnes corinthiennes, V, 347. — Mém. sur les ordres superposés, VII, 4. — Mesures du premier ordre du portail de Saint-Gervais, VI, 325 ; des trois ordres de la cour du Louvre, VI, 10-11, 309-310. — Présente un lingot de la fonte de la statue équestre du Roi par Bouchardon, VI, 331. — Présente M. Picault, auteur d'un procédé de rentoilage des peintures, VI, 69-71.

Examen du mém. du sʳ Baile sur un procédé de chauffage, V, 300, 304-305 ; des jalousies du sʳ Lebeuf, VII, 324. — Cit., V, 248 ; VI, 184, 229, 248 ; IX, XXX.

BEAUVAIS (DE). Hôtel à Paris, construction de A. Le Paultre, I, XXXVI-XXXVII ; trans-

formation en monastère, VII, 169.

BEAUVAIS. Chœur de la cathédrale, V, 10.

BEAUVAU (prince DE). Travaux du palais de justice d'Aix, IX, 163-164, 166. — Demande l'examen des projets proposés pour une salle de spectacle à Marseille, IX, 138-140.

BECKER [und Thieme]. Allgem. Lexicon, 1907, I, XXII ; VII, 140.

BELFORT. Marbres des environs, VIII, 180.

BELGRADE. Aqueduc, II, XXXVII, XXXVIII, 77, 85. — Traité, V, 303, 331, 350.

BELGRAND (E.). Les eaux de Paris (Travaux souterrains, de P., 1872-1887), IV, 285.

BELIDOR. Architecture hydraulique, 1750, III, 261 ; IV, 258-259, 309, 319 ; V, 286, 337, 338.

BELLANGER (François- Joseph). Né en 1745, mort en 1818. — Aspire au prix d'émulation d'avril 1764, VII, 176 ; de juin, VII, 182 ; d'août, VII, 187 ; de févr. 1765, VII, 204 ; prix en juin 1764, VII, 188. — Concourt pour le grand prix, VII, 214, 216. — Présente divers projets de sa composition, VIII, 133 ; des études et sa traduction du Traité des marbres de Blaise Caryophile, IX, 29, 30, 31. — Projets pour la Comédie-Italienne à Paris, VIII, XII, 124-125 ; pour la jonction du Louvre et des Tuileries, IX, 244 ; pour une salle d'opéra au Carousel, IX, 244 ; pour l'hôtel des Gardes du comte d'Artois à Versailles, VIII, 166.

BELLEGARDE (Louis DE PARDAILLAN DE GONDRIN DE), IV, 179, 180.

BELLE-ISLE (maréchal Louis-Auguste DE). Réparation de la cathédrale de Strasbourg, VII, 73.

BELLET. Prix d'émulation d'avril 1789, IX, 246 ; d'avril 1790, IX, 266.

BELLEVUE. Construction du château, VI, XX, XXI ; son plan, IV, 323.

BELLICARD (Charles). Né en 1726, mort le 27 févr. 1786. — Élève, VI, 41. — Admis à concourir en 1746, VI, 49 ; en 1747, VI, 73 ; premier prix le 28 août 1747, VI, 86. — Brevet de l'École de Rome, VI, 120. — Présenté pour la 2e classe en 1762, VII, 103, 117 ; promu le 26 août 1762, VII, 118 ; présenté pour la 1re classe en 1776, VIII, 277, 278 ; en 1777, VIII, 315 ; promu le 27 nov. 1777, VIII, 315, 316. — Adjoint au professorat, IX, 35-38 ; commission, IX, 38-39. — Maladie, IX, 175. — Annonce de son décès à la séance du 6 mars 1786, IX, 176, 198. — Ses élèves, VII, 169, 188 ; VIII, 189, 225. — Commissaire à l'établissement des conditions du grand prix et examen des esquisses pour 1780, IX, 13-14, 24, 26 ; pour 1781, IX, 47, 54 ; pour 1785, IX, 162 ; à l'examen des envois de Rome, VIII, 372, 374, 375-377 ; IX, 59-60, 61, 62.

Examens :

Examen de la fabrique de

cuivre du s^r Bonnet, IX, 161-162, 172, 173 ; des projets de Peyre le jeune pour les constructions de l'Électeur de Trèves, IX, 6, 7, 8, 10 ; des projets de décoration de la cathédrale de Laon, IX, 144, 145, 147-148 ; des procédés de dorure du s^r Lefèvre, IX, 54, 66 ; du ms. de Lussault, IX, 79 ; du projet de Loret pour les Halles à Paris, IX, 39, 40-41, 42 ; des projets de la Grande Galerie, IX, 170-171, 173, 174, 175, 176, 180, 183, 358-362 ; du vernis contre la rouille du s^r Rossignol, IX, 160, 161, 165. — Observations sur les antiquités d'Herculanum, 1755, VII, xi ; VIII, 16. — Cit., IX, 26, 48, 53.

BELLIER DE LA CHAVIGNERIE et AUVRAY. Dictionnaire des artistes de l'École française, 1881-1885, I, xxii.

BELLISSARD. Présenté pour la 2e classe en 1776, VIII, 264, 267, 272 ; promu le 24 juin 1776, VIII, 273. — Maladie, VIII, 283. — Demande de congé, IX, 287-288. — Ses élèves, VIII, 278, 393 ; IX, 66. — Commis à l'établissement des conditions du grand prix et examen des esquisses pour 1780, IX, 13-14, 24, 26. — Examen de la proposition du graveur Berthauld, IX, 40, 42. — Cit., VIII, 306.

BELLOT. Admis à concourir en 1791, IX, 303.

BELLU. Prix d'émulation d'août 1766, VIII, 278.

BELTRAMI et ARMANINI. Il Panthcon, 1898, I, 69 ; II, 29 ; III, 115 ; IV, 30.

BELUS. Temple, VIII, 13.

BÉNARD. Aspire au prix en 1738, V, 230, 240.

BÉNARD. Prix d'émulation de mars 1787, IX, 202. — Admis à concourir en 1787, IX, 205 ; en 1789, IX, 248.

BÉNARD (Charles-Joachim). Né à Paris vers 1750. — Élève, VIII, 189, 225. — Prix d'émulation de nov. 1771, VIII, 113 ; de mai 1774, VIII, 196 ; de nov., VIII, 206. — Aspire au prix spécial de janv. 1772, VIII, 113. — Accessit au prix d'émulation, le 5 sept. 1774, VIII, 203, 207. — Admis à concourir en 1775, VIII, 227 ; en 1776, VIII, 272. — 2e prix le 19 août 1776, VIII, 280. — Présente les plans du théâtre qu'il a construit à Marseille, IX, 201.

BÉNÉVENT. Arc de Trajan (Porta aurea) chez Blondel, III, 36.

BENEZET (saint). Pont d'Avignon, II, 42. — Sa chapelle au couvent des Célestins d'Avignon, I, 167.

BENOIST. Mort le 25 oct. 1734. — Académicien de 2e classe le 25 oct. 1728, V, 32, 33. — Annonce de son décès (25 oct. 1734) à la séance du 15 nov. 1734, V, 154, 157. — Examen de l'emploi du nouveau plomb laminé, V, 71.

BENOÎT (saint). Ordre, I, 209, 242.

BENOÎT XII. Pape. Collège des Bernardins, I, 171.

BENOÎT XIV. Pape. Projet^e palais en son honneur ^{V,} VIII, 299, 301, 303.

BENRATH. Château, VII, ^{XIII}.

BERAIN (les). Décorations, II, 219.

BERCHÈRE-L'ÉVÊQUE. Visite des carrières, I, 243 ; III, 72 ; V, 24 ; pierre employée à Chartres, à Notre-Dame et autres monuments, I, 241 ; V, 23.

BERCHÈRES-LA-MAINGOT, II, XXXIV, XXXIX.

BERGAME. Palais Fino, II, 300.

BERGERAC, II, 163.

BERGIER (Nicolas). Histoire des grands chemins de l'Empire romain, 1622, III, 95 ; IV, 243.

BERGOGNON. Prix d'émulation de févr. 1790, IX, 262, 263 ; d'août 1790, IX, 276 ; témoignage de satisfaction en févr. 1791, IX, 301 ; admis à concourir en 1791, IX, 303 ; en 1792, IX, 322 ; en 1793, IX, 342 ; 2e prix le 3 sept. 1792, IX, 331.

BERG-OP-ZOOM. Médaille commémorative de la prise, VI, 277.

BERINGHEN (Mis DE), IV, 139.

BERLIN. Acad. imp., VI, 325. — Blondel y accompagne d'Avaugour, I, XXIII.

BERNARD. Prix d'émulation de mars 1792, IX, 318.

BERNARD. Vernis. Voir : Laboureau.

BERNARD (Pierre). Élève de Trouard, IX, 71. — Prix d'émulation d'avril 1782, IX, 71 ; admis à concourir en 1782, IX, 84 ; 1er prix le 26 août 1782, IX, 84.

BERNARDIN DE SAINT-PIERRE. Voyage dans l'Ile-de-France, IX, 201.

BERNE. Architecte correspondant à, VII, XIX ; VIII, XIV,
51, 290 ; IX, 237. — Intervention à Genève, V, 280.

BERNIER. Prix d'émulation de mai 1782, IX, 75 ; de juin 1785, IX, 158.

BERNIÈRES (N.). Contrôleur des ponts et chaussées. Courbure au feu des glaces et du verre, VII, 227, 240-241 ; glaces gravées, VIII, 27. — Levier tournant, VIII 278. — Abrégé des propriétés des miroirs concaves, 1760, VII, 227.

BERNIN (le cavalier). Dessins, IX, 343, 344, 346. — Plans pour le Louvre, III, 228, 234, 289. — Travaux à Rome, à la basilique de Saint-Pierre, II, 165, 320 ; VIII, 11 ; à la fontaine de la place Navone, VIII, 354 ; au palais Barberini, VI, 328. — Voyage en France, II, 209. — Cit., V, 138.

BERNIS (cardinal DE). Recommande l'élève Bonnard, IX, 241.

BERNSTORFF (M. DE). Travaux de Jardin, VII, 133.

BERRY. Mission de François Le Vau, I, XXXIX.

BERTHAUD. Graveur. Propose de graver les prix, IX, 40, 42.

BERTIN. Contrôleur des finances. Dessins d'architecture chinoise en sa possession. VIII, 242. — État des travaux de Saint-Sulpice, VII, 172.

BERTRAND. Admis comme élève de David-Leroy, VIII, 299.

BERTRAND (le sr), I, 175.

BERTRAND-TAILLET. Notaire, I, 167.

BERWICK. Prise de Kehl, V, 152.

Besançon. Architecte de, VIII, 51. — Artiste (naissance d'), VI, 63 ; VII, 203, 233, 262 ; VIII, 36, 51. — Bibliothèque. Recueil des dessins de A.-P. Paris, VII, 260 ; VIII, 228. — Église de Sainte-Marie-Madeleine, VI, xxxiii, 68. — Hôpital Saint-Jacques, I, lvi, 18, 20 ; IX, xvi.

Besnard (François). Dirige la fabrique de plomb laminé hors la porte Saint-Antoine, à Paris, V, 74.

Bessé de La Chapelle-Milon (Henri). Contrôleur des Bâtiments, II, xxvi, 67, 68, 69, 70, 73, 135, 166.

Béthune (de). Hôtel à Paris, travaux de Lassurance, IV, xxx.

Betzki (le général). Président de l'Acad. des Beaux-Arts de Saint-Pétersbourg, VII, 229, 326.

Beuque. Architecte à Besançon. Plans pour la construction de l'église de Guebwiller, VIII, xiii, 26, 51-52, 55-57, 59.

Bevin. Demande de commissaires pour nouvelles expériences sur le spalme, VII, 148.

Beysse (Pascal). Présente une échelle de bibliothèque, une porte et une table extensible, VIII, 310.

Bezons (M. de). Intendant de Bordeaux, II, 127.

Bianchini. Méridien de la salle des Thermes de Dioclétien, à Rome, IV, 4.

Bibaut. Admis à concourir en 1752, VI, 180.

Bibiena. Dessins, IX, 343.

Bienaimé. Prix d'émulation de sept. 1791, IX, 309 ; d'avril 1792, IX, 320 ; de mai, IX, 323. — Admis à concourir en 1793, IX, 342.

Bienville. Carrière voisine, VI, 175, 283.

Biermant. Entrepreneur à Saumur, IV, 49.

Bièvre. Carrières voisines, I, 187. — Mém. de Perronet sur l'adduction de ses eaux à Paris, VIII, 267 ; IX, xvi, 108.

Bignon (abbé Jean-Paul), IV, 52.

Billancourt, IV, 323.

Billaudel le père. Mort en 1762. — Notice biographique, VI, xvi. — Académicien de 2e classe, sur présentation directe du duc d'Antin, le 5 déc. 1729, V, 50-51 ; présenté pour la 1re classe en 1742, V, 312 ; en 1754, VI, 217 ; en 1755, VI, 244 ; promu le 10 déc. 1755, VI, 247, 293. — Maladie, VI, 292. — Annonce de son décès à la séance du 7 juin 1762, VII, 102, 106. — Élèves, VI, 200, 220 ; VII, 16. — Mém. sur de nouvelles carrières des environs de Compiègne, VI, 174-175. — Cit., V, 276 ; VI, 169, 184, 190, 290 ; VII, xvi.

Billaudel fils (Jean-René). Né le 9 févr. 1733, mort en 1786. — Admis à concourir en 1754, VI, 220 ; 2e prix le 2 sept. 1754, VI, 226. — Assiste aux séances, VII, 137. — Présenté pour la 2e classe en 1767, VII, 274 ; mém. et candidature, VII, 320 ; présenté en 1770, VIII, 73 ; en 1771, VIII, 109 ; an 1772, VIII, 141 ; en 1773, VIII, 171, 172 ; en 1774, VIII, 179 ; promu le 31 janv.

1774, VIII, 179, 180 ; admis
à la vétérance, IX, 122, 123,
124. — Élèves, VIII, 189,
225, 233, 313 ; IX, 24, 27,
31, 55. — Voyage aux
carrières de Saint-Leu et
Conflans, VIII, 201. — Cit.,
VII, XI ; VIII, 181.

BINET (Louis). Prix d'émulation de mai 1767, VII, 300,
302 ; de nov., VIII, 3.

BINET DE MARCHAIS, IX, 56.

BIRON (DE). Hôtel, travaux de
J. Gabriel, IV, XXXI.

BISSY (château de). Voûtes,
VI, 79 ; VII, 323, 324.

BITHYNIE, IV, 12.

BIZOT. Commis des Bâtiments.
Désigné pour relever dans
les registres les décisions
concernant les us et coutumes et le toisé, IV, 220, 330.

BLAINVILLE (M^{IS} DE). Voir :
Ormoy (J.-A.Colbert, M^{IS}d').

BLAKEY. Voir : Barkley.

BLANCHARD (Edme). Maître
menuisier. Présenté à l'A-
cad. par de Cotte, lit des
extraits de son Traité de la
coupe des bois pour le revêtement des voûtes, IV, 328,
333 ; V, 14 ; en offre un
ex. à l'Acad., V, 51.

BLANCHE DE CASTILLE. Fonde
l'abbaye de Maubuisson, I,
205.

BLANCHE DE FRANCE. Finit
l'église des Cordelières-
Saint-Marcel, I, 187.

BLANDY-EN-BRIE. Naissance
d'artiste, I, XXXV.

BLAISOIS. Mission de François
Le Vau, I, XXXIX.

BLAQUERRE (Joseph). Élève,
VI, 41.

BLARU (M. DE). Propriétaire
de carrières, voisines de Vernon, I, 218.

BLAVETTE (Vict.-Aug.). Architecte. Né à Brains, le
4 octobre 1850. Soubasse-
ments du Louvre, I, 273.

BLOIS. Carrières des environs,
visite de Félibien, I, L, 325.
— Château, contrôleur des
Bâtiments, VII, 199 ; IX,
137 ; gouverneur, VI, XI ;
dessins des constructions de
Mansart, IX, 208 ; jardins
bas, dessin d'une galerie, I,
298. — Église de Saint-Vincent, ibid. — Place Victor-
Hugo, ibid. — Pont de Ga-
briel, IV, XXXI, XLVII, 120-
123.

BLONDEAU. Aspire au prix en
1742, V, 272.

BLONDEL (François). Né à Ribémont (Aisne) en 1618,
mort à Paris le 21 janv.
1686. — Notice bio-bliogra-
phique, I, XXII-XXXI, 2. —
Rôle dans la fondation de
l'Acad., I, VIII, IX. — Chef
et directeur, I, 2 ; signe à la
première assemblée, I, 3 ;
fac-similé de sa signature, I,
XIX ; prononce le discours
d'ouverture sur l'excellence
de l'architecture, I, X, 2 ; IV,
XIII, 181 ; V, 133, 143, 351 ;
VI, 187, 188 ; IX, XV. —
Premier professeur, I, 3 ;
IX, XXII, XXIII. — Maladie,
I, 19. — Nouvelle de son décès (21 janv. 1686) à la séance du 23 janvier 1686, I,
LIV-LV, II, 111, 112. —
Choix de son successeur, II,
136. — F. Blondel à Saintes,
à Rochefort et aux Antilles,
par Ch. Lucas, 1894, I, XXII.
— Voyages et missions di-
plomatiques de F. Blondel.
par Ch. Lucas, 1894,
I, XXIII.
    Divers :
    Question des architraves,

II, 19. — Aqueduc de Belgrade, XXXVIII, 85, 86. — Chapiteau dorique, I, 130-131, 315. — Cheminées, II, 32. — Colonnes accouplées, I, 71. — Corniche composée, I, 131-132. — Escaliers, giron des marches et hauteur, I, 91. — Avis sur le bon goût, I, 4. — Projet de bâtiment pour l'ambassadeur de Hollande, II, 66, 69. — Voyage en Italie, I, XLVII. — Mesures de la cathédrale de Milan, VIII, 20. — Ponts de Narva et du Cismone, I, 52. — Sentiment sur l'ordre dorique, VII, 32. — Dessin pour l'arc de triomphe Saint-Antoine à Paris, II, 102. — Porte-Saint-Denis, construction et mesures, VIII, 19-20 ; sa fermeture, I, 103. — Ponts, constructions, II, 40. — Éléments géométriques de certaines espèces de proportions, II, 203. — Dessin du portail de la cathédrale de Rennes, I, 68. — Observations sur la salubrité à Rochefort et à l'île Sainte-Croix (Antilles), I, 79. — Séjourne à Rome en 1671, I, LIX, 65. — Extraits de Pline sur le Panthéon de Rome, II, 28-30. — Rapport sur le temple de la Fortune-Virile à Rome, I, 65. — Temple de Mars Vengeur à Rome, I, 63. — Projet d'hôpital à Saint-Brieuc, I, 261-263. — Pont de Saintes, II, 9-10. — Cours d'architecture. Lecture de la préface par lui-même, I, 104 ; lecture et examen du texte, II, 329, 343 ; III, 1-51, 282 ; de quelques chapitres, VII, 178-180, 220, 221, 259, 266 ; VIII, 98-99, 101-103, 105, 143, 149, 156, 157 ; cit., I, IX, X, XXV, XXVI, XXVII, XXVIII, XXIX, XXX, 2, 52, 63, 71, 314, 315, 316, 321 ; II, XXII, XXXVIII, 8, 9, 12, 31, 32, 36, 48, 51, 52, 74, 77, 87, 137, 157, 158, 162, 167, 181, 182, 184, 185, 189, 195, 196, 198, 202, 203, 223, 360, 361 ; III, 93, 153, 173, 271, 282, 322 ; V, 133, 186, 349 ; VI, 9, 22, 42, 43, 45, 191. — Présente sa Résolution des quatre principaux problèmes d'architecture, 1673, I, 163 ; III, 369 ; cit., I, X, XI, XVI, XVII, XX, XXI, LVII, 125 ; II, IV, V, X, XI, XII, XXVI, XXX, XXXVIII, XLIV, 54, 58, 65, 73 ; III, XI, XXIV ; V, VI ; VII, 110, 115 ; VIII, 114, 115, 116 ; IX, XVIII, XXII, XXIII, XXX.

BLONDEL (Guillaume). Père de François, I, XXIII. — Son anoblissement, I, XXIV. — Avocat du bailliage de Vermandois, I, XXIII.

BLONDEL (Jacques-François). Né le 8 janv. 1705, mort le 9 janv. 1774. — Notice bio-bibliographique, VI, XVI-XVII ; VII, XIII-XIV. — Candidat à la 2e classe en 1755, VI, 245. — Nomination directe le 10 déc. 1755, VI, 247. — Brevet, VI, 289, 293. — Proposé pour la Ire classe en 1762, VII, 103 ; en 1771, VIII, 109. — Nommé professeur, VII, X, 120 ; IX, XXIII. — Gratification, VIII, 356. — Maladie, VII, 157, 174. — Annonce de son décès à la séance du 10 janv. 1774, VIII, X, XI, 177, 178, 179. — Effets provenant de sa succession, VIII, 180. —

Vente et liste des achats de l'Acad., VIII, 183-185. — Ses élèves, VI, 264, 323, 332 ; VII, 44, 96, 188, 264, 278 ; VIII, 10, 31, 58, 70, 71, 74, 81, 107, 152, 168, 189, 203, 226 ; IX, 172.

Affaires intérieures académiques :

Examen des cartons de feu J. Beausire, VIII, 56, 71. — Demande la libre disposition d'une série de volumes de la Bibliothèque, VII, 164-165. — Emprunts divers, VI, 259, 260 ; VII, 135, 146. — Emprunte les Ruines des plus beaux monuments de la Grèce de David-Leroy, VI, 334 ; donne son sentiment sur l'ouvrage, VI, 335. — Commissaire dans l'affaire de la création de correspondants, VII, 41-43, 45-50, 97 ; examinateur de la candidature de d'Aggeville, VIII, 55, 61 ; chargé d'en recevoir la correspondance, VIII, 62.

Enseignement :

Lit le discours préliminaire prononcé à l'ouverture de ses leçons de 1762, VII, 121 ; texte, VII, 122-126. — Mém. d'ouverture de 1763, VIII, 146. — Progrès des élèves, VII, 170. — Discours, VII, 196. — Présente les dissertations de six élèves sur la prééminence de l'architecture, VII, 245. — Liste des élèves admis à concourir, VII, 136, 138. — Réflexions sur l'assiduité et discours aux élèves, VIII, 35. — Discours, VIII, 67. — Rapport sur ses élèves, VIII, 68. — Liste et notes, VIII, 69. — Plainte contre des abus et mém. à ce sujet, VIII, 38. — Mém. sur la conduite des élèves, VIII, 96. — Mém. sur la nécessité pour l'Acad. de créer deux nouvelles médailles, VI, 278. — Sujet des prix d'émulation pour 1767, VII, 269-270. — Règlement pour le concours, VIII, 17. — Cours d'architecture (publ. sous le titre de Traité d'architecture, 1737-1738), VI, 250 ; VII, XIII, 167-168.

Divers :

Crée l'École d'architecture, V, VIII, 314-315, 342-343 ; VI, XXXI, 21-22. — Discours sur l'origine de l'architecture, VI, 250. — Mém. sur l'origine de la charpenterie, VIII, 122. — Essai sur le caractère qui convient à chaque genre d'édifice, VII, 248, 256. — Dissertation sur le goût, VII, 168, 169. — Donne des travaux à Lassurance, IV, XXX. — Éloge de Leroux, IV, XXVIII. — Lit son Historique sur l'origine de la maçonnerie, VIII, 124. — Admiration pour Mansart, I, XLV, XLVI. — Montre son modèle des décorations du chœur de la cathédrale de Metz, VIII, 120-121 ; les plans d'une église au bourg de Saint-Nicolas, près Mons, VII, 270. — Discours sur l'origine des ordres, VI, 257-258 ; VII, 264. — Ordres superposés, VI, 288, 291. — Sa critique de l'hôtel de Beauvais, à Paris, I, XXXVII. — Mesures de la porte Saint-Denis, I, XXX-XXXI ; VIII, 19-20. — Défend Cl. Perrault, I, XLIII.

— Présente les plans et coupes des ponts de Schaffhouse et de Wattingen, VIII, 104, 107.

Examens :

Examen des instruments du sʳ Boussard, VII, 170, 181 ; des chipolins à la cire, VI, 291, 295 ; des procédés de peinture en détrempe et de dorure du maître peintre Dandrillon, VI, 280, 311-312, 314-315 ; des dessins et mém. du sʳ Ch. Dupuis, VII, 128, 131-132, 134-135 ; du vernis du sʳ Le Febvre, VI, 302, 311-312 ; des modèles apportés par le sʳ A. Loriot, VI, 267 ; du projet de décoration à Saint-Germain - l'Auxerrois, VI, 264-267 ; du Nouveau mém. de M. de Silvy, VI, 295.

Traités :

Discours sur la nécessité de l'étude de l'architecture, 1754, VI, 221-222. — Traité d'architecture, 1737-1738, VII, XIII, 167. — L'Architecture française ou Recueil des plans, élévations, coupes... des églises, maisons royales... de Paris, ainsi que des châteaux et maisons de plaisance situés aux environs... ou en d'autres endroits de la France..., par Jacques-François Blondel, 1752-1756, I, XXVI, XXX-XXXI, XXXVII, 9, 143 ; II, 174, 175, 176 ; III, 19, 279, 342 ; V, 161, 287, 314, 346, 348 ; VI, XXXI, 216 ; VII, XIII, 165, 168 ; VIII, 20 ; offre d'un ex. à l'Acad., VI, 188-189. — Distribution et décoration des maisons de plaisance, 1737-1738, VII, XIII, 256. — Cité, IV, XXIX ; VI, XXXV, 248, 271 ; VII, 3, 4, 188, 190, 312, 315, 316 ; VIII, XIV, 25, 106, 143 ; IX, XXII, XXX.

BLONDEL (Jean-François). Né en 1681, mort en 1756. — Notice biographique, VI, XVI. — Académicien de 2ᵉ classe le 25 oct. 1728, V, 32, 33 ; présenté pour la 1ʳᵉ classe en 1742, V, 318, 325 ; en 1746, VI, 56 ; en 1749, VI, 117 ; promu le 7 mai 1749, VI, 119 ; brevet, VI, 125. — Proposé pour le professorat, VI, 97. — Annonce de son décès à la séance du 15 nov. 1756, VI, 277, 278, 281, 283. — Élèves, VI, 264. — Planches pour le Recueil projeté des travaux de l'Acad., V, 322. — Examen du Mém. de Mansart de Lévy sur un projet de nouveau règlement, VI, 88, 89. — Montre des projets pour l'église Sainte - Marie - Madeleine à Besançon, VI, 68. — Examen du nouveau plomb laminé, V, 71 ; du Mém. de M. de Silvy, VI, 206, 208-210. — Dessins de l'ordre toscan, V, 347. — Désigné pour le Rapport sur les cinq ordres, V, 334, 337, 338. — Livre d'architecture, 1745, III, 324 ; IV, XXXII, XXXIII, XXXV, 183 ; V, 143, 151, 331, 346, 348, 352 ; VI, XXX, 7, 191, 193 ; en offre un ex. à l'Acad., VI, 29 ; abrégé par Jacques-F. Blondel, VI, 222. — Fragments d'architecture et dessins de trois croisées du Louvre, VI, 123, 245-246. — Les fêtes publiques pour les

deux mariages du Dauphin, 1745-1747, VI, XXXI, 141, 142 ; offre des deux volumes à l'Acad., VI, 170. — Cité, V, 276 ; VI, XXXI, 41, 88, 130, 131, 170, 178, 184, 216, 248.

BODIN (Catherine). Épouse R. de Cotte, II, XXIX ; IV, XXXVII, XXXVIII.

BODIN (Marie). Femme de Mansart. — Ses armoiries, I, XLIV.

BOFFRAND fils. Présenté pour la 2ᵉ classe en 1735, V, 171, 172.

BOFFRAND (Gabriel-Germain). Né vers 1667, mort le 17 mars 1754. — Notice bibliographique, IV, XXXII-XXXVI ; VI, XVII. — Académicien de 1ʳᵉ classe le 22 mai 1709, III, 319 ; confirmé à la 1ʳᵉ classe le 31 mars 1718, IV, 153 ; difficultés pour la préséance, V, 144-145. — Maladie, VI, 130-131, 156, 178, 216. — Annonce de son décès [du 17 mars] à la séance du 26 mars 1754, VI, 217, 218, 251. — Élèves, V, 343 ; VI, 26, 40, 62, 64, 121 ; VII, XIV, XXIV.

Affaires intérieures académiques :

Documents divers relatifs au Recueil de travaux projeté par l'Acad., V, 143, 144, 147, 149, 351 ; VI, 187, 190-195. — Examen du Mém. de Mansart de Lévy sur un projet de nouveau règlement, VI, 88, 89.

Divers :

Mém. sur l'architecture en général, VI, 86. — Excellence et proportions de l'architecture, V, 322. — Mém. dans lequel il applique l'art poétique d'Horace aux principes d'architecture, V, 151, 351-352 ; VI, XXX, 192-193. — Changements introduits dans le texte du Discours inaugural de François Blondel, VI, 188, 190. — Plan de la Solymanié à Constantinople, III, 325. — Dissertation sur le bon goût, V, X, 139, 149 ; VI, 191, 192 ; VII, 259, 265 ; VIII, 98. — Chargé de revoir divers mém. sur le bon goût, V, 144. — Mém. touchant les incendies, IV, XLVIII, 183-184, 189, 192, 193. — Observations sur le pont de Joigny, V, 11-12. — Plans du château de Lunéville, III, 324-325. — Mém. sur les matériaux et machine à éteindre la chaux, VI, 202, 206. — Machine à feu, IV, 318 ; IX, XXI. — Plan et construction du château de la Malgrange, IV, 4-5 (fig.). — Ordres, proportions, VI, 8-9 ; chapiteau corinthien, VI, 123 ; colonnes d'un salon octogone, IV, 264 ; corniches intérieures, III, 338. — Dessin d'un palais, V, 330. — Projet de déclaration et règlement concernant la police des bâtiments de la ville de Paris, VI, 161-162. — Demande l'examen de son Mém. au sujet de la fonte de la figure équestre de Louis XIV, V, 330-331 ; offre un ex. du livre, V, 348 ; VI, XXX, 106. — Puits et réservoir à la Salpêtrière, V, 71. — Mém. sur les parquets, VI, 171. — On lui délivre copie des Observations sur le plomb laminé,

V, 71. — Dessin de cintre de charpente pour arche de pont, IV, 277-278. — Plan nouveau de portes d'écluses, IV, 317. — Lit un discours de M. de Pouilly, VI, 102. — Apporte un Recueil de dessins gravés des monuments de Rome et des machines pour élever les obélisques, VI, 165. — Construit le pont de Sens, IV, 320. — Mém. sur la solidité des édifices, VI, 193. — Toisé en général, V, 35, 315, 316, 350 ; VI, 19-20, 169, 170, 206 ; des gros murs, IV, 156, 159-160 ; V, 57 ; des murs en fondation, V, 30 ; des légers ouvrages, V, 127-129, 131 ; des voûtes, V, 41, 42, 44, 45, 46, 49. — Us et coutumes, IV, 269-272, 297-298, 300-302, 314, 321-322, 324-325, 327-329 ; V, 6, 20, 159, 322.

Examens :

Examen de l'ouvrage de Jean-Fr. Blondel : Fêtes publiques à l'occasion du mariage de Mgr le Dauphin, VI, 141-142 ; de celui de J.-B. Delarue sur la coupe des pierres, V, 3 ; des procédés de Picault pour le rentoilage des tableaux, VI, 70. — Cité, III, xx, xxiv ; IV, viii, xii, xviii, xlvii, 110 ; V, vi, 276, 352 ; VI, x, xxvii, xxxv, 12, 17, 39, 41 ; IX, xix, xxx, xxxi.

BOFFRAND (Jean). Architecte à Nantes, père de Gabr. Germain, IV, xxxii.

BOHÊME. Visitée par Blondel, I, xxiii.

BOILEAU-DESPRÉAUX (N.). Attribue le dessin de la colonnade du Louvre à Le Vau, I, xlii.

BOISGELIN DE CUCÉ (Raimond DE). Archevêque d'Aix. Travaux du Palais de Justice d'Aix, IX, 163, 164, 166.

BOISLISLE (DE). Notice historique sur la place des Victoires et la place Vendôme, I, xliii ; II, xxiii. — Publie les Lettres royaux de nomination de Mansart à la Surintendance, III, xiv. — Édite les Mém. de Saint-Simon. Voir ce nom.

BOISSEL ou BOISSET. Élève de Lefranc, admis en 1757 à concourir pour 1758, VI, 297 ; concourt en 1758, VI, 323.

BOITO (C.). La Basilica di San Marco in Venezia, 1888, et trad. française par Cuvellié, 1890, II, 229, 232, 236.

BOIZARD. Aspire au prix en 1733, V, 119.

BOIZOT. Élève de Franque, VII, 99. — Admis à concourir en 1761, VII, 72 ; en 1762, VII, 101 ; en 1764, VII, 175. — Candidat au prix d'émulation de février, 1764, VII, 169.

BOLOGNE. Plans et profils d'églises par R. de Cotte, II, 257. — Projet d'un palais papal aux environs, V, viii, 299, 301, 303.

BOLZETTA. Éditeur, I, 8.

BOMPIERRE. Machine à battre les pilotis, VI, 89-90.

BONAMI (Sylvain-Edme). Né à Paris. — Élève, VII, 209. — Prix d'émulation de juill. 1763, VII, 151, 163 ; de janv. 1764, VII, 168 ; de févr., VII, 169 ; de mars, VII, 171 ; de mai, VII, 180 ; de juin, VII, 182 ; de nov.,

VII, 190 ; de déc., VII, 194 ; de janv. 1765, VII, 201 ; de févr., VII, 204 ; de mars, VII, 208, 209 ; de déc. 1766, VII, 271, 272 ; candidat au prix d'émulation de juill. 1765, VII, 228. — Esquisse au concours du grand prix en 1765, VII, 214 ; admis à concourir en 1767, VII, 277.

BONAMY. Mém. sur les aqueducs de Paris, 1764, IV, 295.

BONCOURT (Jean - Pierre). 1er prix le 4 sept. 1724, IV, 292 ; ne va pas à Rome, IV, XVII ; présenté pour la 2e classe en 1735, V, 171, 172, 178.

BONDO (Lienard). Propriétaire d'une carrière près Bagneux, I, 248.

BONN. Château de l'Électeur de Cologne, travaux de R. de Cotte, IV, XL, XLII.

BONNARD (Jacques-Charles). Prix d'émulation de sept. 1787, IX, 212. — Admis à concourir en 1785, IX, 156 ; en 1786, IX, 183 ; en 1788, IX, 226 ; 1er prix le 26 août 1788, IX, 235 ; envoi à Rome avec mission d'en étudier les aqueducs, canaux et égouts, IX, 239, 240, 241-242.

BONNEAU. Conservateur de la bibliothèque de Saint-Germain. Document sur un don de terrain, par le Roi, dans cette ville, VI, 24, 352-353.

BONNEFON (P.). Éd. l'Amateur d'autographes, I, XVIII. — Les Mém. de ma vie, par Charles Perrault, 1909, I, XXXVIII, XLII, LI, 26, 73 ; II, 209. — Voyage à Bordeaux, par Cl. Perrault (1669), 1909, I, 26.

BONNET. Présente un mém. sur l'établissement d'une fabrique de cuivre en feuilles, IX, 161-162, 172, 173, 210.

BONNET (Alexis-François). Né à Paris vers 1751. — Élève de Jacques-Fr. Blondel, VIII, 189. — Prix d'émulation de mars 1767, VII, 278, 289 ; de févr. 1768, VIII, 10, 40 ; de mars, VIII, 11, 40 ; d'avril, VIII, 14, 40 ; de janv. 1770, VIII, 70, 97 ; de févr., VIII, 71, 97 ; d'août 1773, VIII, 168 ; prix spécial de janv. 1772, VIII, 113. — Admis à concourir en 1770, VIII, 76 ; en 1774, VIII, 195 ; en 1777, VIII, 301 ; 2e prix en 1774, VIII, 203, 207.

BONNET (Ém.). Montpellier aux XVIIe et XVIIIe siècles, 1912, VII, 329.

BONNI ou BONY (Jean-Fr.). Copie d'un dessin chinois et estimation, IX, 81-84.

BONNOT. Vérificateur de serrurerie. Présentation de son ouvrage, Détail général des fers, IX, 67, 69, 71.

BONPORT (abbaye de). Visite, I, 224-225 ; V, 22.

BONTEMPS. Invitation pour le « Musée », IX, 145.

BONVOISIN. Doreur. Montre des modèles de son travail, VIII, 232.

BONY. Voir : Bonni.

BOQUET (Jacques-Martin). Aspire au prix en 1737, V, 207. — Élève de Jossenay, VI, 63.

BORDEAUX. Acad. des Arts, projets de Combes pour un hôtel, IX, 232. — Observations de Fr. Blondel, II, XXVII. — Bitume des environs, III, 356. — Château-Trompette, IX, 347. —

Embellissements, IX, xvi. — Travaux de Jacques Gabriel, IV, xxxi. — Hôpital, demande de Combes, IX, 248. — Intendant, II, 127. — Voyage de Cl. Perrault, I, 26. — Place, projet demandé à R. de Cotte, IV, xxxix ; revers de médaille, V, 152, 177, 264, 280. — Projets divers par Soufflot, VI, 329. — Théâtre, VI, 103. — Tutèles, I, 26.

BORDIER (abbé Jean). Travaux à l'église de Saint-Victor à Paris, I, 185.

BORROMINI. Architecte. Né en 1599, mort en 1677. Travaux à Rome à Sainte-Agnès, III, 302 ; au palais Barberini, VI, 328. — Jugé par Desgodets, VIII, 117.

BORY (DE). Projet de combler le bras sud de la Seine au long de la Cité, IX, 254.

BOSERIT ou BOSERY. Présenté pour la 2ᵉ classe en 1742, V, 324 ; en 1755, VI, 249 ; candidat en 1756, VI, 279 ; en 1758, VI, 311.

BOSSE (Abraham). Manières de dessiner les ordres antiques, 1659, III, 49 ; V, 191. — Revoit le traité de la coupe des pierres de Desargue, 1672, II, xxv.

BOSSE (Jean). Élève de Gondoin, VIII, 226. — Prix d'émulation d'août 1775, VIII, 234 ; d'avril 1776, VIII, 266.

BOSSUET, II, 112 ; III, 192.

BOSSUT (abbé). Associé libre le 18 mars 1776, VIII, xiv, 261. — Nommé professeur d'hydraulique le 3 janvier 1777, VIII, x, xiv, 292 ; extrait des Registres du Conseil d'État relatif à la nomination, VIII, 293-294 ; Monge lui est adjoint, IX, 5 ; résigne ses fonctions, IX, 178-179. — Commis à la revision des statuts, IX, 272 ; à l'examen des propriétés du blanc d'albâtre, IX, 177, 184 ; du blanc de zinc, 179, 184 ; du levier tournant de Bernières, VIII, 278 ; des Recherches sur la pouzzolane de Faujas de Saint-Fond, VIII, 366, 380 ; des modèles du sr Fourneau, IX, 244 ; de l'ouvrage de tour du même, VIII, 272, 279 ; des gravures des écoles de chirurgie de Gondoin, IX, 6, 7 ; du moulin du sr Nicolas, dit Delot, IX, 198, 199 ; des travaux de Couture à la Madeleine, IX, 191, 192 ; des plans d'écoulement des eaux de Bicêtre, IX, 24, 25, 26, 27, 28, 31, 33, 234 ; de l'état du Pont-Rouge, IX, 264-266, 277 ; des marbres des carrières de la Mˡˢᵉ de Poulpry, IX, 186, 189, 190. — Nouvelles expériences sur la résistance des fluides, VIII, 297. — Cité, VIII, 369 ; IX, 254, 255.

BOUCARD (Étienne). Admis à concourir en 1755, VI, 236 ; 2ᵉ prix en sept. 1755, VI, 243.

BOUCHARDON. Statue équestre de Louis XV, VI, 191 ; fonte, VI, 331.

BOUCHEFORT. Château, construction de Boffrand, IV, xxxiv, xxxv.

BOUCHER (Jean-Bernard). Élève, VI, 64.

BOUCHER (Juste-François). Né à Paris en mai 1739. Élève, VII, 99 ; admis à concourir

en 1760, VII, 44 ; en 1761, VII, 72, 79 ; en 1763, VII, 145 ; 2ᵉ prix en 1761, VII, 80 ; en 1763, VII, 153.

BOUCHER (François). Peintre. Style, VI, 262.

BOUCHES-DU-RHÔNE. Encyclopédie, IX, 370.

BOUCHU (Paul-Antoine). Né à Lyon. Élève, VII, 208 ; candidat au prix d'émulation de mars 1764, VII, 171 ; de déc., VII, 194 ; de févr. 1765, VII, 204 ; d'avril, VII, 214 ; prix de févr. 1765, VII, 204, 208. — Esquisse au concours du grand prix en 1765, VII, 214 ; admis à concourir, VII, 215 ; en 1768, VII, 16 ; 2ᵉ prix en 1765, VII, 233.

BOUDET père. Épouse la fille de Jean Beausire, VI, xv.

BOUDET fils. Élève, VI, xv.

BOUELLES (Charles DE), II, 261.

BOUILLON (DE). Hôtel à Paris, II, 167.

BOUILLON (Françoise, duchesse DE). Élève le tombeau de Diane de Poitiers, sa mère, I, 239.

BOULAND. Élève, VII, 99.

BOULLÉE (Louis-Étienne). Né en 1728, mort le 6 févr. 1799. — Notice biographique, VII, XIV-XV. — Élève, VI, 62. — Présenté pour la 2ᵉ classe en 1762, VII, 90, 91, 103, 117 ; promu le 26 août 1762, VII, 118 ; présenté pour la 1ʳᵉ classe en 1776, VIII, 272, 277, 278 ; en 1777, VIII, 315 ; en 1780, IX, 30 ; promu le 10 déc. 1780, IX, 30, 31. — Signe le dernier procès-verbal, IX, xxx. — Ses élèves, VIII, 67, 169, 189, 203, 225, 247, 267, 313, 387.
Affaires intérieures académiques :
Chargé des observations dans l'affaire Mique, VI, 321, 324-330.
Enseignement :
Organisation nouvelle de l'enseignement, VIII, 176. — Présentation des élèves, VII, 139. — Nouveau règlement, VIII, 417-419. — Examen du concours d'émulation de févr. 1766, VII, 245 ; des esquisses de 1777, VIII, 301, 312 ; de 1778, VIII, 349, 358, 360 ; de 1785, IX, 155, 156, 162 ; de 1788, IX, 225-226, 234-235 ; de 1791, IX, 302-303, 308-309 ; de 1792, IX, 321-322, 331. — Rapport sur l'organisation du séjour des élèves à Rome et la désignation des monuments à étudier, IX, 198, 212-218, 259-260, 261. — Examen des envois de Rome, VIII, 318-319, 334-337, 372, 374, 375-377 ; IX, 214, 271. — Revision des statuts, IX, 272.
Travaux :
Projet pour la transformation de l'hôtel de La Force à Paris, IX, 22, 23 ; pour l'hôtel des Monnaies, VII, 89-90.
Examens :
Examen du projet de Palais de Justice d'Aix, IX, 163, 164, 166 ; du projet de Combes pour un hôtel de l'Académie des Arts à Bordeaux, IX, 232 ; des projets d'Ixnard pour la résidence électorale de Coblentz, VIII, 386, 388 ; de l'ordre d'architecture du sʳ Debard,

IX, 323-325 ; du vernis du s^r Laboureau, IX, 52, 53 ; du projet du s^r Lucotte pour la taille de la pierre hors Paris, IX, 206-208 ; du projet de Franque pour la place du Peyrou à Montpellier, VII, 231, 233-235 ; des travaux de Couture à la Madeleine, IX, 191, 192 ; de la coupole de la nouvelle Halle au blé, à Paris, IX, 117 ; des plans d'écoulement des eaux à l'hospice de Bicêtre, IX, 24, 25, 26, 27, 28, 31, 33, 234 ; des projets de la Grande Galerie, IX, 170-171, 173, 174, 175, 176, 180, 183, 358-362 ; de l'organisation de la place du Palais, IX, 222-223 ; de l'état du Pont-Rouge, IX, 264-266, 271 ; du traité des ordres de Potain, VII, 238, 241-243 ; des projets de travaux pour la cathédrale de Rennes, IX, 144, 145-146, 148, 150-151 ; des voûtes en poterie du s^r de Saint-Far, IX, 156, 157, 159 ; du projet de La Guêpière pour un théâtre au palais de Stuttgard, VII, 151-152, 175-178 ; des planchers du s^r Taboureau, IX, 243, 244 ; d'un mém. sur la tôle vernissée, IX, 206. — Cité, VII, 315, 316 ; VIII, xv ; IX, xxvii, xxx.

BOULOGNE-SUR-MER. Portail de la cathédrale, VII, XXXIX, 105-107.

BOURBON (famille DE). Sépultures à la Chartreuse, près Gaillon, I, 223.

BOURBON (cardinal DE). Construction de bâtiments au château de Gaillon, I, 223. — Enterré à la Chartreuse, près Gaillon, I, 223.

BOURBON (Louis III, duc DE). Hôtel, I, 174 ; III, 354.

BOURBON-CONDÉ. Voir : Condé.

BOURBON-CONTI (DE). Hôtel à Paris, VI, 170 ; terrain, VII, 90, 220. — Voir aussi : Conti.

BOURBON - L'ARCHAMBAULT, VII, 9.

BOURBONNAIS. Pierre, VII, 10. — Projets d'un château, VIII, 26.

BOURCY (Jean). Élève, VI, 64.

BOURDET (Robert). Aspire au prix en 1738, V, 230, 240 ; en 1740, V, 273 ; en 1741, V, 292 ; en 1743, V, 344 ; accessit en 1741, V, 302 ; en 1742, V, 331.

BOURG-LA-REINE. Carrières voisines, I, 186, 247, 249.

BOURGE (Antoine-Joseph DE). Né le 8 févr. 1737. — Notice biographique, VII, 275. — Admis à concourir en 1759, VII, 16, 22 ; en 1761, VII, 72, 79 ; 1er prix le 29 août 1761, VII, 80 ; candidat à la 2e classe en 1780, IX, 30 ; présenté en 1781, IX, 58 ; en 1785, IX, 169 ; promu le 5 déc. 1785, IX, 170. — Prend le s^r Jobbé pour élève, IX, 276.

Affaires intérieures académiques :

Établissement des revenus et charges, IX, 313. — Choix du professeur de trait, IX, 318. — Revision des statuts, IX, 272.

Travaux divers :

Présente ses projets pour un château, VII, 277 ; des études d'Italie, VII, 275 ; une salle d'Opéra, VIII

42-44 ; des projets divers, VIII, 166.

Examens :

Examen des ardoises d'Angers et de Rimaigne, IX, 252, 253, 254, 262 ; des ponts en charpente du s^r Mignerot, IX, 312, 314 ; du projet d'ordonnance de la place du Palais, à Paris, IX, 222-223 ; de l'affaire de la serrure commandée par la Reine, IX, 227.

BOURGE (Eustache-Jos. DE). Aspire au prix en 1727, V, 11 ; en 1728, V, 29 ; 2e prix le 26 août 1727, V, 15 ; le 22 nov. 1728, V, 34 ; 1er prix le 21 nov. 1729, V, 49.

BOURGEOIS. Élève, VII, 90. — Candidat au prix d'émulation de nov. et déc. 1763, VII, 163 ; de févr. 1764, VII, 169 ; de mars, VII, 171 ; concourt pour le grand prix en 1765, VII, 214.

BOURGEOT. Prix d'émulation de mai 1788, IX, 226 ; de sept., IX, 236 ; de nov. 1789, IX, 257.

BOURGES. Archevêché, II, XXII, XXXI, 122. — Archevêque, I, 225. — Séminaire, VI, XII.

BOURGOGNE (duc DE). Naissance, médaille commémorative, VI, 186, 207, 226 ; VII, 24, 25 ; Te Deum, VI, 169, 170.

BOURGOGNE. Brique, VII, 69, 166 ; VIII, 6, 122. — Canaux, IV, 289, 304, 316 ; V, 13-16, 21, 37. — États, architecte, VII, XIX, 3, 84, 85, 96, 97 ; ingénieur, VII, 6 ; VIII, 197, 275. — Pont, IV, 284. — Travaux de M. de Saint-André, VII, 3.

BOURRAT. Requête (pont de Pirmil, à Nantes), IV, 126.

BOURRILLY. Article de l'Encyclopédie des Bouches-du-Rhône, IX, 370.

BOURSIER. Élève. Présente des dessins de sa composition, VIII, 110, 176, 177.

BOURSIER (Germain). Peintre, VIII, 177.

BOURSIER (Louis - Nicolas). Peintre, VIII, 177.

BOUSSARD, d'Angers. Présente des équerres, règles et un carré de fer, VII, 170, 181.

BOUTERON (Marcel). Copie et collationne le ms. du premier registre des Procès-verbaux, I, III ; II, VI ; IX, XI. — Communication de recherches sur la description de l'ancien Louvre de Félibien, III, 280.

BOUVET (J.). L'état présent de la Chine en figures, 1697, III, 363.

BOYER (abbé). Archevêque de Bourges. Travaux à l'abbaye de Saint-Ouen de Rouen, I, 225.

BRAM (château de). Voûtes en brique à plat, VI, 78 ; VII, 323.

BRAMANTE. Né en 1444, mort en 1514. Travaux à Saint-Pierre-de-Rome, III, 132-133. — Chapelle ronde du couvent de Saint-Pierre-in-Montorio (Tempietto), I, 67 ; III, 113, 133. — Travaux, III, 362.

BRANCA (Giovanni). Le machine, 1629, II, XIV, 214. — Manuale d'architettura, 1629, II, XIV, 214.

BRANCAS (DE). Hôtel à Paris, II, XXIII.

BRANDEBOURG (Électeur de),

I, XXIII. — Margrave, projet de Couture pour une maison de campagne, VIII, 79.

BRÉBION (François). Aspire au prix en 1743, V, 344; en 1744, VI, 6; admis à concourir en 1745, VI, 26, 35; en 1746, VI, 49; accessit en 1743, V, 349, 350; 1er prix le 5 sept. 1746, VI, 57; n'est pas envoyé à Rome, VI, 120.

BRÉBION (Maximilien). Né en 1716, mort vers 1796. — Notice biographique, VI, XVII. — Aspire au prix en 1735, V, 167; en 1736, V, 190; en 1737, V, 207; en 1738, V, 230, 240; en 1739, V, 256; en 1740, V, 273; 2e prix en 1736, V, 199; en 1739, V, 264; 1er prix le 21 nov. 1740, V, 279; académicien de 2e classe sur nomination directe le 10 déc. 1755, VI, 247; brevet, VI, 294; présenté pour la 1re classe en 1771, VIII, 109; en 1772, VIII, 141; en 1773, VIII, 167, 168; promu le 6 sept. 1773, VIII, 169, 170. — Ses élèves, VII, 99, 266; VIII, 169, 188, 225..

Affaires intérieures académiques :
Papiers de J. Beausire le jeune, VII, 53, 57-58, 60-61; VIII, 56-71. — Bibliothèque, dépouillement des dessins, IX, 2. — Droit de présence, IX, 110, 115-116. — Candidature de Hotzendorf à la correspondance, VIII, 152, 165. — Installation nouvelle, dépenses, VIII, 145-146. — Affaire Mique, VIII, 321, 324-330. — Nouveaux statuts, VIII, 250; IX, 272. — Examen des cahiers sur les us et coutumes et toisé, VIII, 284, 291, 363.

Enseignement :
Organisation nouvelle, VIII, 176. — Nouveau règlement, VIII, 204, 265. — Choix du professeur de trait, IX, 318. — Examen du Mém. de Potain sur le concours, VIII, 186-187. — Examen des esquisses de 1776, VIII, 279; de 1777, VIII, 312; conditions du grand prix et examen des esquisses pour 1779, VIII, 377, 379, 386 387; pour 1781, IX, 47, 54; pour 1783, IX, 102, 111-112; pour 1787, IX, 203-205, 211; pour 1789, IX, 246-248, 255-256. — Examen des envois de Rome, VIII, 318-319, 334-337, 372, 374, 375-377; IX, 86, 88, 118, 119, 120.

Travaux divers :
Chargé de faire un modèle des combles à fermes légères, IX, 87. — Présente le Discours sur les monuments de l'abbé de Lubersac, VIII, 243. — Dessin d'ordres superposés, VII, 19. — Mesures précises des ordres de la cour du Louvre, VI, 287. — Continue les travaux de Soufflot au Panthéon français, IX, 336.

Examens :
Examen du projet de Palais de Justice à Aix, IX, 163, 164, 166; des ardoises d'Angers et de Rimaigne, IX, 252, 253, 254, 262; du plancher du sr Angot, IX, 79, 80; du ms. d'Antoine, série de colonnes, VIII, 354, 381, 382; des plans pour les bains de Bagnères-de-Lu-

chon, IX, 144, 146, 149-152 ; des prétentions respectives des carriers et des toiseurs de pierre, IX, 193, 194, 195 ; des projets d'Ixnard pour la résidence électorale de Coblentz, VIII, 386, 388 ; de la lettre de Cossigny sur la pouzzolane, IX, 201, 202 ; des dessins et mém. du s^r Ch. Dupuis, VII, 128, 131-132, 134-135 ; des briques nouvelles du s^r Fabre, VIII, 122, 125 ; des procédés du s^r Féroussat pour la fabrication du plâtre, VIII, 214, 217-218, 234-239, 352, 355, 357 ; de la protection des bâtiments contre le feu, VIII, 318 ; de la résistance du carton du s^r Gardeur, IX, 35 ; d'un ouvrage de Gérard, maître serrurier, VIII, 93, 94 ; des plans de l'église de Guebwiller, VIII, 52, 55-57 ; du vernis du s^r Laboureau, IX, 52, 53 ; de la roue de carrière du s^r Loriot, VI, 272 ; du Mém. de Lespée sur le toisé, VIII, 363, 364, 365, 367 ; du ms. de Lussault, IX, 79 ; des projets pour la manécanterie de Lyon, VII, 104-105 ; des projets pour la tour de la cathédrale de Mayence, VIII, 83-89 ; des travaux de construction de la Madeleine, VIII, 157-159, 161-165 ; des travaux de Couture à la Madeleine, IX, 153-154, 157-158 ; de la tour de l'église Saint-Sauveur à Paris, VIII, 224, 226, 228 ; des projets pour le portail de Saint-Sulpice, VIII, 2-3, 5-9 ; de la construction faite par la maison de Navarre, au faubourg Saint-Victor, IX, 187-188 ; des préparatifs pour les fêtes de 1782, IX, 59, 60, 61, 62, 63, 351-357 ; des plans d'écoulement des eaux de Bicêtre, IX, 24, 25, 26, 27, 28, 31, 33, 234 ; des projets de Boullée pour la transformation de l'hôtel de La Force, IX, 21, 22, 23 ; des travaux du Palais de Justice à Paris, IX, 97-100, 104-108, 110-114, 118-119 ; des projets de la Grande Galerie, IX, 170-171, 173, 174, 175, 176, 180, 183, 358-362 ; de la suppression des fossés de la place Louis XV, IX, 199-200 ; du projet d'ordonnance de la place du Palais à Paris, IX, 222-223 ; des expériences faites avec la pouzzolane aux bassins des Tuileries, VIII, 380 ; IX, 16, 88 ; d'une expérience avec le mastic du s^r Paroisse aux croisées du Louvre, IX, 307 ; des marbres de la M^{ise} de Poulpry, IX, 186, 189, 190 ; de l'affaire de la serrure du s^r Landry Poux, IX, 227, 228-229, 230-231, 237, 249 ; du projet d'église pour Prémontré, IX, 165, 179, 184, 275, 371 ; des projets de travaux à la cathédrale de Rennes, IX, 144, 145-146, 148, 150-151 ; du Mém. du s^r Six sur le granit, IX, 202, 203, 206 ; des plans de la réparation de la cathédrale de Strasbourg, VII, 73-79 ; des modèles de poêles suédois, VIII, 209 ; des planchers du s^r Taboureux, IX, 243, 244 ; de la demande de M. de Vaucanson, VIII, 190-193. — Cit., VI, 271 ; VII, 43, 116,

146, 171, 184, 315, 316 ; VIII, 106, 187, 203, 287, 390 ; IX, 9.

BRENNE. Rivière, IV, 316.

BRENTA. Maisons proches, II, 302. — Pont de Palladio, I, 52 ; III, 197.

BRESLAU, VI, 104.

BRESSE ET BUGEY. Ingénieur, VII, XIX, 2.

BREST. Observations de de La Hire, II, XXVII. — Formes du port, VIII, 185.

BRETAGNE. Affaires, VII, XXVIII. — Chaux de coquillages, I, 81. — États, VI, 242. — Intendance, II, 79 ; IV, XLIX, 41, 44, 45, 48, 51, 52, 59, 82, 126. — Mitoyenneté, IV, 313. — Voyage de La Hire, II, XXV.

BRETEUIL (Fr.-Victor LE TONNELIER DE), IV, 125, 131.

BRETEUIL (L.-Aug. LE TONNELIER DE). Candidat à la place d'associé libre, IX, 175 ; élu, IX, 177, 178, 181. — Élèves, IX, 206. — Construction d'une gare d'eau à Paris, IX, 142. — Construction de bâtiment au faubourg Saint-Victor, IX, 187-188. — Suppression des fossés de la place Louis XV, IX, 199-200. — Ordonnance de la place du Palais, IX, 221-223. — Demande avis sur une nouvelle tuile et sur un projet de taille des pierres hors Paris, IX, 207-208.

BRETEZ. Plan de Paris. Voir : Paris, plan.

BRETHON, VII, 9.

BRÉVÉRY. Doyen du chapitre de Châlons. Lettre au sujet de son église, VIII, 121, 131.

BRÉZÉ (le sénéchal DE). Rebâtit l'église de Saint-Lin à Anet, I, 240.

BRIANÇON. Artiste (naissance d'), VIII, 307. — Marbres de la région, VIII, 307-308.

BRIARE. Écluses du canal, IV, XLVIII, 257, 259. — Fr. Le Vau visite la région, I, XXXIX.

BRICE (Germain). Description nouvelle de Paris, 1725, I, XXXV, XLII, 319-320 ; éd. de 1752, V, 161, 196.

BRIÇONNET (Mᵐᵉ DE). Propriétaire de carrières près le moulin de la Tour, I, 187.

BRIÈRE (G.). Vues de la Grande Galerie du Louvre par Hubert-Robert, 1920, IX, 358.

BRION (président). Propriétaire d'une carrière au Chou, près Pontoise, I, 204.

BRION. Palais, I, LII ; II, XVI.

BRISEUX. Architecture moderne, P. 1728, V, 26, 29.

BRISSAC (DE). Hôtel à Paris, travaux de Leroux, IV, XXVIII.

BROCHE (Lucien). Renseignements sur l'abbaye de Prémontré, IX, 371.

BROGLIE (DE). Hôtel à Paris, V, 161.

BROGLIE (Fr.-Marie DE). Maréchal de France, ambassadeur à Londres, V, 78.

BRONGNIART (Alexandre-Théodore). Né en 1739, mort le 6 juin 1813. — Élève, VII, 99 ; candidat au prix d'émulation de nov. 1763, VII, 163 ; de déc., VII, 163 ; de janv. 1764, VII, 168 ; de mars, VII, 171 ; de janv. 1765, VII, 201 ; prix en déc. 1763, VII, 188 ; en janv. 1764, VII, 188 ; admis à concourir en 1763, VII,

145 ; en 1764, VII, 145 ; en 1765, VII, 214, 216 ; présenté pour la 2ᵉ classe en 1774, VIII, 195 ; en 1776, VIII, 272, 277, 278 ; en 1777, VIII, 315 ; en 1781, IX, 59 ; promu le 10 déc. 1781, IX, 59. — Lettre à Camus, président du comité des pensions, IX, 285. — Construction de la Bourse à Paris, IX, 30. — Présente le modèle d'une invention du sʳ Verra pour élever l'eau, IX, 68. — Cit., IX, XXX.

BROSSE (Jacques DE). Fausse attribution, I, 195.

BROSSE (Salomon DE). Construit le Luxembourg, I, 13, 207 ; V, 191 ; VI, 61, 62. — Travaux à Saint-Gervais, I, 13, 194 ; V, 191. — Publie la Règle générale d'architecture de J. Bullant, 1619, I, 12.

BROSSES (président DE). Lettre sur l'état actuel... d'Herculanum, 1750, VIII, 16.

BROSSET (Pierre). Élève, VIII, 189.

BROTTIER (abbé). Lecture de son Mém. sur les disques, IX, 65.

BRUAND. Famille, I, XXXI-XXXII ; III, XXI-XXII ; IV, XXIX.

BRUAND. Maître charpentier. Père de Sébastien, I, XXXI.

BRUAND fils. Fils de Libéral, voyage au Levant, II, 154.

BRUAND, neveu (peut-être Jacques II, neveu de Libéral). Envoyé à Rome en 1683, IV, XVI ; exclu de l'École, III, XXI ; envoie des dessins, II, 32.

BRUAND (François). Né en 1679. — Notice biogra-

phique, III, XXI-XXII. — Mariage, I, XXXIII. — Académicien de 2ᵉ classe le 5 mai 1699, III, XXIX, 63 ; de 1ʳᵉ le 22 févr. 1706, III, 239 ; confirmé le 30 mars 1718, IV, XII, 154 ; proposé comme professeur, V, 26 ; accepté le 14 juin 1728, V, 27 ; brevet, V, VI, 29 ; 1ʳᵉ leçon, V, 27 ; affiche de ses leçons pour 1729-1730, V, 49 ; suppléé par Leroux, V, 54 ; demande un sujet de prix, V, 56 ; présente les esquisses des élèves, V, 44, 56 ; démissionne le 26 juin 1730, V, 61, 68, 70, 124. — Rédige les cahiers concernant le toisé, V, 30-31, 35-36, 40, 42, 45-49, 51-55, 57-58. — Demande d'avis sur un marché de charpenterie, IV, 317 ; sur des colonnes engagées, III, 274-275. — Dessins et plans de l'Escurial, III, 179, 300 ; du canal du Languedoc, IV, 257, 258 ; des dômes de Milan et de Florence, III, 301 ; du pont de Pirmil à Nantes, IV, 44, 45, 51, 56 ; du portail des Feuillants à Paris, III, 170 ; de Saint-Gervais, III, 169-170 ; de la fontaine des Innocents, III, 280 ; de l'hôtel des Mousquetaires, III, 281 ; du pont de Rouen, III, 328-329 ; du château de Richmond, III, 281 ; de la scie à receper les pieux sous l'eau, III, 266 ; du château de Vaux-le-Vicomte, III, 195-196. — Mém. ms. touchant l'architecture hydraulique et les écluses, IV, XLVIII, 250-251, 255-256. — Parallèle des cinq ordres en tables, III, 322-323 ; VI,

221, 322. — Cit., III, 63, 281 ; IV, XLVII, 258.

BRUAND (Jacques Ier). Architexte. Mort en 1664. — Frère de Libéral et père de Jacques II, I, XXXI-XXXII. — Architecte du duc d'Orléans, I, XXXI ; du Roi, I XXXII.

BRUAND (Jacques II). I, XXXI — Voir aussi : Bruand, neveu.

BRUAND (Libéral). Né vers 1635, mort le 22 nov. 1697. — Notice biographique, I, XXXI-XXXIV ; II, 155 ; IV, XXIX. — Membre d'origine, I, X, XVI, XX, 2-3 ; fac-similé de sa signature, I, XIX. — Mention de son décès (22 nov. 1697) à la séance du Ier déc. 1698, II, XXX ; III, 54. — Arbitre entre M. de Bullion et son maçon Vautrin, II, 160. — Apporte la traduction d'Alberti de Saint-Martin, II, 228. — Position de colonnes, II, 131, 133. — Dessin (indéterminé), II, 71-72. — Fondations, II, 38-40. — Restauration à l'abbaye de Jouy, II, 108. — Pont de la Charité, II, 105. — Collaboration de Mansart, I, XLIV. — Pont de Moulins, II, 224-225. — Arc de triomphe Saint-Antoine à Paris, II, 102. — Carrière nouvelle aux environs de Paris, II, 61. — Couvent des Feuillants - Saint - Honoré à Paris, I, 143-144, 146-147. — Construit l'hôtel des Invalides, II, V ; l'hôtel de Matignon, IV, 13. — Visite la maison d'Ant. Le Paultre, I, 167-168. — Reçoit le Pont-Royal en 1689, II, 92. — Projet de remplacement du Pont-Rouge, II, 49-50, 53-56, 59. — Expérience de la pimprenelle, II, 239. — Méthode de planchers sans poutres, I, 153-154 ; II, 32. — Ponts, II, 102, 192. — Château de Richmond, III, 281-282. — Dessins envoyés de Rome, II, 32. — Hôpital de Saint-Brieuc, I, 263. — Remet à Mignard quelques mss. de Scamozzi, I, 136, 138-139. — Moulins à Strasbourg, II, 142-143. — Cit., I, LIV ; II, IV, X, XLVI ; III, XXIV ; VI, 202 ; IX, XXX.

BRUAND (Miche Libéral). Fils aîné de Libéral, I, XXXIII.

BRUAND (Sébastien). Maître général des Bâtiments, père de Libéral Bruand, I, XXXI.

BRULLÉE. Présente une sonnette à déclic, VII, 30-31, 37-41.

BRUNE (Paul). Dictionnaire des artistes et ouvriers d'art de la Franche-Comté, 1912, VII, 154.

BRUNEL (Henri). Maître menuisier. Présente des modèles d'arrière-voussures et d'escaliers, VII, 246-247.

BRUNET. Entrepreneur. Constructeur du Palais de Justice à Paris, IX, 105, 107.

BRUNOY (DE). Hôtel à Paris, VII, XV.

BRUNOY. Château, VII, 21.

BRUSCH. Rivière, II, 142.

BRUSSELLES (M. DE). Propriétaire de carrières à Pontoise, I, 202.

BRUXELLES. Château voisin, IV, XXXIV. — Médaille commémorative de la prise, VI, 57.

BRUYAS   (Jean - Jacques).

Élève, VIII, 188, 224 ; prix
d'émulation de déc. 1774,
VIII, 208 ; admis à con-
courir en 1775, VIII, 227 ;
en 1777, VIII, 301.

Buache (Philippe). 1er prix
le 24 nov. 1721, IV, xv,
231-232 ; pas d'envoi à
Rome, IV, xvii. — Devient
géographe, IV, xvi.

Bubastis. Temple, VIII, 13.

Buffon (de). Miroirs ardents
et courbure des glaces, VII,
xxxvi, 241.

Buges. Écluse, IV, 257.

Bugey. Projet de Franque
pour une maison de plai-
sance, IX, 333. — Voir
aussi : Bresse.

Bugnet (P.). Voir : Bugnier.

Bugni (Balthasar-Phil.). Admis à concourir en 1754, VI,
220 ; mention en 1754, VI,
227.

Bugnier ou Bugnet (Pierre).
Élève, VII, 99. — Admis à
concourir en 1762, VII, 101 ;
en 1763, VII, 145.

Buiret, Buyret ou Buret.
Présenté pour la 2e classe en
1720, IV, 208 ; en 1734, V,
134, 154 ; en 1735, V, 171,
173, 174, 178, 179 ; en 1737,
V, 217, 218 ; en 1742, V, 324.

Bullant (Jean). Architecte.
Né en 1510, mort en 1578.
— Portique d'Écouen, I,
196, 252 ; lucarnes, III, 34.
— Règle générale d'archi-
tecture des cinq manières de
colonnes, 1564, I, 12 ; éd. de
1568, II, 361 ; éd. publiée
par Sal. de Brosse, 1610, I,
12 ; comparaison de son texte
avec ses travaux d'Écouen
et Chantilly, I, 11-12 ; lecture, II, 253-257 ; nouvelle
lecture, III, 252-257. —
Cit., I, lviii, 125 ; II,

xliv ; III, 239, 242 ; V, 204,
205.

Bullet. Maître maçon. Père
de Pierre, II, xxi.

Bullet de Chamblain (Jean-
Bapt.). Fils de P. Bullet.
Académicien de 2e classe le
5 mai 1699, III, 63. — Cit.,
III, xx ; IV, xii.

Bullet (Pierre). Né en 1639,
mort en 1716. — Notice
bio - bibliographique, II.
xxi-xxiv ; IV, xxiii-xxiv.
— Académicien en 1685, I,
xxi ; II, x, xii, 73 ; confirmé en 1699, III, 63. —
Annonce de son décès à la
séance du 23 nov. 1716, IV,
xxvi, 103. — Devis pour les
Andelys, II, 106. — Arcade
en tour ronde, II, 270. —
Arcs surhaussés, III, 275. —
Archevêché de Bourges, II,
122. — Observations sur la
cerche selon Vignole, II,
290 ; texte intégral (fig.), II,
357-359. — Pont de Châ-
teauneuf-sur-Cher, II, 79.
— Colonnes dans un angle
rentrant, III, 316. — Re-
marques sur les effets d'optique et la diminution des
colonnes, III, 255, 258 ; VI,
30, 31. — Mém. sur les combles, II, 153 ; IV, 23. — Lit
son Essai des règles... pour
donner les hauteurs des
corniches... au dedans des
pièces, III, 338-339. —
Coupe des pierres, II, 166.
— Trait des panaches d'un
dôme, IV, 12. — Profil
d'entablement, III, 217. —
Mém. et dessin touchant le
grand escalier de l'Escurial,
III, 181. — Présente ses
Réflexions sur la grandeur
que doivent avoir les figures... pour la décoration des

édifices, III, 305, 311 ; règle, II, 162, 163. — Sentiment touchant les frontons, II, 147 ; III, 364. — Pont du Gard, III, 219-220 ; de La Ferté-sous-Jouarre, II, 79, 91, 93-94. — Présente des Réflexions sur la proposition de M. de La Hire d'élever les voûtes au-dessus du plein cintre, III, 220-221. — Plan de maison particulière, II, 113-114 ; III, 345. — Mém. sur l'abus des masques, II, 140. — Question de mitoyenneté, II, 160, 194. — Visite du pont de Moulins, II, 94-96, 103-104. — Question sur l'épaisseur des murs de soutien, II, 119-124. — Dessins pour le pont de Pirmil à Nantes, IV, 57. — Lit son Mém. : A quel genre d'édifice l'ordre qu'on appelle attique peut convenir, III, 318. — Dessin d'une règle pour les ordres superposés, III, 172-173, 178. — Question sur la proportion des ordres dans une église, III, 182. — Exemples d'ornements, IV, 38-39. — Promet des observations sur Palladio, III, 64. — Dessin pour l'arc de triomphe du faubourg Saint-Antoine, II, 101-102. — Coutume de Paris, II, 110 ; III, 190. — Pierres de taille et moellons en usage à Paris, II, 209. — Plan de Paris, I, xxv ; II, xxii ; VIII, 19. — Part prise à la construction de la porte Saint-Denis, VIII, 19. — Autel de l'église de la Sorbonne, I, 320. — Expériences de perspective, III, 175. — Méthode d'établissement des planchers, II, 341. — Mém. sur les plates-bandes, III, 188-189 ; manière d'en faire les coupes, III, 342. — Dessins de ponts, II, 93 ; d'une arcade, III, 354 ; grandeur à donner aux arches, III, 360. — Règle pour les dimensions des portes à deux vantaux, III, 199. — Origine des proportions en architecture, III, 338-339. — Pont de Saint-Pourçain, II, 144-145. — Étanchéité des terrasses, III, 221-222, 269 ; leurs murs, III, 335. — Toisé et servitudes, II, 193. — Voûtes d'arêtes sur plan carré, III, 316-317 ; sans arêtes, IV, 19 ; en cul-de-four, II, 167-169 ; trait nouveau, III, 297-298. — Architecture pratique, 1691 et 1755, II, XXIV, 21, 25, 49, 65, 109, 124, 153, 155, 157, 160, 209, 258, 361 ; III, 65, 73, 147, 150, 151, 170, 195, 197, 215, 273, 345 ; IV, 23, 84, 147, 148, 149, 157, 164, 194, 215, 233, 325 ; V, 242 ; VII, 165 ; l'Acad. en décide la lecture, V, 25, 27. — Cit., II, XLVI, XLVII, 131 ; III, XXIV, 166 ; IV, XLVII.

BULLETIN de l'Art ancien et moderne, VI, 242 ; IX, XXIV.

BULLETIN monumental, IV, 7, 267.

BULLETINS et Mém. de la Société de l'histoire de Paris, I, XV.

BULLION (M¹ˢ Charles DE). Différend avec ses maçons Le Brun et Vautrin, I, LVII, 253, 256-258 ; II, 160.

BULTEAU (abbé). Monogra-

phie de la cathédrale de Chartres, 1887-1901, II, 34.

BUONAROTTI (Michel-Ange). Né en 1475, mort en 1564. — Chapelle des Médicis à Florence, I, 135. — Pont sur l'Arno, I, 268 ; II, 9. — Dôme de Saint-Pierre de Rome, II, 51 ; VI, 96. — Porte du Peuple, III, 318.

— Additions à Vignole, II, 363. — Cit., II, 19, 144 ; V, 138.

BURET. Voir : Buiret.

BURLINGTON (comte DI). Fabbriche antiche design. da A. Palladio, 1730, un ex. offert à la bibliothèque par Trouard, IX, 27.

BUYRET. Voir : Buiret.

C

CACHAN. Machine à feu, IV, 318.

CAEN. Demande d'avis sur la construction de l'église des Jésuites, Notre-Dame-de-la-Gloriette, II, xxxi, 20-23. — Généralité, ingénieur des ponts, VIII, 374 ; IX, 223, 304. — Maison de force voisine, VIII, 182, 183 ; IX, 223. — Palais de Justice, projets de Lefebvre, VIII, 374. — Pré Bel-Ébat, II, 20.

CAFFIERI (Jean-Jacques). Offre un buste de Colbert moulé par lui, IX, 168-169. — Les Caffieri, par Jules Guiffrey, 1877, IX, 169.

CAILLETEAU, dit Lassurance. Mort en 1724. — Notice biographique, IV, xxix, xxx. — Académicien de 2e classe le 5 mai 1699, III, 63 ; de 1re classe le 22 févr. 1706, III, 239. — Annonce de son décès à la séance du 20 nov. 1724, IV, 294, 302. — Construit l'hôtel d'Auvergne à Paris, VII, 154. — Cit., III, xx ; IV, xviii ; VI, xxi ; IX, xxx.

CAILLETEAU, dit Lassurance fils (Jean). Mort en 1755. — Notice biographique, VI, xxi. — Présenté pour la 2e classe en 1723, IV, 260 ; promu le 8 mars 1723, IV, 261 ; brevet, V, 69 ; présenté pour la 1re classe en 1734, V, 134 ; promu le 15 févr. 1734, V, 134, 141, 142. — Annonce de son décès à la séance du 24 nov. 1755, VI, 244, 245. — Garnier d'Isle, son collaborateur, VI, xx, xxi. — Cit., V, 276 ; VI, 290 ; IX, xxx.

CAILLETEAU - LASSURANCE (Pierre). Présenté pour la 2e classe en 1737, V, 217, 218. — Contrôleur des Bâtiments de Saint-Germain, VI, xxi.

CAIRE (LE). Consul, III, 206.

CAISSE D'ESCOMPTE. Construction, IX, 245.

CALABRE. Tremblement de terre, IX, 103.

CALENDRIER romain. Histoire par Fr. Blondel, 1682, I, xxvi ; Traité du même, 1684, I, xxvi.

CALIMACHUS, VIII, 13.

CALIPPE (Jean-François). Serrurier. Présente le dessin d'un pont de fer, IX, 128 ; d'un verrou, VIII, 160.

CALLET. Élève de Bellissard, VIII, 393. — 1er prix d'émulation de févr. 1782, IX, 66.

CAMBRAI. Travaux de Jacques-Fr. Blondel, VII, xiii.

CAMBRE (Oise). Carrière, VI, 175, 282.

Camp de César. Carrière, I, 334.

Camposampiero. Voir : Castello di Camposampiero.

Camus. Élève. Voir : Le Camus (Louis-Denis).

Camus (Armand - Gaston). Membre de l'Assemblée nationale. Lettre réclamant au secrétaire l'état des traitements et pensions des membres et des encouragements aux élèves, IX, 277 ; pièces relatives et état demandé, IX, 278-285.

Camus (abbé Charles-Étienne-Louis). Né en 1699, mort en 1768. — Notice biographique, V, VI-VII. — Succède à J.-F. Félibien comme secrétaire le 30 juin 1733, V, VI, 124. — Professeur le 26 juin 1730, V, IX, 61 ; brevet, V, 68-69 ; jeton supplémentaire, VI, 173. — Maladie, VIII, 2, 12, 13. — Annonce de son décès (mai 1768) à la séance du 11 juillet 1768, VIII, IX, 21, 37, 38, 39. — Élèves, VI, 26, 40, 62-63, 102, 121, 200, 259 ; VII, 16, 44, 99, 220, 245, 274, 302 ; VIII, 31.

Affaires intérieures académiques :

Prend en charge divers effets transmis par Mme de Félibien, V, 127. — Affaire des registres confiés à Beausire le jeune, VII, 42, 57. — Chargé de rassembler les livres possédés par l'Acad., VI, 214-215 ; du classement et reliure du recueil de dessins gravés, envoyés par le directeur général, VI, 165 ; des copies des Traités du toisé de Godot et de Desgodets, VI, 175, 176. — Commissaire dans l'affaire de la création de correspondants, VII, 7, 10-14, 97, 338 ; VII, XIX. — Précis des Mém. sur le bon goût qui ont été lus, V, X, 140-143. — Mise en ordre de ce qui a été fait sur les us et coutumes, V, 134 ; le toisé des voûtes, VI, 146. — Affaire de la nomination de M. de Wailly, VII, 303-307.

Enseignement :

Sujet de ses leçons, VI, 227. — Règlement pour la discipline du concours, VII, 108-109.

Divers :

Anse de panier à cinq centres, VI, 73-74. — Diminution des colonnes, VI, 31. — Géométrie des corps, V, 322 ; des surfaces, VI, 20. — Sentiment sur le bon goût, VIII, 309. — Observations sur le mortier en usure de meule, VI, 211. — Mém. sur les ordres, V, 187, 188. — Calcul de l'épaisseur des piles et des culées des ponts, V, 334-335, 339, 340. — Décision sur quelques articles du toisé, V, 316 ; toisé des murs, VI, 162 ; des trompes, V, 106-109, 121, 238-240 ; des voûtes, V, 67, 69, 70, 78-85, 88-90, 92, 96-99, 105-109, 120-122, 174, 176-177, 231-232, 290, 299, 329 ; VI, 148-150. — Mém. touchant les us et coutumes, V, 159-160. — Rapport sur les 9e et 10e livres de Vitruve, V, 150. — Calcul de la poussée d'une voûte, V, 333, 339, 340, 342.

Examens :

Examen du Mém. du

sr Baile sur un procédé de chauffage, V, 300 ; du Mém. de Boffrand sur la police des bâtiments de la ville de Paris, VI, 162 ; des projets de de Wailly pour la restauration de Saint-Bénigne de Dijon, VII, 140, 142 ; de la pompe du sr Jacquet, VII, 150, 153-154 ; des briques nouvelles des srs Laurent et Scheffer, VII, 155-156 ; de la proposition du sr Mandrin pour un 6e ordre, VI, 145 ; du Mém. de Mansart de Lévy sur le toisé, VI, 154, 159-160 ; de la solidité d'une maison destinée à servir de caserne, rue Mouffetart, à Paris, VII, 239, 245-246, 249-255, 260-261 ; du Mém. de M. de Silvy, VI, 206, 208-210, 295, 297 ; des pièces et plans relatifs à la réparation de la cathédrale de Strasbourg, VII, 33-37. — Cours de mathématiques, 1749, VI, 120-121. — Cit., V, 171, 298, 306 ; VI, xi, xxvii, 17, 22, 39, 88, 102, 103, 111, 121, 131, 134, 202, 206, 236, 253, 261, 275, 281, 283, 289, 290, 314, 315, 316, 321, 334, 335, 336, 337, 338 ; VII, ix, 4, 33, 41, 90, 135, 146, 168, 169, 185, 193, 202, 229, 246, 269, 289, 302, 310, 311, 312, 317, 318 ; VIII, 2, 5 ; IX, xxx.

CANTELEU, I, 232.

CAPPELIS (DE). Hôtel à Avignon, IX, 369.

CAPRAROLA (château de), VII, 256. — Porte de la chancellerie, III, 31.

CARACALLA. Temple de Sérapis, I, 64.

CARCASSONNE, VI, 78.

CARCENAC. Plans de l'Hôtel-Dieu de Montpellier, VII, xl, 54-56.

CARCOPINO (J.). Indications sur la Via Ostiensis, I, 271. — Ostiensia, 1909-1911, III, 329.

CARDINALE (LA). Galère de Blondel, I, xxiii.

CARDON. Mém. sur un moyen d'éviter la fumée, IX, 189.

CARLIER (François). Aspire au prix en 1726, IV, 327 ; 1er prix le 19 août 1726, IV, 331.

CARLOVINGIENS, I, 325.

CARON. Architecte. Contestation de titre, VIII, 185-186.

CAROPHILUS (Blasius). De antiquis marmoribus, 1743, IX, 29 ; trad. de Bellanger, IX, 29, 30, 31.

CARRACHE (Annibal). Galerie du palais Farnèse, VII, 165.

CARRARE. Plan des carrières, IX, 45, 63.

CARREY. Cendrée de Tournai (ciment), VIII, 190.

CARRIÈRES-SAINT-DENIS. Visite de ses carrières, I, 188 ; V, 19 ; sa pierre diffère de celle employée à Saint-Denis, I, 189 ; employée au château neuf de Saint-Germain, I, 214.

CARTAUD (Jean-Sylvain). Né en 1675, mort le 15 févr. 1758. — Notice biographique, VI, xvii. — Envoyé à Rome en 1695, IV, xvi. — Présenté pour la 2e classe en 1742, V, 324 ; promu le 27 juin, V, 325 ; nomination directe de 1re classe le 4 juillet 1742, V, 326 ; VII, 280-281 ; brevets, V, 332. — Maladie, VI, 184, 216. — Annonce de son décès à la séance du 6 mars 1758, VI,

318, 319, 320. — Ses élèves, VI, 200.

Divers :

Tracé d'anse de panier, VI, 127. — Demande avis sur l'approbation à donner à l'École d'architecture de Jacques-Fr. Blondel, VI, 21-22. — Examen de l'ouvrage de Jean-François Blondel : Fêtes publiques à l'occasion du mariage de Mgr le Dauphin, VI, 141-142. — Désigné pour rendre compte des ouvrages présentés par Boffrand, V, 330, 331 ; du Traité d'arithmétique de l'abbé Camus, V, 120-121. — Ordres, proportions, VI, 8-9 ; arcades doriques, VI, 70 ; architrave, VI, 54-55 ; bases corinthiennes, VI, 98 ; cannelures des colonnes, VI, 92-93 ; entablement corinthien, VI, 122-123, 132-134 ; piédestal composite, VI, 137 ; toscan, VI, 59-60 ; pilastres doriques, VI, 47-49 ; superposés, V, 326-327 ; VI, 10, 300-301 ; triglyphes. — Mém. sur les proportions des arches et des piles d'un pont, V, 327-328. — Méthode pour profiler, VI, 122. — Cit., 17, 39, 118, 130, 131, 156, 178 ; VII, XXVI.

CASSEL. Construction de S. Du Ry, IX, 93. — Cit., IV, 318.

CASTELFRANCO. Maison de Giov. Cornaro, I, 318 ; II, 303.

CASTELLO DI CAMPOSAMPIERO, II, 303.

CASTELNAUDARY. Voûtes en briques à plat, VI, 75, 78 ; VII, 323.

CATHALA. Prix d'émulation de déc. 1783, IX, 120. — Admis à concourir en 1782, IX, 74 ; 2e prix en 1782, IX, 84. — Plan de la Bastille, IX, 256.

CATHERINE DE MÉDICIS. Construction des Tuileries, VI, 267. — Sépulture des Valois, I, 171.

CATHERINE II de Russie. Crée l'Acad. impériale des Beaux-Arts de Saint-Pétersbourg, VII, 326. — Architecte, IX, 120. — Médaille, VII, 229.

CATTANEO (Pietro). I quattro libri di architettura, 1554 et éd. de 1567, I, 8. — Cit., II, 142 ; III, 239, 242.

CAUMARTIN (M. DE), IX, 142.

CAUMONT (DE). Hôtel à Avignon, IX, 369.

CAUS (Salomon DE). Les Raisons des forces mouvantes, 1615, II, 225.

CAUVET (Gilles-Paul). Sculpteur. Présente son volume gravé d'une suite d'ornements à l'usage des jeunes artistes, VIII, 309, 310.

CAYLUS (comte DE). Antiquités du Languedoc, VII, 140-141.

CAZIÉ (François). Élève, VI, 64.

CÉLERIER. Présenté pour la 2e classe en 1791, IX, 297 ; en 1792, IX, 317.

CELLINI (Benvenuto). Nymphe d'Anet, II, 275.

CÉNERAY ou Ceineray. Architecte. Élu correspondant, VIII, XII, 65 ; IX, XXV. — Lettre, VIII, 121. — Demande avis sur son projet pour la Bourse de Nantes, VIII, 181. — Embellissement de Nantes, VII, XXXVIII, 147, 270 ; VIII, 152.

César. Monument de son temps, VII, 18. — Pont sur le Rhin, I, 271, II, 51 ; III, 97.

Cessart (de). Cônes, IX, 299.

Cette. Port, III, 329-330.

Chabouillet (Frédéric - Joseph). Né à Paris. — Prix d'émulation de mai 1768, VIII, 17, 40 ; de nov., VIII, 34, 49. — Admis à concourir en 1769, VIII, 48.

Chaillot. Canal voisin, IV, 295. — Pierre des environs employée au château de Madrid, I, 246.

Chale. Présente des modèles en bois des cinq ordres d'architecture d'après Vignole, IX, 79.

Chalgrin (Jean - François Therèze-). Né à Paris le 20 oct. 1739, mort le 20 janv. 1811. — Élève de Loriot, VI, xii. — Admis à concourir en 1758, VI, 323 ; 1er prix le 29 août 1758, VI, 332 ; tenu de remettre au secrétaire une copie de son dessin, VI, 333. — Présenté pour la 2e classe en 1767, VII, 320, 321 ; en 1769, VIII, 42 ; en 1770, VIII, 73 ; promu le 7 mai 1770, VIII, 74 ; présenté pour la 1re classe en 1786, IX, 181 ; en 1791, IX, 297 ; promu le 27 févr. 1791, IX, 298, 299. — Ses élèves, VIII, 186, 189, 225, 379. — Examen des esquisses de 1782, IX, 73, 83, 84. — Dessins, IX, 308. — Projets pour Saint - Philippe - du-Roule, VIII, 28-31 ; plans, coupes, élévations et profils de l'église Saint-Philippe-du-Roule, s. d., VIII, 29 ; offre d'un ex. à l'Acad., IX,

168. — Examen de l'état de la tour de l'église Saint-Sauveur à Paris, VIII, 224, 226, 228. — Cit., VIII, xv ; IX, xvii, xxx.

Chalonnes - sur - Loire. Chaux, IV, 49.

Chalon-sur-Saône. Caserne au Pâquier de la Gloriette, VI, xxxiii, 6-7, 9. — Agrandissement de l'église Saint-Georges, V, viii, 146-147. — Ingénieur, VIII, 197. — Tours Marcilly et Montaigu, V, 146.

Chalons - sur - Marne. Travaux de la cathédrale, VIII, 121, 131, 133, 150. — Église Saint-Alpin et évêché, travaux de R. de Cotte, IV, xxxix. — Hôtel de ville, plans de N. Durand, VIII, 145. — Inventeur (naissance d'un), VIII, 134.

Chambers (Williams). Architecte du prince de Galles. Candidat à la correspondance, VII, xx-xxi, 63, 96 ; élu le 29 mars 1762, VII, 97 ; VIII, 65 ; IX, xxv. — Lettre à Jardin relative à ses projets pour Somerset-House à Londres, VIII, 317. — Designs of chinese buildings furnitures and dresses, 1758, VII, xxi ; examen, VII, 2 ; lecture, VII, 20. — Plans, élévations, vues... des jardins de Kew, 1763, VII, xxi. — Dissertation on oriental gardening, 1772 ; offert à l'Acad., VIII, 139, 140 ; lecture de la préface d'une traduction française, VIII, 140.

Chambert (H.-D.), VI, 298.

Chamblain (de). Voir : Bullet de Chamblain (J.-B.).

CHAMBORD (château de). Contrôle des Bâtiments, III, XVIII ; VII, 199 ; IX, 137. — Escalier, modèle, VIII, 184 ; chez Palladio, I, 47 ; III, 89. — Travaux de Mansart, III, XIV. — Poutres, III, 22.

CHAMBRAY (Fréart DE). Reproduit des dessins de Palladio venus de Venise, I, 139 ; le traduit. Voir : Palladio. — Mesures du chapiteau du théâtre de Marcellus à Rome, I, 130-131. — Parallèle de l'architecture antique et de la moderne. P. 1651. Examen, III, 174, 233-234, 236-252. — Cit., I, 139 ; III, XI, 128 ; V, 204, 205, 317 ; VI, 98 ; VII, 135, 165, 258.

CHAMBRE DES COMPTES. Extraits d'un registre concernant les Bâtiments du Roi, III, 290.

CHAMCHINE (Mlle). Le château de Choisy, 1910, VI, 70.

CHAMPAGNE. Architecte de la province, VIII, 145. — Architecte (naissance d'), IV, XV, 231. — Chemins anciens, III, 95. — Intendant, VIII, 222.

CHAMPETIER DE RIBES. Notaire. Étude, I, 256.

CHAMPION. Prix d'émulation de novembre 1790, IX, 284.

CHAMPLATREUX. Château, VI, XVIII.

CHANTILLY. Château, constructions de J. Bullant, I, 11 ; de Gittard, I, XXXV-XXXVI ; de Mansart, I, XXXVI. — Façade, II, 109. — Galerie Daumet, II, 109, 115. — Portrait de d'Angiviller par Duplessis, VIII, 385. — Vitraux venant d'Écouen, I, 197. — Domaine, plan de 1682, I, 262. — Écuries, V, 255. — Jardins, I, XXXV-XXXVI. — Réservoir, I, 262. — Pierre de la région, VI, 171. — La ville de Chantilly, par G. Macon, 1908, I, 262.

CHARDONNEAU. Aspire au prix en 1731, V, 73.

CHARENTE. Projet de port, I, XXIV. — Voir aussi : Saintes.

CHARENTON. Carrières, visite, I, 207, 334 ; II, 60, 61 ; V, 21. — Pont sur la Marne, I, 207. — Pont de Gabriel sur la Seine, IV, XXXI. — Cit., I, 209.

CHARLEMAGNE, I, 176.

CHARLES III d'Espagne. Architecte de, VII, XXIV ; IX, 94.

CHARLES V. Roi de France. Fonde le couvent des Célestins de Mantes, I, 216. — Reconstruit l'hôtel de Bourbon à Paris, I, 174. — Ses constructions dites Vieux-Louvre, I, 173.

CHARLES VI, I, 245.

CHARLES VIII. Ordonnances, IV, 278.

CHARLES IX. Constructions au Louvre, I, 183 ; VI, 267.

CHARLES X, VII, 24, 237.

CHARLES IX. Roi de Suède, III, 226.

CHARLES LE MAUVAIS (porte dite de) à Anet, I, 238.

CHARLES (Jacques-Alex.-César). Nommé à la chaire d'hydrodynamique, IX, 177-178, 179.

CHARLEVAL (château de). Plan de Du Cerceau, III, 146.

CHARPENTERIE du Roi. Maître général des œuvres, I, XXXII.

CHARPENTIER. Admis à concourir en 1758, VI, 323, 332.

CHARPENTIER. Artiste méca-
nicien logé au Louvre. Présente un échafaudage mo-
bile, VIII, 385 ; une pompe
à un seul corps, IX, 51, 52,
53.

CHARTRES. Abbaye de Saint-
Père, I, 242-243. — Artiste
(naissance d'), I, XLVIII.
— Couvent des Carmélites,
I, 224 ; des Filles-Sainte-
Marie, I, 244. — Église
des Jacobins, I, 244. —
Notre-Dame, I, 240-242 ;
V, 23 ; ornements du tour
du chœur, II, 34 ; remar-
ques sur un des clochers, I,
297 ; pavillon de l'Horloge,
I, 244. — Monographie par
l'abbé Bulteau, II, 34. —
Saint-André, I, 243. —
Évêché, glacière, II, XXXI,
34. — Évêque, I, 240, 242.
— Visite des monuments et
carrières voisines, I, 240-243.
— Pierre de ses monuments
et principalement de sa cathédrale, VI, 201. — Question d'un conseiller de son
présidial, I, 109-110. — Rue
des Lices, I, 244 ; Sainte-
Thérèse, I, 244. — Cit., II,
XXXII.

CHASTELAIN. Aspire au prix
en 1723, IV, 266.

CHASTELNEAU. Projet de canaux aux États de Bourgo-
gne, IV, 289.

CHATEAU-CHINON. Naissance
d'artiste, VI, 333 ; VII, 61.

CHATEAUDUN. Incendie et
plans de reconstruction, IV,
XXI. — Cit., VII, 188.

CHATEAUNEUF - SUR - CHER.
Dessin du pont, II, 79.

CHATEAU - RENAULT. Amiral,
V, 329.

CHATEAU - RENAULT (comte).
Affaire de mitoyenneté à
Rennes, V, 153.

CHATEAU-THIERRY. Pont, IV,
XLVII, 258.

CHATELLIERS (carrière des).
Visite, I, 212.

CHATILLON. Sa pierre ne s'emploie plus, I, 327.

CHATOU. Visite des carrières
voisines, I, 188, 212-214.

CHAUFFARD (Jean-Baptiste).
Admis à concourir en 1754,
VI, 220 ; en 1755, VI, 236 ;
mention en 1754, VI, 227 ;
médaille en 1755, VII, 243 ;
candidat à la 2e classe en
1767, VII, 320 ; en 1770,
VIII, 73.

CHAULNES (L.-M.-Jos. DE).
Estimation d'une copie d'un
dessin chinois faite pour
lui, IX, 81-84.

CHAUVELIN, VI, 341.

CHÉDANNE (Georges - Paul).
Architecte. Né à Maromme
le 23 sept. 1861. — Phases
de la construction du Panthéon d'Agrippa, I, 69.

CHELLES (Jean DE). Voir :
Jean de Chelles.

CHELSEA. Machine mue par la
marée, VII, 227.

CHENESSEAU (abbé). Sainte-
Croix d'Orléans, 1921, VII,
328.

CHENU. Avocat à Saint-Malo.
Lettre à l'Acad. (indéterminée), IX, 64.

CHER. Département, III, 70.

CHERBOURG. Cônes, IX, 299.

CHEREAU. Vue et plan du tabernacle des Carmes de la
rue de Vaugirard, I, 164.

CHERPITEL (Mathurin). Né à
Paris le 14 déc. 1736, mort
le 13 nov. 1809. — Admis à
concourir en 1758, VI, 323 ;
1er prix le 29 août 1758, VI,
332 ; est tenu de remettre

au secrétaire une copie de son dessin, VI, 333. — Présente des dessins exécutés à Rome, VII, 181. — Présenté pour la 2e classe en 1773, VIII, 171 ; en 1774, VIII, 179, 195 ; en 1776, VIII, 264 ; promu le 22 avril 1776, VIII, 265. — Maladie, VIII, 287. — Professeur adjoint, IX, 186, 198. — Signe au dernier procès-verbal, IX, xxx.

Affaires intérieures académiques :
État des traitements et pensions, IX, 277, 313. — Choix du professeur de trait, IX, 323. — Examen des esquisses de 1776, VIII, 279 ; de 1787, IX, 203-205, 211 ; de 1789, IX, 246-248, 255-256 ; de 1793, IX, 340-341. — Examen de la proposition de Prieur pour la gravure des grands prix, IX, 202, 203, 208-209. — Revision des statuts, IX, 272.

Divers :
Examen des projets de Palais de Justice à Aix, IX, 163, 164, 166 ; des plans pour les bains de Bagnères-de-Luchon, IX, 144, 146, 149-152 ; des propriétés du blanc de zinc, IX, 174, 179, 184 ; d'une nouvelle couverture en tuiles, IX, 206-207 ; de l'ordre d'architecture du sr Debard, IX, 323-325 ; de la Caisse de défense du sr Fourneau, IX, 242, 248 ; de la machine à transporter les fardeaux, du même, IX, 80 ; du moulin, du même, IX, 249, 250 ; des projets de décoration pour le chœur de la cathédrale de Laon, IX, 144, 145, 147-

148 ; des propriétés du blanc d'albâtre des srs Le Nain et Avenard, IX, 177, 184 ; des procédés du sr Mignerot pour la courbure des bois, IX, 126, 128, 131 ; du projet de Loret pour les Halles de Paris, IX, 39, 40-41, 42 ; des travaux du Palais de Justice à Paris, IX, 97-100, 104-108, 110-114, 118-119 ; des projets de la Grande Galerie, IX, 170-171, 173, 174, 175, 176, 180, 183, 358-362 ; des projets de travaux à la cathédrale de Rennes, IX, 144, 145-146, 148, 150-151 ; des planchers du sr Taboureux, IX, 243, 244 ; des granits et porphyres des Vosges, IX, 177, 183. — Cit., VIII, 283.

CHERRIÈRE. Lutte contre l'incendie dans les Halles... sous l'ancien régime, 1913, IV, 183.

CHERSIPHRON. Temple d'Éphèse, III, 321.

CHÉSY (M. DE). Travaux d'adduction des eaux de l'Yvette, VIII, 57 ; IX, 274.

CHEVALIER. Avocat. Consultation sur la réparation des églises de campagne, IV, 224.

CHEVALIER. Prix d'émulation de févr. 1779, VIII, 369 ; de juin, VIII, 382. — Admis à concourir en 1780, IX, 14. (Peut-être le même que Jean-François.)

CHEVALIER (Jean-François). Né à Paris. — Prix d'émulation de mai 1770, VIII, 77, 97 ; de déc., VIII, 93 ; aspire au prix spécial de janv. 1772, VIII, 113 ; admis à concourir en 1771, VIII, 101.

CHEVAUX EMPORTÉS. Machine pour les détacher, IV, 15.

CHEVILLARD (Julien). Fontainier du Roi à Meudon. Avis sur le plomb laminé, V, 86-87.

CHEVOTET (Jean-Michel). Né en 1698, mort le 4 déc. 1772. — Notice biographique, VI, XVIII. — 1er prix le 16 nov. 1722, IV, XVI, 254 ; présenté pour la 2e classe en 1732, V, 100 ; promu le 1er juill. 1732, V, 100 ; présenté pour la 1re classe en 1749, VI, 117 ; en 1751, VI, 157 ; en 1754, VI, 217 ; promu le 4 avril 1754, VI, 218 ; brevet, VI, 251. — Ses élèves, V, 343 ; VI, 26, 121, 200, 264, 323 ; VIII, 189, 226. — Annonce de son décès survenu le 4 déc. 1772, VIII, XI, 140, 142, 149.

Affaires intérieures académiques :

Commissaire dans l'affaire de la création de correspondants, VII, 7, 10-14, 62-63, 96. — Examen du Mém. de Sedaine sur le règlement pour les correspondants, VIII, 46. — Candidatures du comte de Cronstedt, VIII, 105 ; de La Guêpière, VII, 5, 149 ; de Marquet, VII, 148 ; de Pigage, VII, 5, 149 ; de Ritter, VII, 4 ; de Valin de La Mothe, VII, 268 ; VIII, 10. — Affaire de la nomination de M. de Wailly, VII, 283-288, 291-298, 301, 303-307.

Travaux divers :

Ordres ; dessins de ceux du Colisée, VII, 19 ; superposés, VI, 299-300 ; VII, 20 ; cannelures des colonnes ioniques et corinthiennes modernes, VI, 93-95 ; toscan du Luxembourg, V, 190-191 ; VI, 61. — Plan de l'église de la Sorbonne, I, 320.

Examens :

Examen des procédés de N. Bernières pour courber le verre, VII, 227, 240-241 ; de la sonnette à déclic du sr Brullée, VII, 31, 37-41 ; du projet de travaux à la cathédrale de Châlons, VIII, 121, 131 ; des procédés de dorure du sr Félon, VII, 31 ; d'un ouvrage de Gérard, maître serrurier, VIII, 93, 94 ; des plans de l'église de Guebwiller, VIII, 52, 55-57 ; des persiennes du sr Labadie, VI, 305, 307-308 ; du projet de reconstruction de l'église Saint-Jean de Liège, VI, 195-198, 203-206 ; de la roue de carrière du sr Loriot, VI, 272 ; des projets pour la tour de la cathédrale de Mayence, VIII, 83-89 ; des plans de l'Hôtel-Dieu de Montpellier, VII, 50, 53-56 ; des projets pour la place du Peyrou à Montpellier, VII, 207-213, 231, 233-235 ; du projet de P. de La Hire pour l'arc de triomphe du faubourg Saint-Antoine, VI, 284-285 ; des projets de Chalgrin pour Saint-Philippe-du-Roule, VIII, 28-31 ; des projets pour le portail de Saint-Sulpice, VIII, 2-3, 5-9 ; du Mém. de Boffrand sur la police des bâtiments de la ville de Paris, VI, 162 ; du Traité de Potain sur l'architecture, VII, 98, 109-112. — Cit., VI, 88, 131, 170, 178, 271 ; VII, 3, 32, 69, 161, 171, 315, 316, 321 ; VIII, 12.

CHEVREUSE, VI, 328.

CHIERICATO (comte Valerio). Dessin de Palladio pour sa maison de Vicence, I, 41.

CHILDEBERT, I, 176, 192.

CHILPÉRIC, I, 182.

CHINE. Dessins d'architecture appartenant à M. Bertin, VIII, 242. — Estimation d'un dessin d'architecture appartenant au duc de Chaulnes, IX, 80-84. — Encre de Chine, imitation par l'abbé Artaud, VIII, 277, 279. — Monuments, III, XIII, 363. — L'État présent... en figures, par J. Bouvet, 1697, III, 363. — Designs of chinese buildings furnitures and dresses, by W. Chambers, 1758, VII, XXI, 96. — La Chine, par le P. Athanase Kircher, 1670, III, 363.

CHOISEUL (duc DE). Lettre relative à l'envoi à l'Acad. de la « Gazette littéraire », VII, 169 ; adressée au Magistrat de Strasbourg, VII, 329. — Son hôtel à Paris, IX, 126. — Transformations faites à la Comédie-Italienne, IX, 126-127. — Cit., VII, 195.

CHOISY (Auguste-François). Architecte, né à Vitry-le-François le 7 février 1841, mort en septembre 1909. — Édit. de Vitruve, 1909, I, 19.

CHOISY (château de). Contrôleur des Bâtiments, VI, XVI, XXI, 293 ; VII, 276, 279. — Pavillon de l'Aurore, VI, 69-71 ; Silène de A. Coypel, VI, 70. — Voyage du Roi, VI, 110. — Le château de Choisy, par Mlle Chamchine, 1910, VI, 70.

CHOPITEL. Plates-bandes en fer, VI, 150.

CHOU (LE), carrière. Visite, I, 204.

CHRISTIAN V de Danemark. Accroissement de Copenhague, VI, 355.

CHRISTIAN VI. Construction d'une église, VI, 355.

CHRISTIAN VII. Architecte, VII, XXII. — Constructions, VI, 356. — Mariage, VII, 267.

CHRISTIANSBORG. Salle du château, VII, 267.

CHRONIQUE DES ARTS, IV, XIV, 245 ; IX, XXIV.

CIBO (cardinal). Grand portail de Saint-Ouen à Rouen, I, 225.

CISMONE. Rivière, pont de Palladio, I, 52 ; II, 51, 52 ; III, 38, 97, 330. — Observations de Blondel, I, XXVII.

CITEAUX. Abbaye, I, 171.

CLAGNY. Château : travaux de R. de Cotte, IX, XLI ; de Lassurance, IV, XXIX. — Projets de Le Paultre, I, XXXVII ; plan de Mansart préféré, I, XXVII, XLIV-XLV, 106. — Ordres : attique, VI, 126 ; colonnes doriques, VI, 28, 30 ; superposés, VI, 299-300. — Seigneur, III, 290.

CLAIRVAUX. Abbaye, I, 171.

CLAIRVOYE. Carrière voisine, VI, 175, 283.

CLÉMENT VI. Pape. Indulgences pour les travaux de Saint-Séverin en 1347, I, 169.

CLÉMENT X. Pape, II, 32.

CLERC. Renseignements sur d'Aggeville et sur Marseille, IX, 370-371.

CLÉRET (Étienne). Aspire au

prix en 1725, IV, 304 ; en 1726, IV, 326, 327 ; 2ᵉ prix en 1725, IV, 313 ; accessit en 1726, IV, 331.

CLÉRICI (Jean-Antoine), de Lugano. Sculpteur du Roi. Modèles de son stuc, VII, xxxvii, 20-21, 27.

CLÉRISSEAU (Charles-Louis). Né à Paris en 1722, mort le 19 janv. 1820. — Élève, VI, 40. — Admis à concourir en 1746, VI, 49 ; 1ᵉʳ prix le 5 sept. 1746, VI, 57. — Brevet de l'École de Rome, VI, 120. — Présenté pour la 2ᵉ classe en 1776, VIII, 264, 272, 277 ; en 1777, VIII, 315. — Les Antiquités de la France, monuments de Nîmes, 1778, VIII, 276 ; offre d'un ex. à l'Acad., VIII, 362, 367. — Imité par Quarenghi, IX, 120.

CLERVILLE. Ingénieur. Plans de Rochefort, I, xxiv.

CLÉRY. Glacière, VIII, 21.

CLITUMNE (temple du). Voir : Trevi (temple de).

CLOTAIRE, I, 226.

CLOTILDE-ÉLISABETH (Mᵐᵉ), VII, 237.

CLOVIS, I, 180, 183, 184, 242 ; VI, 267.

CLUNY. Abbaye. Son abbé Jacques d'Amboise fait rebâtir la maison des Thermes à Paris, I, 179. — Établit des religieux à Saint-Martin-des-Champs, I, 332. — Hôtel à Paris, I, 178-179. — Ville ; naissance d'artiste, VII, 127.

COBLENTZ. Résidence à bâtir pour l'Électeur de Trèves, VIII, 382-383, 386, 387, 388.

COCHERI (François). Sonnette de son invention, IX, 242.

COCHERY. Académicien de 2ᵉ classe le 5 mai 1699, III, 63. — Cit., III, xx.

COCHIN (Charles-Nicolas). Accompagne de Vandières en Italie, VI, xi. — Dessins, V, 7 ; VIII, 55 ; IX, 367. — Observations sur les antiquités d'Herculanum, 1755, VII, xi ; VIII, 16. — Supplication aux orfèvres, 1771, VI, 262. — Cit., VIII, 205 ; IX, xix.

COCHOIS (Étienne-Nicolas). Né à Auxerre le 26 juill. 1736. — Admis à concourir en 1759, VII, 16, 22 ; accessit en 1759, VII, 24.

CŒLOSYRIE. Héliopolis, VIII, 242.

COINET. Aspire au prix en 1730, V, 56.

COINTEREAU. Lecture de son Mém. sur une ferme, IX, 329.

COLBERT (Jean-Baptiste). Éloge par Blondel, I, x. — Son buste offert par Caffieri, IX, 169. — Portrait promis, IX, 129. — Décès, I, XLV, LIV, 272 ; II, xi, xiv, 79, 218. — Action en faveur des Acad., I, vii-viii ; fonde celle d'architecture et la dirige, I, ix, xviii, liii, 1, 2 ; II, 1 ; V, 143 ; VI, 187 ; IX, xiv, xv ; assiste à la séance, I, 4, 40, 320, 321. — Projet d'arrêt sur la qualité d'architecte du Roi, I, 109. — Délivre Daviler captif, I, 300. — Donne F. Blondel comme guide à son fils, I, xxiv, xlviii. — Charge Fr. Le Vau de missions, I, xxxix. — Joint Mansart à l'Acad., I, xvi, 106. — Charge P. Mignard de missions, I, xlvii-

XLVIII. — Songe à créer un ordre français, I, XXVIII ; VI, 145. — Ordonne la visite des églises et anciens bâtiments de Paris pour reconnaître l'état et qualité de leurs pierres, I, LVI, 168, 325, 329 ; II, 209 ; III, 71, 353-354 ; V, 18-24 ; VI, 252, 253, 280 ; IX, XV. — Faveurs pour Claude Perrault, I, L. — Demande avis pour divers travaux de Perrault au Louvre et à l'arc de triomphe Saint-Antoine, I LV-LVI, 252-256 ; sur une difficulté rencontrée dans un appartement de Versailles, I, LV-LVI, 99. — Fait proposer l'examen de la pouzzolane, I, 9. — Lettres, II, 55 ; III, XXI ; IV, XXVII. — Cit., I, XXXIX, LVII, 5, 104, 125, 158, 159, 163 ; II, XXXIII, 23, 33, 70 ; III, XVII ; IV, 220 ; VIII, 108, 116, 118.

COLBERT DE BLAINVILLE ET ORMOY (J.-Armand). Surintendant des Bâtiments, I, 272. — Fac-similé de sa signature, I, XIX. — Assiste à la séance, I, LIII, 276 ; II, 23. — Propose à l'Acad. de travailler pour l'utilité de l'architecture, II, 36-37. — La Surintendance lui est enlevée, II, XIV, 44.

COLBERT DE SEIGNELAY (Jean-Baptiste). Château de Châteauneuf-sur-Cher, II, 79. — Voyage en Italie, I, XXIV, XLVII.

COLBERT DE VILLACERF (Édouard). Surintendance, I, XI ; II, XIV-XVI, XVII, XVIII, XX, XXI, 218. — Visite l'Acad., II, 124. — Désigne le nouveau local, II, 230. — Transmet l'ordre de cesser les conférences et l'autorisation de les continuer gratuitement, II, 280-281. — Autorise Desgodets à assister aux conférences, II, 293. — Lettre au directeur de l'École de France à Rome, I, XII. — Démissionnaire, III, XIV. — Cit., II, 296 ; III, 44, 45, 46, 52, 54.

COLLÈGE DE FRANCE. Histoire par Abel Lefranc, I, XXIV. — Professeur, VIII, 21.

COLLÈGE ROYAL. Professeur, I, XXIV ; IX, 41.

COLLET. Inspecteur des Bâtiments. — Candidat à la 2e classe en 1756. — Contrôleur des Bâtiments de Chambord, VII, 199. — Offre les plans gravés d'une salle d'opéra, IX, 137.

COLLIGNON (Max.). Manuel d'archéologie grecque, 1881, I, 121.

COLMAR. Congrès archéologique, VIII, 51.

COLOGNE. Architecte de S. A. l'Électeur, VII, 31. — Die Bauten... von Renard, 1896, IV, XL.

COLOMBEL. Concierge de l'Acad. Annonce le vol de flambeaux d'argent, IX, 259. — Décès, IX, 317.

COLORNO (château de), VII, XXII.

COLSON (Jacques). Élève, VIII, 188, 224. — Aspire au prix spécial de janv. 1772, VIII, 113 ; prix d'émulation de mars 1772, VIII, 130 ; de juin, VIII, 135. — Admis à concourir en 1774, VIII, 195 ; en 1775, VIII, 227.

COMBES ou COMBE (Louis). Né

vers 1754, mort en 1818. — Prix d'émulation de juin 1778, VIII, 355 ; d'août, VIII, 361 ; de mai 1779, VIII, 381 ; de déc., VIII, 392 ; de mai 1780, IX, 17. — Admis à concourir en 1780, IX, 14 ; en 1781, IX, 47 ; 1er prix le 27 août 1781, IX, 54. — Lettres de Rome, IX, 170 ; études, IX, 172. — Demande l'examen de son projet d'un Acad. des Arts à Bordeaux, IX, 232. — Demande concernant l'hôpital de Bordeaux, IX, 248-249. — Lit son discours sur les Temples antiques et modernes de Rome et analyse de Saint-Pierre, IX, 195.

CÔME. Lac, II, 301.

COMPIÈGNE. Envoi d'une délégation de l'Acad. (placet dans l'affaire de Wailly), VII, 299-300. — Nouvelles carrières de la région, VI, 171, 174-175, 281-283. — Château : contrôle des Bâtiments, VI, XVI ; constructions de Gabriel, VII, XVI ; pourriture des poutres, VII, 327. — Pont ; médaille commémorative, V, 104, 129 ; VI, 128, 147, 175, 226, 277 ; VII, 24, 60, 80, 118, 153, 262, 302 ; VIII, 36, 60, 85 ; pierre employée à sa construction, VI, 175, 283. — Port, VI, 175. — Cit., VII, XXXVIII.

COMTAT - VENAISSIN. Voyage de Franque, IX, 370.

CONDÉ (maison DE). Les arts dans la maison de Condé, par G. Macon, 1903, I, XXXVI.

CONDÉ (Louis II, prince DE). Réservoir à Chantilly, I, 262. — Hôtel à Paris, travaux de son architecte Git-tard, I, XXV ; projets de Peyre pour sa reconstruction, VII, XLI, 143.

CONDÉ (Louis III DE), III, XV ; V, 161.

CONDÉ (Louis-Henri DE), IV, VI, 179, 336 ; VII, 292.

CONDÉ (Louis-Joseph, prince DE). Hôtel à Paris, VI, 179. — Recommande Lussault, IX, 168.

CONDÉ (Louise-Élisabeth DE BOURBON, princesse DE). Achète l'hôtel de Conti (rue Saint-Dominique), V, 161-162.

CONDORCET (Mis DE). Nouvelles expériences sur la résistance des fluides, VIII, 297.

CONFLANS - SAINTE - HONORINE. Projet de canal, II, 143. — Carrières, IX, 7, 12. — Voyage de Soufflot, Trouard et Billaudel, VIII, 201.

CONGRÈS ARCHÉOLOGIQUE (1922), VIII, 51.

CONSEIL D'ÉTAT. Arrêts. 7 mars 1676. Membres de l'Acad. privilégiés du titre d'architecte du Roi, I, XVII, 109 ; IV, VII. — 1693. Jurés-experts, IV, 38. — 31 août 1707. Hôtel des Mousquetaires, III, 281. — 1711, 1712, 1713. Pont de Pirmil à Nantes, IV, 50. — 1717. Id., IV, L. — 18 juin 1719. Navigation du Loing, IV, 257.

CONSTANCE. Fille de Constantin. Son tombeau, I, 70 ; II, 283.

CONSTANTIN le Grand. Baptistère du Latran, I, 308. — Mausolée de sa fille, I, 70 ; II, 283. — Règne, VII, 183.

CONSTANTINOPLE. Ambas-

sade ; reconstruction, VI,
XXV. — Ambassadeur, V,
303. — Aqueducs voisins,
II, xxxvii, 77, 85. — Voya-
ge de Blondel, I, xxiii. —
Sainte-Sophie, III, 325-328 ;
IX, 229. — Mosquée de So-
liman (Solymanié), II, 77 ;
III, 325.

Contant d'Ivry (Pierre). Né
en 1698, mort en 1777. —
Notice biographique, VI,
xviii. — Académicien de
2ᵉ classe le 25 oct. 1728, V,
32, 33 ; présenté pour la
1ʳᵉ classe en 1742, V, 325 ; en
1746, VI, 56 ; en 1749, VI,
117 ; en 1751, VI, 156 ; promu
le 1ᵉʳ août 1751, VI, 167,
173 ; brevet, VI, 167. — Maladie, VII, 136 ; VIII, 187,
287. — Annonce de son dé-
cès à la séance du 17 nov.
1777, VIII, xi, 314, 315,
316. — Éloge par David-
Leroy, IX, 33. — Ses élèves,
VI, 64, 220, 299 ; VII, 188 ;
VIII, 77, 93, 188, 224.

*Affaires intérieures aca-
démiques :*
Création des correspon-
dants, VII, 7, 10-14, 41-43,
45-50, 62-63, 96 ; VIII, 46.
— Candidatures de La Guê-
pière et Pigage, VII, 5-6,
149 ; de Saint-André et de
Jollivet, VII, 3 ; de Valin
de La Mothe, VII, 267. —
Rapport et lettre sur les
embarras financiers, VIII,
85. — Rapport concernant
le projet d'Histoire de
l'Acad., VIII, 126-128. —
Examen du Mém. de David-
Leroy sur les anciens re-
gistres, VII, 202 ; VIII, 71.
— Nomination de M. de
Wailly, VII, xxvi, 277-282,
283-288, 291-298.

Enseignement :
Organisation nouvelle,
VIII, 176. — Examen du
Mém. d'Aubry sur les élè-
ves, VII, 88, 91, 92.
Travaux divers
Lettre, VII, 298. — Mon-
tre les plans de l'église des
Carmes de Lille, VII, 72. —
Compte-rendu du 6ᵉ vo-
lume du Recueil de M. de
Neufforge, VII, 216-218. —
Dessins d'ordres superpo-
sés, VI, 299, 327, 337-338.
— Travaux de l'église de la
Madeleine à Paris, VIII,
157-159, 161-165. — Bro-
chure de Hulin à ce sujet et
intéressant sa mémoire, IX,
151-154, 157-158. — Modèle
de poutres moisées du Pa-
lais-Royal, VIII, 25-26. —
Montre les plans et coupes
de l'abbaye de Saint-
Amand, VII, 236. — Pré-
sente un dessin de charpente
de comble pour Saint-Cloud,
VII, 112 ; VIII, 17-18. —
Construction de voûtes en
briques à plat, VI, xxxii,
144 ; VII, 324.
Examens :
Examen de la sonnette à
déclic du sʳ Brullée, VII,
31, 37-41 ; des chipolins à
la cire, VI, 291, 295 ; des
procédés de peinture en détrempe et de dorure du maître peintre Dandrillon, VI,
280, 311-312, 314-315 ; de
l'ouvrage de David-Leroy
sur la forme des temples
chrétiens, VII, 183, 184 ; des
procédés de dorure du sʳ Félon, VII, 31 ; du Mém. de
Gimaray sur un ordre français, VII, 127, 133 ; de la
pompe du sʳ Jacquet, VII,
153-154 ; du Recueil d'es-

quisses d'architecture du sr de La Guêpière, VI, 325, 326 ; du vernis du sr Le Febvre, VI, 302, 311-312 ; de la roue de carrière du sr Loriot, VI, 272 ; des projets pour la manécanterie de Lyon, VII, 104-105 ; des projets pour la place du Peyrou à Montpellier, VII, 207-213 ; des projets de décor du chœur de Saint-Germain-l'Auxerrois, VII, 264-267 ; des travaux de Saint-Sulpice, VII, 173, 185 ; VIII, 2, 3, 5, 9 ; du projet de fermeture du Palais-Royal, VII, 172-174 ; de l'ouvrage de Patte : Monuments érigés en France à la gloire de Louis XV, VII, 196 ; d'une invention de Petitot pour rafraîchir les appartements, VII, 189 ; de l'ouvrage de Dumont sur Saint-Pierre de Rome, VII, 112, 115-116 ; du Mém. de M. de Silvy, VI, 206, 208-210, 295, 297 ; des plans pour les réparations de la cathédrale de Strasbourg, VII, 33-37, 73-79 ; des procédés de soudure du sr Thibaut, VI, 267, 269-271.

Œuvres d'architecture, 1769, VI, XVIII ; VIII, 17 ; offre un ex. à l'Acad., VIII, 77, 241. — Cit., V, 276 ; VI, XVII, 88, 130, 131, 170, 248, 271 ; VII, 32, 171, 268, 315, 316, 321 ; VIII, XV, 12 ; IX, XXX.

CONTI (DE). Hôtel (rue Saint-Dominique), constructions de G. Aubry, V, 161 ; VI, XV. — Expertise de l'état des bâtiments, V, 161-163. — Voir aussi : Bourbon-Conti (hôtel de).

CONTI (Louis-Armand DE BOURBON, prince DE). Mariage, V, 161. — Jollivet lui montre ses dessins, IV, 256. — Reçoit Mansart de Lévy au Temple, VI, XXIII.

CONTIGNY (M. DE), II, 126, 127, 163.

CONTOU. Serrurier. Travaux à la nouvelle Halle au blé à Paris, IX, 117.

CONVENTION. Supprime le directorat de l'École de Rome, I, XIV ; IX, XXIX. — Ajourne le jugement des prix et supprime les Acad., I, XIV ; VI, VIII ; IX, VII, XXX, XXXII ; les rétablit en 1795, IX, XXXII.

COPENHAGUE. Projets de Jardin pour la cathédrale. Voir : Jardin. — Correspondant, VII, 1, 2, 132, 219 ; IX, XXV.

COPERNIC. Système, VI, XXXII, 65 ; IX, XVII.

COQUART DE LA MOTTE. Voir : La Motte-Coquart.

CORBEIL. Fabrique de tringles de David, VI, 188. — Cit., VI, 188 ; VII, 203.

CORBEL. Maître sculpteur-marbrier. Mém. sur un nouveau mastic, VII, 16-17.

CORBIE. Abbaye de Saint-Pierre, travaux de Franque, IX, 345.

CORBINEAU. Architecte. Travaux à la cathédrale de Rennes, en 1674 ,I, 68.

CORDIER. Admis à concourir en 1755, VI, 236 ; médaille de satisfaction en sept. 1755, VI, 243.

CORDIER (Pierre-François). Aspire au prix en 1740, V, 273 ; en 1741, V, 292, 302 ; en 1743, V, 343 ; en 1744, VI, 6. — Admis à concou-

rir en 1745, VI, 26, 36;
2ᵒ prix en nov. 1740, V,
273; en août 1743, V, 349,
350.

CORNARO (cardinal). Palais,
II, 298.

CORNARO (Giovanni). Villa,
I, 318; II, 304-305.

CORNET (Pierre). Aspire au
prix en 1727, V, 11; en
1728, V, 28; en 1731, V, 73.

CORRÉARD. Éd. le « Génie civil », II, XXXIX.

CORRESPONDANCE HISTORIQUE
ET ARCHÉOLOGIQUE, I,
XLVIII.

COSNE. François Le Vau visite la région, I, XXXIX.

COSSIGNY. Ingénieur. Lettres
de Palma, Ile de France,
sur la pouzzolane, IX, 201.

COSTAGUTI. Architettura... di
San Pietro in Vaticano, 1684,
V, 234.

COTEL ou COTELLE (Jean).
Peintre. Décorations, II,
219.

COTH. Voir : Coty.

COTTA. Imprimeur, VI, 325.

COTTARD (Pierre). Architecte.
Mort après 1674. Travaux,
II, XII.

COTTE (le président DE). Candidat à la correspondance,
VIII, 314; élu, VIII, 314,
315, 316. — Son élève,
VIII, 359. — Signe à l'inventaire de Félibien, VI,
127.

COTTE (famille DE). Tableau
général, IV, XXXVII.

COTTE (Catherine-Suzanne),
IV, XXXVII.

COTTE (Charles DE), II, XXIX;
IV, XXXVI, XXXVII.

COTTE (Frémyn DE). Ingé-
nieur. Explication des cinq
ordres d'architecture, 1644,

II, XXIX; IV, XXXVI,
XXXVII.

COTTE (Jean-Armand DE).
Docteur de Sorbonne, IV,
XXXVII.

COTTE (Jules ou Julien-Fr.
DE). Mort en 1811. Petit-fils
de Robert, IV, XXXVII. —
Refuse la délivrance des médailles en 1771, VIII, 90.

COTTE fils (Jules-Robert DE).
Né en 1683, mort en 1767.
— Notice biographique, VI,
XIX. — Académicien de
2ᵉ classe le 30 juill. 1714,
IV, 55; de 1ʳᵉ classe le
31 mars 1718, IV, 156 (date
du brevet). — Difficultés
pour la préséance, V, 144-
145. — Annonce de son dé-
cès à la séance du 23 nov.
1767, VII, 318, 320, 321;
VIII, 1. — Élèves, VII, 99;
VIII, 3. — Mém. sur un différend entre deux voisins
(mitoyenneté), IV, 298-299.
— Cit., IV, XXXVII, XXXVIII,
XXXIX, 110; VI, 63; VIII,
XI.

COTTE (Louis DE). Mort en
1749. — Notice biographi-
que, VI, XIX. — Contrôleur
des Bâtiments de Fontainebleau, IV, 301; VI, XXIII. —
Académicien de 2ᵉ classe en
1718, IV, XII; présenté
pour la 1ʳᵉ classe en 1720,
IV, 191; en 1724, IV, 294;
promu le 10 avr. 1725, et
brevet, IV, 301-302. — Architecte ordinaire du Roi,
brevet, V, 319, 320. — An
nonce de son décès à la
séance du 17 mars 1749, VI.
117, 119, 120. — Cit., V,
276, 277.

COTTE (Robert DE). Né vers
1656, mort le 15 juill. 1735.
— Notice biographique, II,

XXVIII - XXIX ; IV, XXVI-XLII. — Succède à Gittard à l'Acad. le 10 janv. 1687, II, XII, 135. — Directeur, III, XVII, 160-161. — Anobli, III, xv. — Assiste au mariage de F. Bruand, I, XXXIII. — Son petit-fils, V, 172. — Son commis, IV, 330. — Annonce de son décès (15 juill.) à la séance du 18 juill. 1735. — Inventaire des papiers mss. de R. de Cotte par Pierre Marcel, 1906. Voir : Marcel (Pierre). — Discours à la visite du Roi le 2 août 1719, IV, 180 ; VII, 292. — Apporte une médaille d'argent pour les prix le 2 sept. 1720, IV, xiv-xv, 206-207. — Rapport sur la machine élévatoire par le moyen du feu exécutée à Cachan et sur le modèle de celle de Boffrand, IV, 318-319. — Colonnes superposées, II, 196-197. — Impostes, II, 192. — Remarques sur le Recueil historique de la vie des architectes de Félibien, III, 363. — Travaux à la cathédrale d'Orléans, IV, 266. — Visite la chapelle des Valois à Saint-Denis, IV, XXVIII. — Plans des principales églises de Venise et de Bologne, II, 257. — Cit., II, XLVI ; III, XXIV, 11, 63, 141, 161, 162, 239, 296, 298, 308, 310 ; IV, v, XII, XVII, XVIII, XXVII, XXVIII, XXIX, XXX, XXXI, 41, 110, 111, 149, 163, 179, 254, 328, 331 ; V, vi, 2, 21, 26, 27, 28, 32, 49, 50, 61, 69, 76, 124, 127, 144, 146 ; IX, XIX, XXX.

COTY. Maître serrurier. Présente de nouveaux moyens de sûreté pour fermer les portes, IX, 263-264.

COULOMMIERS, IX, 340.

COULZONNOIS. Modèle pour le prix, III, 179.

COURAJOD (L.). L'École royale des élèves protégés, 1874, V, 314 ; VI, 22.

COURCELLES. Prix d'émulation d'avr. 1785, IX, 153. — Admis à concourir en 1785, IX, 156 ; en 1786, IX, 183.

COUR DES AIDES. Président, IX, 40.

COURSAN. Pont, IV, 237.

COURTENAY (Jean DE). Vend la maison des Thermes à l'évêque de Bayeux, I, 179.

COURTÉPÉE. Admis à concourir en 1776, VIII, 272 ; en 1781, IX, 47.

COURTONNE (Jean DE). Né à Paris en 1671, mort le 17 janv. 1739. — Académicien de 2e classe le 25 oct. 1728, V, 32, 33. — Professeur le 26 juin 1730, V, vi, IX, 61 ; brevet, V, 70. — Fait fonction de secrétaire, V, 189. — Annonce de son décès à la séance du 3 févr. 1739, V, 246, 247, 253.

Enseignement :

Programme de ses leçons, V, 130. — Demande un sujet de prix, V, 72. — Montre les esquisses des élèves, V, 73, 96, 119, 141, 167, 190.

Travaux divers :

Lit la préface de ses Nouveaux essais d'architecture, V, 130-131, 133, 191, 192, 209 ; présente le ms., V, 145, 149, 160. — Origines de l'architecture, résumé, V, 186-187. — Traité d'architecture. Voir : Nouveaux essais d'architecture. — Ap-

porte des dessins d'ordres de Chevotet, V, 190. — Dessin pour la diminution des colonnes, V, 220 ; mém. sur la doctrine des meilleurs architectes, V, 231 ; renflement et cannelures, V, 209. — Définition du bon goût, V, x, 140. — Mém. sur les ordres, V, 187 ; dorique, V, 195, 196, 199. — Rédige les cahiers de toisé, V, 60-62, 65, 88 ; toisé des sphères, V, 52 ; des trompes, V, 106-109, 121 ; des voûtes, V, 37-41, 43-46, 49, 58, 67, 98-99, 105, 120-122. — Rapport sur les trois premiers livres de Vitruve, V, 150. — Traité de perspective, 1725, V, 130. — Cit., V, 69, 104.

COURTONNE (Jean-Bapt. DE). Aspire au prix en 1733, V, 119 ; en 1738, V, 230 ; accessit en 1733, V, 129 ; en 1738, V, 241.

COUSTILIÉ ou COUSTILLIER (Pierre). Aspire au prix en 1730, V, 56 ; en 1731, V, 73 ; accessit en 1731, V, 85.

COUSTOU (Charles-Pierre). Né le 28 janv. 1721, mort le 22 janv. 1797. — Présenté pour la 2e classe en 1762, VII, 103 ; promu le 19 juin 1761, VII, 106 ; présenté pour la 1re classe en 1776, VIII, 266, 272 ; promu le 24 juin 1776, VIII, 273. — Ses élèves, VIII, 189, 225 ; IX, 331. — Observations sur la liste des membres de l'Acad. insérée à l'Almanach royal, VIII, 286. — Commissaire à la correspondance de M. Roux, communique une lettre de ce dernier, VIII, 306. — Examen de la coupole de la nouvelle Halle au blé à Paris, IX, 117 ; du projet de théâtre de La Guêpière pour le palais de Stuttgart, VII, 151-152, 175-178. — Cit., VII, XI, 315, 316 ; VIII, 203 ; IX, 53.

COUSTOU (Guillaume Ier). Sculpteur. Piédestal de la statue équestre du Roi à Lyon, VII, 135.

COUSTOU (Nicolas). Sculpteur. Piédestal de la statue équestre du Roi à Lyon, VII, 135.

COUTOULY (Victor). Né à Paris vers 1749. — Élève, VIII, 188. — Prix d'émulation de déc. 1768, VIII, 38, 49 ; de janv. 1769, VIII, 43, 49 ; de mars 1769, VIII, 48, 49 ; de mai 1771, VIII, 101 ; de juin 1771, VIII, 102. Admis à concourir en 1770, VIII, 76 ; en 1772, VIII, 133 ; 2e prix en 1773, VIII, 169.

COUTUME. Grand coutumier général de pratique, II, 65. — Voir aussi l'article : Paris, Coutume.

COUTURE. Né en 1732, mort le 29 déc. 1799. — Présenté pour la 2e classe en 1767, VII, 320, 321 ; en 1769, VIII, 42 ; en 1770, VIII, 73 ; en 1771, VIII, 109 ; en 1772, VIII, 141 ; en 1773, VIII, 167, 168, 171, 172 ; promu le 28 nov. 1773, VIII, 173, 175. — Ses élèves, VIII, 189, 393. — Commissaire à la revision de la bibliothèque, VIII, 356. — Rédaction du nouveau règlement pour les élèves, VIII, 204, 265. — Exam. du Mém. de Potain sur le concours, VIII, 186-187. —

Présente ses projets pour une maison de campagne à construire pour le margrave de Brandebourg, VIII, XII, 79. — Travaux de la Madeleine, brochure de Hulin et nouvelles imputations, IX, 151-154, 157-158, 190-191, 192. — Montre ses projets de constructions pour le Palais de Justice à Paris, VIII, 261-262. — Examen des expériences contre la débâcle des glaces en rivière de Marne, VIII, 207 ; de l'état de la tour de l'église Saint-Sauveur à Paris, VIII, 224, 226, 228. — Cit., VIII, xv ; IX, 26.

COYPEL (Antoine). Peintre. Son Silence transporté sur toile, VI, 70.

COYSEVOX (Antoine). Sculpteur. S'installe à Paris, I, 104. — Tombeau de Mazarin, I, 104.

CRAMAYEL. Fermier général. Expériences de peinture à sa maison, VII, 51-52.

CRAMAYEL (château de). Construction de Boffrand, IV, XXXIV.

CRÉCY, près Dreux. Château, VI, XXI.

CREIL (DE). Intendant de Moulins, II, 103, 118.

CREIL. Pierre de la région, I, 200 ; VI, 171.

CREMSE (Martin). Élève, VI, 63. (Peut-être Martin de Crenice ?)

CRENICE (Martin DE). Architecte à Lyon. Plans pour la manécanterie de Saint-Jean de Lyon, VII, 104-105. — Travaux du Rhône, VII, XXIV.

CREUSE. Rivière, II, 138.

CREVEL. Présente un vernis contre la rouille, VIII, 216 217, 230.

CROISET (Louis). Plan du centre de la Cité, VI, 118.

CROISETTES (seigneur DES). Titre conféré à Blondel, I, XXVI.

CROIX-LA-CLOQUE, près Vitry. Carrière, visite (coupe du terrain), I, 210. — Pierre employée aux églises de Vitry, I, 211.

CROIX-SAINT-LEUFROY (abbaye de la). Visite, I, 236-237, 238 ; V, 23. — Abbés, I, 237, 238.

CRONSTEDT (comte DE). Élu correspondant, VIII, XII, XIV, 105, 180. — Procédés pour enlever des peintures à fresque, VIII, 210. — Mém. sur les fêtes de Stockholm pour le mariage du frère du Roi, VIII, 210. — Envoie les plans, coupes et aspects du château de Stockholm, VIII, 231, 233-234. — Mém. sur la construction des poéles en Suède, VIII, 105, 230-231.

CROSEL. Présente un mastic, IX, 193.

CROSNE (Louis THIROUX DE). Lieutenant de police. Demande l'examen d'un mém. sur la pierre de craie, IX, 192 ; celui des prétentions respectives des carriers et toiseurs de pierre, IX, 193, 194, 195.

CROUY-SUR-OURCQ. Tour : projet d'une maison de plaisance voisine, IX, 330.

CROZANT, II, 138.

CROZAT DE THIERS (Louis-Ant.), VI, XXXIV, 251, 256. — Hôtels, II, XXIII ; VI, XVIII.

CRUCY (Mathieu ou Mathu-

rin). Né à Nantes le 22 févr. 1749, mort le 7 nov. 1826. — Élève, VIII, 189, 205. — 2e prix le 6 sept. 1773, VIII, 169 ; admis à concourir en 1774, VIII, 195 ; 1er prix le 5 sept. 1774, VIII, 203, 207. — Envois de Rome de 1777 (projet de bibliothèque publique), VIII, 337 ; de 1779 (projet d'un hôtel de ville), VIII, 375, 376. — Candidat à la correspondance, IX, 212. — Construit la Bourse de Nantes, V, 291 ; y décore la place Louis XVI, VII, 147. — Nouveau plan pour la cathédrale de Rennes, IX, 150.

CTÉSIPHON. Architecte, II, 223.

CUÈNE (Jean). Architecte. Hôpital Saint-Jacques de Besançon, 1693-1702, I, 18.

CUVILLIER. Premier commis des Bâtiments. Affaire de Wailly, VII, 310-312, 317. — Diverses lettres au nom du directeur, IX, 230, 255, 256.

D

DAGOBERT, I, 180, 191.

DALMATIE, III, 139; VIII, 118.

DALSÈME. Machine. II, XXVIII.

DAMAS (Fr.-André). Élève, VI, 63.

DAMON. Candidat à la 2e classe en 1756, VI, 279; en 1758, VI, 311.

DAMPIERRE (château). Grilles de Loriot, VI, 328.

DANDRÉ - BARDON (Michel-François). Peintre. Son éloge par d'Aggeville, IX, 118, 370.

DANDRILLON. Maître peintre. Chipolins à la cire, VI, 291, 295. — Dorure nouvelle et procédés de peinture en détrempe, VI, 280, 311-312, 314-315.

DANEMARK. Architecte du Roi, VII, 96, 97, 139; VIII, 5. — Capitaine de vaisseau, VII, 218. — Construction, VIII, 37. — Travaux de Jardin, VI, 250, 251, 254-256; VII, XIX, XXII, XXXVIII, 6, 133-134, 196.

DANGEAU (Mis DE). Hôtel, perspective peinte, III, 207. — Journal, II, 75; IV, x.

DANGOIS, IV, 347.

DANUBE, IV, 14.

DARCET. Demande communication du dessin en coupe du puits de l'École militaire, IX, 41-42.

DAREMBERG et SAGLIO. Dictionnaire des antiquités grecques et romaines, 1877, III, 40.

DARRAS (Marie). Épouse François Bruand en 1705, I, XXXIII; IV, XXIX.

DATIS ou D'ATHIS (Jean-Paul - Joseph). Aspire au prix en 1737, V, 207; en 1738, V, 230, 240; accessit en 1737, V, 216.

DAUBENTON. Admis à concourir en 1755, VI, 236; en 1756, VI, 264; en 1758, VI, 297; en 1766, VII, 249.

DAUFRANC. Voir : Aufranc.

DAUPELEY, IV, III; IX, X.

DAUPHIN (le Grand). F. Blondel, son professeur, I, XXIV, XXXI. — Assiste à la séance du 19 mars 1677, I, 136. — Château de Meudon, II, 97. — Son portrait à l'inventaire de L. Bruand, I, XXXIII. — Commande un tableau à Coypel, VI, 70.

DAUPHINÉ. Construction de Vaucanson, VIII, 191. — Rives du Rhône, IV, 130.

DAVID (le sr). Dissertation sur l'origine des fontaines et la possibilité d'en former, VIII, 273.

DAVID. Industriel. Fabrique

de tringles à Corbeil, VI, 188.

DAVID (Jacques-Louis). Peintre. Interdiction, au nom du Comité de l'Instruction publique, du jugement du concours de 1793, IX, 350. — Cit., IX, XXVIII, XXX, XXXII.

DAVID-LEROY (Julien). Né en 1728, mort en 1803. — Notice biographique, VII, XIV. — Élève de Jossenay, VI, XII. — Aspire au prix en 1749, VI, 121, 122 ; en 1750, VI, 141 ; 2e prix en 1749, VI, 128 ; 1er prix le 31 août 1750, VI, 147 ; présenté pour la 2e classe en 1758, VI, 335-336 ; promu le 23 nov. 1758, VI, 336-337 ; présenté pour la 1re classe en 1773, VIII, 167, 168, 171, 172 ; promu du fait des nouveaux statuts de 1775, VIII, 250, 251. — Professeur adjoint et historiographe le 15 nov. 1762, VII, X, 120 ; titulaire le 24 janv. 1774, VIII, X, 178, 179, 212-213 ; brevet, VIII, 194-195. — Ses élèves, VII, 204, 208 ; VIII, 183, 188, 190, 220, 225, 252, 282, 299, 334, 343, 353, 367 ; IX, 18, 49, 85, 112, 122, 157, 191, 235, 257, 310, 320.

Affaires intérieures académiques :

Projet d'une Histoire, VII, 112-112, 114-115 ; VIII, 125-128, 334. — Observations sur les travaux de l'Acad., VIII, 176. — Lit un mém. relatif aux registres, VII, 200, 202, 270-271 ; VIII, 71. — Chargé de prononcer à la première séance de 1772 un discours d'anniversaire de la fondation de l'Acad., VIII, 108 ; texte, VIII, 114-120. — Affaire des papiers de Beausire le jeune, VII, 46. — Revision de la bibliothèque, VIII, 356 ; construction de son poêle, IX, 221, 222. — Commissaire dans l'affaire de la création de correspondants, VII, 7, 10-14, 63, 96, 97 ; à l'examen du Mém. de Sedaine sur le règlement pour les correspondants, VIII, 46 ; des candidatures de d'Aggeville, VIII, 55 ; de Chambers, VIII, 244 ; de Cronstedt, VIII, 105 ; de Pigage, VIII, 244, 246, 339 ; IX, 4, 92, 220 ; de Tagliafichi, VIII, 314, 339 ; de Temanza, VIII, 45, 61, 62, 80 ; de Vallin de La Mothe, VIII, 231.

Finances ;

Rapport et lettre au Mis de Marigny sur les embarras financiers, VIII, 85, 89-90. — Commissaire à la question des dépenses et recouvrement des déboursés, VIII, 309. — Lettre à Camus, président du Comité des pensions, IX, 285. — Commis à l'état des revenus et charges, IX, 313.

Statuts :

Observations sur la liste des membres de l'Acad. insérée à l'Almanach royal, VIII, 286. — Commis à la revision des statuts, IX, 272. — Affaire de la nomination de M. de Wailly, VII, 291-298, 303-307.

Enseignement :

Examen du Mém. d'Aubry sur les élèves, VII, 84,

87, 88, 91, 92. — Programme de son cours, VIII, 203-204 ; en lit quelques parties, IX, 303-304, 305-307. — Demande un adjoint à son professorat, IX, 185, 198. — Est invité à annoncer que rien n'est changé dans ses leçons, IX, 272. — Organisation nouvelle, VIII, 176. — Nouveau règlement, VIII, 204, 265, 417-419. — Rapport sur la question de conformité des esquisses avec le dessin, VIII, 296. — Transmet une demande des élèves relative à la correction des esquisses, VIII, 373 ; à la petitesse des loges de concours, IX, 15, 50, 51. — Jugement des jeunes gens non déclarés élèves, IX, 301-302. — Lit le programme du grand prix de 1774, VIII, 202. — Examen des esquisses de 1776, VIII, 279 ; de 1777, VIII, 301, 312 ; de 1778, VIII, 349, 358, 360. — Conditions du grand prix et examen des esquisses de 1779, VIII, 377, 379, 386, 387 ; de 1781, IX, 58 ; de 1783, IX, 102, 111-112 ; de 1784, IX, 130, 131, 137 ; de 1785, IX, 155, 156 ; de 1786, IX, 182-183. — Examen de la proposition du graveur Berthauld pour la collection des grands prix, IX, 40, 42 ; de celle de Prieur, IX, 202, 203, 208-209. — Examen du Mém. de Potain sur le concours, VIII, 186-187. — Désignation du monument à étudier pour l'élève parti pour Rome, IX, 237, 239. — Examen des envois de Rome, VIII, 318-319, 334-337, 372, 374, 375-377 ; IX, 6, 10, 86, 88, 140. — Prix d'émulation, règlement, IX, 272. — Concours de févr. 1766, VII, 245, 248 ; de déc. 1781, IX, 58, 59. — Programmes, IX, 123, 203, 224, 225, 227, 245, 257, 266, 289, 301, 309, 310, 315, 325, 328, 330, 332, 335. — Prix pour l'admission au titre d'élève, IX, 307-308. — Offre un prix supplémentaire en l'honneur de la naissance du Dauphin, IX, 65.

Travaux divers :

Lit un discours sur l'origine des Acad., VIII, 241. — Lecture des premiers chapitres de son Essai sur la théorie de l'architecture, VIII, 79 ; présente au nom de W. Chambers : Designs of Chinese buildings, furnitures and dresses, 1758, VII, 20 ; Dissertation on oriental gardening, 1772, VIII, 139. — Mém. sur le chauffage des appartements, IX, 330-331, 332. — S'engage à rassembler les notes concernant Desgodets, VIII, 371, 372. — Dessins et projets, IX, 368. — Parle de Sainte-Sophie de Constantinople, IX, 229. — Éloge de Contant, IX, 33 ; de Deluzy, VIII, 175 ; de Gabriel, IX, 311 ; de Le Carpentier, VIII, 159, 169, 170 ; de Lécuyer, IX, 28 ; de de Régemorte, VIII, 243 ; de Soufflot, IX, 30. — Montre les volumes publ. jusqu'à présent sur Herculanum, VIII, 16. — Mém. sur le navire qu'il appelle *Naupotame*, IX, 332. — Paral-

lèle de l'ordre dorique d'un temple grec et toscan, VII, 22. — Présente les projets du s^r Paris, VIII, 282. — Détail d'un pont de fer, IX, 209. — Lecture de ses travaux pour une maison de plaisance d'un ministre de la marine en Russie, IX, 348. — Présente de nouvelles recherches sur les vaisseaux, IX, 185.

Examens :

Examen du ms. d'Antoine, Série de colonnes, VIII, 354, 381, 382 ; des plans pour les bains de Bagnères-de-Luchon, IX, 144, 146, 149-152 ; de la pompe à feu du s^r Barkley, VIII, 136-137, 138, 149 ; des procédés de N. Bernières pour courber le verre, VII, 227, 240-241 ; des instruments du s^r Boussard, VII, 170, 181 ; de la pompe du s^r Charpentier, IX, 51, 52, 53 ; des dessins et mém. du s^r Dupuis, VII, 128, 131-132, 134-135 ; des modèles de charpenterie du s^r Fourneau, VIII, 136, 138, 139 ; du Mém. de Gimaray sur un ordre français, VII, 127, 133 ; des gravures des Écoles de chirurgie de Gondoin, IX, 6, 7 ; des projets de décoration du chœur de la cathédrale de Laon, IX, 144, 145, 147-148 ; des dessins de Loriot, VII, 84, 85, 87, 88 ; de la machine du s^r Macary utilisant la force de la marée, VII, 222-227 ; de l'Architecture raisonnée du s^r Maillier, VIII, 129, 130 ; des expériences contre la débâcle des glaces en rivière de Marne, VIII,

207 ; des Leçons de géométrie de Mauduit, VIII, 134, 135 ; des projets pour la tour de la cathédrale de Mayence, VIII, 84-89 ; des plans de l'Hôtel-Dieu de Montpellier, VII, 50, 53-56 ; du 6e volume du Recueil de M. de Neufforge, VII, 216-218 ; d'un ms. sur les antiquités de Nîmes, IX, 154, 158 ; des projets de Chalgrin pour Saint-Philippe-du-Roule, VIII, 29-31 ; des travaux de Saint-Sulpice, VII, 173 ; du projet de fermeture du Palais-Royal, VII, 172-174 ; de l'ouvrage de Patte : Monuments érigés en France à la gloire de Louis XV, VII, 196 ; d'une invention de Petitot pour rafraîchir les appartements, VII, 189 ; du Traité de Potain sur l'architecture, VII, 98, 109-112 ; du Traité sur les ordres du même auteur, VII, 238, 241-243 ; de l'ouvrage de Dumont sur Saint-Pierre de Rome, VII, 112, 115-116 ; du Mém. de l'élève Deseine au sujet des plans du Panthéon, VIII, 362, 363, 372 ; des modèles de poêles suédois, VIII, 209 ; de la Vie de Scamozzi de Temanza, VIII, 93, 144 ; de la demande de M. de Vaucanson, VIII, 190-193.

Œuvres :

Histoire de la disposition et des formes que les chrétiens ont données à leurs temples, 1764, VII, XIV ; lecture du début, VII, 183, 184. — Ruines des plus beaux monuments de la Grèce, 1758, offre d'un ex. à

l'Acad., VI, xxvi, 329-330, 331 ; lecture de quelques chapitres, VI, 334 ; VIII, 18, 31-32 ; examen et sentiment de Jacques-Fr. Blondel, VI, 334-335 ; offre la 2e édition, 1770, VIII, 59-60. — Cit., VI, 336, 337 ; VII, xiv, 22, 41, 165 ; VIII, 12-14, 384 ; IX, 229 — Observations sur les édifices des anciens peuples, précédées de réflexions... sur la critique des Ruines de la Grèce publ. dans un ouvrage anglais intitulé les Antiquités d'Athènes, 1767, VII, xiv ; offre son ouvrage et lecture, VIII, 12-14. — Offre un ex. de son volume : La marine des anciens peuples, 1777, VIII, 311. — Cit., VI, xxxv ; VII, 32, 315, 316 ; VIII, xv, 28, 77, 156, 174, 208, 387 ; IX, xxii, xxxi, 9, 124, 174.

DAVILER (Charles-Augustin), Architecte. Né en 1653, mort en 1700. — Notice biographique, I, 300. — Envoyé à Rome comme élève, I, liii ; III, xvii ; IV, xvi. — Autorisé à assister aux séances, III, ix. — Définition des cerches, I, 260. — Présente des dessins, I, 308-309. — Arc de triomphe de Montpellier, I, xl. — Chapelle pour Saint-Jacques-la-Boucherie, II, 55. — Présente des plans et dessins de Rome, I, 300 ; II, 55 ; V, 235. — Projets pour le dôme des religieuses de l'Annonciade à Saint-Denis, I, 320. — Chargé de lire Scamozzi et d'indiquer les passages dignes de réflexion, I, 307 ; en traduit le 6e livre, I, 125 ; II, 137, 300, 311, 317 ; III, 306. — Lecture de sa traduction de Vignole, II, 34-36. — Cours d'architecture, 1691, I, 160, 300, 336, 337 ; II, 36, 151, 165, 200, 209, 213, 221, 226, 256, 260, 266, 300, 364 ; III, xxiv, 40, 86, 87, 207, 299, 317, 336, 337, 341, 344 ; IV, 20, 23, 43, 78 ; VI, 163, 167.

DAVILER (Louis). Aspire au prix en 1730, V, 57 ; 1er prix le 28 août 1730, V, 64.

DAVOUX. Directeur du département de Paris, IX, 313.

DAVY DE CHAVIGNÉ (Fr.-Antoine). Né le 4 mai 1757, mort le 27 août 1806. — Élève de Viel, IX, 4. — Études et dessins, IX, 4. — Projet de place en l'honneur de Louis XVI, IX, 250. — Candidat à la place d'associé libre, IX, 173, 249, 312.

DAWKINS. Les ruines de Balbek, autrement dite Héliopolis, 1767, VIII, 242 ; IX, 69.

DEBARD. Ingénieur-géographe de la Haute-Loire. Ordre d'architecture de son invention, IX, 323-325.

DEBROUSSE (fonds), I, ii ; VI, viii.

DEFORGE. Projet d'adduction d'eau à Paris, VIII, 305.

DEFORGES. Prix d'émulation d'août 1787, IX, 210.

DÉJANIRE. Enlèvement, I, 230.

DELACROIX (André). Élève, VI, 63.

DELAFONT (Pierre). Aspire au prix en 1726, IV, 327 ; en 1727, V, 11 ; en 1728, V, 28 ; en 1730, V, 57 ; en 1731, V, 73 ; en 1734, V, 141 ; en

1735, V, 167 ; en 1736, V, 190 ; accessit en 1734, V, 152.

DELAFOSSE. Graveur. Présente des crayons de sa composition, VIII, 104.

DELAFOSSE (Charles). Peintre. Peintures à Saint-Eustache à Paris, II, 6.

DELAFOSSE (Jean - Charles). Sculpteur-décorateur. Né à Paris. — Présente sa Nouvelle iconologie historique, 1771, VIII, 34.

DELAHACHE (M.-P.). La cathédrale de Strasbourg, 1910, VII, 329.

DELAINCOURT. Aspire au prix en 1730, V, 56.

DELAMARE (Nic.). Traité de la police, 1713, I, 108 ; II, 21, 65, 131, 142, 293, 309 ; III, 95, 170, 185 ; IV, 38 ; V, 242.

DELANNOY (J.-Fr.). Voir : Lannoy (J.-Fr. DE).

DELARUE (Jean - Baptiste). Académicien de 2e classe le 24 juin 1728, V, 28 ; brevet, V, 34. — Cintres pour le pont de Gien, V, 270. — Machine à battre et à arracher les pieux, V, 270, 338-339. — Avis dans le toisé des voûtes, V, 41, 42, 43, 46, 49. — Examen de son Traité de la coupe des pierres, 1728, V, 2-4 ; réimpressions, V, 4. — Cit., V, 276.

DELASSAUX. Aspire au prix en 1725, IV, 304 ; en 1726, IV, 327.

DELAVAUD (L.). Rochefort en 1672 et 1673, I, XXIII.

DELÉPINE. Élève de Couture, VIII, 393. — Prix d'émulation de juin 1780, IX, 18.

DELÉPINE (Louis-Jules). Élève, VI, 40.

DELESPINE père. Notice biographique, IV, XXVII-XXVIII. — Académicien de 2e classe le 5 mai 1699, III, 63 ; de 1re classe le 22 févr. 1706, III, 239. — Observations sur la Coutume, III, 190, 212. — Portes des pertuis, III, 263. — Cit., III, XX ; IV, XVIII ; VII, XV.

DELESPINE fils. Mort en 1729. — Notice biographique, IV, XXVIII. — Sa signature apparaît en juill. 1717, IV, 121. — Présenté pour la 1re classe le 4 mars 1720, IV, 191 ; le 20 nov. 1724, IV, 294. — Annonce de son décès le 5 déc. 1729, V, 50, 51. — Présente et lit son Mém. pour servir à régler le toisé, IV, 155, 156. — Expertise de la chapelle des Valois, IV, XII, XXVII. — Cit., VII, XV ; IX, XXX.

DELISLE - MANSART (Pierre). Académicien de 1re classe le 5 mai 1699, III, 63.

DELORME. Mesures et dessins de l'aqueduc du mont Pilat, 1759, VII, 58-59.

DELORME (Philibert). Jugé par l'Acad., I, LVIII, 11. — Travaux à Anet, au château, I, 239 ; à l'église Saint-Lin, I, 240. — Assemblages, II, 57. — Application de sa méthode de charpente, IX, 117, 134. — Colonnes par tambours, III, 61. — Grotte de Meudon, I, 208. — Son ordre corinthien comparé à celui de J. Bullant, II, 247-248. — Essai d'un ordre français, VI, 145. — Sa maison à Paris, II, 276. — Pavillon central des Tuileries, III, 19 ; V, 209, 229. — Théâtre de

Marcellus à Rome, mesures du chapiteau, I, 130-131 ; du soffite, I, 102. — Portail de l'église de Vernonnet, I, 219. — Essai d'un ordre français au château de Villers-Cotterets, I, 148. — Découvre la disposition des centres pour le tracé de la volute ionique, I, 133-134 ; II, 266.' — Tome I de l'Architecture..., 1567. Nouvelles inventions pour bien bastir et à petits frais, 1561 ; lecture et examen, I, 125-138, 140-142, 144-146, 148-156, 159-163 ; II, 26-28, 30-31, 257-277 ; nouvelle lecture, III, 177-178, 184-195. — Cit., I, 53, 252 ; II, 197, 223, 226, 362 ; III, 61, 278, 318 ; VI, 44, 51 ; VII, 165 ; IX, xxi, 117. — Cit., I, lv, lx ; II, xliv ; III, xi, 239, 242 ; V, 204, 205, 229 ; VII, 127.

DELOT. Voir : Nicolas, dit Delot.

DELUZY DE PELISSAC (Augustin). Mort en 1773. — Notice biographique, VI, xix. — Académicien de 2ᵉ classe le 15 févr. 1734, V, 135 ; brevet, V, 141 ; présenté pour la 1ʳᵉ classe en 1755, VI, 244, 248 ; promu le 31 janv. 1756, VI, 252, 254, 301 ; brevet, VI, 286. — Élèves, VI, 220, 264, 323 ; VII, 16, 99, 200, 204 ; VIII, 189, 226. — Annonce de son décès à la séance du 30 août 1773, VIII, xi, 168, 169, 171, 173, 187. — Éloge, VIII, 175. — Examen du Mém. d'Aubry sur les élèves, VII, 84, 87, 91, 92. — Modèle d'assemblage pour poutres, VI, 44. — Passages des tuyaux de cheminées dans les combles, VI, 275. — Ordres, proportions, V, 349 ; superposés, VI, 288. — Demande avis sur son projet de couverture du donjon de Vincennes en dalles à recouvrement, VI, 258. — Rapport sur l'incendie du château de Vincennes (aile du Roi), VI, 275. — Dessin de l'ordre dorique de Vincennes, VI, 300. — Examen des briques légères des sʳˢ Laurent et Scheffer, VII, 156, 162, 164, 166-167 ; des dessins de Loriot, VII, 84, 85, 87, 88. — Cit., V, 276 ; VI, 216, 248, 290 ; VII, 161.

DELZONGLES (Jean). Élève, VI, 64.

DEMEUNIER. Directeur du département de Paris, IX, 313.

DEMOULINS. Prix d'émulation de juin 1784, IX, 133.

DENIS (saint). Bas-relief de Saint-Denis-de-l'Estrée, I, 191. — Cit., I, 184, 326.

DENIS (Jean). Élève, VIII, 225.

DENIS (Louis). Aspire au prix en 1741, V, 292.

DENIS (Rémy). Fontainier de Versailles. Avis sur le plomb laminé, V, 86-87 ; VI, 268.

DEPARCIEUX. Adduction des eaux de l'Yvette, VII, 135 ; VIII, 57 ; IX, 272, 274. — Moyen proposé contre la débâcle des glaces dans la rivière de Marne, VIII, 206, 208. — Commis par l'Acad. des sciences à l'examen de la solidité d'une maison de la rue Mouffetard à Paris, VII, 250-255.

DEPLAYE. Présente des modèles d'escaliers en bois, IX, 188.

DEPPING. Correspondance administrative, III, XXI.

DERBY (comté de). Plomb, V, 75.

DERIZET (Antoine). Reçoit le prix le 2 sept. 1720, IV, XV, XVII, 207. — Envoyé à Rome en 1724, IV, XVII.

DERRAND (le P.). Né en 1588, mort en 1644. — Église des Jésuites de la rue Saint-Antoine (Saint-Paul-Saint-Louis), I, 194 ; II, 200. — Architecture des voûtes, 1643, II, 200, 202, 247, 345, 364.

DESARGUES (Girard). Né à Lyon vers 1592, mort en 1663. — Escalier de l'hôtel de Bouillon, II, 167. — Publ. le Brouillon-Projet de la coupe des pierres, 1640, revu par P. de La Hire et A. Bosse, 1673-1676, II, XXV, 167.

DESBŒUFS. Aspire au prix en 1728, V, 29.

DESBŒUFS. Élève, VII, 99. — Candidat au prix d'émulation de nov. 1763, VII, 163 ; de janv. 1764, VII, 168 ; de févr. 1764, VII, 169 ; de mars 1764, VII, 171 ; de mai 1764, VII, 180. — Rayé du nombre des élèves à la suite de son Mém. contenant des observations sur la disposition de la nouvelle église de Sainte-Geneviève, VII, XXX, XLI, 223.

DESCARTES, I, XLVII.

DESCOUTURES. Architecte. Notes à l'éd. de l'Architecture pratique de P. Bullet, 1755, II, XXIV ; IV, 164 ; V, 25.

DESEINE (Louis-Étienne). Né à Paris, V, 1747. — Élève, VIII, 189, 225. — Aspire au prix spécial de janv. 1772, VIII, 113. — Prix d'émulation de mai 1772, VIII, 134 ; de janv. 1773, VIII, 144 ; de mai 1773, VIII, 157 ; de juin 1774, VIII, 197. — Admis à concourir en 1775, VIII, 227 ; en 1776, VIII, 272 ; en 1777, VIII, 301 ; 2e prix en 1775, VIII, 233 ; 1er prix le 1er sept. 1777, VIII, 313. — Demande l'aide de l'Acad. pour lever les plans du Panthéon à Rome, VIII, 362, 363, 372.

DESENNE. Voir : Deseine.

DES GALOIS DE LA TOUR. Travaux du Palais de Justice d'Aix, IX, 164.

DESGODETS (Antoine). Né à Paris en 1653, mort en 1728. — Notice bio-bibliographique, II, X-XI ; III, XVII-XIX ; IV, XII-XIII, XXIV. — Autorisé à entrer aux séances, II, 293. — Académicien le 17 juill. 1698, III, 44-45 ; brevet, III, 52 ; de 2e classe à la réorganisation du 5 mai 1699, III, 63 ; de 1re classe au 31 mars 1718, brevet, IV, 151-152. — Nommé professeur et brevet, IV, 175 ; IX, XXII. — Annonce de son décès à la séance du 24 mai 1728, V, 26, 29, 30. — Élèves, VII, 96. — Mss. de sa main acquis pour la bibliothèque de l'Acad., VIII, 370. — Ms. donné par d'Angivillers, VIII, 380.
    Enseignement :
    Affiche de ses leçons pour 1721-1722. Traité des Ordres, IV, 231. — 1722-1723. Suite des Ordres. Proportions des édifices et Cou-

tume de Paris, IV, 254-255. — 1723-1724. Distribution et perspective, 2ᵉ partie de la Coutume, IV, 274. — 1724-1725. Ordres, distribution et toisé, IV, 293. — 1725-1726. Continuation, IV, 312. — 1726-1727. Id., IV, 333. — 1727-1728. Id., plus Coupe des pierres, V, 16. — Demande un sujet de concours et donne les noms des aspirants, IV, XIV, XV : 1720, IV, 199-200 ; 1721, IV, 226 ; 1722, IV, 244-245 ; 1723, IV, 270 ; 1724, IV, 287 ; 1725, IV, 304 ; 1726, IV, 326-327 ; 1727, V, 11. — Rapport sur le concours pour le prix en 1723, IV, 266. — Cours d'architecture. T. I : Traité des ordres de l'architecture… T. II : Traité de la commodité de l'architecture concernant la distribution et les proportions des édifices… expliqué en l'Acad… et recueilli par M. Jean Pinard. (Ms.), III, XIX, 300, 343, 355 ; IV, XIII, XVII, 231, 254, 273-274, 293, 312, 333 ; V, 5-6, 16-17, 26 ; deux volumes mss. à la Bibliothèque nationale, un à celle de l'Institut, IV, 351-352. — Plan de parlement pour servir de leçon, V, 25-26.

Divers :

Arrêt de la roue d'un engin de levage en cas de rupture, III, 265-266. — Question sur l'arrière-voussure de Marseille, IV, 78. — Lit son Mém. au sujet de l'attique, III, 320. — Apporte une Méthode facile pour tracer le contour de la vo-

lute du chapiteau ionique, III, 131. — Colonnes alignées avec des pilastres, IV, 21-22 ; couplées et non couplées, III, 13, 383-384 ; mém. sur les différentes dispositions, III, 83 ; sur plan circulaire, III, 365-366 ; sur la diminution, III, 78 ; IV, 67 ; VI, 30 ; le renflement, III, 79 ; IV, 67 ; VI, 27. — Dessins de corniches intérieures et règles de leurs proportions, III, 337-339. — Lecture et remarques sur divers articles de la Coutume, IV, 85-86, 90, 92, 98, 103-104, 111, 118-120, 131-133, 265, 302, 308, 313, 314 ; mém., III, 190 ; question, III, 210-211. — Construction des dômes des églises, des palais, III, 300. — Demande d'avis pour la réparation de l'église de Dourdan, IV, 6-7. — Lit des observations touchant les réparations des églises paroissiales et des presbytères, IV, 219 ; question sur celles des églises et presbytères de campagne, V, 220 ; consultation, IV, 224. — Mém. sur ce que dit Pline du Temple d'Éphèse, III, 323. — Experts-jurés, IV, 85-86, 265. — Dessins de façades, III, 343-344. — Fondations dans l'eau, III, 267 ; IV, 19. — Lit les Traités de Gautier sur les ponts et chaussées et sur la construction des chemins, IV, 240, 243. — Lit un écrit : Du bon goût d'architecture, IV, 260-261 ; V, 139. — Montre un plan d'Hôtel-Dieu, V, 5 ; une carte du canal du Languedoc, IV,

258. — Réponse aux questions proposées en l'Acad. d'architecture le 3 mai 1717 (mitoyenneté), IV, 118 ; présente son Mém. pour répondre à la question de M. de Cotte le fils (mitoyenneté), IV, 299-300 ; à celle de J. Gabriel (mitoyenneté à Rennes), IV, 314. — Mém. sur une question de mitoyenneté (perspectives peintes), III, 208 ; mur, IV, 39. — Lit son Mém. sur la manière de construire des môles, III, 77 ; texte intégral, III, 381-383. — Dessins, rapports et examens dans l'affaire du pont de Pirmil à Nantes, IV, L-LI, 53, 56, 59, 127-128. — Dessins des ordres, III, 144 ; composite, III, 134-138, 143 ; corinthien, III, 124-127, 131-134 ; dorique, III, 122-123, 127-129 ; ionique, III, 123, 127, 130-131 ; toscan, III, 120-121, 127 ; proportion des figures dans les ordres superposés, III, 312 ; proportion d'un étage de rez-de-chaussée, soubassement d'un ordre, IV, 256. — Réflexions de A.-P. Paris sur ses dessins, IX, 48. — Dessin coté d'ordres superposés du Louvre et des Tuileries, III, 19, 279. — Expériences de perspective, III, 175. — Remarques sur les murs et autres ouvrages qui se font en plâtre, III, 147, 151. — Construction des ponts, III, 349 ; IV, 229-230. — Montre un Recueil de dessins de dômes à Rome et à Paris, III, 300-306 ; V, 235. — Profil de l'intérieur de la nef de Saint-Pierre de Rome, III, 334-335. — Mesures du Panthéon à Rome, VIII, 20. — Dessin d'une église dédiée aux Saints-Anges entre Spolète et Foligno, IV, 33-34. Voir aussi : Temple de Trevi. — Méthodes de toisé comparées à celles de l'Acad., VI, 146-147, 148 ; du toisé des ouvrages de bâtiments, II, 110 ; III, XIX ; IV, 164. — Toisé des voûtes : calculé sur les diamètres qu'il a donnés. Voir : Ginet. Toisé général. — Présente et lit son Mém. pour faire connaître que les règles qu'il a proposées… pour le toisé des voûtes sont approchantes des principes de la géométrie, IV, 166-167 ; texte intégral, IV, 348-351. — Trait d'une manière de voûte en pendentifs, III, 298. — Lit son Traité pour les voûtes portées sur des colonnes… sur des plans carrés…, III, 317. — Mém. concernant les droits de vue, III, 204-206. — Nouvelle édition de ses œuvres, en projet, VIII, 369-371. — Édifices antiques de Rome dessinés et mesurés, 1682 ; offre d'un ex. à l'Acad., II, 6 ; lecture, II, 277-292 ; cit., I, XLVIII ; II, XXI, XLIV, 33, 182, 269, 323, 331, 332, 333, 335, 336, 337, 338, 341, 351, 361 ; III, XII, XVIII, 3, 4, 5, 25, 33, 36, 37, 81, 82, 88, 102, 103, 104, 105, 106, 108, 109, 110, 113, 114, 115, 117, 118, 123, 126, 128, 129, 171, 185, 223, 224, 233, 240, 241, 244, 249, 251, 332, 355 ; IV, XII, XXIV, XLIII, 25, 26, 29, 32, 35, 66 ;

V, 317 ; VI, 54, 98 ; VII, 146, 165 ; VIII, 372 ; IX, XXIII ; nouvelle édition de 1679, IX, 327, 328, 329 ; recueil des dessins originaux, I, 155-160 ; III, XVIII-XIX, IV, 34. — Lecture de son ouvrage. Des lois des bâtiments suivant la Coutume de Paris, faite en même temps que celle du texte de la Coutume, IV, 84-96, 100-109, 112-116, 118-119, 121, 123, 125, 131-147, 219, 224, 265, 270, 274, 281, 282, 309, 310, 319 ; cit., II, 110, 120, 131 ; III, XIX, 202, 310, 312, 313, 314, 315, 316, 345 ; IV, XIII ; V, 242. — Traité ms. du toisé aux us et coutumes de Paris : lecture en séance. Préface, IV, 313 ; VI, 177 ; charpenterie, IV, 200-204 ; V, 8-9, 11 ; couverture, IV, 204-209 ; principes géométriques, V, 23 ; maçonnerie, IV, 154, 156, 175-179, 181-186, 188-191, 193-194, 196-199 ; V, 3-4 ; VI, 177 ; marbre, IV, 213-214 ; menuiserie, IV, 211-213 ; moulures et saillies, IV, 172-175 ; V, 58, 131 ; plomberie et serrurerie, IV, 210-211 ; vitrerie, IV, 217-218 ; voûtes, IV, 162, 164-172 ; V, 57, 58 ; VI, 178-179, 181-184 ; le ms. à la Bibliothèque nationale, IV, 352 ; VI, 173 ; l'Acad. en fait exécuter la copie, VI, 176 ; figures demandées à Loriot, VI, 173, 176 ; prêt du ms. à de Lespée, VII, 68. — Cit., III, XXIV, 63, 273, 302 ; IV, XLVII, 240, 305, 327, 331 ; VII, 328 ; VIII, 117 ; IX, XXXI.

DESGOTS (Claude). Mort en 1732. — Notice biographique, IV, XXV-XXVI. — Envoyé à Rome en 1674, IV, XVI. — Académicien de 2ᵉ classe en 1707 (la signature apparaît en janv., pas d'autre mention de nomination), III, 262 ; présenté pour la 1ʳᵉ classe en 1720, IV, 191 ; promu le 11 mars 1720, IV, 192 ; brevet, IV, 192-294. — Annonce de son décès à la séance du 30 juin 1732, V, 100.— Cit., III, XX ; IV, XII.

DESGRANGES (Florent-Alexis). Élève, VIII, 188, 224. — Prix d'émulation de janv. 1775, VIII, 214 ; de mars, VIII, 228 ; d'avr. 1777, VIII, 302.

DESJARDINS (Martin). Statue équestre de Louis XIV à Lyon, VII, 135.

DESJOBERT. Grand maître des eaux et forêts. Lettre relative au devis pour l'abbaye de Prémontré, IX, 275.

DESMAISONS. Présenté pour la 2ᵉ classe en 1758, VI, 319 ; en 1762, VII, 90, 91, 103 ; promu le 19 juin 1762, VII, 106 ; présenté pour la 1ʳᵉ classe en 1776, VIII, 266, 272, 277, 278 ; promu le 11 août 1776, VIII, 278 ; brevet, VIII, 280-281. — Signe le dernier procès-verbal, IX, XXX. — Ses élèves, VII, 236, 265, 269, 270 ; VIII, 45, 52, 55, 121, 189, 225, 280, 365 ; IX, 66, 95, 121, 143, 151, 187, 189, 190. *Affaires intérieures académiques :* Examen du Mém. de David-Leroy sur le projet d'une

Histoire de l'Acad., VII, 113-115 ; des cahiers sur les us et coutumes et le toisé, VIII, 284, 363. — Examen des esquisses pour 1782, IX, 73, 83, 84. — Commissaire dans l'affaire de la nomination de M. de Wailly, VII, 283-288, 291-298, 303-307.

Travaux divers :
Mém. sur les fondations, VII, XXXVIII, 156-161. — Travaux au Palais de Justice à Paris, VIII, 261 ; IX, 106, 107, 110, 111, 112.

Examens :
Examen des procédés de Bernières pour courber le verre, VII, 227, 240-241 ; des projets de Peyre le jeune pour les constructions de l'Électeur de Trèves, IX, 6, 7, 8, 10 ; des procédés du s^r Féroussat pour la fabrication du plâtre, VIII, 214, 217-218, 234-239, 352, 355, 357 ; des briques légères des s^rs Laurent et Scheffer, VII, 156, 162, 164, 166-167 ; du Mém. de Lespée sur le toisé, VIII, 363, 364, 365, 367 ; du projet de F. Franque pour la place du Peyrou à Montpellier, VII, 231, 233-235 ; de la nouvelle carrière du s^r Topinard à l'Isle-Adam, IX, 6, 7, 11, 12, 18, 19, 20 ; des travaux de Saint-Sulpice, VII, 173 ; VIII, 2-3, 5-9 ; de la solidité d'une maison de la rue Mouffetard à Paris, destinée à servir de caserne, VII, 239, 245-246, 249-255 ; du projet de fermeture du Palais-Royal, VII, 172-174. — Cit., VII, 136, 157, 161,

315, 316 ; VIII, 174, 203, 286.

DESMAISONS. Candidat au prix d'émulation de nov. 1763, VII, 163 ; de janv. 1763, VII, 168 ; de mars 1764, VII, 171.

DESMAISONS (L.). Le pont de Joigny, 1863, V, 11-12.

DESMARAIS. Voir : Desmarets.

DESMARET (Nicolas). Lettre et mém. sur la pouzzolane avec description du moulin hollandais pour la broyer, VIII, 368, 371 ; IX, 88.

DESMARETS. Aspire au prix en 1728, V, 28 ; 1er prix le 22 nov. 1728, V, 34 ; candidat à la 2e classe en 1755, VI, 248 ; en 1756, VI, 279 ; en 1758, VI, 311 ; présenté pour la 2e classe en 1758, VI, 317, 318, 319.

DESMARETS. Contrôleur général, III, xv.

DESPRÉS (Jean-Louis). Né à Auxerre le 28 mai 1742, mort à Stockholm le 18 mars 1804. — Élève, VIII, 189. — Aspire au prix d'émulation de janv. 1765, VII, 201 ; de févr., VII, 204 ; de mars, VII, 208 ; de juin, VII, 220 ; de nov., VII, 236 ; de mai 1766, VII, 264 ; de juin, VII, 265 ; de nov., VII, 269 ; de janv. 1767, VII, 273 ; de févr. 1769, VIII, 45 ; de juin, VIII, 52 ; de juill., VIII, 55 ; de janv. 1772, VIII, 121 ; prix de nov. 1765, VI, 237 ; de mai 1766, VII, 265 ; de juin, VII, 265 ; de nov., VII, 270 ; de févr. 1769, VIII, 45, 49 ; de juin, VIII, 52 ; de juill., VIII, 55 ; de janv. 1772, VIII, 121, 204 ; aspire au prix

spécial de janv. 1772, VIII,
113, 225. — Esquisse au
concours du grand prix de
1765, VII, 214; admis à
concourir en 1766, VII,
249; en 1771, VIII, 101;
en 1772, VIII, 133; en
1775, VIII, 227; en 1776,
VIII, 272; 1er prix le
26 août 1776, VIII, 280. —
Séjourne à Rome, VIII,
191. — Présente des des-
sins, VIII, 191. — Gravure
du plafond du Palais Spi-
nola à Gênes, VIII, 283. —
Dessin de l'intérieur de
Saint-Pierre de Rome, IX,
85.

DESPRÉS (Richard). Élève,
VIII, 224. — Prix d'émulation de juill. 1777, VIII,
308. — Admis à concourir
en 1778, VIII, 351.

DESROCHES. Conducteur des
travaux à la cathédrale
d'Orléans. Procès-verbal au
sujet des fondations, IV,
267.

DES ROYERS DE LA VALFE-
NIÈRE. Voir : La Valfe-
nière (F. Des Royers de).

DESTAILLEUR. Éd. d'An-
drouet du Cerceau, I, 12. —
Sa collection, I, xxx.

DESTOUCHES. Contrôleur des
Bâtiments de la ville.
Épouse une fille de J. Beausire, VI, xv. — Candidat à
la 2e classe en 1755, VI,
249; présenté en 1756, VI,
278; en 1758, VI, 311, 317,
318.

DETANT. Admis à concourir
en 1758, VI, 297.

DEULE. Rivière, II, 78.

DEUX-PONTS (duc DES), VI,
170.

DEVAUX. Aspire au prix en
1743, V, 343; en 1744, VI,
6. — Admis à concourir en
1745, VI, 26; accessit en
1745, VI, 37.

DEVIENNE (Charles-Amable).
Candidat au prix d'émula-
tion d'avr. 1764, VII, 176;
de juin, VII, 182; de janv.
1765, VII, 201; d'août
1766, VII, 267; prix d'août
1766, VII, 268. — Esquisse
au concours du grand prix
de 1765, VII, 214; admis
concourir en 1767, VII,
277; en 1768, VIII, 16.

DÉZALLIER D'ARGENVILLE.
Demande l'examen de son
livre : Vies des architectes,
IX, 147, 149, 194; offre d'un
ex. à l'Acad., IX, 206;
cit., IV, XLI, XLII. — Vie de
Pierre Mignard, IX, 336. —
Voyage pittoresque des environs de Paris. 1755, VII,
21.

DICTIONNAIRE de l'Acad., IX,
194.

DICTIONNAIRE des Sciences,
V, 269; VII, 244; VIII,
309.

DICTIONNAIRE de Trévoux,
VI, 180.

DIDEROT (Denis). Recom-
mande Falconet, VII, 236.
— Voir aussi : Encyclopédie.

DIEPPE. Port, VII, 227; IX,
299, 300. — Seigneur, I,
236.

DIEPPEDALE. Visite de ses carrières, I, 231, 232, 233; V,
23.

DIEU (Jean DE). Sculpteur.
Groupe de la femme adul-
tère au pourtour du chœur
de la cathédrale de Char-
tres, II, 34.

DIGNESSE. Projet de reconstruction pour l'église Saint-
Jean de Liége, IV, 202-206.

DIGOIN, IV, 289.

Dijon. Artiste (naissance d'), VII, 271, 289; VIII, 36. — Église Notre-Dame. Plans, coupes et examen, VII. XXI, XXXVII, 84, 86, 119, 122, 127-130, 162; Saint-Bénigne. Consolidation des voûtes, VII, XXVI, XXXVIII, 140, 142; Saint-Étienne. Travaux de R. de Cotte, IV, XXXIX; Saint-Jean, IV, XXXIX. — Palais des États. Travaux d'agrandissements de 1682, II, 72. — Travaux de R. de Cotte, IV, XXXIX. — Publication d'un ouvrage d'Antoine, VIII, 354. — Voirie, VII, XXI, 3. — Cit., IX, XXI.

Dinvau. Contrôleur général, VIII, 57.

Diodore de Sicile, III, 145.

Diogènes. Sculpteur. Cariatides du Panthéon d'Agrippa, II, 29.

Dolo, II, 302.

Dombes. Projets pour le collège, IX, 345.

Dominique de Cortone. Travaux à l'Hôtel-de-Ville de Paris, I, 194.

Dona. Projet pour la place du Peyrou à Montpellier, VII, 212-213.

Dordogne. Affluent, II, 126. — Navigation, II, XXXII, 163-164.

Dorléans (Pierre). Né à Paris le 23 oct. 1740 (ou sept.), mort le 15 févr. 1785. — Élève, VII, 99. — Aspire au prix d'émulation de févr. 1764, VII, 169. — Esquisse au concours de 1765, VII, 214. — Admis à concourir en 1762, VII, 101; en 1763, VII, 145; en 1764, VII, 175; en 1766, VII, 240; en 1767, VII, 277; 2e prix en

1762, VII, 119; en 1764, VII, 185; en 1766, VII, 262; VIII, 58; 1er prix le 31 août 1767, VII, 301, 302. — Départ pour Rome, VIII, 58. — Présente ses dessins de Rome, VIII, 121-122. — Présenté pour la 2e classe en 1774, VIII, 195; en 1780, IX, 30; candidat en 1781, IX, 58; présenté en 1784, IX, 124, 125. — Dessins et projets, IX, 368.

Doucet (Charles ou Henry-Prosper). Né à Paris vers 1748. — Liste des élèves, VIII, 188, 225. — Prix d'émulation de mars 1773, VIII, 150; d'août, VIII, 168; admis à concourir en 1774, VIII, 195; en 1775, VIII, 227; en 1776, VIII, 272; accessit en 1775, VIII, 233.

Dourdan. Réparation de l'église, IV, XLIII, 6-7.

Doux (pont sur le), III, 272.

Dreux. Chapelle des d'Orléans, I, 240. — Visite de l'église du château, I, 240; V, 231. — Château voisin, VI, XXI.

Dreux de La Chastre (Louis de). Aspire au prix en 1740, V, 273; en 1741, V, 292; accessit en 1740, V, 280.

Drottningholm. Château, III, 226.

Druides, IV, XXXV.

Dublin. Casino, VII, XXI.

Dubois. Directeur général des ponts et chaussées. Pont de Compiègne, VI, 175.

Dubois. Prix d'émulation de janv. 1787, IX, 196; d'août 1790, IX, 276. — Admis à concourir en 1791, IX, 303; en 1792, IX, 332; en 1793, IX, 342.

DUBOIS. Sculpteur - poêlier. Présente des parties de poêles, peintes aux émaux de porcelaine, IX, 240.

DUBOUSSET. Maître de musique, VI, 169.

DUBUT. Admis à concourir en 1791, IX, 303 ; en 1792, IX, 322.

DUCAMP (J.-B.-Alexandre). Élève, VI, 63.

DU CERCEAU (Jacques ANDROUET). Examen de son œuvre, I, 12. — Plan du château de Charleval, III, 146. — Recueil des plus excellents bâtiments de France, 1576-1579, I, 12 ; III, 146, 151, 187, 272, 279, 342 ; V, 229 — Cit., III, 36.

DUCHESNE. Prévôt des Bâtiments du Roi à Versailles. Mém. sur la police des Bâtiments du Roi, 1752, VI, 215. — Copie de l'état des livres d'architecture rassemblés par lui, VI, 215.

DUCHESNE (J.). Notice historique sur la vie... de J. Hardouin-Mansart. P. 1805, I, XLV.

DUCLAIR, I, 232.

DUCLOS (Charles PINOT-). Consulte l'Acad. sur la définition des entresols et des mezzanines, au nom de l'Académie française, VI, 184-185.

DUFOURNY. Admis à concourir en 1758, VI, 297.

DUFOURNY (Léon). Élève, VIII, 225. — Prix d'émulation de févr. 1776, VIII, 252 ; de nov., VIII, 282 ; de juin 1777, VIII, 305 ; de déc. 1778, VIII, 365. — Admis à concourir en 1778, VIII, 351.

DUFRESNOIS (Antoine). Voir : Moreau-Dufresnoy.

DUFRESNOY (C.-A.). L'art de peindre, IX, 253.

DULAURE (J.-A.). Nouvelle description des curiosités de Paris, 2e éd., 1787, VII, 324, 325.

DULIN. Candidat à la 2e classe en 1755, VI, 249 ; en 1756, VI, 279 ; en 1767, VII, 320. — Présenté pour la 2e classe en 1762, VII, 103 ; en 1764, VII, 187 ; en 1767, VII, 320.

DULIN (Nicolas). Contrôleur des Bâtiments. Né vers 1680, mort en 1751. — Notice biographique, IV, XXII. — Promu de 2e classe à la séance du 24 déc. 1708, III, 308 ; IV, XII. — Cit., III, XX.

DU LIS. Admis à concourir en 1752, VI, 180.

DUMANET ou Dumonet. Prix d'émulation de nov. 1788, IX, 236. — Admis à concourir en 1787, IX, 205 ; en 1788, IX, 226 ; en 1793, IX, 342.

DUMEZ (Claude). Élève, VI, 40.

DUMONT (Gabriel-Pierre-Martin). Né vers 1720. — Notice bio - bibliographique, VII, XI. — Aspire au prix en 1737, V, 207 ; 1er prix le 2 sept. 1737, V, 216. — Candidat à la 2e classe en 1767, VII, 320 ; en 1776, VIII, 267. — Dessins et projets, IX, 368. — Présente un recueil de dessins gravés d'architecture de sa composition, VIII, 267. — Accouplement des colonnes et des pilastres de l'ordre dorique, VII, XI. — Examen de son Recueil de plusieurs parties

d'architecture de différents maîtres tant d'Italie que de France, 1767, VII, xi, 145 ; de ses Parallèles des plans des plus belles salles de spectacle d'Italie et de France, VII, xi, 145-146 ; VIII, 47. — Suite de plans, coupes... de trois temples antiques... à Poestum..., 1764, VII, 191 ; VIII, 13, 47. — Présente ses Détails des plus intéressantes parties d'architecture de Saint-Pierre de Rome, 1763, VII, xi, 112 ; rapport, VII, 115-116 ; don d'un ex., VII, 157. — Présente ses Divers morceaux d'architecture contenant plusieurs parties de Saint-Pierre de Rome, VII, 132 ; 2e partie, VII, 186, 189-191 ; VIII, 11, 47.

DUNKERQUE, II, 260.

DU PERROY (Robert). Propriétaire de carrières près Dieppedale, I, 232.

DUPLESSIS (Claude). Traité sur la Coutume de Paris, 3e éd. 1709, IV, 280.

DUPLESSIS (Jos.-S.). Peintre. Portrait de d'Angiviller, VIII, 385.

DUPLESSIS - BERTAUX. Graveur, IX, 40.

DUPLESSY. Extraits d'une lettre du 17 août 1740 sur les voûtes en briques à plat, VI, 79.

DUPORTAL (Mlle). Ms. du Cours d'architecture de Desgodets, III, 300 ; IV, 231, 351, 352. — Dessins de Tanevot, V, xi.

DU PRADEL (Abr.) [Nic. de Blégny]. Le livre commode des adresses de Paris pour 1692 et réimpr. Fournier,

1878, I, 334, 335 ; III, xxii ; IV, 187, 313.

DUPRAT (le chancelier). Salle à l'Hôtel-Dieu en 1535, I, 180.

DUPUIS. Admis à concourir en 1760, VII, 44.

DUPUIS (Charles). Candidat à la correspondance, VII, xx, xxx ; mém. à l'appui, VII, 31, 63. — Montre dix dessins de sa composition sur un nouvel ordre d'architecture, VII, 127-128, 131, 132, 134, 135. — Lettre relative au même sujet, VII, 133. — Publ. : Nouveau traité d'architecture comprenant les cinq ordres des anciens, suivi d'un Nouveau traité, dont Potain réclame quelques idées, VII, 127 ; IX, 136.

DURANCE. Pont de Savines, IV, 262.

DURAND (Angélique). Seconde femme de Fr. Bruand, IV, xxix.

DURAND (Georges). Monographie de l'église Notre-Dame, cathédrale d'Amiens, 1901-1903, IX, 335.

DURAND (Jean-Nicolas-Louis). Prix d'émulation de janv. 1779, VIII, 367 ; de nov., VIII, 391. — Admis à concourir en 1778, VIII, 351 ; en 1779, VIII, 379 ; en 1780, IX, 14 ; en 1782, IX, 74 ; 2e prix en 1779, VIII, 388 ; en 1780, IX, 26.

DURAND (Nicolas). Architecte. Né en 1739, mort en 1830. Offre un ex. de ses Plans et coupes de l'hôtel de ville de Châlons, VIII, 145.

DURER (Albert). I, 84.

DURNEL (abbé). Plan de l'hô-

pital Saint-Jacques de Besançon, I, 18.
Du Ry (Samuel). Traduction
et abréviation de Scamozzi,
1713, I, 125, 138-139. —
Voir aussi : Scamozzi (Vinc.),
Œuvres d'architecture.
Du Ry (Simon-Louis). Can-
didat à la correspondance,
IX, 93.
Dusseldorf. Château, VII,
xxiii. — La Galerie élec-
torale des tableaux, VIII,
343, 344.

Du Tillet (Jean), évêque de
Meaux. Chronique abrégée,
1580, I, 191.
Duvivier jeune. Architecte.
Envoyé à Rome dès 1665
(ou 1666), I, liii ; IV, xvi.
Duvivier (Jean). Graveur.
Médailles de prix, IV, 252-
253 (fig.), 331 ; V, 15.
Duvivier (Jean-Pierre Lam-
bert). Élève, VI, 40, 63. —
Admis à concourir en 1748,
VI, 102 ; 3e prix en 1748,
VI, 111.

E

EAUX ET FORÊTS. Grand maître, IX, 275.

ÉCOLE. Article de l'Encyclopédie, lecture, IX, 275.

ÉCOLE D'ARCHITECTURE de Jacques Blondel, VI, XVI, 222. — Affiche, V, 314 ; VI, 21-22. — Emprunt de livres pour son usage, VII, 190.

ÉCOLE DES BEAUX-ARTS. Bibliothèque, I, 1 ; IX, VIII.

ÉCOLE ROYALE DES ÉLÈVES PROTÉGÉS par Courajod, 1874, V, 314 ; VI, 22.

ÉCOLE DES PONTS ET CHAUSSÉES. Direction, VII, XII, 194. — Professeur, VIII, 21.

ÉCOLE DE ROME. Voir : Académie de France à Rome.

ÉCOUEN. Chapelle Sainte-Anne, visite, I, 195. — Château, visite, I, 195-198, 252 ; V, 19 ; travaux de J. Bullant, I, 11, 196, 252 ; II, 338 ; table d'un seul caillou, I, 197 ; table d'un seul cep de vigne, I, 198.

ÉGYPTE. Obélisques, IV, 2. — Pyramides, II, 127 ; III, XIII, 137, 192, 323 ; VII, 219. — Voyage de F.-L. Norden, 1755, VII, 218-219. — Cit., II, 237 ; IV 15 ; VII, XLIII ; IX, XXVI.

ÉGYPTIENS, I, 306 ; V, 187

ÉLÉMENTS (les Quatre). Mosaïques de l'abbaye de Saint Denis, I, 190.

ÉLEUTHÈRE (saint). Compagnon de saint Denis, I, 191.

ÉLISABETH (Mme). Affaire de la serrure commandée au

sr Landry Poux. Voir à ce nom.

EMBRUN, IV, 262.

ÉMILIE, II, 215.

EMPIRE (PREMIER). Œuvres de l'époque, IX, XXVIII. — Style, VII, XLII.

EMPIRE ROMAIN. Histoire des grands chemins par N. Bergier, 1622, III, 95. Voir aussi : Bergier (Nic.).

ENCYCLOPÉDIE des Bouches-du-Rhône, IX, 370.

ENCYCLOPÉDIE de Diderot et d'Alembert. — Lecture de divers articles et décision de lire tous ceux qui traitent de l'architecture ou arts annexes, VIII, 309 ; IX, 18, 22, 50, 52, 77, 80, 103, 131, 229 ; IX, 275. — Cit., V, 287 ; VI, 180 ; IX, 55.

ENCYCLOPÉDIE de 1782, IV, 324 ; éd. de 1785, IX, 229.

ENCYCLOPÉDIE MÉTHODIQUE, éd. 1788, II, XIII.

ENTRAGUES (famille D'). Château de Marcoussis, I, 245.

ÉPHÈSE. Temple de Diane, III, 321-324 ; transport des colonnes, II, 223-224.

ERGO (Jacques). Aspire au prix en 1725, IV, 304 ; en 1726, IV, 326, 327.

ÉRIEU. Pont, VII, 207.

ERMENONVILLE. Jardins. Lettre de Peyre l'aîné, IX, 55.

ERMITAGE (L'), près Pontoise. Visite de sa carrière, I, 204.

ERMITAGE (L'), près Vernon. Visite de la carrière voisine, dite le Grand-Atelier, I, 218.

ERRARD (le P.). Voir : Derrand (le P.).

ERRARD (Charles). Né à Nantes en 1606, mort à Rome le 25 mai 1689. — Coupole de l'Assomption à Paris, III, 27.

ESCURIAL. Vues et plans, III, XIII, 179-181 (fig.), 299-300.

ÉSOPE, I, X.

ESPAGNE. Constructions, II, 299. — Correspondant, VII, XIX, XXIII-XXIV ; IX, 91. — Études architecturales, I, 125. — Galeries extérieures, I, 120. — Guerre de la Succession, III, XVI, 227. — Palais de son ambassade à Rome, VI, 328. — Rapport du palme avec le pied du Châtelet de Paris, III, 299-300. — Renvoi de l'Infante, IV, 252. — Voûtes en briques à plat, VI, XXXII, 75 ; VII, 323.

ESPAGNOLS. Découvertes, III, 293. — Prise de Pavie, VI, 57

ESPIE (comte D'). Présentation et lecture de son livre : La manière de rendre toutes sortes d'édifices incombustibles... ou Traité de la construction des voûtes faites avec des briques... dites voûtes plates, 1754, VI, 225, 228-229 ; VII, 324.

ESSONES, VII, 203.

ESTÈVE fils. Projet pour la place du Peyrou à Montpellier, VII, 206, 207, 210, 212, 213, 329.

ESTOUTEVILLE (cardinal D'). Travaux à Saint-Ouen de Rouen, I, 225 ; à Notre-Dame de Rouen, I, 228.

ESTRÉES (D'). Hôtel à Paris, construction de R. de Cotte, IV, XL.

ÉTAMPES (D'). Hôtel, construction de Nic. Dulin, IV, XXII.

ÉTAMPES. Chaux, VI, 171 ; sable, II, 260.

ÉTATS-GÉNÉRAUX. Fête publique, IX, 257.

ÉTIENNE. Chanoine. Requête pour la construction d'une glacière à l'évêché de Chartres, II, 34.

ÉTIGNY (MÉGROT D'). Intendant. Travaux de Luchon, IX, 146, 150.

ÉTRURIENS, II, 254.

EUCLIDE (lecture d'un chapitre d'), VII, 218. — Cit., II, 261.

EURE. Département, I, 236, 237 ; II, 106, 130 ; VII, 323.

EURE. Rivière. Monuments sur ses rives, I, 236, 237. — Travaux d'adduction de ses eaux à Versailles. Voir : Maintenon (aqueduc).

EUROPE. Architectes, VII, 12 ; VIII, 120. — Correspondants, VIII, XIV. — Influence française, IX, XIII. — Marbres, VIII, 390. — Monastère, IX, 345. — Sociétés savantes, VIII, 248. — Voyages de Blondel, I, 52 ; de Monconys, 1695, VII, 241 ; de Starov, VII, 262. — Cit., III, 229.

EUROPÉENS. Leur attention attirée sur la Chine, III, 363.

EUSTACHE (Jean-Bapt.). Prix d'émulation d'août 1769, VIII, 58. — Admis à concourir en 1770, VIII, 76.

ÉVREUX (D'). Hôtel, travaux de Lassurance, IV, XXX ; VI, XXI ; de Mollet père, IV, XXV. — Cit., VIII, 28.

ÉVREUX, IX, 347.

EXPILLY (D'). Dictionnaire géographique, 1762, IV, 258 ; VII, 89, 205.

ÉZÉCHIEL, III, 244.

F

Fabre. Fabrique des briques nouvelles, VIII, 122, 125.

Facier ou Faucier. Admis à concourir en 1768, VIII, 16 ; en 1769, VIII, 48 ; en 1770, VIII, 76.

Facy (Antoine). Entrepreneur, IV, 139.

Fagni. Architecte. Plan pour l'église Saint-Jean de Liége, VI, 195-198.

Faivre (J.-B.-L.-F.). Voir : Lefebvre.

Falconet. Sculpteur. Va à Saint-Pétersbourg, VII, 326. — Étienne-Maurice Falconet, par L. Réau, 1922, VIII, 246.

Fanjeaux, VII, 323.

Fano. Basilique, II, 215-216.

Faucier. Voir : Facier.

Faucon de Ris. Intendant de Bordeaux, II, 127.

Faujas de Saint-Fond. Offre ses Recherches sur la pouzzolane, VIII, 366-367 ; IX, 16 ; Nouveau Mém., IX, 29, 88 ; Recherches sur les volcans éteints du Vivarais, 1778, VIII, 366.

Fautras (Jacques-Benj.), IX, 40.

Fécamp (vallée des faubourgs de Paris). Carrières, I, 334 ; leur visite, I, 206 ; V, 21 ; VI, 200 ; pierre utilisée au pont de Charenton, I, 207.

Fécamp. Port, VII, 227 ; curage, IX, 300.

Fédération. Fête. Décoration, IX, 274.

Félibien, sieur des Avaux (André). Né à Chartres en 1619, mort le 16 juin 1695. — Notice bio-bibliographique, I, XLIX. — Secrétaire en titre dès la fondation, I, II, IX, XVI-XVII, 31. — Fac-similé de sa signature, I, XXIX. — Son décès et service qui s'y fit, II, XXX, 306. — Dessin qu'il a fait faire à Blois, I, 298 ; carrières des environs, I, 325. — Principes d'architecture, 1676 ; lecture et discussion, I, 85, 87, 95, 100, 103-108 ; offre d'un ex. à chacun des académiciens, I, 113 ; extrait concernant les carrières et le commerce de la pierre, I, 333-335 ; cit., I, XVII, XX, 260, 337 ; II, 232, 256, 364 ; III, 22, 65, 73, 87, 199, 336, 341, 361 ; IV, 20, 215, 233 ; VI, 163. — Visite des carrières et des maisons royales, I, 329. — Mém. sur les maisons royales, éd. par A. de Montaiglon, 1874, I, L, 29, 298, 325. — Cit., II, IV, X, XI, XXI, 33, 112, 280, 281, 293 ; VI, 202 ; VIII, 115.

Félibien (Jean-François). Fils d'André. Né vers 1656, mort le 23 juin 1733. — Notice bio-

bibliographique, III, xxiii ; IV, xx. — Succède immédiatement à son père comme secrétaire, II, xxx, 306 ; confirmé au 31 mars 1718, IV, 153. — Annonce de son décès à la séance du 30 juin 1733, V, 124. — Différence entre les architectures antique et gothique, IV, 12. — Temple de Diane à Éphèse dans Pline, III, 321-323. — Définition de la louve, II, 162. — Lettre à l'abbé Bignon sur l'affaire du pont de Pirmil à Nantes, IV, 52. — Commis à l'examen du Traité des cinq ordres de P. Nativelle, V, 6. — Dessin coté du portail de Saint-Gervais à Paris, III, 16. — Mém. sur l'ancien Louvre, III, xiii, 279-282, 290. — Annonce avoir remis au Surintendant le résultat de la dernière assemblée et les échantillons des pierres d'A. Roze et de Parrain, examinées, III, 69. — Traduit la lettre de Pline le Jeune à Gallus : Les plans et la description de deux des plus belles maisons de campagnement de Pline le Consul..., II, 301 ; lecture, IV, 11. — Description de la nouvelle église des Invalides, 1702, I, 274 ; III, xxiii. — Lit le début du Ve livre de son Recueil historique de la vie et des ouvrages des plus célèbres architectes, III, 291-293, 362-363 ; cit., I, 274 ; III, xiii, xxxiii. — Présente sa traduction du livre VIIe de Serlio, I, 274 ; lecture, I, 274-306. — Lit sa traduction de plusieurs descriptions de la villa Hadriana et principalement de celle de Pirro Ligorio, IV, 15-16. — Lit sa Description sommaire de la chapelle royale de Versailles, IV, 1-2. — Cit., I, l ; III, 63, 141, 143, 161, 304, 319, 379, 383 ; IV, l, 51, 59, 110, 125, 131, 220, 252, 305, 327, 351 ; V, 11, 14, 116, 117, 119, 121, 122, 123.

FÉLIBIEN (Mme DE). Remet au nouveau secrétaire les effets que son mari avait en charge, V, 127.

FÉLIBIEN (Dom Michel). Histoire de la ville de Paris, publ. par Dom Lobineau, 1725, I, l. — Histoire de l'abbaye de Saint-Denis, 1706, I, 320.

FÉLIN. Prix d'émulation d'avril 1779, VIII, 379.

FÉLIX. Admis à concourir en 1781, IX, 47.

FÉLON. Nouveau procédé de dorure sur bois, VII, 31.

FELS (comte DE). Gabriel (Jacques-Ange), 1912, V, 321 ; VII, xxv ; VIII, 18 ; IX, 199.

FER, près Saint-Cloud. Visite de la carrière, I, 247.

FER (Nicolas DE). Plan de Saint - Germain - en - Laye, 1705, VI, 352.

FER DE LA NOVERRE (DE). Mém. sur le canal de l'Yvette, IX, 272, 273, 274 ; sur la navigation de la Seine, IX, 272, 273.

FERMIERS GÉNÉRAUX. Enceinte de Paris, IX, 208. — Cit., VII, 51.

FERNAND. Fils d'Alphonse X, I, 187.

FÉRON (François), I, 175.

FÉROUSSAT DE CASTELBON. Mém. sur ses méthodes et

fours pour la fabrication du plâtre, VIII, 214, 217-218, 234-239, 352, 355, 357. — Réflexions sur la mauvaise qualité du plâtre, VIII, 263.

FERRAND. Intendant de Bretagne. Affaire du pont de Pirmil à Nantes, IV, XLIX, 41, 44, 45, 48, 51, 52, 59, 82, 126.

FERRIÈRE (Claude DE). Corps et compilation de tous les commentaires... sur la Coutume de Paris, II, 25 ; IV, XLV, 279. — Nouveau Commentaire sur la Coutume de la prévôté de Paris. Discussion et lecture, IV, 84, 85-87, 95, 268-272, 274-275, 278-283, 285, 288, 291, 295-298, 301-305, 307-310, 318-320, 322, 325-326 ; VII, 165.

FERRY. Maître serrurier. Montre un fauteuil à ressort de son invention, VIII, 192-193

FESTUS, I, 306.

FEUILLET. Admis à concourir en 1758, VI, 323, 332.

FEUILLET (Jean Baptiste). Présente des échantillons de marbres des environs de Giromagny, VIII, 180-181.

FEUQUIÈRES (Catherine MIGNARD, comtesse DE), I, XLVI.

FEYDEAU DE BROU. Intendant de Bretagne, IV, 44.

FEYDEAU DE MARVILLE. Lieutenant général de police, V, 314.

FIEUBET. Hôtel. Perspective peinte, III, 207.

FIÈVRE. Voir : Le Fièvre.

FILLEUL (Mme), VII, 268.

FILLOT. Aubergiste, rue de la Bûcherie, à Paris, IX, 95.

FINANCES. Contrôleur général, II, 79, 131 ; V, 223 ; IX, 254. — Directeur général, IX, 1. — Intendant, II, 79, 80, 92, 107, 114, 117, 125, 126, 129, 136, 138, 142, 144, 164, 177, 178, 224 ; VII, 244.

FINLANDE. Échantillons de pierres, VIII, 245.

FINO. Son palais à Bergame, II, 300.

FIQUET (Nicolas). Élève, VIII, 189.

FIRMIN (saint). Chapelle à l'église de Saint-Denis, I, 190.

FLAMEL (Nicolas). Statue au portail de Sainte-Geneviève-des-Ardents, I, 180.

FLANDRE. Ardoises, IX, 253. — Environs de Mons, VII, 270. — Marbre, VII, 114. — Pose des solives, II, 341. — Cit., II, 159.

FLAVIEN. Amphithéâtre. Voir : Rome. Colisée.

FLEURY (cardinal DE). Lettre en faveur de Tanevot, V, 282. — Visite du Roi à l'Acad., IV, 179.

FLEURY (J.-B.). Secrétaire du chapitre de Besançon, VI, 69.

FLORENCE. Acad., VII, 2, 20. — Cathédrale, coupole, III, 27, 301. — Chapelle des Médicis, I, 135 ; II, 144. — Palais Strozzi, II, 298 ; Strozzino, II, 298. — Ponts sur l'Arno, I, 268 ; II, 9-10. — Pouzzolane, I, 264.

FLOUREAU. Aspire au prix en 1730, V, 56.

FOCILLON (Henri). G. B. Piranesi, 1918, VI, 225.

FOLIGNO. Église voisine. Voir : Trevi (temple de). — Porte entre Foligno et Rome, I, 290 ; III, 34.

FONCHEROLLES (M. DE). Pro-

priétaire d'une carrière à Trossy-Saint-Leu, I, 199.

Fonciaux. Carrière des environs de Verberie, VI, 174, 282 ; utilisée pour l'École militaire, VI, 175, 282.

Fontaine. Présente une serrure, IX, 145, 148.

Fontaine (A.). Conférences inédites de l'Acad. de peinture, I, xi ; II, iv.

Fontaine (Léonard). Élève, VIII, 298. — Prix d'émulation de sept. 1783, IX, 117. — Admis à concourir en 1785, IX, 56 ; 2e prix en 1785, IX, 163.

Fontainebleau. Séjour de d'Angiviller, IX, 118, 119. — Artiste (naissance d'), VI, 242. — Bâtiments (contrôle des), IV, 301 ; VI, xix, xxi, xxiii, 301. — Inspecteur, VIII, 277. — Maître des œuvres, I, xxxvii. — Château. Accident à la charpente, III, 194. — Cour des Fontaines, V, 189. — Dessins de Franque, IX, 346. — Mort de Gabriel, V, 318. — Sable, II, 260. — Voyage du Roi, V, 316 ; VIII, 240.

Fontaines du Roi. Ingénieurs et fontainiers, II, 221 ; V, 77, 86-87 ; VI, 268.

Fontana (Carlo). L'amfiteatro Flavio [Colisée], 1725, VIII, 185. — Il tempio Vaticano, 1680, VI, 165 ; Templum Vaticanum, 1694, II, 29, 51 ; VII, 164 ; VIII, 372.

Fontana (Domenico). Della trasportatione dell'obelisco Vaticano e delle fabriche di Sisto V, 1590, VI, 165.

Fontanieu (G.-M. de). Intendant des meubles de la couronne. Décès (1767), VIII, 130.

Fontanieu (Pierre-Élis. de). Mort le 30 mai 1784. Associé libre le 18 mars 1776, VIII, xii, xiv, 261. — Présente et offre son ouvrage : Collection de vases inventés et dessinés par M. de Fontanieu, 1770, VIII, 271-272. — Maladie, IX, 104. — Annonce de son décès (30 mai) à la séance du 7 juin 1784, IX, 132, 134, 135. — Mobilier de l'Acad., VIII, 130. — Examen de l'ouvrage de tour du sr Fourneau, VIII, 272, 279.

Fontenay (abbé de). Dictionnaire des artistes, 1777, III, 300.

Forez. Mines, VII, 202.

Forgues (le sr). Projet d'affiche concernant ses travaux en matière de bâtiments, VII, 117-118.

Fort. Prix d'émulation de juin 1778, VIII, 361.

Foucault (Joseph). Conseiller d'État. Avis et mém. sur le tombeau du cardinal Mazarin, I, 104-105, 112.

Foucault (Nicolas-Joseph). Intendant de Poitiers, II, 127.

Foucherot (Jacques). Élève, VIII, 189, 225.

Fouquet. Montre un modèle de bâtiment, IX, 95.

Fouquet (Nicolas). Favorise A. Félibien, I, xlix. — Occupe L. Le Vau à Vaux, I, xxxvii-xxxviii.

Fourneau. Charpentier. Caisse pour la défense des ports de mer, IX, 242, 248. — Présente une grue, IX, 68, 75, 76, 88. — Projets de machine à épuiser les eaux

et de charpente pouvant résister aux tremblements de terre, IX, 159. — Machine à transporter les fardeaux, IX, 80. — Mém. (indéterminé), IX, 239. — Modèles divers, VIII, 136, 138, 139 ; IX, 244. — Modèle de moulin, IX, 249, 250, 319. — Plancher de son invention, VIII, 279 ; IX, 96. — Poutres renforcées, IX, 87. — Sonnette de son invention, IX, 75. — Présente un ouvrage de tour renfermant les cinq corps réguliers inscrits les uns dans les autres, VIII, 272, 279. — Art du trait de charpenterie, 1771, VIII, 136.

FOURNERAT (Pierre). Élève, VIII, 189, 225. — Prix d'émulation d'avril 1773, VIII, 152 ; de juin, VIII, 158 ; de juill. 1775, VIII, 230 ; d'oct., VIII, 243 ; de nov., VIII, 244 ; de déc., VIII, 245 ; de juin 1777, VIII, 306. — Admis à concourir en 1776, VIII, 272 ; en 1779, VIII, 380 ; en 1780, IX, 14.

FRANCASTEL (Pierre). Élève, VIII, 188, 224.

FRANÇAIS (les). Perfection nent l'architecture, V, 187.

FRANCE. Alliance avec l'Autriche, médaille commémorative, VII, 24. — Antiquités. Recherches de Clérisseau, VIII, 276. — Architectes des provinces, VII, 12. — Architecture, I, 125 ; VII, 145. — Bains, III, 200. — Bois, I, 249 ; III, 199. — Carte, II, xxv. — Charpente (gros ouvrages), III, 27 ; en châtaignier, IV, 62. — Châteaux et maisons de plaisance, II, 299.

Voir aussi : Blondel (Jacques-François) : L'Architecture française. — Chemins, III, 94. — Cintres, II, 55. — Consul, III, 206. — Côtes septentrionales, II, XXVII. — Coupe des pierres, III, 88. — Couverture, VII, 8. — Dauphin (naissance d'un), IX, 65. — Églises gothiques, III, 291. — États, II, 86. — Exposition à préférer, II, 259 ; III, 92. — Frères Pontifes, II, 42. — Galeries extérieures, I, 120. — Gelée, II, 234. — Granit, porphyre, jaspe et autres pierres précieuses, VIII, 252. — Son image au revers de diverses médailles, V, 85, 240, 280, 303, 331, 350 ; VI, 37. — Industriels, V, VIII. — Voyages de Lussault, IX, 137. — Machines élévatoires, III, 336. — Maisons royales, travaux de Bullant et de P. Delorme, III, 239-240 ; dessins, VIII, 97. — Constructions de Mansart, IV, XLI. — Marbres, IX, 189. — Monuments, I, IV. — Théories de Palladio inapplicables, III, 64. — Pierre à bâtir, IV, 54. — Pierres précieuses, VIII, 252. — Plafonds, II, 341. — Plomb laminé, V, 69-72, 74-75, 76. — Ponts, III, 98. — Pouzzolane (usage de la), II, 208-209. — Salles de spectacle, VII, XI, 145-146, 191. — Travaux de Serlio, I, 14. — Terrasses, II, 26. — Tombeaux des grands hommes, VII, 228. — Usages, I, 48, 275, 285, 316, 318 ; II, 141, 219, 297 ; III, 64, 86, 87, 90, 91, 93, 94, 200, 202 ; IV, 41 ;

VII, 70, 76 ; VIII, 45. —
Verre, IV, 218. — Voûtes en
brique à plat, VI, 75. —
Cit., II, 142 ; III, 229 ; IV,
XXII, XXXIX ; VI, 17 ; VII,
XVIII ; IX, XXVI.

FRANCE (baie de). Mort d'officiers et de soldats, IX,
236.

FRANCFORT-SUR-LE-MEIN, I,
274.

FRANCHE - COMTÉ. Diction-
naire des artistes et ou-
vriers d'art, par P. Brune,
1912, VII, 154. — Province,
VII, 154.

FRANCHÈZE (Allier). Schistes
ardoisiers, VII, 9.

FRANCINI. Ingénieur. Ma-
chine, II, 225.

FRANÇOIS Ier. Fit faire Chambord, I, 47. — Tour au
Havre, II, 4. — Monuments
de son temps, I, 184, 194. —
Son entrevue avec Hen-
ry VIII, bas-relief de l'hôtel de La Ferté à Rouen,
I, 230.

FRANÇOIS. Admis comme élève, IX, 308. — Admis à
concourir en 1792, IX, 322 ;
en 1793, IX, 342.

FRANQUE (le sr). Adresse
d'élèves, VI, 64.

FRANQUE (François). Né à
Avignon le 9 févr. 1710,
mort à Paris le 25 oct.
1793. — Notice biogra-
phique, VI, XIX-XX ; VII,
XII ; IX, 368-370. — Élève
à Rome, IX, 369. — Pré-
senté pour la 2e classe en
1755, VI, 245 ; promu le
10 déc. 1755, VI, 247 ; brevet ,VI, 289, 294 ; présenté
pour la 1re classe en 1764,
VII, 186 ; en 1767, VII,
274 ; en 1771, VIII, 109 ;
promu le 22 déc. 1771, VIII,

110, 111. — Signe le dernier
procès-verbal, IX, xxx. —
Ses élèves, VII, 99, 208,
209, 271 ; VIII, 188, 225,
388 ; IX, 202.

*Affaires intérieures aca-
démiques :*

Rapport relatif aux Ob-
servations de David-Leroy
concernant le projet d'Histoire de l'Acad., VIII, 126-
128. — Papiers de Beausire
le jeune, VII, 46, 53, 57-
58, 60-61 ; examen de ses
cartons, VIII, 56, 71. —
Chargé de dresser un état
de la bibliothèque, VII, 68 ;
de sa revision, VIII, 356 ;
du dépouillement des des-
sins, IX, 220-221 ; du Catalogue des livres dont elle a
besoin, VIII, 383 ; offre
la Description de l'hôtel
royal des Invalides de l'abbé Pérau, VIII, 388 ;
classement des échantil-
lons de marbres de l'Eu-
rope donnés par Soufflot,
IX, 11. — Commissaire
dans l'affaire de la création
de correspondants, VII, 41-
42, 43, 45-50, 97 ; exa-
men du Mém. de Sedaine à
ce sujet, VIII, 46 ; mém.
sur les correspondants
étrangers, IX, 329 ; exa-
men de la candidature de
M. d'Aggeville à la correspondance, VIII, 55 ; com-
mis à sa correspondance,
VIII, 244 ; chargé de ré-
pondre à une lettre (indéterminée), VIII, 318 ; présente un mém., VIII, 364 ;
un discours, IX, 44 ; un
éloge de Soufflot, IX, 67 ;
une lettre, IX, 71 ; rap-
port sur la candidature
de Ceneray, VIII, 65 ; exa-

men de celle de Hötzendorf, VIII, 152, 165 ; du
s^r Roux, VII, 149 ; de Valin
de La Mothe, VII, 268 ;
VIII, 10. — Examen du
Mém. de David-Leroy sur
les anciens registres, VII,
202 ; VIII, 71. — Examen
des nouveaux statuts, VIII,
250. — Commissaire dans
l'affaire de la nomination de
M. de Wailly, VIII, xxvi,
277-282, 283-288, 291-298.
   Enseignement :
Commissaire à la question d'organisation nouvelle de l'enseignement,
VIII, 176. — Rédaction du
nouveau règlement pour les
élèves, VIII, 204, 265 ;
texte, 417-419. — Examen
du Mém. d'Aubry sur les
élèves, VII, 84, 87, 92 ; du
Mém. de Potain sur le concours, VIII, 186-187. —
Examen des esquisses de
1777, VIII, 301, 312 ; de
1778, VIII, 349, 358, 360. —
Conditions du grand prix et
examen des esquisses pour
1780, IX, 13-14, 24, 26 ; de
1782, IX, 73, 83, 84 ; de
1783, IX, 102, 111-112 ; de
1785, IX, 155, 156, 162 ; de
1789, IX, 246-248, 255-
256. — Examen des envois
de Rome, IX, 118, 119, 120.
   Divers :
Dessins du pavé de la cathédrale d'Amiens, IX, 335.
— Montre un échantillon de
concrétion formée dans un
aqueduc, IX, 89 ; les plans
de l'hôtel de ville d'Arles,
IX, 333-334 ; la façade de
l'ancienne boucherie d'Avignon, IX, 337. — Projets
pour un escalier et pour la
façade de l'Hôtel-Dieu à

Avignon, IX, 337. — Présente trois projets pour un
château en Bourbonnais,
VIII, 26. — Plans d'une
maison de plaisance à bâtir dans le Bugey, IX, 333.
— Montre une série de
cartes de batailles, la plupart parues en Flandre, Autriche, Alsace et Italie, IX,
345. — Présente des modèles de chapiteaux, VIII,
231. — Emploie le stuc de
Clerici, VII, 21. — Montre
des projets pour l'abbaye
Saint-Pierre de Corbie, IX,
345. — Projet d'une maison
de plaisance près la tour de
Crouy, IX, 329-330. — Montre deux portefeuilles de dessins originaux divers, IX,
343-344 ; quarante dessins
d'églises et de monuments
divers, IX, 338 ; d'édifices
divers, IX, 339, 348. —
Mém. sur trois projets d'église, IX, 335. — Montre
une collection de dessins
exécutés à Fontainebleau,
IX, 346 ; divers dessins et
gravures d'édifices du midi
de la France, Arles, Montmajour, Nîmes, et d'un pont
en Sicile, IX, 36. — Projets de diverses constructions pour Marseille, IX,
349-350. — Documents sur
les travaux et la vie de
Pierre Mignard, IX, 336. —
Montre la façade de l'abbaye de Montmajour, IX,
334. — Projet pour la place
du Peyrou à Montpellier,
VII, 231, 233-235. — Montre le modèle d'un pont pour
Montpellier, IX, 33. — Lecture de notes et présentation de monuments antiques, IX, 315. — Présente

plans pour les bains de Bagnères-de-Luchon, IX, 144, 146, 149-152 ; des projets d'Ixnard pour la résidence électorale de Coblentz, VIII, 386, 388 ; du mastic du sʳ Corbel, VII, 17 ; d'une couverture nouvelle en tuiles, IX, 206-207 ; des procédés du sʳ Féroussat pour la fabrication du plâtre, VIII, 214, 217-218, 234-239, 352, 355, 357 ; de la Caisse de défense du sʳ Fourneau, IX, 242, 248 ; de la grue du même, IX, 75, 76, 88, 90 ; de la sonnette du même, IX, 75 ; des ornements en carton du sʳ Gardeur, VIII, 351 ; des carreaux cuits au charbon de terre du sʳ Goblet, IX, 132, 133 ; des plans de l'église de Guebwiller, VIII, 52, 55-57 ; du système de combles, de Jardin, IX, 36, 39, 87 ; de la mitre de cheminée du sʳ Lagneau, IX, 245, 248 ; des procédés de dorure du sʳ Lefèvre, V, IX, 54, 66 ; des dessins de Loriot, VII, 84, 85, 87, 88 ; des procédés du sʳ Mignerot pour la courbure des bois, IX, 126, 128, 131 ; des projets pour la place du Peyrou à Montpellier, VII, 207-213 ; du modèle de poutres de P. Panseron, IX, 172, 188, 192 ; du projet de décoration du chœur de Saint-Germain - l'Auxerrois, VI, 264-267 ; de l'état de la tour de l'église Saint-Sauveur à Paris, VIII, 224, 226, 228 ; des travaux de Saint-Sulpice, VII, 173 ; du projet de Loret pour les Halles, IX, 39, 40-41, 42 ; des projets de le projet de Céneray pour la Bourse de Nantes, VIII, 181 ; pour la Chambre des comptes, VII, 147 ; pour les embellissements de la ville, VIII, 152. — Propose à l'examen un ms. concernant les antiquités de Nîmes, IX, 154, 158. — Montre le plan du temple de Diane à Nîmes et les bains, IX, 333. — Mém. sur les ordres superposés, VI, 291. — Projets divers pour l'embellissement de Paris, IX, 348-349. — Montre des dessins du pont Saint-Esprit et du pont du Gard, VII, 256. — Présente ses projets pour ses constructions à l'abbaye de Saint-Denis, IX, 49. — Présente l'ouvrage de Paruta sur la Sicile, IX, 316. — Projets pour la construction de la Daurade à Toulouse, IX, 343.

Examens divers :

Examen du plancher du sʳ Angot, IX, 79, 80 ; des Boullée pour la transformation de l'hôtel de La Force, IX, 21, 22, 23 ; des projets de la Grande Galerie, IX, 170-171, 173, 174, 175, 176, 180, 183, 358-362 ; du projet de fermeture du Palais-Royal, VII, XLI, 172-174 ; de la suppression des fossés de la place Louis XV, IX, 199-200 ; de l'ouvrage de Dumont sur Saint-Pierre de Rome, VII, 121, 115-116, 186, 191 ; de la toile métallique de Saverlandt, X, 161 ; des procédés de soudure du sʳ Thibaut, VI, 267, 269-271 ; de l'escalier et du lit du sʳ Tranoy, VIII, 133, 134 ; de la demande de

M. de Vaucanson, VIII, 190-193 ; de l'ouvrage de B.-A. Vittone, VII, 102 ; du mastic du s^r Wallon, IX, 121. — Cit., VI, 271 ; VII, 3, 136, 157, 161, 171, 268, 315, 316 ; VIII, 107, 156, 174, 184, 187, 203, 232, 298 ; IX, 53, 80, 161, 263, 272.

FRANQUE (Jean-Bapt.). Architecte. Né à Villeneuve-les-Avignon en 1683. Père de François, IX, 369.

FRASCHETTI. Il Bernini, 1900, IX, 344.

FRÉDÉGONDE. Visite de son tombeau, I, 192.

FRÉDÉRIC IV de Danemark, VI, 355, 356.

FRÉDÉRIC V de Danemark. Église, VI, 251, 254-256, 355-357 ; VIII, 47.

FRÉJUS. Évêque, IV, 179.

FRÉMIN. Trésorier de France. Pont de Tonnerre, II, 111. — Mém. critiques sur l'architecture, 1702, II, 111.

FRÉMONT (Martin). Propriétaire de carrières à Tessancourt, I, 215.

FRÉMYN DE COTTE. Voir : Cotte (Frémyn de).

FRÈRES PONTIFES. Corporation, II, 41-42 ; VII, 256.

FRESCATI (château de), IV, XXXIX.

FRÉZIER. Éléments de stéréotomie. P. 1737-1739. —

Lecture de la dissertation finale sur les ordres, VI, 224 ; VIII, 77, 80, 93, 94. — Examen d'un Essai sur l'architecture [par le P. Laugier]. Lecture, VI, 216, 223-224. — Lettre sur le goût de l'architecture des églises, VIII, 77.

FROIDEAU (Thomas DE). Prix d'émulation du cours de perspective en déc. 1778, VIII, 365 ; 3e prix d'émulation de févr. 1782, IX, 66, 94 ; prix d'émulation de déc. 1783, IX, 121 ; de déc. 1784, IX, 143 ; de mars 1785, IX, 151 ; de juill. 1786, IX, 187 ; d'août 1786, IX, 189, 190. — Admis à concourir en 1782, IX, 74 ; en 1783, IX, 103 ; en 1785, IX, 156 ; en 1788, IX, 226.

FRONTIN. Traité des aqueducs de Rome, II, XXXVIII, 310.

FUCINO. Lac, II, XXXVIII.

FUGA. Construction d'un pont près de Palerme et travaux divers, IX, 36.

FULBERT. Évêque de Chartres. Construction de l'église Notre-Dame, I, 240.

FULDA (lettre de), IX, 243.

FURETIÈRE. Dictionnaire, II, XIII.

FYOT. Présente une poulie de son invention, VIII, 177.

G

GABBIOT. Aspire au prix en 1739, V, 256.

GABILLOT. Hubert-Robert et son temps, 1895, IX, 166, 358.

GABORY. Communication touchant les archives de Nantes, IV, XXXVII.

GABORY. Machiniste. Procédés d'assemblage des bois, IX, 104, 105.

GABRIEL. Famille, IV, XXXVII.

GABRIEL (Ange-Antoine). Fils de J. Ange. Né à Trianon le 15 sept. 1735, mort en 1781. — Notice biographique, VII, XVI. — Admis à concourir en 1760, VII, 44 ; accessit en 1760, VII, 60 ; présenté pour la 2e classe en 1763, VII, 142 ; promu le 2 mai 1763, VII, 144 ; présenté pour la 1re classe en 1777, VIII, 315 ; en 1780, IX, 30. — Ses élèves, VII, 190, 203 ; VIII, 136, 141, 189, 225. — Annonce de son décès et députation de condoléances à la séance du 13 août 1781, IX, 53, 64, 65.

GABRIEL (Jacques IV). Architecte. Mort en 1686. — Architecte de la maison de Condé, I, XXXVI. — Pont-Royal, II, 92, 125.

GABRIEL (Jacques V). Né en 1667, mort en 1742. — Notice biographique, IV, XXXI. — Signe au registre dès le 22 juin 1693, II, 261. — Figure comme académicien de 1re classe sur la liste du 5 mai 1699, III, 63. — Anobli en 1704, III, XV. — Succède à de Cotte comme directeur, V, VI. — Annonce de son décès à la séance du 21 mai 1742, V, 318, 321, 323.

Affaires intérieures académiques :

Chargé de l'histoire de l'établissement de l'Acad. pour le Recueil en projet, V, 143-144 ; préface, VII, 133-139 ; VI, 143 ; VII, 178. — Projet de travail pour l'Acad. en 1735, V, 159 ; en 1736, V, 184. — Mém. sur les motifs de l'Acad. à son travail sur les us et coutumes, V, 159-160. — Fait part de deux mém. sur divers projets mentionnés au registre (non déterminés), V, 24.

Divers :

Procès-verbal d'arpentage, IV, XXI. — Dessin pour la fondation du pont de Blois, IV, 120-123. — Projet de canaux, Saône, Loire, Seine, pour la communication des deux mers, IV, 289, 304, 316 ; V, 13, 14, 15, 16, 21, 37, 291. — Pont de Château-Thierry, accidents aux bateaux, IV,

258. — Question sur la réparation d'un clocher, IV, 239. — Montre des dessins de machines d'épuisement pour les eaux, IV, 309-310. — Mém. sur le bon goût, V, 139. — Projets pour la réparation du pont de Lyon et régularisation du lit du Rhône, IV, XXXI, 139, 142-143. — Réservoir à Lyon pour les machines hydrauliques du s^r Petitot, V, 269. — Observations sur la mitoyenneté, V, 165. — Réponse à ce qui a été écrit sur la fondation du pont de Pirmil à Nantes, V, 13-14, 17. — Discours sur les ordres en général, V, 141. — Prop. une difficulté dans la superposition des ordres, V, 238. — Demande avis touchant la construction des tours de la cathédrale d'Orléans, IV, 266-268 ; projets d'achèvement de cette église, VII, 58. — Mém. sur l'état de l'hôtel de Conti, rue Saint-Dominique, V, 161-163. — Question sur un pont pour une petite rivière, V, 72. — Question sur la fondation d'un quai, V, 73. — Demande d'avis pour une contestation de mitoyenneté à Rennes, IV, 313-314 ; V, 152-153. — Travaux à Rennes, V, 352. — Dessins pour le pont de Savines sur la Durance, IV, 262. — Plan du pont de Sens, IV, 320. — Réponse au sujet de la construction du pont de Seurre sur la Saône, IV, 284. — Projet de pont à Sèvres, IV, 322-323. — Navigabilité de la Vilaine, V, 17. — Cit., IV, XII, XVIII, 110 ; V, VI, 170, 178, 180, 200, 218, 219, 246, 247, 248, 280, 281, 282, 285, 286, 287, 290, 298, 299, 300, 301, 303, 306, 312, 313, 314, 315, 319, 343 ; IX, XXX.

GABRIEL (Jacques-Ange). Né en 1698, mort en 1782. — Notice biographique, VII, XVI. — Son éloge par David-Leroy, IX, 311. — Gabriel (Jacques-Ange) par de Fels, 1912, V, 321 ; VII, XXV ; VIII, 18 ; IX, 199. — Académicien de 2e classe le 16 oct. 1728 et brevet, V, 32-33 ; présenté pour la 1re classe en 1735, V, 170, 171 ; promu le 24 juill. 1735, V, 172, 174 ; brevet, V, 175, 176. — Architecte ordinaire du Roi le 12 févr. 1742 et brevet, V, 320-321. — Directeur de l'Acad., VI, XI ; VIII, IX. — Paraît peu aux séances, VII, IX, XVII. — Potain son collaborateur, VII, XXX. — Associé libre de l'Acad. des Beaux-Arts de Saint-Pétersbourg, VIII, 62-63 ; remerciements, VIII, 66. — Maladie, VIII, 181 ; IX, 9. — Démission et brevet d'honorariat de sa dignité, VIII, 219-220. — Mention de son décès à la séance du 28 janv. 1782 et décision de le notifier à l'Acad. des Beaux-Arts de Saint-Pétersbourg, IX, 65, 66, 67, 79. — Ses élèves, VI, 6, 264 ; VII, 16, 44, 99 ; VIII, 158, 188, 221, 224.

Affaires intérieures académiques :

Lettre à M. de Marigny au sujet de la nouvelle installation, VIII, 154-155 ; mobilier, VIII, 130 ; dis-

cours d'inauguration, VIII, 240-242. — Discours à l'occasion de la nomination du nouveau directeur général [abbé Terray], VIII, 169-170. — Examen du discours d'anniversaire de David-Leroy, VIII, 108. — Mém. sur la création de correspondants, VII, xx, 6, 10-14, 97. — État financier, VIII, 113, 123 ; question des dépenses et recouvrement des déboursés, VIII, 304, 309, 311. — Dépouillement des 2ᵉ et 3ᵉ registres, VI, 12. — Propose la reprise du travail sur les us et coutumes, VIII, 284. — Présidence de l'Acad. en son absence. Affaire Mique, VIII, 321-334.

Enseignement :

Règlement concernant l'École, le titre d'élève et le concours aux grands prix, VII, xxxii, 92-95.

Divers :

Présente le projet de portail pour la cathédrale de Boulogne, VII, 105. — Donne les mesures de diverses colonnes renflées, VI, 28. — Emploie le stuc de Clerici, VII, 21. — Examen des travaux de Saint-Sulpice, VII, 173. — Plates-bandes du garde-meuble, VII, xli, 87-89. Construction de la place Louis XV, à Paris, VI, xxvii, xxxv, 105-106, 191, 223, 227. — Rapport au sujet de la réparation de la cathédrale de Strasbourg, VII, 74-75. — Cour de Versailles, I, 9 ; IX, xxvii ; charpente du théâtre, VIII, 18 ; travaux, VII, xxvi. — Cit., II, 125 ; III, xx, xxiv ;

V, 170, 171, 322, 323, 325, 326 ; VI, 22, 23, 52, 86, 88, 96, 99, 109, 110, 117, 119, 129, 130, 131, 134, 135, 155, 170, 185, 188, 189, 206, 208, 213, 217, 218, 230, 246, 248, 249, 253, 254, 276, 283, 314, 316, 318, 320, 321, 337 ; VII, xxiv, xxv, xxix, xl, 90, 106, 113, 116, 120, 144, 148, 149, 172, 184, 193, 200, 205, 209, 210, 231, 232, 233, 276, 279, 299, 308, 313, 314, 315, 317, 318, 321 ; VIII, XIII, 1, 21, 22, 23, 24, 25, 27, 28, 29, 30, 32, 33, 34, 35, 36, 54, 74, 108, 110, 124, 128, 129, 140, 141, 148, 150, 151, 160, 165, 171, 174, 175, 176, 177, 178, 179, 180, 190, 191, 192, 209, 212, 223, 228, 240, 243, 244, 247, 250, 251, 261, 262, 263, 267, 269, 270, 278, 287, 292, 300, 301, 302, 313, 315, 316, 317, 318, 319, 340, 341, 347, 349, 356, 357, 358, 359, 360, 363, 365, 374, 380, 386, 392, 422 ; IX, xix, xxx, 6, 21, 25, 31, 37, 40.

GAÏAC. Voir : Gajac.

GAILLARDON (seigneur DE). Titre conféré à Blondel, I, xxvi.

GAILLON. Château. Visite, I, 221-223, 227 ; la Maison-Blanche, I, 223 ; le Parnasse, I, 223 ; pierre, I, 236.

GAJAC (Gironde). Bitume, III, 356.

GALAND. Candidat à la 2ᵉ classe en 1755, VI, 248 ; en 1756, VI, 279.

GALICIE, II, 299.

GALILÉE (G.). Courbe des arches de ponts, I, 336.

GALITZINE (prince), VII, 229, 326.

GALLES (prince DE). Architexte, VII, 2, 20.

GALLES (pays de). Plomb, V, 75.

GALLIEN. Porte de son temps, III, 2.

GALLOT (Jean-François). Aspire au prix en 1727, V, 11 ; 1er prix le 26 août 1727, V, 15.

GALLUS. Correspondant de Pline, II, 301 ; IV, 11.

GAMARD. Architecte. Commence les travaux de Saint-Sulpice en 1646, I, 70.

GANELON (le mont). Carrières, VI, 171, 281-283 ; pierre employée au pont de Compiègne, VI, 175.

GANGE. Navigation des embouchures, VII, 244.

GANNAT, II, 117.

GARD. Département, II, 197. — Pont, dessin de Franque, VII, 256 ; de Jacquet, III, 272 ; de Poldo d'Albenas, III, XIII, 219-220. — Cit., II, XXXVII, 77.

GARDES - FRANÇAISES. Trésorier, I, XXXIII.

GARDET. Présente des ardoises de Rimaigne, IX, 262.

GARDEUR. Présente des modèles de sculpture en carton, VIII, 338, 351, 352, 363 ; IX, 35.

GARET (Pierre). Élève, VIII, 188, 226.

GARIGLIANO. Fleuve, II, XXXVIII.

GARNACHE. Admis à concourir en 1785, IX, 156.

GARNIER D'ISLE (Jean-Charles). Né en 1697, mort en 1755. — Notice biographique, VI, XX. — Présenté pour assister aux séances, IV, 293. — Promu à la 2e classe le 24 juin 1728, V, 28 ; brevet, V, 34 ; candidat à la 1re classe en 1737, V,

217 ; présenté pour la 1re classe en 1740, V, 281 ; en 1742, V, 312 ; promu le 21 févr. 1742, V, 313, 319 ; brevet, V, 320. — Brevet d'architecte ordinaire du Roi du 22 oct. 1755, VI, 243-244. — Annonce de son décès à la séance du 22 déc. 1755, VI, 248, 252, 286, 290, 294. — Ses élèves, VI, 26, 40, 63, 64, 102. — Examen du mém. de Mansart de Lévy sur un projet de nouveau règlement, VI, x, 88, 89. — Dépouillement et table des anciens registres concernant les ordres, VI, 12-18, 27-28, 30-31, 33-35, 41-42, 44-46, 50-54, 74, 81, 82, 85, 89-92, 93-94, 103, 107.

Divers :

Mém. sur les qualités nécessaires à un architecte, VI, 87, 193. — Mém. sur l'origine de l'architecture et des ordres, VI, 26, 38, 59, 87-88 ; texte, VI, 343-351. — Examen des procédés de Picault pour le rentoilage des tableaux, VI, 70. — Montre un dessin de la Dogana Vecchia à Rome, VI, 43. — Chargé de faire mouler un chapiteau du Panthéon conservé à la salle des Antiques au Louvre, VI, 126. — Cit., V, 276 ; VI, 30, 39, 88.

GARONNE. Bords à Toulouse, IX, 343. — Digue à Toulouse, III, 345. — Travaux pour la navigation, II, 126-127.

GASCOGNE, II, XXV.

GASSOUIN (Louis). Affaire de terrains à Saint-Germain-en-Laye, VI, 22-24, 352-353.

GAUCHER (François-Tranquille). Admis à concourir en 1789, IX, 248 ; 2ᵉ prix en 1789, IX, 256.

GAUGER. La mécanique du feu, 1713, V, 304, 305.

GAULE romaine. Monuments, I, LIX.

GAULHET. Ingénieur. Mém. sur la résistance des différentes pierres à la charge, VIII, 197.

GAULOIS, IV, XXXIV.

GAUTHEY (Em.-Marie). Offre son mém. sur l'application des principes de la mécanique à la construction des voûtes et des dômes dans lequel on examine le problème posé par M. Patte, relativement à la construction de la coupole de l'église Sainte-Geneviève, 1774, VIII, 275.

GAUTIER (H.). Traité de la construction des ponts et chaussées, 1714 et 1765, II, 128 ; lecture, IV, XLVII, 227-250 ; V, 286, 338.

GAUTIER (Marie). Nièce de Fr. Mansart, mère de Jules Hardouin-Mansart, I, XLIII.

GAZETTE DES BEAUX-ARTS, I, XV ; IV, XXXIII.

GAZETTE LITTÉRAIRE, VII, 169.

GAZIER (Georges). Communication touchant la construction de l'hôpital Saint-Jacques de Besançon, I, 18.

GELOT (Nicolas). Élève, VIII, 188, 224. — Prix d'émulation de déc. 1771, VIII, 111, 113 ; aspire au prix spécial de janv. 1772, VIII, 113.

GENEBAUX. Aspire au prix de 1726, IV, 326.

GÊNES. Correspondant, VIII, 341 ; IX, 33, 218, 239. — Môle, III, 329. — Palais,

VI, 233 ; VII, 165 ; Ravaschiera, II, 300 ; Spinola, salon sur les dessins de de Wailly, VIII, 283, 296.

GENÈVE. Église Saint-Pierre. Construction du porche, VIII, 69, 76. — Figure au revers d'une médaille, V, 279, 331. — Guerres civiles, V, 280.

GENEVIÈVE (sainte), I, 191.

GENÈVRE (mont). Marbres, VIII, 307.

GÉNIE CIVIL (LE), II, XXXIX.

GÉNON. Aspire au prix en 1740, V, 273.

GENTILLY. Pierre, III, 66.

GEOFFRIN (Mᵐᵉ). Lettre de Catherine II, VII, 326.

GEORGET. Modèles de serrures, VIII, 311 ; IX, 153.

GERANDO (Benoît DE). Né à Lyon le 12 févr. 1737. — Admis à concourir en 1758, VI, 323 ; accessit en 1758, VI, 333.

GÉRARD. Maître-serrurier. Examen d'un de ses ouvrages [Dais], VIII, 93, 94.

GÉRARDS (Ém.). Paris souterrain, 1908, I, 325.

GERBET. Voir : Herbet.

GERBI. Admis comme élève, IX, 308.

GERMAIN d'Auxerre (saint). Patron de la paroisse de l'Acad., V, 299 ; VI, 329 ; sa statue par Vassé, VI, 265.

GERMAIN DE MONTAUZAN (C.). Les aqueducs antiques de Lyon, 1908, II, XXXIV.

GERMIGNY-L'ÉVÊQUE. Maison épiscopale, VII, 21.

GERNIER (Germain). Directeur du département de Paris, IX, 313.

GEX (pays de). Ingénieur, VII, XIX, 2.

GEYMÜLLER (H. DE). Projets

primitifs pour la construction de Saint-Pierre de Rome, 1875-1880, III, 132, 133, 301.

GIEN. Pont, V, VIII, 270.

GILBERT DES VOISINS. Mariage, IV, XXXVII, XXXVIII.

GILLET. Secrétaire des Bâtiments, VI, 120.

GILLET (Jean - Fleurimont). Élève, VI, 40, 63.

GIMARAY. Mém. et dessin d'un ordre français, VII, 127, 133.

GINET (N.). Toisé général du bâtiment, 1761, IV, 147-148, 164, 194, 352 ; VI, 173.

GIOCONDO (Fra). Architecte. Né en 1453, mort en 1514. Edite Vitruve, 1510, III, 292.

GIOTTO. Mosaïque de Saint-Pierre de Rome, III, 328.

GIRAL (Étienne). Famille, VII, 53.

GIRAL (Jean). Architecte. Né en 1679, mort avant 1764. — Travaux de l'Hôtel-Dieu de Montpellier, VII, XL, 53-56.

GIRAL (Jean-Anselme ou Antoine). Ingénieur, VII, 53.

GIRARD. Maçon. Mauvaise exécution des dessins de Le Paultre à Saint-Cloud et de ceux de Mansart, I, 147.

GIRARDIN (Mis DE). Examen de sa Composition des paysages, 1777, IX, 17, 18.

GIRARDIN (Nicolas - Claude). Né à Paris. — Élève, VIII, 189, 225. — Prix d'émulation de nov. 1770, VIII, 93 ; de juill. 1771, VIII, 103, 113 ; aspire au prix spécial de janv. 1772, VIII, 113 ; admis à concourir en 1771, VIII, 101 ; en 1772, VIII, 133 ; en 1776, VIII, 272 ; accessit en 1772, VIII, 138,

156 ; présenté pour la 2e classe en 1786, IX, 181.

GIRARDINI. Architecte. Travaux au Palais-Bourbon, IV, XXX.

GIRAUD. Avocat. Projet de place dédiée au Roi et à la Reine sur le terrain de celle de Saint-Michel, IX, 104.

GIRAUD. Entrepreneur. Certificat d'observation sur la pierre de L'Isle-Adam, VIII, 390.

GIRAUD. Lecture de son mém. : Moyens de supprimer les fosses d'aisances, VIII, 318, 320, 362.

GIRAULD. Procureur, IX, 104.

GIRAULT. Procureur, IX, 104.

GIROMAGNY. Marbres, VIII, 180, 184.

GIRONDINS. Arrestation, IX, XXIX.

GIROUX. Admis à concourir en 1747, VI, 73 ; en 1748, VI, 102 ; 2e prix en 1747, VI, 87.

GISORS. Prix d'émulation de sept. 1787, IX, 212.

GISORS (Jacques - Pierre). Mort le 13 mai 1835. — Élève, VIII, 189, 225. — Prix d'émulation de juill. 1774, VIII, 200 ; de janv. 1776, VIII, 247 ; d'avr., VIII, 267. — Admis à concourir en 1775, VIII, 227 ; en 1776, VIII, 272 ; en 1777, VIII, 301 ; en 1778, VIII, 351 ; protestation contre ce concours pour irrégularités, VIII, 350-351, 373 ; admis à concourir en 1779, VIII, 379 ; 2e prix en 1777, VIII, 313 ; 1er prix le 30 août 1779, VIII, 387 ; IX, 209.

GITTARD (Catherine). Fille de Daniel, I, XXXV.

GITTARD (Daniel). Né en 1625, mort le 15 déc. 1686. — Notice biographique, I, xxxiv-xxxvi. — Membre d'origine, I, x, xx ; II, xi. — Fac-similé de sa signature, I, xix. — Meurt le 15 déc. 1686, II, iv, xii, 135. — Quelquefois confondu avec son fils Pierre, II, 122. — Dessin d'aqueduc, II, 87 ; des arcs d'Autun, II, 74, 101. — Demande avis sur un dessin d'autel, II, 107. — Plainte pour malfaçons dans divers bâtiments exécutés sur ses dessins, I, 147. — Diverses manières de bâtir, II, 46. — Travaux au château de Chantilly, II, 109, 115 ; réservoir, I, 262. — Dessin pour le Palais de Dijon, II, 72. — Manière de fonder, II, 42-45. — Dessin pour l'ambassadeur de Hollande, II, 67. — Travaux pour l'Arc-de-Triomphe. Saint-Antoine, II, 70-71, 102, 231. — Construction de l'église de l'Institution (R. P. de l'Oratoire), à Paris, I, 187. — Succède à L. Le Vau à la direction des travaux de Saint-Sulpice, I, 70, 161. — Arbitre entre le Mis de Bullion et le maçon Lebrun, au sujet de maisons construites à Paris, I, 253, 256-258. — Dessins et projets de ponts, II, 54-55. — Usage du sable de mer, I, 251. — Cit., I, liv ; III, xxiv ; VI, 202.

GITTARD le fils (Pierre). Présente des dessins, II, 122. — Confondu avec son père, II, 122. — Académicien de 2e classe le 5 mai 1699, III, xx, 63.

GIZEH. Pyramides des environs, III, 323.

GOBERT. Notice biographique, III, xxi. — Signe au registre, II, x. — Académicien de 1re classe le 5 mai 1699, xii ; III, 63. — Traité pour la pratique des forces mouvantes, 1702, II, 225 ; III, xxi, 141-142.

GOBERT ou Goubert. Officier de marine. Machines pour renflouer le vaisseau « le Tage » dans la baie de Vigo, V, 329-330.

GOBLET. Maître carreleur. Demande l'examen de ses carreaux, cuits au charbon de terre, et de ses nouveaux fourneaux, IX, 132, 133. — Présente des briques, IX, 135.

GODEAU. Voir : Godot.

GODEFROI. Prix d'émulation d'août 1778, VIII, 359. — Admis à concourir en 1783, IX, 103.

GODI. Palais des Comtes, II, 300.

GODOT ou Godeau. Mort en 1762. — Notice biographique, VI, xx. — Présenté pour la 2e classe en 1737, V, 217, 218 ; en 1739, V, 247, 248 ; promu le 2 mars 1739, V, 248 ; brevet, V, 258 ; VIII, 212 ; présenté pour la 1re classe en 1751, VI, 157 ; en 1758, VI, 317, 318. — Ses élèves, VI, 63, 323. — Son neveu, VII, 2. — Annonce de son décès à la séance du 9 août 1762, VII, 116, 117, 118. — Mém. sur la mitoyenneté, V, 259. — Désigné pour le Rapport sur les cinq ordres, V, 334, 337, 338. — Mém. sur le toisé, VI, xx, xxvii, 2-4, 6-7, 14,

20-21, 24-25, 27, 38-39, 140, 143, 151, 153-154, 167 ; IX, xxii ; copies, VI, 175-176. — Toisé des légers ouvrages, V, 341-342, 344, 345, 346, 347. — Cit., IX, xxx.

Examens :
Examen du mém. du s^r Baile sur un procédé de chauffage, V, 300, 304-305 ; du mém. de Mansart de Lévy sur un projet de règlement, VI, 88, 89 ; du mém. du même sur le toisé, VI, 160 ; du livre d'architecture de Sansovino, V, 250, 277, 299 ; d'un plan de palais du même auteur, V, 299, 303 ; du spalme du s^r Maille, VI, 156, 157, 159. — Cit., IX, xxx.

GOLDMANN (Nicolas). Architecte. Né en 1611, mort en 1665. — Tracé de la volute ionique, II, 266, 333-334 ; VI, 95, 104. — Elementorum architecturae militaris libri IV, 1643, II, 266. — Dell'architettura... del tempio di Salomone, II, 266.

GONDOIN (Jacques). Né à Saint-Ouen en oct. 1737, mort le 29 déc. 1818. — Admis à concourir en 1758, VI, 323 ; en 1759, VII, 16, 22 ; en 1760, VII, 44 ; 2e prix en 1758, VI, 333 ; accessit en 1759, VII, 24, 25 ; présenté pour la 2e classe en 1773, VIII, 168, 171, 172 ; en 1774, VIII, 179, 195 ; promu le 6 juin 1774, VIII, 196. — Ses élèves, VIII, 225, 234, 266. — Offre un prix supplémentaire en l'honneur de la naissance du Dauphin, IX, 65. — Examen des esquisses de 1778, VIII, 349, 358, 360 ; des envois de Rome, IX, 59-60, 61, 62 ; du projet de Palais de Justice d'Aix, IX, 163, 164, 166 ; des projets de Peyre le jeune pour les constructions de l'électeur de Trèves à Coblentz, IX, 6, 7, 8, 10 ; de la coupole de la nouvelle Halle au blé, à Paris, IX, 117. — Observations dans l'affaire du Palais de Justice, IX, 100. — Description des écoles de chirurgie, 1780, VIII, 166 ; IX, 6, 7 ; en offre un ex., IX, 9. — Cit., VII, xv ; IX, xxvii, xxx.

GONFROY (Jacques). Élève, VI, 63.

GORET (carrière du). Côte de Meudon, I, 207.

GOSSELIN (Pierre). Propriétaire d'une carrière près Dieppedale, I, 232.

GOTHS (monuments élevés par les), VIII, 118.

GOUBERT. Expert. Lettre de Nantes au sujet du pont de Pirmil, IV, 79-80 ; rapport, IV, 129, 130. — Voir aussi : Gobert.

GOUJON (Abel). Histoire de Saint - Germain - en - Laye, 1829, VI, 352.

GOUJON (Jean). Né vers 1515, mort avant 1568. Figure, III, 174.

GOUPY. Édite les Lois des Bâtiments suivant la Coutume de Paris de Desgodets, IV, xiii. — Voir : Desgodets.

GOURLADE. Admis à l'École de Rome en 1722, IV, xvii.

GOUT (Louis - Robert - Edme). Prix d'émulation de mars 1787, IX, 201 ; de janv. 1788, IX, 218. — Admis à concourir en 1785, IX, 156 ; en 1786, IX, 183 ; en

1788, IX, 226 ; 2ᵉ prix en 1786, IX, 183 ; en 1788, IX, 235.

GRANCEY. Canal, IV, 289.

GRAND ATELIER. Carrière près Vernon, I, 218-219.

GRAND-COURONNE, I, 232.

GRANDE ENCYCLOPÉDIE (1885), IX, 370.

GRANDHOMME. Aspire au prix d'émulation de nov. 1763, VII, 163 ; d'avr. 1764, VII, 176 ; de déc. 1764, VII, 194.

GRANDMAISON (Louis DE). Essai d'armorial des artistes français, 1904-1905, I, XLIV.

GRANET (la Dame). Papiers de Beausire le jeune, VII, XXXI, 46, 53, 56, 61.

GRANVELLE (Cardinal PERRENOT DE). Thermae Diocletianae, 1658. Un ex. offert à la bibliothèque par Trouard, IX, 27.

GRAY (horloger à), VII, 154.

GREBENMANN (Ulrich). Construit les ponts de Schaffhouse et de Wattingen, VIII, 104, 107.

GRÈCE. Époque primitive, VII XLIII ; IX, XXVI. — Les Ruines des plus beaux monuments, par J. David-Leroy, 1758. Voir à ce nom. — Ruines diverses chez Serlio, III, 138. — Voyages, VIII, 118. — Cit., I, LIX ; IV, 15.

GRÈCE (GRANDE), VII, 191.

GRECS anciens. Bâtiments divers, II, 141 ; III, 192. — Doctrine touchant le chapiteau corinthien, I, 97. — Maisons selon Scamozzi, I, 307 ; selon Vitruve, I, 121. — Murs, IV, 54-55. — Ordres connus d'eux, I, LIX, 28, 126. — Piédestal à leur

manière, I, 128. — Science de l'architecture, V, 187.

GRÉGOIRE de Tours, I, 182.

GRELOT. Relation nouvelle d'un voyage à Constantinople, 1680, III, 325, 326.

GRENOBLE. Artiste (naissance d'), VIII, 190. — Intendant, VIII, 191.

GRÈS (carrière du), près Saint-Cloud. Sa pierre employée au Louvre, I, 335.

GRIGNON (le chevalier DE). Mém. sur le charbon épuré, IX, 10.

GRIGNON (Pierre - Clément), IX, 10.

GRIMANI (cardinal Andrea). Patriarche d'Aquilée, III, 137.

GRIMM (baron DE). Lettre accompagnant des dessins de Quarenghi, IX, 125, 126.

GRISEL. Présente des modèles de stucs, VIII, 200.

GRUEL. La Madeleine, 1910, IX, 152.

GUADET (Julien-Azaïs). Né à Paris le 25 déc. 1834, mort le 16 mai 1908. — Édite l'Architecture française de J.-F. Blondel, VI, 189.

GUARINI (le P. Guarino). Architecte. Né en 1624, mort en 1683. Travaux, VII, 68. — Architettura civile, 1747, VII, 68.

GUASTALLA. Médaille commémorative, V, 177.

GUEBWILLER. Église, VIII, XIII, 26 ; examen des plans de Beuque, VIII, XIII, 26, 51-52, 55-57, 59.

GUELDRE, II, 86.

GUÉRIN (Charles). Bâtonnier de l'ordre des Avocats. Épouse Catherine Gittard, I, XXXV.

GUERNE (Jean-Jacob). Né à

Paris. — Aspire au prix d'émulation de nov. 1763, VII, 163 ; de juin 1764, VII, 182 ; de déc., VII, 194 ; de janv. 1765, VII, 200 ; de déc., VII, 238, 240. — Esquisse au concours du grand prix de 1765, VII, 214 ; admis à concourir, VII, 216 ; en 1766, VII, 249 ; en 1767, VII, 277 ; en 1769, VIII, 48 ; 1er prix le 4 sept. 1769, VIII, 59, 60 ; présenté pour la 2e classe en 1791, IX, 317. — Présente des dessins, IX, 28, 29.

GUICHARD (les). Sculpteurs, VIII, 218.

GUICHARD (Nicol. - Joseph). Présente un bas-relief d'ornement d'une seule planche de noyer, VIII, 218 ; avec talc incrusté, VIII, 229.

GUIFFREY (Jules). Collabore à la publ. des Procès-verbaux de l'Acad. d'architecture et en prête une copie, I, III, v. — Les anciennes Acad. de peinture et d'architecture. P. 1909, I, VII. — Article de la Gazette des Beaux-Arts sur Boffrand, 1869, IV, XXXIII. — Les Caffieri, 1877, IX, 169. — Lettres de noblesse... conférées aux artistes du XVIIe et du XVIIIe siècle, 1889, I, XLIV. — Liste des pensionnaires de l'Acad. de France à Rome, 1908, I, LIII ; III, XVII ; V, IX. — Éd. Comptes des Bâtiments du Roi. Voir à ce titre. — Éd. Correspondance des directeurs de l'Acad. de France à Rome. Voir à ce titre.

GUILBERT. Propriétaire de carrières près Bagneux, I, 247-248.

GUILLAUME III d'Orange. Château de Voerst, II, 86 ; III, 365. — Dessins faits pour lui, II, XXXII, 66, 67, 69.

GUILLAUME (Eugène). Le Panthéon d'Agrippa, 1892, I, 69.

GUILLAUMOT (Charles - Axel). Élève, VI, 40, 62. — Candidat à la 2e classe en 1767, VII, 320-321 ; en 1769, VIII, 42 ; en 1770, VIII, 73 ; présenté pour la 2e classe en 1771, VIII, 109 ; en 1772, VIII, 141 ; promu le 7 mars 1773, VIII, 149 ; présenté pour la 1re classe en 1791, IX, 297 ; en 1792, IX, 317. — Censeur royal, IX, 192. — Beau-père de Renard, IX, 361. — Ses élèves, VIII, 189, 200, 225 ; IX, 121.

Affaires intérieures académiques :

Projet de réforme, IX, XXIX, 362-367. — Observations sur les droits de présence, IX, 110, 115-116. — État des traitements et pensions, IX, 277, 313. — Dépouillement des dessins contenus dans la bibliothèque, IX, 220-221. — Désigné pour recevoir la correspondance de M. de Cronstedt, VIII, 180 ; communique une lettre, VIII, 230 ; IX, 90.

Enseignement :

Conditions du grand prix de 1779 et examen des esquisses, VIII, 377, 379, 386, 387 ; 1780, IX, 13-14, 24, 26 ; 1786, IX, 182-183 ; 1787, IX, 203-205, 211 ; 1788, IX, 225-226, 234-235 ; 1792, IX, 321-322, 331. — Examen des envois à Ro-

me, VIII, 318-319, 334-337, 372, 374, 375-377 ; IX, 271 ; de la proposition de Peyre touchant les élèves de Rome, VIII, 340. — Rapport sur l'organisation du séjour des élèves à Rome, IX, 198, 212-218 ; objets d'études à leur prescrire, IX, 327. — Examen des cahiers sur les us et coutumes et toisé, VIII, 284, 363 ; des nouveaux statuts, VIII, 250 ; révision, IX, 272. — Chargé des Observations dans l'affaire Mique, VIII, 321, 324-330.

Travaux divers :

Plans de l'écoulement des eaux de Bicêtre, IX, 25, 26, 27, 28, 31, 33, 234. — Recherche des anciens travaux de l'Eure, IX, 219, 220. — Réponse à M. Lambert, IX, 254, 255. — Visite à la carrière du s^r Topinard, à l'Isle-Adam, IX, 18, 19, 20. — Parle de la nouvelle méthode de scellement au soufre, IX, 109.

Examens :

Examen du plancher du s^r Angot, IX, 79, 80 ; des prétentions respectives des carriers et des toiseurs de pierres, IX, 193, 194, 195 ; de la pompe du s^r Charpentier, IX, 51, 52, 53 ; des projets d'Ixnard pour la résidence élect. de Coblentz, VIII, 386, 388 ; de la lettre de Cossigny sur la pouzzolane, IX, 201, 202 ; du mastic du s^r Crosel, IX, 193 ; de l'ordre d'architecture du s^r Debard, IX, 323-325 ; de la future édition de Desgodets, VIII, 370 ; des procédés de peinture du s^r Du-

bois, IX, 240 ; des Recherches sur la pouzzolane de Faujas de Saint-Fond, VIII, 366, 380 ; IX, 88 ; des procédés du s^r Féroussat pour la fabrication du plâtre, VIII, 214, 217-218, 234-239, 352, 355, 357 ; de l'expérience de la protection des bâtiments contre le feu, VIII, 318 ; du Mém. du s^r Giraud sur les Moyens de supprimer les fosses d'aisances, VIII, 318 ; des carreaux cuits au charbon de terre du s^r Goblet, IX, 132, 133 ; du Mém. du chevalier de Grignon sur le charbon épuré, IX, 10 ; du système de combles de Jardin, IX, 36, 39, 87 ; du vernis du s^r Laboureau, IX, 52, 53 ; du tablier de cheminée du s^r Lebœuf, VIII, 210, 211, 215-216 ; des projets de décoration du chœur de la cathédrale de Laon, IX, 144, 145, 147-148 ; du Mém. de Lespée sur le toisé, VIII, 363, 364, 365, 367 ; du projet du s^r Lucotte pour la taille de la pierre hors Paris, IX, 206-208 ; du ms. de Lussault, IX, 79 ; des expériences contre la débâcle des glaces en rivière de Marne, VIII, 207 ; des procédés du s^r Mignerot pour la courbure des bois, IX, 126, 128, 131 ; du modèle de poutres de P. Panseron, IX, 172, 188, 192 ; des travaux de Couture à la Madeleine, IX, 153-154, 157-158, 191, 192 ; du projet de Loret pour les Halles, IX, 39, 40-41, 42 ; des projets de Boullée pour la transformation de l'hôtel de La Force à Paris, IX, 21, 22, 23 ; des tra-

vaux du Palais de Justice à Paris, IX, 96-100, 104-108, 110-114, 118-119 ; des projets de la Grande Galerie, IX, 170-171, 173, 174, 175, 176, 180, 183, 358-362 ; de la suppression des fossés de la place Louis XV, IX, 199-200 ; de l'affaire de la serrure commandée par la Reine, IX, 227, 228-229, 230-231, 237, 249 ; des voûtes en poterie du sᵣ de Saint-Far, IX, 156, 157, 159 ; du Mém. du sᵣ Six sur le granit, IX, 202, 203, 206 ; des modèles de poêles suédois, VIII, 209 ; des planchers du sᵣ Taboureux, IX, 243, 244 ; du Mém. sur la tôle vernissée, IX, 206. — Cit., VIII, 212 ; IX, 88, 90, 92, 96, 129, 201, 213, 262, 341.

GUILLOIS (Philippe). Aspire au prix d'émulation de déc. 1763, VII, 163 ; de janv. 1764, VII, 168 ; de févr., VII, 169 ; de mars, VII, 171 ; de juill., VII, 183 ; prix d'émulation de févr. 1764, VII, 188 ; de juill., VII, 188.

GUILLOT (Claude). Voir : Aubry (Claude-Guillot).

GUIMARD DE LARABE. Admis à concourir en 1759, VII, 16, 22 ; en 1760, VII, 44.

GUINON (Louis). Aspire au prix en 1725, IV, 304.

GUSMAN (Pierre). Villa impériale de Tibur, 1904, IV, 15.

GUYENNE, II, 163.

H

Hadin. Présente une machine pour se peser, VIII, 200, 201. (Peut-être à rapprocher des s^rs Hanin et Hassin qui présentent des machines analogues.)

Hadrien. Empereur. Bâtit la rotonde du Panthéon, I, 69. — Pour sa villa, voir à Tivoli. — Voir aussi : Rome. Hadrianeum.

Hagan. Évêque, I, 242.

Haneuse (Jacques). Aspire au prix en 1730, V, 57 ; en 1731, V, 73 ; en 1732, V, 96 ; en 1733, V, 119 ; 1er prix le 26 août 1733, V, 129.

Hanin (François). Présente sa machine à peser, VIII, 243. (Peut-être le même que Hadin.)

Hardouin (abbé). Frère de J.-Michel Hardouin. Envoyé à Rome, IV, xxi.

Hardouin (Jules - Michel). Mort en 1737. — Notice biographique, IV, xxi-xxii. — Présenté pour la 2e classe en 1720, IV, 188 ; promu le 23 janv. 1720, IV, 188 ; brevet, IV, 192-193 ; promu de 1re classe le 18 juin 1728, V, 28 ; brevet, V, 35. — Annonce de son décès à la séance du 18 nov. 1737, V, 217, 219. — Lit un mém. destiné à servir d'introduction au Recueil projeté par l'Acad., V, 144-145. — Revoit un Mém. de Gabriel, V, 144. — Mém. sur le plomb laminé, V, 72. — Rapport sur les 6e et 7e livres de Vitruve, V, 150.

Hardouin (Raphaël). Peintre. Père de Jules Hardouin-Mansart, I, xliii.

Hardouin-Mansart (Jules). Voir : Mansart (Jules).

Hardy. Affaire de mitoyenneté à Rennes, V, 153.

Hardy. Architecte. Constructeur de la Daurade à Toulouse, IX, 343.

Haresvin. Projet pour le portail de la cathédrale de Boulogne, VII, 106.

Harleman. Travaux du château de Stockholm, VIII, 233.

Haron Romain. Voir : Romain (J.-B. Aaron).

Haroué. Travaux de Boffrand au château, IV, xxxiv.

Hartley. Méthode pour préserver les bâtiments du feu, VIII, 316-317, 347-348.

Hassin (le s^r). Certificat pour un peson à ressort, VIII, 129.

Hautecœur (Louis). L'architecture classique à Saint-Pétersbourg, 1912, VII, 113 ; IX, 120.

Hazon (Barthélemy - Michel). Notice biographique, VI, xxi. — Admis à concourir en 1745, VI, 26 ; 2e prix en 1745, VI, 37. —

Attribution d'un jeton de présence, VI, 135, 172 ; VII, 137. — Présenté pour la 2e classe en 1755, VI, 244, 245 ; promu le 10 déc. 1755, VI, 247 ; brevet, VI, 289, 291, 293 ; présenté pour la 1re classe en 1762, VII, 103, 104 ; en 1763, VII, 141 ; en 1764, VII, 187 ; en 1767, VII, 274 ; promu le 24 mai 1767, VII, xxiv, xxv, 276, 279. — Intendant général, VIII, 348, 349. — Ses élèves, VI, 323 ; VII, 16, 44, 99 ; VIII, 188, 225 ; IX, 103. — Lettre à M. Camus, président du Comité des pensions, IX, 285. — Conditions du grand prix et examen des esquisses en 1786, IX, 182-183 ; en 1788, IX, 225-226, 234-235. — Examen des envois de Rome, IX, 86, 88. — Chargé de donner description des plans et profondeur du puits de l'École militaire à Paris, VI, 239.

Examens :

Examen du projet de Palais de Justice à Aix, IX, 163, 164, 166 ; des procédés de préparation de la chaux de M. de La Faye, VIII, 308 ; des projets de décor du chœur de la cathédrale de Laon, IX, 144, 145, 147-148 ; des procédés du sr Mignerot pour la courbure des bois, IX, 126, 128, 131 ; des travaux de Couture à la Madeleine, IX, 153-154, 157-158 ; du projet de gare d'eau à Paris, IX, 141, 142, 148-149, 152 ; de la coupole de la nouvelle Halle au blé, IX, 117 ; des travaux du Palais de Justice, IX, 96-100, 104-108, 110-114, 118-119 ; des projets pour la Grande Galerie, IX, 170-171, 173, 174, 175, 176, 180, 183, 358-362 ; de l'expérience de la pouzzolane aux bassins des Tuileries, IX, 88 ; du projet d'ord. de la place du Palais, IX, 222-223 ; du projet d'église pour Prémontré, IX, 165, 179, 184, 275, 371 ; des voûtes en poterie du sr de Saint-Far, IX, 156, 157, 159 ; des carrières de Saint-Leu et de Trossy, VIII, 243 ; de l'ouvrage de B.-A, Vittone, VII, 102. — Cit.. VII, 136, 171, 268 ; VIII, 387 ; IX, xxxi, 15, 26, 54, 59, 62, 63, 70, 83, 89, 91, 96, 110, 117, 129, 137, 143, 149, 150, 155, 161, 162, 163, 176, 182, 195, 205, 211, 221, 222, 226, 234, 238, 257, 308, 322.

HÉBERT (le sr). Présente les crayons de sa fabrication, VIII, 174.

HÉLIN (Pierre). Admis à concourir en 1750, VI, 141 ; en 1751, VI, 161 ; en 1752, VI, 180 ; en 1753, VI, 200 ; en 1754, VI, 220 ; 3e prix en 1751, VI, 168 ; 2e prix en 1752, VI, 186 ; 1er prix le 2 sept. 1754, VI, 226.

HÉLIOPOLIS. Voir : Balbek.

HÉLOUIS (Mme). Collabore à la copie du ms. des Procès-verbaux, V, iii ; IX, xi.

HENIN. Fonctionnaire des Bâtiments. Procès-verbal d'arpentage, IV, xxi.

HENNEBONT. Demande d'avis touchant le pont, II, xxxii, 129-130.

HENNEQUIN (Nicolas). Bourgeois de Paris. Le cloître des Jacobins refait à ses frais en 1556, I, 330.

HÉNON. Aspire au prix en
1734, V, 141 ; en 1738, V,
230, 240 ; en 1739, V, 256.

HENRI I⁰ʳ. Roi de France. Travaux du cloître Notre-Da-
me, I, 176 ; de Saint-Martin-des-Champs, I, 181.

HENRI II. Roi de France. Travaux à l'abbaye de Sainte-
Geneviève, I, 184 ; au Louvre, I, 183 ; III, 290 ; VI,
267. — Commence à Saint-
Germain le château neuf, I,
214. — Traduction de Vi-
truve à lui dédiée, IX, 95.

HENRI III. Roi de France.
Siège de Pontoise, I, 202.

HENRI IV. Roi de France.
Bâtit une galerie dans les
Jardins bas à Blois, I, 298.
— Travaux à la cathédrale
d'Orléans, IV, 226 ; au château neuf de Saint-Ger-
main, I, 214. — Projet de
tombeau, VII, 228 ; VIII,
365 ; IX, 201.

HENRI III. Roi d'Angleterre.
Loge au Temple, I, 333.

HENRI VIII. Roi d'Angle-
terre. Bas-relief à l'hôtel de
La Ferté à Rouen, I, 230.

HENRY (François), Élève,
VIII, 188, 225.

HERBELOT (François - Char -
les-Étienne). Né vers 1744.
— Élève, VII, 99 ; VIII,
189, 225. — Aspire au prix
d'émulation de nov. et de
déc. 1763, VII, 163 ; de janv.
1764, VII, 168 ; de févr.,
VII, 169 ; de mars, VII,
171 ; d'avr., VII, 176 ; de
mai, VII, 180 ; de juin, VII,
182 ; d'août, VII, 187 ; de
nov., VII, 191 ; de déc.,
VII, 194 ; de janv. 1765,
VII, 201 ; de févr., VII,
204 ; de mars, VII, 208 ;
d'avr., VII, 214 ; de juin,

VII, 220 ; de juill., VII,
228 ; de janv. 1766, VII,
244 ; prix en juin 1765, VII,
220, 221 ; en juill., VII,
228 ; en août 1768, VIII,
31, 40 ; exclus du concours
d'émulation de janv. 1761,
VII, 273 ; aspire au prix
spécial de janv. 1772, VIII,
113. — Esquisse au con-
cours du grand prix de 1765,
VII, 214. — Admis à con-
courir en 1766, VII, 249 ; en
1767, VII, 277 ; en 1771,
VIII, 101 ; en 1772, VIII,
133 ; en 1773, VIII, 154 ;
accessit en 1773, VIII, 169.

HERBET. Prix d'émulation de
mai 1787, IX, 205. — Ad-
mis à concourir en 1787, IX,
205 ; en 1789, IX, 248.

HERCANDUS. Évêque de Pa-
ris, I, 176.

HERCULANUM. David - Leroy
montre les volumes publiés
sur cette ville, VIII, 16. —
Bibliographie à la même
date, VIII, 16. — Observations sur les antiquités [par
Cochin et Bellicard], 1755,
VII, XI ; VIII, 16. — Cit.,
VII, XLIII ; IX, XXVI.

HERCULE et Nessus. Bas-reliefs de l'hôtel de La Ferté
à Rouen, I, 230.

HERLUISON (H.). Actes d'état
civil d'artistes français, 1873,
I, XL.

HERMAND (Claude). Aspire au
prix en 1738, V, 230, 240 ;
en 1739, V, 256 ; en 1741,
V, 292 ; 2⁰ prix en 1741, V,
302-303 ; 1⁰ʳ prix le 3 sept.
1742, V, 330.

HERMOGÈNE. Entre-colonnes,
VII, 179.

HESSE - CASSEL (Landgrave
DE). Architecte, IX, 93.

HEURTIER (Jean - François).

Né à Paris le 7 mars 1739.
— Élève, VII, 99. — Aspire
au prix d'émulation d'avr.
1764, VII, 176 ; de mai,
VII, 180 ; de févr. 1765,
VII, 204. — Admis à con-
courir en 1759, VII, 16, 22 ;
en 1760, VII, 44 ; en 1763,
VII, 145 ; en 1764, VII,
175 ; en 1765, VII, 214,
215 ; exclu pour irrégularité en 1759, VII, 23 ;
1er prix le 14 déc. 1765,
VII, 232 ; présenté pour la
2e classe en 1776, VIII, 264,
267 ; promu le 13 mai 1776,
VIII, 268. — Présente ses
études de Rome, VIII, 266.
— Ses élèves, VIII, 318 ;
IX, 117, 163, 194. — Lettre
relative à l'exposition des
travaux des académiciens,
VIII, 304. — Recherches des
anciens travaux de l'Eure,
IX, 219, 220. — Examen
des procédés de préparation
de la chaux de M. de
La Faye, VIII, 308. — Présente à l'examen ses plans
de transformation de la
Comédie-Italienne à Paris,
IX, 126-127. — Cit., IX,
201.

HEZENDORF. Voir : Hötzen-
dorf.

HIRSCH (J.). Traduction Thurston. Histoire de la machine
à vapeur, 1880, IV, 319.

HOCHSTEDT (Mort du Mis
d'Ormoy à la bataille d'), I,
272.

HOLKER. Lettre sur l'usage de
planches de cuivre pour la
couverture des bâtiments,
VII, 194-195, 244-245.

HOLLANDAIS Moulins à broyer,
VIII, 368.

HOLLANDE (ambassadeur de),
II, 66, 67, 69, 86. — Voyage

de Blondel, I, XXIII. —
Campagne, I, XXX. — Ci-
ment, VIII, 339, 371. —
Circulation, I, 271. — Émi-
gré, II, XII ; III, 365. —
États, II, 86. — Séjour du
Mis de Marigny, VII, 315.
— Vaisseaux, I, 84.

HOMÈRE. Comparé à Pindare
par Blondel, I, XXVI.

HONGRIE. Impératrice-Reine,
IX, 49.

HONORIUS. Restaure la porte
Majeure à Rome, III, 37.

HORACE. Art poétique suivi
par Boffrand, IV, XXXIII ;
V, 151, 351-352 ; VI, XXX,
192.

HORDEBOURG. Expert. Pont
de Pirmil à Nantes, IV, 129.

HORN (Mme). Collabore à la
copie du ms. des Procès-
verbaux, VI, VII ; IX, XI.

HÖTZENDORF DE HOTTEM-
BOURG (Ferdinand). Candi-
dat à la correspondance,
VIII, 152 ; élu le 9 août
1773, VIII, XII, 165.

HOUASSE. Directeur de l'École
de Rome, IV, XXI.

HOUDON (Jacques ou Jean -
Philippe). Né à Versailles
le 29 oct. 1735. — Admis à
concourir en 1755, VI, 236 ;
en 1756, VI, 264 ; en 1758,
VI, 323 ; médaille de satisfaction en 1755, VI, 243 ;
2e prix en 1756, VI, 277 ;
accessit en 1758, VI, 333.

HOUDREVILLE. Fin de l'aqueduc de Maintenon, II,
XXXIX.

HOUETTE. Admis à concourir
en 1779, VIII, 380.

HOUILLES. Carrières voisines,
I, 213.

HOULLIÉ. Projet de réparation pour la cathédrale de
Strasbourg, VII, 35-37.

Housse. Candidat à la 2e classe en 1755, VI, 248 ; en 1756, VI, 279.

Hozier (d'). Donne des armoiries à Mansart, I, xliv.

Hubert (le sr). Présente des essais de briques légères, VII, 132-133.

Hubert (Auguste). 2e prix d'émulation de févr. 1782, IX, 66. — Admis à concourir en 1784, IX, 131 : 1er prix le 30 août 1784, IX, 138.

Hue de Miromesnil, VIII, 411.

Hugues Capet, I, 176.

Hugues. Prieur de Saint-Martin-des-Champs. Murailles du couvent, I, 332.

Huguet (François). Architecte. Termine la façade de la cathédrale de Rennes, I, 68.

Huisne. Rivière, II, xxvi.

Hulin. Brochure contre Couture à propos des travaux de la Madeleine, IX, 151-154, 157-158.

Hulin (Dame Contant, veuve). Envoie plusieurs ex. de la brochure de Hulin relative aux travaux de la Madeleine et intéressant la mémoire de Contant d'Ivry, IX, 151-154, 157-158.

Humières (d'). Hôtel à Paris, travaux de Mollet père, IV, xxv.

Hupeau. Ingénieur des ponts et chaussées. Mort le 10 mars 1763. — Notice biographique, VII, xii. — Présenté pour la 2e classe en 1756, VI, 278 ; promu le 10 janv. 1757, VI, xxv, 281, 283 ; présenté pour la 1re classe en 1762, VII, 103 ; promu le 19 juin 1762, VII, 106. — Maladie, VII, 136. — Annonce de son décès arrivé le 10 mars 1763, VII, 139, 141, 144, 162. — Frein, VII, 40.

Huvé (Jean-Jacques). Né à Magnanville vers 1743. — Aspire au prix d'émulation de mars 1764, VII, 171 ; de juin, VII, 182 ; d'août, VII, 187 ; de janv. 1765, VII, 201 ; de févr., VII, 204 ; d'avr., VII, 214 ; de juill., VII, 228 ; d'avr. 1766, VII, 264 ; prix en avr. 1765, VII, 215 ; en avr. 1766, VII, 264. — Esquisse au concours de 1765, VII, 214. — Admis à concourir en 1770, VIII, 76 ; 1er prix le 27 août 1770, VIII, 81, 85. Candidat à la 2e classe en 1791, IX, 297 ; en 1792, IX, 317. — Dessin du théâtre de Taormine, IX, 233.

Huyghens, II, 221.

Huyot (Ch.-Théodore). Élève, VIII, 189, 226.

I

Ile - de - France (Antille).
Lettres d'un ingénieur, IX,
201. — Voyages de Bernardin de Saint-Pierre, IX, 201.

Ille. Canal, II, xxxii, 142.

Imbart (Pierre). Élève, VI,
40.

Indes. Édifices, III, 293.

Indes orientales (vaisseaux
destinés aux), VII, 214.

Infante d'Espagne. Projet
de mariage avec Mgr le
Dauphin, Médaille commémorative, IV, xvi, 252-253
(fig.).

Ingénieurs, I, xxiv ; II, 75 ;
III, xxi, xxiii ; IV, 36, 44,
47, 51, 123 ; V, 286, 291. —
Voir aussi : Ponts et chaussées.

Ingénieurs royaux. Voir :
Ponts et chaussées.

Institut de France. Voir :
Paris. Institut.

Irlande. Laminoirs, V, 75.

Isis (clocher de Saint-Germain-des-Prés, à la place
d'un temple d'), I, 193.

Isle. Rivière. Travaux de navigation, demande d'avis,
II, xxxii, 126-127.

Isnard. Aspire au prix spécial de janv. 1772, VIII,
113.

Issy. Château, II, xxiii.

Istrie, II, 331 ; III, 126, 135.

Italie. Architecture, I, 124 ;
VII, 145. — Architraves, II,
30. — Avis demandé, V,
viii. — Basiliques, I, 309. —
Bois, IV, 62. — Études de
A.-J. de Bourge, VII, 275.
— Brique, IV, 43. — Chaux,
III, 73. — Colonnes antiques, VI, 29, 92. — Compagnon passant, II, 60. —
Constructions, VIII, 73. —
Correspondant, VIII, xiv,
314 ; IX, xxv. — Dessins de
Desgodets, I, 155. — Dessins envoyés, I, lix. —
Frères pontifes, II, 42. —
Loges autour des cours, I,
119. — Môles, III, 77. —
Monuments, I, iv ; VII, 17 ;
VIII, 17. — Mortiers, VII,
201. — Orientation, I, 40,
307. — Pierres, qualités et
sortes, I, 250 ; IV, 54. —
Plâtre, II, 238. — Pluie, II,
237. — Ponts et cintres, II,
54-55. — Ponts de bois, III,
362. — Pouzzolane, II, 208,
234 ; III, 289. — Renaissance, III, 292 ; IX, xvii.
— Ruines, VI, 192. — Son
architecture selon Scamozzi,
I, 124. — Constructions de
Scamozzi, I, 315. — Ruines
chez Serlio, III, 138. —
Salles de spectacle, VII, xi,
145-146, 191. — Terrasses,
II, 26. — Usages, I, li, lix,
266 ; II, 182, 297, 298, 302,
305 ; III, 86, 87, 88, 94 ;
VII, 70 ; VIII, 43. — Voûtes, III, 297. — Voyages de
Blondel, I, xxxiii ; de R.
de Cotte, II, xxix ; III,
xxxix ; de G.-P.-M. Du-

mont, VIII, 267 ; des élèves, VIII, 255, 420 ; de Franque, IX, 369 ; de P. de La Hire, II, xxv ; de Lussault, IX, 137 ; de Nigély, VIII, 212 ; de P.-A. Paris, VIII, 229 ; de Raimond, VIII, 198 ; de Seignelay, I, xxiv ; de M. de Vandières, VI, xi ; VII, xvii ; de J. de Wailly, VIII, 344.

ITALIEN (un). Aurait bâti Chambord, I, 47.

ITON. Rivière, II, xxvi.

IVANGOROD, I, 52.

IVRY. Artiste (naissance d'), VI, xviii. — Carrière, I, 334. — Château, plafonds, V, 181. — École Pompée, V, 181.

IXNARD (Michel D'). Architecte. Né à Nîmes en 1723, mort le 21 août 1795. — Projets d'une résidence à bâtir à Coblentz pour l'électeur de Trèves, VIII, 382-383, 386, 387, 388 ; disgracié, IX, 6.

J

JABACH. Hôtel à Paris, II, XXIII ; VII, 208.

JACOBINS. Lutte à la Convention, IX, XXIX.

JACQUET ou Jacquier. Dessins de concours, III, 145-146 ; grande médaille en 1702, III, 149 ; IV, XVI. — Présente des dessins de Nîmes et des environs, pont du Gard, pont sur le Doux, III, 214-219, 272. — Présenté pour la 2e classe en 1723, IV, 260.

JACQUET (Philibert). Horloger à Gray. Système de pompe, VII, XXXVI, 149-150, 153-154.

JACQUIER, voir Jacquet.

JAILLOT. Recherches historiques et topographiques sur… Paris, 1772-1775, II, 55 ; VIII, 151, 219. — Offre du 1er volume, VIII, 144. — Cit., I, 186.

JAL. Dictionnaire critique, 1867, I, XXXI, XXXII, XLIV ; IV, XXII.

JALLIER (Jean - Baptiste - Claude). Né le 27 mai 1740 à Château-Chinon. — Admis à concourir en 1758, VI, 332 ; en 1759, VII, 16, 22, 23 ; en 1760, VII, 44 ; en 1761, VII, 72, 79, 80 ; 2e prix en 1758, VI, 333 ; en 1760, VII, 60. — Plan partiel de Notre-Dame de Dijon, VII, 84. — Projets pour la Comédie-Italienne

à Paris, VIII, XII, 124-125.

JAMON. Demande d'avis sur l'ordre inventé par le sr Debard, IX, 323.

JANNIN. Médecin à Lyon. Lettre accompagnant son volume : l'Antiméphytisme, IX, 132.

JARDIN (Louis - Henri). Né en 1730, mort en 1759. — Admis à concourir en 1753, VI, 200 ; en 1754, VI, 220 ; 2e prix en 1753 ; 3e prix en 1754, VI, 226.

JARDIN (Nicolas - Henri). Né le 23 mars 1720, mort en 1802. — Notice biographique, VI, 250-251 ; VII, XXI-XXII. — Aspire au prix en 1740, V, 272 ; en 1741, V, 292 ; 1er prix le 4 sept. 1741, V, 302. — Candidat à la correspondance, VII, XIX, 1, 2, 6, 63, 96 ; élu, VII, 97 ; remerciements, VII, 162. — Prend congé, VII, 139. — Lettre de politesse, VIII, 5. — Présenté pour la 2e classe en 1771, VIII, 109 ; promu le 22 déc. 1771, VIII, 111. — Architecte ordinaire du Roi, VIII, 348. — Présenté pour la 1re classe en 1786, IX, 181 ; en 1791, IX, 297 ; en 1792, IX, 317 ; promu le 10 mars 1792, IX, 318. — Présidence, VIII, 344, 348, 350 ; IX, 32, 34, 35. — Signe au dernier procès-verbal, IX, XXX. — Ses

élèves, VIII, 189, 211, 225 ;
IX, 48. — Voyage en Angleterre, VIII, 315.

*Affaires intérieures aca-
démiques :*

État des revenus et char-
ges, IX, 313.

Enseignement :

Conditions du grand prix
de 1779 et ex. des esquisses,
VIII, 377, 379, 386, 387 ;
de 1780, IX, 13-14, 24, 26 ;
de 1781, IX, 47, 54 ; de
1782, IX, 73, 83, 84 ; de
1783, IX, 102, 111-112 ; de
1788, IX, 225-226, 234-235 ;
de 1789, IX, 246-248, 255-
256. — Examen des envois
de Rome, VIII, 372, 374,
375-377 ; IX, 86, 88, 184,
185, 196, 197, 198, 214 ; des
objets d'étude à prescrire
aux élèves à Rome, IX, 317.
— Choix du professeur de
trait, IX, 318.

Divers :

Adresse avec une lettre
l'Explication de la décoration de la grande salle du
château royal de Chris-
tiansbourg, VII, 267. —
Demande avis sur ses pro-
jets pour une église royale
à Copenhague, VI, xxxiv,
250 - 252, 254 - 256 ; VII,
xxxviii, 133-134. Remer-
ciements, VI, 260. Plans,
coupes et élévations de
l'église royale de Frédé-
ric V, 1769. Préface et liste
des planches, VI, 355-357.
Don de l'ouvrage, VII, 195 ;
VIII, 47. — Construction en
Danemark et en Allemagne,
VIII, 37. — Alimentation en
eau de la ville de Londres,
IX, 274. — Planches di-
verses. Catafalque de Frédéric V. Salle pour le mariage de Christian VII.
Projet d'un pont triom-
phal. Chapelle sépulcrale,
VI, 357.

Examens divers :

Examen du plancher du
s^r Angot, IX, 79, 80 ; des
plans pour les bains de Bagnères-de-Luchon, IX, 144,
146, 149-152 ; de la fabrique
de cuivre en feuilles du
s^r Bonnet, IX, 161-162, 172,
173 ; du projet de travaux
à la cathédrale de Châlons,
VIII, 121, 131 ; de la pompe
du s^r Charpentier, IX, 51,
52, 53 ; des projets d'Ixnard
pour la résidence électorale
de Coblentz, VIII, 386, 388 ;
de la lettre de Cossigny sur
la pouzzolane, IX, 201, 202 ;
du mastic du s^r Crosel, IX,
193 ; d'une nouvelle cou-
verture en tuiles, IX, 206-
207 ; du projet du s^r Le
Fièvre pour le curage des
ports de Dieppe et de Fé-
camp, IX, 300 ; des procédés de peinture du s^r Dubois, IX, 240 ; de l'expérience de la protection des
bâtiments contre le feu,
VIII, 318 ; de la serrure du
s^r Fontaine, IX, 145, 148 ;
de la charpente du s^r Fourneau, IX, 159 ; des plan-
chers du même, IX, 96 ; du
moulin du même, IX, 249,
250 ; de la sonnette du
même, IX, 74 ; du Mém. du
s^r Girard sur les moyens de
supprimer les fosses d'aisances, VIII, 318 ; des carreaux cuits au charbon de
terre du s^r Goblet, IX, 132,
133 ; du Mém. du chevalier
de Grignon sur le charbon
épuré, IX, 10 ; des procédés
de dorure du s^r Lefèvre, IX,

54, 66 ; du moulin du sʳ J. Le Fièvre, IX, 298, 299 ; des procédés du sʳ Mignerot pour la courbure des bois, IX, 126, 128, 131 ; du modèle de mur en talus du sʳ Morand, VIII, 371 ; IX, 21 ; du modèle de poutres de P. Panseron, IX, 172, 188, 192 ; des travaux de construction de la Madeleine, IX, 153-154, 157-159, 160-165 ; des préparatifs pour les fêtes de 1782, IX, 59, 60, 61, 62, 63, 351-357 ; du projet de gare d'eau à Paris, IX, 141, 142, 148-149, 152 ; des plans d'écoulement des eaux de Bicêtre, IX, 26, 27, 28, 31, 33, 234 ; des projets de Boullée pour la transformation de l'hôtel de La Force, IX, 21, 22, 23 ; des travaux du Palais de Justice, IX, 97-100, 104-108, 110-114, 118-119 ; des projets de la Grande Galerie, IX, 170-171, 173, 174, 175, 176, 180, 183, 358-362 ; de la suppression des fossés de la place Louis XV, IX, 199-200 ; du projet d'ordonnance de la place du Palais, IX, 222-223 ; de l'état du Pont-Rouge, IX, 264-266, 271 ; des projets de Peyre l'aîné pour de nouveaux magasins à poudre, VIII, 186-187 ; des marbres de la Mˡˢᵉ de Poulpry, IX, 186, 189, 190 ; du projet d'église pour Prémontré, IX, 165, 179, 184, 275, 371 ; de l'affaire de la serrure commandée par la Reine, IX, 227, 228-229, 230-231, 237, 249 ; du vernis contre la rouille du sʳ Rossignol, IX, 160, 161, 165 ; de celui du sʳ Ta-

lamond, IX, 238 ; des modèles de poêles suédois, VIII, 209 ; des planchers du sʳ Taboureux, IX, 243, 244 ; des serrures du sʳ Toque, IX, 250, 255 ; des granits et porphyres des Vosges, IX, 177, 183 ; du mastic du sʳ Wallon, IX, 121. — Cit., VIII, 124, 174, 187, 210, 287, 306, 387 ; IX, xxv, 9, 26, 41, 42, 48, 56, 77, 129, 160, 222.

Jardins du Roi, IV, xxvi.

Jarry (E.). La cathédrale romane d'Orléans, 1905, IV, 267.

Jars (de). Hôtel à Paris (fig.), III, 367.

Jars (Gabriel). Mém. sur l'usage du charbon de terre, VIII, 190.

Jarville. Château voisin, IV, 4.

Jaunet ou Jeaunet. Aspire au prix d'émulation d'août 1764, VII, 187 ; de déc., VII, 194 ; de févr. 1765, VII, 204 ; de mars, VII, 208. — Esquisse au concours du grand prix, VII, 214. — Admis à concourir, VII, 216.

Jean. Maître vigneron à Valhermeil. Propriétaire d'une carrière audit lieu, I, 204.

Jean de Chelles. Inscription du portail sud de Notre-Dame de Paris, I, 178.

Jeanne d'Arc. Fontaine et tour à Rouen, I, 230.

Jeaunet. Voir : Jaunet.

Jérusalem. Tabernacle, VIII, 13. — Temple, II, xliv, 204, 266 ; IV, xliii, 6 ; VIII, 13, 296. — Goldman (Nic.). Dell' architettura del tempio di Salomone, II, 266. — J.-B. Villalpendi et H. Pradi in Ezechiellem expla-

nationes et apparatus urbis ac templi Hierosolymitani, 1596-1606, III, XI, 244, 246. — Tombeau des rois de Juda chez Serlio, III, 137.

JETZLER. Architecte à Schaffhouse. Dessine les plans, élévations et coupes des ponts de Schaffhouse et de Wattingen, VIII, 104, 107.

JOBBÉ. Élève de de Bourge, IX, 276.

JOCONDE (Frère). Voir : Giocondo.

JOIGNY. Observations de Boffrand sur le pont, V, 11-12.

JOINVILLE. Naissance d'artiste, IV, XV, 231.

JOLIOT (Pierre - Nicolas). Élève, VI, 63.

JOLIVET. Voir : Le Jolivet.

JOLLAIN. Voir : JOULLAIN.

JOLLY (Denis). Fontainier, II, 221.

JOLY. Peintre du roi de Pologne. Échantillon de fresque, VII, 45.

JOLY DE FLEURY. Remplace Necker, IX, 75. — Examen de lettres patentes, VI, 155.

JOMBERT. Libraire. Demande l'approbation et l'aide de l'Acad. pour une nouvelle édition des œuvres de feu Desgodets, VIII, 369-371 ; préface de l'édition, VIII, 384-385 ; offre d'un ex., VIII, 389. — Cit., V, 4 ; VI, 189 ; IX, 327.

JOSEPH II. Empereur. Visite à l'Acad. le 7 mai 1777, VIII, 303.

JOSSENAY (Denis). Né vers 1680, mort en 1748. — Notice biographique, VI, XII. — Académicien de 2e classe en 1717, IV, XX ; confirmé au 31 mars 1718, IV, XII, 153 ; V, 248 ; présenté pour la 1re classe en 1737, V, 217, 218. — Professeur et de 1re classe le 3 févr. 1739, V, VI, 246-247, 258 ; brevet, V, 253 ; VIII, 212. — Annonce de son décès à la séance du 4 mars 1748, VI, 95, 96, 97, 99, 100. — Ses élèves, V, 343, 344 ; VI, 6, 26, 40, 41, 63, 102 ; VII, XIV, XXII. — Montre les dessins des élèves, V, 255, 272-273, 292, 343 ; VI, 6.

Travaux divers :

Dessin de base ionique, VI, 91 ; du chapiteau et de sa volute, VI, 95 ; de l'entablement de la salle des séances, VI, 93 ; de celui de Vignole, VI, 94 ; du piédestal toscan, VI, 59. — Mém. sur les qualités des différents matériaux de construction, V, 333. — Examen du plomb laminé, V, 71. — Solidité des bâtiments, V, 322. — Toisé des voûtes en cul-de-four, V, 299.

JOUBIN (A.). Montpellier aux XVIIe et XVIIIe siècles, 1912, VII, 329.

JOUIN (H.). Conférences de l'Acad. de peinture, 1883, II, IV. — Charles Le Brun, 1889, I, XVI, XXI.

JOULLAIN (C.-F.). Catalogue de la vente du Mis de Menars, IX, 73, 367.

JOURNAL DE PHYSIQUE, VIII, 371.

JOURNAL DES SAVANTS, III, 57.

JOUSSE. Présenté pour la 2e classe en 1741, V, 306.

JOUSSE (Mathurin). Le théâtre de l'art de charpenterie, éd. de G.-P. de La Hire,

1702, III, 27, 164, 199 ; IV, XXIII.

JOUY (Abbaye de). Restaurations, II, 107-108.

JOVIER. Aspire au prix en 1738, V, 230, 240 ; en 1739, V, 256.

JULIEN L'APOSTAT. Ses Thermes, I, 178.

JULLIAN. Histoire de Bordeaux, 1895, IX, 347.

JUSSAUD. Admis à concourir comme élève de David-Leroy, IX, 302.

JUSSIEU (DE). Mém. sur les voûtes en briques à plat, VIII, 309.

JUSTINIEN, II, 65 ; III, 327.

K

Kehl (médaille commémorative de la prise de), V, 152.

Keller. Fondeur. Statue équestre de Louis XIV, VII, 135.

Kew. Plans, élévations, vues... des jardins, par W. Chambers, 1763, VII, xxi.

Kircher (le P. Athanase). La Chine, 1670, III, 363. — Exemple du soufflet et expérience, I, 77-78.

Kolli. Suisse de l'Acad. Affaire V. de Vigny-Mansart de Lévy, VI, 313.

L

Labadie. Aspire au prix en 1731, V, 73 ; en 1732, V, 96.

Labadie. Serrurier. Modèle de jalousie ou persienne, VI, 302, 305, 307-308.

Labande (J.). Notice sur les dessins des antiquités de la France méridionale exécutés par P. Mignard, 1900, I, xlvii.

La Barre. Prix d'émulation de sept. 1788, IX, 236. — Admis à concourir en 1791, IX, 303 ; en 1792, IX, 322.

La Blottière. Projet pour la place du Peyrou à Montpellier, VII, 211.

La Boissière. Graveur. Dessins de Blondel, II, 335. — Plan du Palais-Royal à Paris, I, lii.

La Bonneterie (sʳ de). Pro-

priétaire d'une carrière à Montesson, I, 214.

Laborde (E.-J. de, veuve de Binet de Marchais). Épouse d'Angiviller, IX, 56.

Laborde (Mˡˢ Léon de). Fait copier les Procès-verbaux de l'Acad. d'architecture, I, 1 ; V, iv. — Dirige la publication du procès-verbal des visites des monuments et carrières, I, 326, 329. — Édite les Comptes des Bâtiments du Roi, III, 290.

La Bouille, I, 232, 233.

Laboureau. Présente avec Bernard un vernis de leur composition, IX, 52, 53.

La Brière. Projet sur les sépultures, IX, 189.

La Chalotais, VII, xxviii.

La Chapelle. Admis à con-

courir en 1758, VI, 297, 323, 332.

LA CHAPELLE. Intendant. Travaux de Luchon, IX, 146.

LA CHARITÉ. Pont, II, XXXII, 105-107, 115-117.

LA CHAUSSÉE. Pierre, VI, 171.

LA CHÈSE (DE). Ingénieur à Thionville. Lettre au sujet des voûtes en briques à plat, VI, 144.

LA CLOTHE. Prix d'émulation d'avr. 1784, IX, 129.

LA CROIX-LA-CLOQUE. Voir : Croix-la-Cloque (carrière de la).

LA CROIX-SAINT-LEUFFROY. Voir : Croix-Saint-Leuffroy (abbaye de la).

LA FAYE. Observations sur la préparation de la chaux, VIII, 305, 307, 308.

LA FERTÉ (président Louis-Marc DE). Hôtel à Rouen (Bourg-Théroulde), I, 230.

LA FERTÉ-SOUS-JOUARRE. Projets de pont, II, XXXII, 79, 91, 93-94.

LA FEUILLE (le sr DE), II, 127.

LAFFILLÉE (H.). Collabore à la partie technique de l'édition des Procès-verbaux, I, IV, 9, 14, 15, 25 ; II, VII, 327 ; III, 103, 117. — Note sur la cerche, I, 260, 336. — Note relative à Viollet-le-Duc et à ses commentaires sur la visite faite par les académiciens des monuments et carrières, I, 326-328 ; III, 353.

LA FORCE (DE). Hôtel à Paris transformé en prison pour dettes, IX, 22, 23.

LA GARDETTE (Claude-Mathieu DE). Prix d'émulation de févr. 1791, IX, 297 ;

de mai, IX, 301. — Admis à concourir en 1786, IX, 183 ; en 1789, IX, 248 ; en 1791, IX, 303 ; 1er prix le 29 août 1791, IX, 309. — Envoyé à Rome, IX, 327. — Grave les planches du Traité de Simonin sur l'art du trait, 1792, IX, 342.

LAGAROUSTE (Antoine DE). Levier, VII, 31, 39.

LAGNEAU. Mitre de cheminée, IX, 245, 248.

LAGNY. Carrières d'albâtre gypseux, IX, 177.

LAGRANGE (Pierre). Élève, VI, 64.

LAGRASSE, VII, 323.

LA GRENADE. Pouvoirs d'inspection de Blondel, I, XXIV.

LAGRÉVOL. Demande d'avis sur l'ordre inventé par le sr Debard, IX, 323.

LA GRIVE (Jean DE). Plan de Paris, 1729, I, 247 ; III, 67 ; IV, 323.

LA GUAISSE. Aspire au prix d'émulation de mars 1764, VII, 171 ; d'avr., VII, 176 ; de déc., VII, 194 ; de févr. 1765, VII, 204. — Esquisse au concours du grand prix, VII, 214.

LA GUÊPIÈRE père (DE). Mort en 1734. — Présenté pour la 2e classe en 1720, IV, 192 ; promu le 11 mars 1720, IV, XX, 192 ; présenté pour la 1re classe et promu le 23 juin 1723, V, 100. — Annonce de son décès à la séance du 8 févr. 1734, V, 134. — Projet de pont à Sèvres, IV, 321.

LA GUÊPIÈRE (Philippe DE). Notice biographique, VII, XXIII. — Aspire au prix en

1736, V, 190 ; en 1737, V,
207. — Demande l'agréga-
tion à l'Acad., VI, 325. —
Candidat à la correspon-
dance, VII, XIX-XX, 5, 63 ;
élu le 26 juill. 1763, VII,
149 ; IX, XXV ; remercie-
ments, VII, 151, 162. —
Assiste à une assemblée,
VII, 173. — Demande à siéger, VIII, 33, 35, 36, 37. —
Remerciements, VIII, 65.
— Figure à la suite des
membres, VIII, 105, 106. —
Présenté pour la 2ᵉ classe
en 1770, VIII, 73 ; en 1772,
VIII, 141 ; en 1773, VIII,
167, 168. — Construction
en Danemark et en Allema-
gne, VIII, 37. — Plans et
élévations de clôtures pour
abriter du froid deux jardins du duc de Wurtem-
berg, VII, 157-158. — De-
mande d'avis sur ses pro-
jets de théâtre pour le palais de Stuttgart, VII, 151-
152, 175-178. — Recueil
d'esquisses d'architecture.
Stuttgart (s. d.), VII, XIX,
XXIII ; VIII, 37 ; offre le
volume à l'Acad., VI, 325-
326.

LA GUERCHE, III, 70.

LA GUILLOTIÈRE. Voir : Lyon.

LA HIRE (Gabriel - Philippe
DE). Né en 1677, mort en
1719. — Notice biographi-
que, III, 164 ; IV, XXIII. —
Admis à la 2ᵉ classe le
25 janv. 1706, III, XX, 126.
— Succède à son père com-
me professeur, IV, XII, 149,
175 ; brevet de confirma-
tion, IV, 158. — Annonce
de son décès à la séance du
26 juin 1719, IV, 175. —

Sujet de ses leçons, IV, 160.
— Machine à détacher les
chevaux attelés, IV, 15. —
Tour de Montlhéry, III, 281.
— Dessin pour l'arche du
pont de Pirmil à Nantes,
IV, 53. — Dessin d'une
porte d'angle, IV, 18. —
Édite le Théâtre de l'art de
charpenterie de M. Jousse,
1702, III, 27, 164, 199 ; IV,
XXIII. — Cit., IV, 110.

LA HIRE (Laurent DE). Peintre, II, 135.

LA HIRE (Philippe DE). Né à
Paris le 18 mars 1640, mort
le 21 avr. 1718. — Notice
bio - bibliographique, II,
XXIV-XXVIII, IV, XII, XXII-
XXIII. — Entre à l'Acad. le
7 janv. 1687 comme pro-
fesseur, I, XXI ; II, VII, X,
XII, XVI, 135 ; III, 63 ; IX,
XXII. — Décès le 21 avr.
1718, IV, XII, 146, 149.

Enseignement :

Leçons publiques. Local,
II, XVII. — Ordre de cessation, II, XX, 280. — Continuation gratuite, II, XX. —
Sujets, II, 137, 152, 169 ;
III, 82, 162, 205, 258, 281,
304 ; IV, 14, 31. — Ques-
tion des prix à décerner,
III, 169. — Cours d'architecture, lecture, III, XIII,
51-62 ; IV, 36.

Divers :

Arcs ; lit un chapitre de
son Traité de mécanique
les concernant, III, 358-
359 ; règle pour déterminer
la largeur de la face des
pieds-droits, III, 359-360 ;
pour leur solidité, III, 278 ;
pour la division des voussoirs, III, 343 ; rampants,

II, 152 ; III, 176-178 ; méthode pour les tracer, III, 30, 34, 369-376 (fig.). — Circonférence de l'ellipse, IV, 166. — Arrêt de la roue d'un engin de levage en cas de rupture, III, 264-266. — Arrière-voussure de Marseille, IV, 78-79. — Mém. sur les attiques, II, 150, 151. — Bâtiments antiques, II, 153. — Beautés principales d'un édifice, II, 252. — Bois, tarif, II, 155-156. — Bois à piloter, III, 226. — Apporte l'ouvrage de Giov. Branca : Manuale d'architettura, 1629, II, 214. — Mém. sur des fautes de J. Bullant, III, 253. — Chapiteau et pilastres corinthiens, II, 158, 248, 350-351 (fig.). — Chapiteau ionique, tracé de la volute, II, 245 ; III, 130 ; VI, 104, 105, 107. — Lit ses Remarques sur la construction et l'usage des citernes, III, 182-184. — Colonnes, tracé de la cerche, II, 241-242 ; nouvelle méthode, III, 79 ; IV, 67 ; par tambours, II, 273, 354-356 ; tournage, II, 242-244 ; tracé, III, 166. — Tracé des conchoïdes, II, 164. — Trait de la coupe des pierres, II, 169. — Courbe rampante, nouvelle méthode de tracé, III, 308. — Mém. sur la coutume, III, 211. — Remarques sur un trait de Ph. Delorme, II, 263, 353-354. — Trait de descente biaise, II, 187 ; III, 299. — Eaux, mouvement, III, 268 ; qualité, III, 332-333 ; recherche et jauge, III, 269-

270 ; édite le livre de Mariotte sur leur mouvement, 1700, III, 268. — Nivellements de l'Eure, II, xxxiv, 75. — Force de l'homme, III, 163. — Contre les frontons ronds, II, 182. — Gnomonique, 1692, II, 223. — Lit sa définition du bon goût en architecture, IV, xliv, 10 ; V, 139. — Mém. sur les difficultés rencontrées dans les travaux du pont de Lyon, II, 177. — Écrit sur les machines, III, 161. — Mém. sur l'abus des masques, II, 140-142. — Mém. sur les mécaniques, III, 163. — Mém. sur le rapport des mesures antiques avec les modernes, III, 39, 299-300. — Baptistère du dôme de Milan, II, 191. — Mitoyenneté, III, 208. — Montre le Recueil de temples (Li cinque libri di architettura) de J.-B. Montano, 1691, III, 218. — Lit un mém. sur les moufles, III, 71 ; sur une nouvelle construction des murs de brique et de pierre de taille, III, 76, 275-276, 379-380 ; VIII, 20. — Niveau, II, 188. — Ordres, proportion des figures, II, 254, 352-353 ; règles d'optique, III, 81-82, 364. — Apporte et lit le Traité de l'architecture harmonique d'Ouvrard, 1679, II, 203-204. — Projet pour l'arc de triomphe Saint-Antoine à Paris, VI, 284-285. — Montre le plan de vestiges anciens sur la butte Montmartre, III, 227. — Escalier de l'hôtel de Bouillon,

demande d'avis, II, 167. — Dessin coté des ordres intérieurs du Louvre, III, 18. — Expériences de perspective, III, 175. — Pertuis (porte des), III, 263. — Plates-bandes, III, 188-189. — Ponts, construction, II, 240 ; III, 348. — Porte biaise, III, 296 ; de coin, II, 155 ; ouverture, II, 226. — Présente des dessins gravés de Rome, IV, 14. — Proposition pour la colonnade de Saint-Pierre de Rome, II, 165-166. — Vis de Saint-Gilles, II, 197, 198. — Propose de traduire le 3e livre de Scamozzi, II, 137 ; en fait lecture, I, 137-141 ; II, 293-329. — Tracé des scoties, II, 161. — Terrasses, III, 269 ; éperon nouveau dans leurs murs, III, 276-277. — Poussée des toits, II, 154, 155. — Treuils et levier d'arrêt, III, 264-266. — Les scamilli impares de Vitruve, III, 364 ; traduction mot à mot du dernier chapitre du 3e livre de cet auteur, IV, 71. — Voussure dite de Saint-Antoine, II, 200, 202. — Voûtes, observations générales, II, 246-247 ; coupe des pierres, II, 152 ; épaisseur des pieds-droits, II, 345-349 ; elliptiques, III, 220-221 ; tronquées, III, 297-298 ; en cul-de-four, II, 168-169 ; grandes, III, 221 ; sans arêtes, IV, 19-20 ; surbaissées, II, 170. — Règle pour le toisé des voûtes de cloître et d'arête à plein cintre, IV, 348. — Cit., II, XXI, XXX, XLVI, XLVII ; III, XVIII, XXIV, 173, 280 ; IV, LI, 110 ; V, VI ; VIII, 117 ; IX, XXX, XXXI.

LAILLAUD (Jean). Entrepreneur. Pont de Pirmil à Nantes, IV, L, 126-130.

LAISNÉ. Aspire au prix en 1730, V, 56.

LALANDE (Jacques - Charles). Élève, VI, 41, 63.

LA LANDE (J.-Jérôme LE FRANÇOIS DE). Des canaux de navigation et spécialement du canal de Languedoc, 1777, III, 261 ; IV, 289, 295, 316 ; V, 15, 21. — Lettre à Mauduit, IX, 4.

LALANNE (Lud.). Journal de voyage du cavalier Bernin, 1882, II, 209.

LA LAUNE (Dominique DE). Élève, VI, 63.

LALINDE, II, 163.

LA LOGE (DE). Projet de canaux, IV, 289.

LA MALGRANGE. Château près Nancy, construit par Boffrand, IV, XXXIV, XXXV, XLIII, 4-5 (fig.).

LAMARC. Élève, VI, 64.

LA MARE. Voir : Delamare.

LA MARTINIQUE. Pouvoirs d'inspection de Blondel, I, XXIV.

LAMBEAU (Lucien). L'Hôtel-de-Ville de Paris depuis ses origines, 1920, IX, 352.

LAMBERT. Hôtel à Paris. Construction de N. Dulin, IV, XXII ; de L. Le Vau, I, XXXVII-XXXVIII.

LAMBERT (abbé). Progrès de l'architecture, VI, XVI. — Histoire littéraire du règne de Louis XIV, 1751, VIII, 19.

LAMBERT. Contrôleur général des finances. Lettre à l'Acad., IX, 254.

LAMBERT (Pierre). Notice biographique, III, XXII. — Académicien de 1re classe le 5 mai 1699, III, 63. — Découvre une carrière de liais, III, 69. — Proposition sur les plates-bandes, III, 188-190.

LAMI (St.). Dictionnaire des sculpteurs de l'école française, 1898-1921, VIII, 142.

LAMOIGNON (DE). Hôtel à Paris ; trompes, V, 269.

LA MOTTE (DE). Proposé pour la 2e classe en 1741, V, 305, 306 ; en 1742, V, 312.

LA MOTTE-COQUART. Notice biographique, III, XXII-XXIII. — Officier des Bâtiments, I, XX. — Fac-similé de sa signature, I, XIX. — Assiste aux séances jusqu'en sept. 1683, II, XI. — Cit., I, XXI, LII ; IV, 110.

LA MOTTE-COQUART fils. Honoraire à l'Acad. de peinture, III, XXIII.

LA MUETTE (château de), III, 187.

LANCE. Dictionnaire des architectes français, 1872, I, XXII ; III, XXI, 146 ; VII, 143 ; IX, 323.

LANCRET ou Lencret (François-Nicolas). Aspire au prix en 1738, V, 230, 240 ; en 1739, V, 256 ; en 1741, V, 292 ; 2e prix en 1738, V, 240, 241.

LANDRIÉ. Admis à concourir en 1753, VI, 200.

LANDRY (saint). Évêque de Paris, I, 180.

LA NERTE (Projets de Franque pour le château), IX, 369.

LANGE. Aspire au prix en 1731, V, 73 ; en 1732, V, 96.

LANGLE. Nouvelle de sa mort, IX, 236.

LANGUEDOC. Antiquités par le comte de Caylus, VII, 141. — Canal, III, 261, 264 ; IV, 251, 257-258, 259. — Voir aussi : La Lande. — États, VII, XL, 205, 207, 209, 231, 329 ; IX, 36. — Mission de P. Mignard, I, XLVII. — Voûtes en briques à plat, VI, 75, 78, 79 ; VII, 323.

LA NICOLLIÈRE - TEIJEIRO. Inventaire sommaire des archives communales de Nantes, t. I, IV, XLIX.

LANNOY (Jacques - François). Né le 24 oct. 1755, mort le 27 juill. 1835. — Prix d'émulation de mai 1777, VIII, 304 ; de sept., VIII, 313. — Admis à concourir en 1778, VIII, 351 ; en 1779, VIII, 379 ; 1er prix le 30 août 1779, VIII, 388 ; IX, 209.

LAON. Arrondissement, IX, 163. — Cathédrale, projets de décoration du chœur, IX, 144, 145, 147-148. — Évêque, IX, 147.

LA PALISIÈRE. Carrières de liais au lieu dit, I, 186.

LA PÉROUSE. Voyage, IX, 236.

LAPLANCHE. Admis à concourir en 1753, VI, 200.

LA PLANCHE (M. DE). Remet à M. Mignard quelques dessins d'un tabernacle, I, 155.

LAPONIE. Visitée par Blondel, I, XXIII.

La Porte (Arnaud de). Succède à d'Angiviller, IX, 308. — Attestation, IX, 310. — Cit., IX, 317, 318, 320, 326, 328.

La Poterie près Saint-Cloud. Visite de sa carrière, I, 247.

L'Arbresle, VII, 202.

Lardant. Admis à concourir en 1756, VI, 264.

Lardant. Prix d'émulation de sept. 1792, IX, 331.

La Rochefoucauld. Directeur du département de Paris, IX, 313.

La Rochelle. Acad., IX, 206. — Travaux de J. Gabriel, IV, xxxi. — Siège, II, xxix ; IV, xxxvi.

Laroue (Alexis). Élève, VIII, 188, 225. — Prix d'émulation de janv. 1774, VIII, 180. — Esquisse au concours du grand prix en 1765, VII, 214 ; admis à concourir, VII, 216 ; en 1771, VIII, 101

Larseneur ou Larsonneur. Prix d'émulation de juin 1786, IX, 185 ; de juill., IX, 188.

La Rue. Voir : Delarue et Laroue.

Laserre (Antoine). Élève, VI, 64.

Lasnier. Présente un comble en charpente et une grue, IX, 194, 196.

La Souterraine, II, 138.

Lassay (de). Hôtel à Paris ; travaux d'Aubert et de Lassurance, IV, xxx.

Lassurance. Voir : Cailleteau.

Lassus. Architecte. Né à Paris en 1807, mort en 1857, VI, 129.

La Tortue. Antille. Pouvoir d'inspection de Blondel, I, xxiv.

La Trappe. Chaux, VI, 170. (Peut-être Trappes.)

Lauge. Visite de sa carrière, I, 202 ; pierre employée aux jardins de Marconville, I, 203.

Laugier (le P.). Essai sur l'architecture, 1752 ; examen, VI, 216. Réponse de Frésier, VI, 224.

Launay. Maître charpentier. Affaire de la solidité de la maison de la rue Mouffetart à Paris, VII, 250-255.

Laurence. Demande d'avis sur l'ordre inventé par le sr Debard, IX, 323.

Laurent (de Besançon). Élève, VI, 63.

Laurent (Louis-Jean). Aspire au prix en 1730, V, 56 ; en 1733, V, 119 ; en 1734, V, 141 ; en 1735, V, 167 ; 2º prix en 1734, V, 152 ; 1er prix le 29 août 1735, V, 177 ; VII, 143, 263. — Présente des procédés pour briques légères, VII, 150, 152, 155-156, 162, 164, 166-167. — Mém. sur le fer, sa nature et ses propriétés, VII, 85. — Projets pour l'hôtel de Condé, VII, 143. — Mém. sur les voûtes, VII, 263-264 ; sur les voûtes en briques légères, VIII, 61.

Laurent (Pierre). Aspire au prix en 1730, V, 56 ; 2e prix en 1730, V, 64.

Laurentina (Via), II, 301.

Laurentum. Maison de Pline le Jeune, II, 301 ; IV, 11.

Laurium (mines du), VII, 18.

La Valfenière (François

Des Royers de). Début des travaux de l'hôtel de ville d'Arles, II, 60 ; IX, 36.

La Vallière (duchesse de). Retraite, I, 170.

La Vallière (duc de), VI, 170.

La Vallière (de). Hôtel à Paris, VI, 170.

Lavardin (château de), II, XII.

Lavisse. Histoire de France, 1900, I, XII.

Lawfeld. Médaille commémorative de la bataille, VI, 110.

Le Berger. Voir : Bergier (Nic.).

Lebeuf (le s^r). Modèle de jalousie, VI, 324.

Lebeuf (abbé Jean), II, 55.

Leblanc (abbé). Accompagne de Vandières en Italie, VI, XI.

Le Blanc (Jean). Graveur. Médaille de prix, IV, 252-253 (fig.), 313-314.

Le Blond. Édite le Cours d'architecture de d'Aviler, 1710, I, 337 ; II, 360 ; III, 337, 344.

Le Bœuf. Ferblantier. Présente un modèle de tablier de cheminée, VIII, 201, 210, 211, 215-216.

Le Bon (Pierre - Étienne). Né à Paris vers 1700, mort en 1754. — Notice biographique, VI, XXI. — Aspire au prix en 1724, IV, 292 ; en 1725, IV, 304 ; 2e prix en 1724, IV, 292 ; 1er prix le 12 nov. 1725, IV, XVII, 312. — Envoyé à Rome, V, 305. — Présenté pour la 2e classe en 1734, V, 134 ; en 1735, V, 171, 172 ; en 1739, V, 247, 248 ; en 1741, V, 305 ; promu le 16 nov. 1741, V, 307 ; brevet, V, 309. — Professeur intérimaire, VI, 96 ; proposé pour le poste, VI, 97. — Ses élèves, VI, 121. — Catalogue des livres d'architecture donnés à l'Acad., VI, 214-215. — Examen du Mém. de Boffrand sur la police des bâtiments de la ville de Paris, VI, 162. — Réduit des dessins de Cartaud, VI, 133-134. — Examen du Mém. de Mansart de Lévy sur le toisé, VI, 154, 159-160. — Dessin, d'ordres superposés, VI, 10, 300-301 ; de ceux de la cour du Louvre, VI, 10-11 ; des bases corinthiennes du portail de la Sorbonne, VI, 99 ; d'une de celles du palais de Néron à Rome, VI, 99 ; d'un piédestal toscan, VI, 59. — Observations sur le toisé des murs, VI, 162. — Cit., VI, 206, 223.

Lebrun. Maître maçon. Construit pour le Mis de Bullion et difficultés, I, LVII, 253, 256-258.

Lebrun de Strasbourg. Lettre faisant part d'une découverte pour mettre les maisons à l'abri des tremblements de terre, VIII, 382.

Le Brun (Charles). Peintre. Fusion des Acad., I, XI. — Brevet d'académicien, I, XVI, XXI. — Administrateur des Gobelins, II, 67. — Critique du projet de piédestal pour la statue du Roi, II, 166. — Ordre français, VI, 145. — Travaux de Saint - Nicolas - du - Char -

donnet, III, 273. — Ch. Le Brun par H. Jouin, 1889, I, xvi, xxi.

LEBRUN D'HEURGIVAL. Demande l'examen d'échantillons de pierre d'une carrière à lui près Vernon, IX, 162, 165, 173, 178.

LE CAMUS (Louis - Denis). Élève de Gabriel, V, 273. — Aspire au prix en 1738, V, 230, 240 ; en 1739, V, 256 ; en 1740, V, 273 ; en 1741, V, 292 ; en 1743, V, 343 ; en 1744 ; accessit en 1739, V, 256 ; 2e prix en 1742, V, 331.

LE CAMUS DE MÉZIÈRES (Nicolas). Architecte. Né le 26 mai 1721, mort en 1789. — Travaux à la Halle aux grains, VII, 328. — Architecte de la maison de la rue Mouffetart, VII, 250-255, 328. — Mém. sur l'état actuel des carrières de Saint-Leu, VII, 272. — Publie : Le génie de l'architecture, 1780, VII, 328 ; examen de l'ouvrage, IX, 17, 18. — Dissertation ... en réponse au mém. de M. Paris-Duverney sur la théorie et la pratique du gros bois de charpente, 1763, VII, 327. — Recueil des différents plans de la nouvelle Halle aux grains, 1769, VII, 328.

LECARPENTIER (Antoine - Mathurin). Né le 15 juill. 1709, mort le 13 juill. 1773. — Notice biographique, VI, xxi-xxii. — Présenté pour la 2e classe en 1755, VI, 245 ; promu le 10 déc. 1755, VI, 247 ; présenté pour la 1re classe en 1762, VII, 103 ; en 1763, VII, 141 ; promu le 2 mai 1763, VII, 144. — Maladie, VIII, 156. — Annonce de son décès à la séance du 19 juill. 1773, VIII, xi, 159, 167, 170. — Son éloge, VIII, 169, 170 ; VI, 248, 290, 293. — Ses élèves, VI, 323 ; VII, 99, 194, 203 ; VIII, 30, 36, 59, 72, 81, 110, 138, 168, 189, 226.

Affaires intérieures académiques :

Rapport relatif aux Observations de David-Leroy, concernant le projet d'Histoire de l'Acad., VIII, 126-128. — Rapport et lettre au Mls de Marigny sur les embarras financiers, VIII, 85, 89-90. — Examen du Mém. de David-Leroy sur les anciens registres, VII, 202 ; VIII, 71. — Commissaire dans l'affaire de la nomination de M. de Wailly, VII, xxvi, 277-282, 283-288, 291-298, 301, 303-307.

Travaux divers :

Présente un recueil gravé de ses plans du nouvel hôtel de ville de Rouen, VI, 329.

Examens :

Examen du projet de portail pour la cathédrale de Boulogne, VII, 105-107 ; des modèles d'arrière-voussures et d'escaliers en bois présentés par Henry Brunel, VII, 246-247 ; des propositions et machines de A.-J. Loriot, VII, 190, 201 ; des projets pour la tour de la cathédrale de Mayence, VIII, 83-89 ; du projet de Franque pour la place du

Peyrou à Montpellier, VII, 231, 233-235 ; des projets de Chalgrin pour Saint-Philippe-du-Roule, VIII, 28-31 ; du projet de fermeture du Palais-Royal, VII, 172-174 ; du Traité des ordres de Potain, VII, 238, 241-243 ; des procédés de soudure du s^r Thibaut, VI, 267, 269-271. — Cit., VII, 2, 3, 157, 161, 315, 316 ; IX, 369.

LECHANTRE (Claude - Nicolas). Élève, VI, 64.

LE CLERC. Projet d'église pour l'abbaye de Prémontré, IX, 163, 165, 179.

LE COCQ. Carrier. Demande avis sur les moyens qu'il se propose d'employer pour une carrière nouvelle, VII, 267.

LE CŒUR (Nicolas). Tire la pierre de la carrière du Grand-Atelier à Vernon, I, 218.

LECOMTE. Prix d'émulation de nov. 1786, IX, 194.

LECREULX. Ingénieur en chef des ponts et chaussées. Manège de Lunéville, IX, 134.

LE CROISIC. Professeur de mathématiques, IX, 342.

LÉCUYER (A.). Mort en 1720. — Académicien de 1re classe le 31 mars 1718, IV, XII, 153. — Annonce de son décès à la séance du 26 févr. 1720, IV, 190, 191, 192, 293.

LÉCUYER (Charles). Mort en 1776. — Notice biographique, VI, XXII. — Éloge par David-Leroy, IX, 28. — Présenté pour la 2e classe en 1735, V, 171 ; promu le 26 juill. 1735, V, 172 ; brevet, V, 173-174 ; académi-cien de 1re classe par nomination directe le 10 déc. 1755, VI, 247, 252, 290 ; brevet, VI, 292. — Architecte ordinaire du Roi en 1756, VI, 253 ; brevet, VI, 294. — Vétéran le 13 mai 1776, VIII, 268. — Annonce de son décès à la séance du 17 juin 1776, VIII, XI, 272, 273, 274 ; IX, 28. — Ses élèves, VI, 323 ; VII, 16, 99 ; VIII, 188, 208, 224. — Protestation contre le concours de 1756, VI, 261. — Examen des procédés de soudure du s^r Thibaut, VI, 264, 268-269.

LEDOUX (Claude-Nicolas). Né à Dormans en 1736, mort vers 1806. Candidat à la 2e classe en 1767, VII, 320, 321 ; présenté pour la 2e classe en 1773, VIII, 167, 168 ; promu le 6 sept. 1773, VIII, 169, 170 ; proposé pour la 1re classe en 1792, IX, 317. — Ses élèves, VIII, 189, 225, 230, 243, 244, 245 ; IX, 55, 85, 92. — Projet de Palais de Justice pour Aix, IX, 163, 164, 166. — Réclamations contre Antoine, IX, 255, 256. — Restaure l'hôtel d'Uzès à Paris, IX, 143. — Cit., VIII, XV ; IX, XXVII, XXX.

LEDREUX. Admis à concourir en 1758, VI, 297 ; en 1759, VII, 16, 22 ; en 1760, VII, 44 ; exclu pour irrégularités en 1759. — Présenté pour la 2e classe en 1769, VIII, 42 ; en 1770, VIII, 73 ; en 1771, VIII, 109 ; en 1772, VIII, 141 ; en 1773, VIII, 168.

Ledreux (Philippe). Mort en 1751. — Proposé pour la 2ᵉ classe le 13 nov. 1741, V, 305, 306 ; en 1742, V, 312 ; promu le 21 févr. 1742, V, 313 ; brevet, V, 318. — Annonce de son décès à la séance du 19 avr. 1751, VI, 155, 173. — Ses élèves, VI, 121. — Cit., V, 323 ; VI, XXII.

Leduc. Présenté pour la 2ᵉ classe en 1720, IV, 188, 192, 209 ; en 1723, IV, 260.

Le Duc (Gabriel). Architecte. Mort en 1704. — Travaux II, XII. — Remplace Bruand aux Petits-Pères, I, XXXIV.

Lefebvre (le sʳ). Loge un élève, VI, 63.

Lefebvre ou Lefèvre. Ingénieur des ponts et chaussées. Candidat à la correspondance, VIII, 183 ; à la place d'associé libre, IX, 304, 305. — Projets pour une maison de force à Beaulieu près Caen, VII, 182 ; pour un Palais de Justice à Caen, VIII, 374 ; pour une prison, VIII, 374 ; IX, 223. (Peut-être à identifier avec Joseph-Élie?)

Le Febvre. Maître peintre. Échantillon d'un nouveau vernis, sans odeur, VI, 302, 311-312.

Lefebvre (Antoine), de Reims. Élève, VI, 64.

Lefebvre (Jean - Baptiste - Louis-François). Prix d'émulation de mars 1786, IX, 178 ; de mai, IX, 184 ; de févr. 1787, IX, 199 ; de nov., IX, 213 ; de déc., IX, 214 ; d'avr. 1788, IX, 224 ; de juill., IX, 232. — Admis à concourir en 1786, IX, 183 ; en 1787, IX, 205 ; en 1789, IX, 248 ; 1ᵉʳ prix le 7 sept. 1789, IX, 256. (J. Guiffrey, dans sa liste, donne l'orthographe Faivre.)

Lefebvre (Joseph - Élie - Michel). Né à Rouen le 25 sept. 1734. — Admis à concourir en 1753, VI, 200 ; en 1755, VI, 236 ; en 1756, VI, 264 ; en 1758, VI, 323, 332 ; en 1759, VII, 16, 22 ; en 1760, VII, 44 ; médaille en 1755, VI, 243 ; 2ᵉ prix en 1759, VII, 24 ; 1ᵉʳ prix le 29 août 1760, VII, 60. — Arrivée à Rome, VIII, 124.

Lefèvre (le sʳ). Procédé de dorure, IX, 54, 66.

Le Fèvre. Entrepreneur. Pont de la Charité, II, 106, 115-117.

Lefèvre (François). Élève, VIII, 189. — Aspire au prix spécial de janv. 1772, VIII, 113 ; prix d'émulation de juill. 1772, VIII, 136 ; de nov., VIII, 141 ; de juin 1774, VIII, 197.

Lefèvre. Voir aussi : Lefebvre.

Lefèvre - Pontalis (Eug.). La cathédrale romane d'Orléans, 1905, IV, 267.

Le Fièvre. Maître charpentier. Projet de pyramide tronquée à substituer aux cônes de Cherbourg, IX, 299 ; de curage des ports de Dieppe et de Fécamp, IX, 300. — Présente un moulin à blé, IX, 298, 299 ; à papier, IX, 340.

Lefoulon (Guillaume-Élie). Élève, VI, 63.

Lefranc (Abel). Histoire du

Collège de France, 1893, I, XXIV.

LEFRANC (Ch.-Gilbert). Voir : Aufranc.

LE FRANC d'Étrechy. Mort en 1762. — Aspire au prix en 1732, V, 96 ; en 1733, V, 119. — Candidat à la 2ᵉ classe en 1755, VI, 245 ; nomination directe le 10 déc. 1755, VI, XXII, 247, 290 ; brevet, VI, 289, 294. — Annonce de son décès à la séance du 9 août 1762, VII, 116, 117, 118. — Ses élèves, VI, 323. — Commissaire à la préparation d'une table des travaux de l'Acad., VI, 284. — Examen des jalousies du sʳ Lebeuf, VI, 324 ; de la roue de carrière du sʳ A.-J. Loriot, VI, 272.

LE GEAY (Jean). Aspire au prix en 1732, V, 96 ; 1ᵉʳ prix le 1ᵉʳ septembre 1732, V, 104.

LE GENDRE. Inspecteur général des ponts et chaussées. Présentation de son ouvrage : Description de la place Louis XV que l'on construit à Reims, 1765, VIII, 54-55.

LEGOUT ou Legoux. Présenté pour la 2ᵉ classe en 1720, IV, 188 ; en 1723, IV, 260 ; en 1732, V, 100 ; en 1737, V, 217 ; candidat en 1735, V, 171.

LE GOUVERNEUR. Affaire de mitoyenneté à Rennes, V, 153.

LEGOUX DE LA BERCHÈRE (Urbain). Intendant, II, 145.

LEGRAND. Mort en 1751. — Académicien de 2ᵉ classe le 25 oct. 1728, VI, XXII ; V, 32, 33 ; présenté pour la 1ʳᵉ classe en 1742, V, 312, 318, 325 ; en 1746, VI, 56 ; promu le 1ᵉʳ sept. 1746, VI, 56 ; brevet, VI, 67. — Annonce de son décès à la séance du 19 avril 1751, VI, 155, 156, 157, 167. — Élève, V, 344. — Dessin des bases corinthiennes du portail de la Sorbonne, VI, 99. — Cit., V, 276 ; VI, 41.

LEGRAND. Candidat à la 2ᶜ classe en 1756, VI, 279 ; en 1758, VI, 311.

LEGRAND (Jacques - Guillaume). Né à Paris le 9 mai 1743, mort le 9 nov. 1808. — Construit le manège de Lunéville, IX, 134. — Achève la Halle aux grains à Paris, VII, 328 ; IX, 117, 134.

LE GROS (Pierre Iᶜʳ). Sculpteur. Guérison de l'aveugle, groupe, II, 34.

LE HAVRE. Corps de la marine, VIII, 216. — Grosse tour, II, 4. — Tour Vidame, II, 4. — Travaux maritimes, II, 260.

LE HONGRE. Tombeau de Mazarin, I, 104.

LEIBNITZ, II, XLVII.

LE JOLIVET l'aîné. Admis à concourir en 1752, VI, 180.

LE JOLIVET (Charles - Jean-Michel). Mort en 1763. — Notice biographique, VII, XXI. — 2ᶜ prix en 1722, IV, XVI, 254. — Demande à montrer ses dessins primés au prince de Conti, IV, 256. — Rapporte ses dessins, IV, 263. — Aspire au prix en 1723, IV,

266. — Candidat à la correspondance, VII, xix, xx, 3, 6, 63, 96 ; élu le 29 mars 1762, VII, 97 ; IX, xxv ; remerciements, VII, 162. — Annonce de son décès à la séance du 9 janv. 1764, VII, 162 ; IX, xxv. — Facilite le relevé des plans de Notre-Dame de Dijon et envoie lui-même des dessins et coupes, VII, 84, 85, 127-131.

LE LORRAIN DE SIVRY (Jean-Josse). Élève, VI, 40.

LE LOUP. Prix d'émulation de mars 1788, IX, 243.

LÉLU (François - Hippolyte). Adresse, VI, 40, 63. — Aspire au prix en 1743, V, 344. — Admis à concourir en 1745, VI, 26 ; en 1746, VI, 49 ; en 1748, VI, 102 ; 2ᵉ accessit en 1745, VI, 37 ; médaille d'argent en 1746, VI, 58 ; 2ᵉ prix en 1748, VI, 111.

LEMAIRE (Henri - Antoine). Né à Versailles le 5 févr. 1729. — Admis à concourir en 1755, VI, 236 ; en 1756, VI, 264 ; médaille de satisfaction en 1755, VI, 243 ; 1ᵉʳ prix le 13 sept. 1756, VI, 276.

LE MAISTRE fils. Académicien de 2ᵉ classe le 5 mai 1699, III, xx, 63 ; IV, xxi.

LE MAISTRE (Pierre) père. Mort en 1714. — Notice biographique, IV, xxi. — Académicien de 1ʳᵉ classe le 17 juill. 1698, III, 46 ; brevet, III, 54. — Annonce de son décès à la séance du 30 juill. 1714, IV, 55. — Arrêt de la roue d'un engin de levage, en cas de rupture, III, 265, 266. — Mém. sur les fondations, III, 76. — Méthode pour recéper les pieux sous l'eau, III, 266. — Moutons et direction des coulisses, III, 266-267. — Ponts, sables mouvants, III, 309.

LEMERCIER (Jacques). Architecte. Né vers 1585, mort le 4 juin 1654. — Travaille au Louvre, V, 309 ; pavillon de l'Horloge, III, 10. — Dessin de l'autel de la Sorbonne, I, 319.

LEMOINE (Jean). Élève, VI, 41, 64.

LEMOINE (Jean - Philippe). Né à Paris le 5 avr. 1744. — Élève de Mansart, VII, 99 ; VIII, 36. — Aspire au prix d'émulation d'août 1764, VII, 187 ; de nov., VII, 191 ; de déc., VII, 194 ; de févr. 1765, VII, 204 ; de mars, VII, 208 ; de juin, VII, 228 ; de févr. 1766, VII, 247 ; prix en août 1764, VII, 188 ; en févr. 1766, VII, 247, 248. — Esquisse au concours du grand prix en 1765, VII, 214. — Admis à concourir en 1766, VII, 249 ; en 1767, VII, 277 ; en 1768, VIII, 16 ; 2ᵉ prix en 1767, VII, 302 ; 1ᵉʳ prix le 29 août 1768, VIII, 30, 36 ; proposé pour la 2ᵉ classe en 1784, IX, 124 ; en 1785, IX, 169 ; en 1786, IX, 181 ; en 1791, IX, 297 ; en 1792, IX, 317.

LEMOINE (Paul - Guillaume). Né à Paris vers 1754. — Élève de Mauduit, VIII, 189, 225. — Aspire au prix spécial de janv. 1772, VIII,

113. — Prix d'émulation de déc. 1773, VIII, 180 ; de mai 1774, VIII, 196 ; d'août, VIII, 202. — Admis à concourir en 1775, VIII, 227 ; 1er prix le 28 août 1775, VIII, 233. — Part pour Rome, VIII, 202. — Envoie des dessins, VIII, 375.

LEMONNIER (Henry). L'aqueduc de Maintenon et l'Acad. royale, 1912, IV, 221 ; IX, 219. — L'art français au temps de Louis XIV, 1911, I, XIV ; III, 15, 187 ; V, 140, 203 ; IX, XVIII, XXII. — L'art français au temps de Richelieu et de Mazarin, 1893, II, XIII. — L'art moderne, essais, 1912, VII, 90. — Commission du Vieux-Paris, 1917, V, VIII. — Les derniers jours de l'Acad. royale d'architecture, 1926, IX, XIII. — Le premier concours de médailles à l'Acad. royale d'architecture, IV, XIV, 245 ; IX, XXIV. — Quelques idées de Cl. Perrault sur l'architecture, II, 171 ; V, 203 ; IX, XVIII. — Les sept concours de l'architecte Louis pour le grand prix, 1920, VI, 241 ; IX, XXIV. — Un projet de canal autour de Paris au XVIIᵉ siècle, 1912, II, XXXIII ; III, 326 ; IV, 295.

LEMPEREUR. Ancien échevin. Mémoires, VIII, 123.

LE MUET. Architecte. Né en 1591, mort en 1669. — Dessin de l'église des Petits-Pères à Paris, I, XXXIV. — Manière de bien bâtir pour toutes sortes de personnes, 1623 ; lecture de quelques

parties, II, 112-113 ; III, 196-198. Cit., III, 20, 86, 344 ; VI, 109.

LENCRET. Voir : Lancret.

L'ENFANT. Inspecteur des travaux publics. Projets pour la place du Peyrou à Montpellier, VII, 206, 329.

LENOIR. Admis à concourir en 1752, VI, 180 ; en 1759, VII, 16, 22, 23.

LENOIR (Alexandre). Journal, 1878-1887, VII, 325.

LE NOIR (Pierre). Lieutenant de police. Demande d'avis sur une autorisation d'imprimer, VIII, 343, 353, 388 ; sur l'état de la tour de l'église Saint-Sauveur, VIII, 223-224 ; sur les fêtes de 1782, IX, 61 ; sur la nouvelle Halle aux grains, IX, 117 ; sur l'écoulement des eaux de Bicêtre, IX, 24, 25, 26, 27, 28, 31, 33, 234. — Son successeur, IX, 193.

LE NORMAND (Charles). Prix d'émulation de nov. 1790, IX, 284 ; de mai 1791, IX, 304. — Admis à concourir en 1786, IX, 183 ; en 1788, IX, 226 ; en 1789, IX, 248 : en 1791, IX, 303 ; 2ᵉ prix en 1791, IX, 309.

LE NORMANT DE TOURNE-HEM. Notice biographique, VI, X. — Nomination de directeur général des Bâtiments annoncée à la séance du 20 déc. 1745, VI, 41. — En fonctions jusqu'en 1751, VI, 41. — Expose à la séance extraordinaire du 27 juin 1748 les ordres du Roi au sujet de la place à créer à Paris pour sa statue, VI, 105-106. — Offre à la biblio-

thèque un Recueil de dessins gravés des édifices anciens et modernes de Rome, VI, 165. — Préside la distribution des prix, VI, 86, 110, 147. — Lettres relatives aux jetons de présence, VI, 129-130, 135. — Cit., VI, 53, 57, 67, 85, 86, 96, 99, 100, 101, 111, 119, 120, 125, 134, 136, 155, 167, 172, 214 ; VII, 136 ; VIII, 118.

LE NÔTRE (Charles). Architecte. Né à Paris en 1613, mort en 1700. — Mot de Louis XIV à son sujet, I, XLV. — Protège Desgots, son neveu, IV, XXV. — Décore les jardins de Chantilly, I, XXXVI.

LE PAULTRE (famille). Généalogie, I, XXXVI.

LE PAULTRE (Adrien). Menuisier, I, XXXVI.

LE PAULTRE (Angélique). Épouse le sculpteur Francin en 1740, I, XXXVI.

LE PAULTRE (Antoine). Né en 1621, mort en 1691. — Notice biographique, I, XXXVI-XXXVII. — Membre d'origine, I, X, XVI, XX, 2. — Sa signature n'apparaît que le 5 déc. 1672, I, 3, 17. — Différend avec son frère Jean, réglé par l'Acad., I, LVI, 165, 167, 175-176 ; sentence arbitrale, I, 191. — Démission, II, X. — Dessin pour une maison rue Vivienne, I, 130. — Mauvaise exécution de ses dessins à Saint-Cloud, I, 147. — Œuvres d'architecture, 1652, I, XXXVII. — Recueil de portails d'églises à l'italienne, VII, 209. — Cinq volumes de dessins et d'estampes, IX, 368.

LE PAULTRE (Jean Ier). Graveur. Différend avec son frère Antoine, réglé par l'Acad., I, LVI, 165, 167, 175-176 ; sentence arbitrale, I, 191. — Cit., I, XXXVI.

LE PAULTRE (Jean II). Sculpteur, I, XXXVI.

LE PAULTRE (Michel-Jean), I, XXXVI.

LE PAULTRE (Pierre). Sculpteur, I, XXXVI.

LE PECQ, I, 212.

LE PELETIER (Claude). Contrôleur général des finances, II, 131.

LE PELETIER DE SOUZY (Michel). Intendant des finances, II, 79, 80, 92, 107, 114, 117, 125, 126, 129, 131, 136, 138, 144, 164, 165, 177, 178, 224.

LE PELLETIER. Hôtel à Paris, II, XXIII.

LE PELLETIER (Ét.), IV, XXXVII.

LE PELLETIER DE MORTEFONTAINE. Projet d'une gare d'eau à Paris, IX, 141, 142, 148-149, 152.

LÉPINE (DE). Voir : Delespine.

LEPRINCE. Élève, VII, 99. — Admis à concourir en 1766, VII, 249.

LE PRINCE (J.-Bapt.). Peintre. Procédés de gravure, VII, XXXVIII, 140.

LE QUIN. Élève, VII, 99.

LE QUIN DE LATOUR. Présente ses projets pour un théâtre à Marseille, VIII, 153, 158. — Travaux divers au même lieu, IX, 371. (Peut-être à identifier au précédent?)

Le Raincy. Château, travaux de L. Le Vau, I, XXXVIII.

Le Rohbergher de Vausenville. Lettre à d'Alembert sur la quadrature du cercle, VIII, 176. — Lettre à l'Acad. accompagnant son Essai physico-géométrique, VIII, 367, 368.

Le Rore. Architecte. Plans, devis et déboursés relatifs à l'abbaye de Prémontré, IX, 275.

Leroux. Aspire au prix spécial de janv. 1772, VIII, 113.

Leroux (Jean-Baptiste). Né vers 1670, mort le 13 juill. 1746. — Notice biographique, IV, XXVIII ; VI, XXII. — Aspire au prix en 1702, III, 145-146. — Petite médaille le 10 avr. 1702, III, 149 ; IV, XVI ; présenté pour la 2e classe en 1720, IV, 188, 192, 208 ; promu le 2 déc. 1720, IV, 209 ; brevet, IV, 218 ; présenté pour la 1re classe en 1732, V, 100 ; en 1734, V, 134 ; en 1735, V, 170, 172 ; en 1737, V, 217, 218 ; promu le 24 nov. 1737, V, 219, 285 ; brevet, V, 222-223. — Professe en l'absence de Bruand, V, 54. — Annonce de son décès à la séance du 18 juill. 1746, VI, 52, 56, 67. — Ses élèves, VI, 40. — Désigné pour le relevé dans les registres des décisions concernant le toisé, IV, 330 ; pour aider le secrétaire à la constitution du recueil sur les us et coutumes, V, 159. — Ordres, dessin des proportions, V, 232 ; superposés, V, 352 ; chapiteau ionique, V, 207-208 ; pilastres doriques accouplés, VI, 49-50. — Remet à Beausire un plan de l'écluse de Rivotte, IV, 257. — Rapport sur les 4e et 5e livres de Vitruve, V, 150. — Examen de l'Architecture moderne [attribuée à Brizeux], V, 29 ; des Nouveaux Essais sur le bon goût, de de Courtonne, V, 145, 149, 160 ; du Traité des cinq ordres, de P. Nativelle, V, 7, 9-10 ; du plomb laminé, V, 71 ; du livre d'architecture de Sansovino, V, 250, 277, 299 ; du plan de palais du même, V, 299, 303.

Leroy. Admis à concourir en 1783, IX, 103.

Leroy (Antoine). Né à Versailles en 1737. — Admis à concourir en 1759, VII, 16, 22 ; 1er prix le 27 août 1759, VII, 24.

Leroy (Jean-Bapt.). Mém. sur son aérostat, IX, 124. — Lit son Précis d'un ouvrage sur les hôpitaux, IX, 224.

Leroy (Julien). Voir : David-Leroy (Julien).

Le Saché. Mém. sur l'anse de panier, V, 352 ; VI, 4. — Collaborateur de J. Gabriel à Rennes, V, 352.

Les Andelys, II, 106.

L'Escalopier (Mme). Propriétaire d'une carrière à Trossy-Saint-Leu, I, 199.

Lescar. Évêque, IX, 85-86.

Lescot (Pierre). Architecte. Né à Paris en 1510, mort en 1578. — Constructions au Louvre, I, 173 ; II, XVIII,

151 ; III, 153, 290 ; V, 309.

LESDIGUIÈRES (DE). Hôtel à Paris, VI, 213.

LE SIEUR. Candidat au prix d'émulation de janv. 1765, VII, 201 ; de févr. 1765, VII, 204. — Esquisse au concours du grand prix en 1765, VII, 214. — Admis à concourir, VII, 216.

LESPÉE (Jean - François DE). Mort en 1762. — Notice biographique, VI, XXII. — Académicien de 2e classe le 25 oct. 1728, V, 32, 33. — Demande la vétérance et son remplacement par son fils, VI, 84-85. — Un jeton de présence lui est attribué, VI, 135, 172 ; VII, 137. — Chargé de la mise en ordre du travail sur les us et coutume, V, 154. — Toisé en général, V, 332, 339 ; charpente, V, 155-156 ; couverture, V, 155-157 ; légers ouvrages, V, 125, 342-343 ; percements, V, 66-67 ; pyramides, V, 53 ; sphères, V, 52 ; voûtes, V, 37-41, 44-48, 50-51, 59, 67, 73, 82-85, 98-99, 109, 112, 174, 290. — Cit., V, 276.

LESPÉE fils (DE). Mort en 1792. — Candidat à la 2e classe en 1739, V, 248 ; présenté en 1740, V, 281 ; en 1742, V, 312 ; reçu à la place de son père le 14 août 1747, VI, 85 ; brevet, VI, 89 ; présenté pour la 1re classe en 1763, VII, 41 ; en 1764, VII, 186 ; promu le 3 janvier 1765, VII, 193 ; brevet, VII, 201-202. — Présidence, VIII, 344. — Maladie, IX, 222. — Annonce de son décès à la séance du 23 janvier 1792,

IX, 314, 316, 318. — Ses élèves, VII, 99, 187 ; VIII, 111, 118, 196, 224.

Affaires intérieures académiques :

Commissaire à la question des dépenses et recouvrement des déboursés, VIII, 309. — Chargé de l'examen des anciens cahiers, dans la reprise du travail sur les us et coutumes et le toisé, VIII, 284, 291-292, 295, 297, 356, 357, 359, 363-365, 367, 369, 383. — Lecture du début de son travail, VIII, 393 ; IX, 4-5. — Commissaire dans l'affaire de la nomination de M. de Wailly, VII, 291-298.

Examens :

Examen du Détail des fers de Bonnot, IX, 67, 69, 71 ; du verrou du sr Callippe, VIII, 159-160 ; des projets pour la cathédrale de Châlons, VIII, 121, 131 ; de l'expérience pour la protection des bâtiments contre le feu, VIII, 318 ; des travaux de la Madeleine, VIII, 157-159, 161-165 ; des travaux de Couture à cette église, IX, 153-154, 157-158 ; du projet de gare d'eau à Paris, IX, 141, 142, 148-149, 152 ; des plans d'écoulement des eaux de Bicêtre, IX, 24, 25, 26, 27, 28, 31, 33, 234 ; de la transformation de l'hôtel de La Force, IX, 21, 22, 23 ; des travaux du Palais de Justice, IX, 97-100, 104-108, 110-114, 118-119 ; des projets pour la Grande Galerie, IX, 170-171, 173, 174, 176, 180, 183, 358-362. — Toisé des voûtes, VI, 143-144. — Cit.,

VII, xi, 69, 315, 316 ; VIII, 287, 298, 390 ; IX, 53.

LESPINE (DE). Voir : Delespine.

LESTRADE (DE). Mort en 1770. — Présenté pour la 2e classe en 1763, VII, 142 ; en 1767, VII, 320, 321 ; promu le 3 janv. 1768, VIII, xi, 1-2. — Annonce de son décès à la séance du 2 avril 1770, VIII, 72, 73, 74. — Élève, VIII, 3. — Demande avis sur divers projets de châteaux, VII, 139-140.

LETAROUILLY. Le Vatican et la basilique de Saint-Pierre, monographie ... complétée par M. Alph. Simil, 1882, II, 320 ; III, 14, 301, 335 ; V, 234.

LE TELLIER. Élève, VII, 99. — Candidat au prix d'émulation de nov. et déc. 1763, VII, 163 ; de mai 1764, VII, 180. — Admis à concourir en 1760, VII, 44 ; en 1761, VII, 72, 79 ; en 1762, VII, 101.

LE TELLIER (Michel). Chancelier, II, 112.

LE TURC. Présente des modèles de stéréotomie, en relief, VIII, 206.

LEUFFROY (saint), I, 237. Voir aussi : Croix-Saint-Leuffroy (abbaye de la).

LEVANT. Voyage de Bruand le fils, II, 154.

LE VASSEUR. Prix d'émulation de janv. 1791, IX, 289 ; de janv. 1792, IX, 312 ; de févr., IX, 315 ; de nov., IX, 332 ; de janv. 1793, IX, 336 ; de mars, IX, 339. — Admis à concourir en 1786, IX, 183 ; en 1787, IX, 205 ; en 1788, IX, 226 ; en 1789,

IX, 248 ; en 1791, IX, 303 ; en 1792, IX, 322 ; en 1793, IX, 342.

LE VAU (François). Né vers 1613, mort en 1676. — Notice biographique, I, xxxix-xl. — Membre d'origine, I, x, xvi, xx, 2. — Collaborateur de d'Orbay, I, xli. — Décès, II, xi. — Mém. sur le bon goût, V, 139 ; VI, 15. (Peut-être de son frère Louis ?). — Travaux aux Tuileries, II, 197.

LE VAU (Louis Ier). Maître des œuvres des Bâtiments du Roi à Fontainebleau, I, xxxvii.

LE VAU (Louis). Né vers 1612, mort le 11 oct. 1670. — Notice biographique, I, xxxvii-xxxix. — Conseil des Bâtiments, I, viii. — Maître de François II, d'Orbay, I, xl. — Collaborateur de son frère François, I, 2. — Construit l'hôtel de Bullion, I, 253. — Dôme du col. des Quatre-Nations, III, 26-27. — Travaux à Saint-Sulpice, I, 70. — Achève la Salpêtrière, I, xxxiv. — Mêlé au problème du Louvre, I, xli-xliii, 136. — Pavillon central des Tuileries, III, 19. — Créateur du style de Versailles et travaux, I, xlv, xlvi. — Aile du roi au château de Vincennes, VI, 275 ; portail, VI, 54. — Cit., V, 139.

LÉVESQUE DE POUILLY (Louis-Jean). Discours sur les avantages des mathématiques et des beaux-arts, VI, 102.

LE VIEIL. Art de la peinture sur verre, 1774, VI, 280.

LE VILLAIN (abbé). Essai d'une histoire de Saint-

Jacques-la-Boucherie, 1758, II, 55.

Lévy-Schneider. Professeur à la Faculté des lettres de Lyon, IV, 139.

Leyde, professeur d'architecture à, II, 266 ; VI, 104.

Lhôte. Aspire au prix d'émulation d'avr. 1764, VII, 176.

Lhuillier. Présente des dessins faits à Rome et en France, VIII, 97.

Liége. Église de Saint-Jean-l'Évangéliste ; reconstruction, VI, xxxiii, 195-198, 203-206, 339 ; IX, xvi.

Liégeon. Architecte. Présente des dessins, IX, 29. — Construit l'hôtel Balincourt à Paris, IX, 29.

Liénard. Admis à concourir en 1753, VI, 200. — Admis comme élève, VI, 259.

Lieutaud. Admis à concourir en 1747, VI, 73 ; en 1749, VI, 121, 122 ; accessit en 1747, VI, 87.

Ligny de Geneté (M. de). Président des Trésoriers de France. Visite de son manoir près Rouen, I, 233.

Ligorio (Pirro). Architecte. Mort vers 1580. — Dessins, III, 237, 240, 245 ; VI, 98. — Trattato dell'antichita di Tivoli, e della villa Adriana, 1538, IV, 15.

Lileroth. Envoyé extraordinaire de Suède, II, 86.

Lille. Église des Carmes (église Saint-André), VII, 72 ; Saint-Pierre, demande d'avis sur le plan du chœur, II, xxxi, 78, 80. — Intendant, V, 222.

Limay, I, 216.

Limours, I, 235.

Lindet (Laurent). Aspire au prix en 1735, V, 167 ; en 1736, V, 190 ; en 1747, V, 207 ; en 1738, V, 230, 240 ; accessit en 1735, V, 177 ; 2e prix en 1737, V, 216.

L'Isle-Adam. Carrière du sr Topinard, VIII, 390 ; IX, 6, 7, 11, 12, 18, 19, 20. — Pont de J. Gabriel, IV, xxxi.

Liste civile. Intendant, IX, 308.

Livonie. Pont, I, 52 ; II, 51. — Sapins, I, 84.

Lobineau (Dom). Publie l'Histoire de la ville de Paris, de D. M. Félibien, 1725, I, L.

Lobreau. Présenté pour la 2e classe en 1735, V, 178, 179.

Loftikoff (A. de). Voir : Soltikoff.

Loing. Rivière. Canal et écluses, IV, xlviii, 257-263.

Loire. Ardoises de la région, III, 341. — Canal, IV, 289, 316. — Crue de 1711, IV, 52. — Écluse à l'embouchure du canal de Briare, IV, 257. — Fond, IV, 48. — Ingénieur de ses levées et turcies, IV, 123. — Pont de J. Gabriel à Blois, IV, xxxi, 120-122. — Pont de Pirmil à Nantes, IV, xlviii, et voir à Nantes. — Sable, IV, 49. — Travaux qui s'y font, II, 81.

Loire (Haute-). Députés, IX, 323.

Loire-Inférieure. Archives, IV, 42. — Département, IV, 49.

Loiseleur. Admis à concourir en 1763, VII, 145.

Loménie de Brienne (L.-H. de). Itinerarium, 1662, I, xxiii.

Londres. Artiste (mort d'un),

VIII, 243. — Correspondant, VIII, xiv, 290. — Eaux, IX, 274. — Église Saint-Paul, VIII, 336 ; Sainte-Marie-aux-Arcs, VIII, xiii, 78. — Glaces courbées au feu, VII, 241. — Imprimé, VIII, 384. — Laminoirs, V, 75. — Libraire, VIII, 242. — New-River, IX, 274. — Plan de la ville et des environs, IX, 274. — Pont de Blackfriars, VII, xxi. — Somerset-House, projets de Chambers, VII, xxi ; VIII, 317.

LONGEVILLE, IX, 177.

LONGHENA (Balt.). Architecte. Né en 1604, mort en 1675. — Construction de Notre-Dame-de-la-Salute à Venise, VIII, 214.

LONGIN. Architecte. Né à Besançon le 12 févr. 1707, mort en 1775. — Projets pour l'église Sainte-Marie-Madeleine à Besançon, VI, xxxiii, 69.

LONGNON (Henri). Copie les registres des Procès-verbaux, II, vii ; IX, xi.

LONGUEHAIE (Claude - Jean). Né à Paris. — Élève, VIII, 189. — Prix d'émulation en janv. 1768, VIII, 7, 40 ; en juill. 1770, VIII, 80, 97.

LONGUEVILLE (duchesse DE). Pose la première pierre à la reprise des travaux à Saint-Jacques-du-Haut-Pas, I, 147.

LONIGO (maisons voisines de), II, 302.

LOOZE. Projets de Franque pour le château, IX, 369.

LOREGIA. Villa Contarini, II, 303.

LORET. Projet pour les Halles de Paris, IX, 40-41, 42.

LORIENT. Plan d'autel par L. Ad. Loriot, VI, 105. — Cit., II, 129.

LORIOT (Antoine - Joseph). Mém. sur un nouveau ciment, VII, 177-178. — Demande avis sur quatre machines diverses, VI, 258-259, 267, 271-273 ; VII, xxxvii. — Présente une machine à battre les pieux, VII, 190 ; une machine hydraulique, VII, 190 ; un mém. sur les constructions des Phocéens et des Romains, VII, 190, 201 ; un vernis contre la rouille, VIII, 216-217, 230. — Réfiexions sur une lettre à lui adressée par le marquis de Marigny, VII, 201.

LORIOT (Louis-Adam). Mort en 1767. — Notice biographique, VI, xii. — Présenté pour la 2e classe en 1735, V, 178, 179 ; promu le 25 nov. 1735, V, 180 ; brevet, V, 181 ; présenté pour la 1re classe en 1755, VI, 249 ; en 1756, VI, 278 ; en 1758, VI, 310 ; promu le 13 févr. 1758, VI, 314, 327 ; brevet, VI, 330 ; présenté pour le professorat, VI, 97 ; nommé le 22 avr. 1748, VI, 99 ; brevet, VI, 100 ; VIII, 212. — Démissionnaire, VII, x, 120, 273. — Annonce de son décès à la séance du 27 avr. 1767, VII, 273, 276, 279. — Ses élèves, VI, 102, 121, 200, 220, 264, 323 ; VII, xiv, 16, 44, 99.

Enseignement :

Donne le sujet de ses leçons, VI, 111, 227. — Présente une série de dessins destinés à son enseignement, VII, 81-82, 83-85, 87,

88. — Assiduité des élèves, VI, 120. — Présente les esquisses des élèves, VI, 236.

Divers :

Chargé d'établir les proportions des acrotères, VI, 139. — Tracé de l'anse de panier, VI, 4 ; présente un mém. de Le Saché à ce sujet, V, 352. — Proportions des attiques de divers bâtiments, VI, 126-127. — Dessin des grilles du château de Dampierre, VI, 328. — Table du Toisé de Desgodets et figures, VI, 173, 176, 178, 183 ; compare les méthodes du même pour le toisé avec celles de l'Acad., VI, 146, 148. — Projet de fontaine, VI, 216-217. — Demande avis sur un plan d'autel avec baldaquin pour Lorient, VI, 105. — Dessins d'ordre corinthien, VII, 25 ; d'ordres superposés, V, 349. — Chargé de l'exécution et présentation de dessins des diverses parties de l'ordre composite, VI, 137-138 ; corinthien, VI, 109, 111-112, 114-119, 122-125, 131-132, 134 ; ionique, VI, 104-107 ; ordres superposés, VI, 288, 297-299. — Détails du portail de la cathédrale d'Orléans, VII, 58 ; plans, VII, 68-69. — Projets pour des places propres à recevoir la figure équestre du Roi, à Paris, VI, 222. — Emprunt et restitution des dessins de Potain sur les ordres, VII, 4-5. — Dessins de treillages, VI, 172. — Modèles de trompes diverses, VI, 183, 238, 240-241, 246. — Présente un dessin de chapelle pour Saint-Louis de Versailles, VI, 252. — Coupes de trait de voûtes diverses, VI, 239.

Examens :

Examen des dessins d'ordres superposés de Contant, VI, 337-338 ; du spalme du sʳ Maille, VI, 156, 157, 159 ; des procédés de soudure du sʳ Thibaut, VI, 264, 268-269. — Cit., V, 277 ; VI, XXVII, 121, 135, 213, 219, 230, 261, 263 ; VII, 136 ; IX, XXXI.

LORRAINE (card. DE). Construit le château de Meudon en 1552, I, 208.

LORRAINE (Léopold DE). Château de La Malegrange, IV, 4.

LORRAINE. Albâtre, VIII, 201. — Artiste (naissance d'), VII, XXIII. — Carrières, I, 327 ; IX, 177, 183. — Ingénieur en chef, IX, 134. — Médaille commémorative de l'union à la France, V, 240 ; VI, 110. — Verres, VI, 180. — Vosges, IX, 177, 183.

LOT. Département, II, 163.

LOUCHET. Professeur de trait. Autorisé à veiller sur les élèves, IX, 230. — Mention de son décès, IX, 317. — Remplacement, IX, 323, 328.

LOUIS VI le Gros, I, 176, 185.

LOUIS VII le Jeune, I, 176.

LOUIS VIII, I, 198.

LOUIS IX. Couvent des Cordelières Saint-Marcel, I, 187, 188, 333 ; des Jacobins de la rue Saint-Jacques, I, 170, 330. — Portail de l'Hôtel-Dieu, I, 180. — Le Louvre avant lui, III, 279-282. — Construit Royaumont, IX, 198. — Croix en son sou-

venir sur la route de Saint-Denis, I, 171.

Louis XI. Sa statue à Cléry, VIII, 21.

Louis XII. Sa statue au château de Gaillon, I, 221-222. — Ses armes à l'église de Louviers, I, 236. — Son portrait au Palais de Rouen, I, 227.

Louis XIII. Projet de monument, VIII, 112. — Travaux au château neuf de Saint-Germain, I, 214. — Don de terrains tant à la ville de Saint-Germain-en-Laye qu'au s^r Gassouin, VI, 22-24, 352-353. — Vœu, III, xiv, 150 ; IV, xl.

Louis XIV. Fonde l'Acad., I, viii ; VIII, 108, 114 ; médaille commémorative, I, xi ; nomme seul les membres, I, xvi. — Allégorie, V, 15. — Éloge par Blondel, I, x. — Portrait à l'inventaire de L. Bruand, I, xxxiii. — Château de Clagny, VI, 126. — Don de terrain à Dijon, II, 72. — Son mot sur Le Nôtre, I, xlv. — Statue équestre à Lyon, VII, 135 ; à Montpellier, VII, 211. — Projet de statue à Nantes, V, 291. — Construction des Invalides, I, xxxii ; des trois façades du Louvre I, xli, xlii. — Statue équestre de la place Vendôme, dessins, II, 166 ; fonte, IV, xxxiii ; V, 330, 331, 348 ; VI, xvii, xviii, 106. — Travaux au château neuf de Saint-Germain, I, 214. — Style de son temps, VII, xliii ; IX, xviii, xix, xxvii. — Cour du château de Versailles, IX, xxvii. — His-toire littéraire de son règne par l'abbé Lambert, 1751, VIII, 19. — L'art français au temps de, par H. Lemonnier. Voir à ce nom. — Cit., I, vii, xlvi, xlviii, liii ; II, v, viii, xv, xxx, xxxi, 142 ; III, ix, xiv, xv, xvi, 44, 46, 311 ; IV, vi, x, xv, xvii, xix, 180 ; V, 187 ; VI, xxxv ; VIII, 63, 112, 116, 248 ; IX, vii, xiii, xv.

Louis XV. Visite l'Acad. le 2 août 1719, IV, xvii, 179-181, 352 ; VII, 292 ; VIII, 370 ; IX, 20. — Convalescence. Te Deum, VI, 17, 18. — Décès, service, VIII, 197. — Fiançailles, IV, 252. — Médailles à son effigie, IV, xvi, 231, 252, 253 (fig.), 313, 314, 331 ; V, 15, 33, 49, 64, 84-85, 103-104, 129, 152, 177, 199, 216, 240, 241, 264, 279, 280, 303, 304, 331, 350 ; VI, 36, 37, 57-58, 87, 110, 111, 128, 147, 168, 186, 207, 226, 242, 243, 276, 277, 332, 333 ; VII, 24-25, 60, 80, 118, 119, 152-153, 184-185, 233, 262, 301-302 ; VIII, 37, 40, 49, 60, 85. — Monuments élevés à sa gloire, par Patte, 1765, I, xliii ; VI, xxvi, 106, 118, 204, 256-257 ; VII, xxxviii, 88, 196. — Portrait offert par Mauduit, IX, 20, 21, 23, 25, 42, 44. — Projet de statue équestre à Paris, VI, xxvi-xxvii, 105-106, 118, 128, 191, 222, 223, 227 ; VII, 196 ; fonte du bronze de Bouchardon, VI, 331 ; VIII, 123-124 ; machine qui a élevé la statue, IX, 368. — Prédicateur, IV, 52. — Place à Reims, VIII, 55. — Reliure à ses armes, VI,

331. — Style de son temps, IV, XIX ; V, XII ; VI, XXX. — Cit., IV, XI, 267, 293, 306, 335, 347 ; V, 32, 33, 34, 36, 68, 70, 142, 158, 174, 176, 180, 182, 223, 319, 321 ; VI, 100, 244, 251, 286, 292, 293, 294, 295, 301, 324, 327, 330, 339, 341, 343 ; VII, XXVIII, 202 ; VIII, 108, 112, 120, 188, 411.

Louis XVI. Naissance, VII, 237. — Fête publique en son honneur, IX, 257. — Médaille, IX, 54. — Projets de monuments à sa gloire. Voir Lubersac (abbé de) ; de place publique en son honneur à la Bastille, IX, 250 ; sur des voûtes qui couvriraient la Seine, IX, 254. — Affaire de la serrure du s^r Landry Poux. Voir à ce nom. — Style de son temps, VI, XXXV ; IX, XXVII.

Louis XVIII, VII, 237.

Louis-Philippe, V, 181.

Louis. Dauphin, fils de Louis XV. Naissance ; médaille commémorative, V, 85. — Mariages, VI, 141, 169. — Fêtes publiques à l'occasion de ses deux mariages, publ. par J.-J. Blondel, 1745-1747, VI, 141, 142, 170. — Convalescence ; Te Deum, VI, 184, 185. — Médailles à son effigie, V, 199 ; VI, 37, 87, 153 ; VII, 24. — Précepteur, VI, 78. — Décès, VII, 237.

Louis. Dauphin, fils de Louis XVI. Naissance. Te Deum, IX, 56, 65 ; fêtes, IX, 59-63, 351-357.

Louis (le Père). Voûtes du couvent des Capucins de Montauban, VI, 78, 79.

Louis (Louis-Nicolas). Adresse, VI, 64. — Admis à concourir en 1748, VI, 102 ; en 1750, VI, 141 ; en 1752, VI, 180 ; en 1753, VI, 200 ; en 1754, VI, 227 ; en 1755, VI, 236. — Accusé d'irrégularités au concours de 1748, VI, XIV, 103, 220 ; VII, XXXIV-XXXV. — 3e prix en 1753, VI, 207, 208 ; mention en 1754, VI, 227 ; 1er prix à titre extraordinaire et envoi à Rome le 3 sept. 1755, VI, 241, 242 ; candidat à la 2e classe en 1767, VII, 320 ; présenté pour la 2e classe en 1773, VIII, 171 ; en 1774, VIII, 179 ; en 1776, VIII, 267, 272, 277 ; en 1777, VIII, 315 ; candidat en 1780, IX, 30. — Présente ses dessins à son retour de Rome, VII, 28. — Présente des dessins, IX, 29 ; des projets, VIII, 167. — Les sept concours de l'architecte Louis pour le grand prix, par H. Lemonnier, 1920, VI, 241.

Louveciennes. Travaux de Feuillet, VIII, 181.

Louviers. Carrières. Visite, I, 234 ; III, 72 ; V, 23 ; pierre employée à Anet, I, 237-238 ; V, 23 ; à l'abbaye de La Croix-Saint-Leuffroy, I, 236, 237, 238 ; V, 23 ; aux Jacobins de Chartres, I, 244 ; à Notre-Dame de Chartres, I, 241-242, 245 ; V, 23 ; à Dreux, I, 240 ; V, 23 ; à Notre-Dame de Louviers, I, 236 ; V, 23 ; à Rouen, I, 229. — Église Notre-Dame. Visite, I, 236.

Louvois (Michel Le Tellier, marquis de). Nommé surintendant des Bâtiments, I, 272 ; II, 44. — Reçoit un

coadjuteur, II, 124. — Institue la charge de prévôt des Bâtiments, VI, 215 ; VII, 311. — Travaux d'amenée des eaux de l'Eure. Voir : Maintenon (aqueduc). — Travaux de l'arc de triomphe Saint-Antoine, II, 69, 70, 71, 97, 98. — Constructions pour les Capucines Saint-Honoré, II, 107. — Hôtel à Paris, II, 75. — Son décès, II, 218. — Son Histoire, par C. Rousset, 1861-1863, II, XXXIII. — Cit., I, XI, LV, LVII ; II, XI, XIV, XV, XXVI, XXXII, 46, 69, 112, 135, 154, 166.

LOWENDAL (maréchal DE), VI, 277.

LUBERSAC (abbé DE). Discours sur les monuments de tous les âges…, suivi d'une description de projets de monuments à la gloire du roi Louis XVI, 1775, VIII, 243. — Offre son ouvrage, VIII, 245.

LUCAS (Ch.). François Blondel à Saintes, 1894, I, XXII. — Voyages et missions diplomatiques de Fr. Blondel, 1894, I, XXIII.

LUCOTTE. Élève, VII, 99.

LUCOTTE (le sr). Mém. [invention d'un enduit ou spalte ?], VIII, 353, 388. — Projet pour la taille de la pierre hors Paris, IX, 207. — Offre son Vignole moderne, IX, 184.

LUDE (DU). Hôtel à Paris ; construction de R. de Cotte, IV, XL.

LUGANO. Artiste (naissance d'), VII, 21.

LULLI. Gittard construit sa maison, I, XXXV.

LUNÉVILLE. Château. Construction de Boffrand, IV, XXXIV ; plans, III, 324-325. — Manège, IX, 134.

LUSSAULT (Claude - Thomas). Né à Paris. — Candidat au prix d'émulation de déc. 1763, VII, 163 ; de févr. 1764, VII, 169 ; de mai, VII, 180 ; de févr. 1765, VII, 204 ; de juin, VII, 220 ; de juill., VII, 228 ; prix d'émulation de juill. 1767, VII, 308 ; de déc., VIII, 3, 40. — Aspire au prix spécial de janv. 1772, VIII, 113. — Esquisse au concours du grand prix de 1765, VII, 214. — Admis à concourir en 1766, VII, 249 ; en 1768, VIII, 16 ; en 1769, VIII, 48 ; en 1772, VIII, 133 ; 2e prix en 1769, VIII, 59, 60 ; 1er prix le 31 août 1772, VIII, 138, 156. — Recommandation du prince de Condé, IX, 168. — Qualifié élève du Mis de Marigny, VIII, 3, 59. — Séjour à Rome, VIII, 334 ; IX, 125. — Envoi (projet de cathédrale), VIII, 336. — Lit la préface d'un livre qu'il fait sur l'architecture, IX, 79, 136, 137. — Montre ses projets pour un opéra, IX, 125.

LUZARCHES, I, 198.

LYCÉE. Les directeurs invitent l'Acad., I, 340.

LYDIENS, I, 126.

LYEN (Jacques DE). Admis à l'École de Rome en 1720, IV, XVII.

LYON. Acad., VII, 86. — Aqueduc du mont Pilat, VII, 58-59. — Les aqueducs antiques, par C. Germain de Montauzan, 1908, II, XXXIV. — Architecte, VII, 63, 149. — Archives

communales, IV, 139. — Artiste (naissance d'), VI, 333 ; VII, 208, 233. — Chemin de Paris à, III, 95. — Comtes, VII, 103. — Correspondant, VIII, XIV, 290. — Couvent des Carmélites, portail de F. d'Orbay, I, XL. — Résidence de Coyzevox en 1675, I, 104. — Digues de la Guillotière, IV, 139. — Doyenné d'Albon, VII, 105. — Église des Jacobins, plans de Le Paultre, I, XXXVII ; Saint-Jean, manécanterie, VII, XXXIX, 103-105 ; Saint-Louis, VII, XXIV ; Saint-Nizier, VIII, XIII, 198-199. — Hôtel-Dieu, travaux de Soufflot, VI, 72, 118. — Insurrection, IX, XXIX. — Mém. de M. de Jussieu sur les voûtes en briques à plat, VIII, 309. — Observations de P. de La Hire, II, XXVII. — Maisons des bords de la Saône, VIII, 17. — Manufacture de cuivre voisine, VII, 202 ; de soieries, IX, 81. — Médecin, IX, 132. — Plans de Morand pour l'agrandissement de la ville vers les Broteaux, VIII, 307-308. — Réservoir du sr Petitot, V, 269. — Plan de 1773, V, 269. — Pont du Rhône. Demande d'avis pour les réparations, I, LVII ; II, XXXII, XXXIII, 164-165, 177-178 ; IV, XLVI, XLVII ; VII, 256 ; projets de J. Gabriel, IV, XXXI, 139, 142-143. — Pont de la Saône, III, XXIII. — Porte Saint-Irénée et faubourg, VII, 58-59. — Quai de Retz, VI, 118. — Travaux de L. Roux, VII, XXIV. — Rue d'Albon, VII, 105. — Séjour de Soufflot, VII, XVII. — Statue équestre de Louis XIV, piédestal, VII, 135. — Vallin de La Mothe veut s'y établir, VIII, 231.

M

Mabre - Cramoisy (Sébast.), IV, 126.

Macary (le sʳ). Usage du flux et reflux de la mer comme force mouvante, VII, XXXVII, 222-227.

Machaud, VI, 343.

Macon (Gustave). Château de Chantilly. Galerie, II, 109. — La ville de Chantilly, 1908-1912, I, 262. — Les arts dans la maison de Condé, 1903, I, XXXVI.

Macon, VII, 127.

Maderna (Carlo). Architecte. Né en 1556, mort en 1629. — Saint-André-de-la-Vallée à Rome, III, 301. — Façade de Saint-Pierre, III, 318. — — Palais Barberini à Rome, VI, 328.

Madon. Rivière, IV, XXXIV.

Madrid. Buen Retiro. Travaux de de Cotte, IV, XL. — Correspondant, VIII, XIV, 290. — Mesures de longueur, III, 299-300. — Palais-Royal, travaux de R. de Cotte, IV, XL; VI, XIX.

Madrid. Château. Visite, I, 245-246; pierre employée, VI, 201; plates-bandes d'un salon, IX, 4; terres cuites émaillées, I, 246; destruction, IX, 3.

Maëstricht, II, 92.

Magnanville. Artiste (naissance d'), VII, 264; VIII, 81. — Dessins du château, IX, 348. — Construction de Franque, VI, XX; VII, XII.

Magne. Ministre des Travaux publics. Prescrit une enquête analogue à celle de l'Acad., I, 327.

Magnin (abbé). Hôpital Saint-Jacques de Besançon, I, 18.

Magu. Élève à la demande de M. d'Angiviller, VIII, 392, 393. — Prix d'émulation de janv. 1781, VI, 35; de févr., IX, 39; d'août, IX, 53.

Maille (le sʳ). Vernis ou mastic dit spalme, VI, 156-159; VII, 16.

Maillebois (Yves - Marie, comte de). Candidat à la place d'associé libre vacante, VIII, 313, 314; IX, 134, 135; élu le 12 juill. 1784, IX, 135, 136. — Annonce de son décès à la séance du 9 janv. 1792, IX, 312, 316.

Maillet (M. de). Consul de France au Caire, III, 206.

Maillier. L'Architecture, poème, 1781, VIII, 129; IX, 19, 20, 23. — Présente son ms. d'une architecture raisonnée, VIII, 129, 130.

Mailly (comte de). Travaux de Port-Vendres, IX, 45.

Maine (du). Hôtel à Paris, travaux de R. de Cotte, IV, XL.

Maintenon. Aqueduc, I, LVII; II, VI, XV, XXVI,

XXXIII-XLIII (fig.), 70, 73, 75-78, 84-85, 87-91 ; III, 182, 219 ; IV, 221 ; IX, xv, 219. — L'aqueduc de Maintenon et l'Acad., par Henri Lemonnier, 1912, IV, 221 ; IX, 219.

MAISON DU ROI. Ministre, VII, xxv, xxviii, 300, 312 ; VIII, 28 ; IX, 142, 177.

MAISONS (président DE). Hôtel à Paris, travaux de Lassurance, IV, xxx.

MAISONS. Château construit par F. Mansart. Escalier, IV, 13 ; ordres superposés, VI, 299 ; pavillons, III, 367 ; portail des écuries, VI, 28, 30.

MAISONS - ALFORT. Carrières, II, 60.

MAJOR (T.). Les ruines de Poestum, 1768, VIII, 242.

MALATIE (M. DE), VI, 79.

MALLET. Admis à concourir en 1747, VI, 73.

MALORTIE. Admis à concourir en 1760, VII, 44.

MANAVAL (J.-P.). Aspire au prix en 1734, V, 141.

MANDARA. Maison du comte Molino, II, 302.

MANDRIN (le sʳ). Lettre proposant un chapiteau composite pour un 6ᵉ ordre, VI, XXXI-XXXII, 145.

MANGINOT. Voir : Monginot.

MANNHEIM. Château, VII, XXIII ; jardins, IX, 92. — Correspondant, VIII, xiv, 290, 331.

MANSART (François). Mort en 1666. Grand-oncle de Jules Hardouin, I, XLIII, XLIV. — Inventeur du comble brisé, I, 160. — Division des denticules, V, 235. — Travaux au château de Maisons, III, 367 ;

IV, 13 ; VI, 28, 30, 299. — Hôtel d'Aumont à Paris, IV, 13. — Hôtel de Jars (fig.), III, 367.

MANSART (Jules HARDOUIN-). Né le 16 avr. 1646, mort le 10 mai 1708. — Notice biographique, I, XLIII-XLVI ; II, XXIX-XXX. — Famille, IV, XXXI ; son gendre, VI, XIX ; son petit-fils, VI, XXIII ; son neveu, son beau-frère, II, 135. — Entre à l'Acad. le 23 déc. 1675, I, 106 ; brevet du 22 nov., I, XVI. — Nommé surintendant le 7 janv. 1699, I, XII ; III, 56. — Visite l'Acad. à cette occasion, III, VII. — Ordonne la délivrance de prix trimestriels aux élèves, III, 144. — Décès le 10 mai 1708, III, 293-294. — Éloge, V, 187. — Collaborateurs, III, IV, XX, XXIX, XXXII, XL, XLI. — Élève, IV, XXXVII. — Son successeur comme architecte du Roi, IV, XXXVIII ; à la surintendance, IV, X. — Rôle, II, XI ; III, XIII-XVIII ; VIII, 116, 117 ; IX, XIV. — Critique de Saint-Simon, IV, XXX. — Voûte à l'hôtel de ville d'Arles, II, 59-60 ; IX, 36, 334. — Travaux de Chantilly, I, XXXVI ; II, 109. — Proposition sur les chéneaux, II, 256. — Travaux de Clagny, I, XXXVII, 106 ; VI, 126. — Colonnes ioniques, proportions, I, 272-273. — Réforme quelques parties des dessins de Desgodets pour l'ordre composé, III, 143. — Dessins pour le Palais de Dijon, II, 72. — Plainte contre le maçon Girard, I,

147. — Pont de Moulins, III, 200 ; VII, xxxviii. — Doctrine sur les ordres, V, 227. — Travaux à la cathédrale d'Orléans, IV, 266. — Ordonne de nouvelles visites des carrières de Paris et des environs, I, 325. — Église des Minimes de la place Royale, portail, V, 191. — Nouvel autel à Notre-Dame de Paris, III, 150. — Invite l'Acad. à se transporter aux Invalides, II, 241 ; dôme, I, xxxiv ; II, iv, v, xxix, xxxi, 175-177 (fig.), 184 ; III, 27, 306. — Achèvement du Louvre, III, 228, 234-236. — Substitue une place à l'hôtel de Vendôme, I, xxxiv. — Pont-Royal, II, 92, 125, 126. — Avis sur le tombeau de Mazarin, I, 112. — Archevêché de Rouen, I, 229. — Son château de Sagonne, VII, 9. — Porte de l'hôtel de Noailles à Saint-Germain, I, 289. — Travaux à Versailles, I, xxxviii, xli, xliv, 106 ; à l'aile du nord, II, 63 ; à la chapelle, II, v, 174 ; III, 11 ; à la fontaine de la Renommée, I, 136-137 ; à l'Orangerie, II, 141 ; V, 190. — Demande avis sur l'épaisseur d'une voûte, I, 161. — Cit., I, xxxiii ; II, iv, xlvi, 73 ; III, xxiv, 104, 120, 123, 127, 131, 133, 135, 136, 137, 141, 142, 143, 144, 146, 148, 149, 154, 155, 161, 162, 166, 178, 199, 209, 226, 234, 236, 239, 262, 311, 319 ; IV, xxi ; V, 145 ; VI, xix, xxiii, 202 ; IX, xiv.

Mansart de Lévy (Jacques Hardouin-). Né en 1703, mort en 1788. — Notice biographique, VI, xxii-xxiii. — Présenté pour la 2e classe en 1735, V, 179 ; promu le 28 nov. 1735, V, 180 ; brevet, V, 182 ; présenté pour la 1re classe en 1758, VI, 310, 317, 318 ; promu le 15 mars 1758, VI, 320, 321. — Différend avec Vigné de Vigny, VI, x, xxv, 312-316. — Affaire de ses absences sans congé, VIII, 123, 128-129. — Admis à la vétérance, VIII, 261-263, 265, 266. — Élèves, VII, xxx, 99, 247, 302 ; VIII, 30, 36, 47, 110, 124, 131, 169, 188, 224, 308. — Organisation de l'Acad., VI, x, 87-88, 111. — Examen du Mém. de Boffrand sur la police des bâtiments de la Ville de Paris, VI, 162. — Montre des échantillons de schiste ardoisier de Franchèze, VII, 9. — Examen du spalme du sr Maille, VI, 156, 157, 159. — Mém. sur les ordres superposés, VI, 321. — Toisé en cube, VI, 166 ; des fermetures, VI, 154 ; en général, VI, 154, 159-160, 162. — Cit., VI, 156, 178, 277 ; VII, 100, 223.

Mansion. Propriétaire d'une carrière près Bagneux, I, 248.

Mantes. Visite de ses monuments et de ses carrières, I, 216. — Château voisin, VI, xx ; VII, xii ; IX, 348. — Couvent des Célestins, visite de leur maison, église et carrière, I, 216 ; V, 22. — Église de Notre-Dame, I, 216. — Pont, en pierre de Tessancourt, I, 215 ; construction de Perronnet, VII, xii, xiii ; IX, 108.

MARAIS près Coulommiers. Fabrication de pièces pour un moulin à papier, IX, 340.

MARAT. Assassinat, IX, XXIX.

MARC-AURÈLE. Colonne Antonine, III, 328 ; IV, 14.

MARC D'ARGENT (Jean). Voir : Roussel.

MARCEL (Adrien). Renseignements sur Franque, IX, 369, 370.

MARCEL (Pierre). Inventaire des papiers de Cotte, II, XXXVIII ; III, XXIV ; IV, XII, XX, XXI, XXVII, XXVIII, XXXII, XXXVI, XXXIX, XL, XLVIII, 295, 317 ; V, 269. — La peinture française au début du XVIIIᵉ siècle, 1905, VI, 70.

MARCHE. Intendant, II, 145. — Ponts, II, XXXII, 138.

MARCHIONE (Carlo). Architecte. Né en 1704, mort en 1780. — Sacristie de Saint-Pierre de Rome, VIII, 344.

MARCONVILLE. Château. Visite des jardins, I, 203.

MARCOUSSIS. Visite de ses monuments, église des Célestins et château, I, 245.

MARÉCHAL. Ingénieur. Restaure la fontaine de Nîmes, IX, 36.

MARESCHAUX (Charles). Né à Fontainebleau en avr. 1730. — Admis à concourir en 1755, VI, 236 ; 1ᵉʳ prix le 3 sept. 1755, VI, 242. — Va à Rome, VI, 242.

MARGUERITE DE PROVENCE. Don de son palais aux Cordelières Saint-Marcel, I, 187.

MARGUERITE DE VALOIS, VIII, 148.

MARIAUD. Aspire au prix en 1732, V, 96.

MARIAVAL ou Meriaval. Aspire au prix en 1733, V, 119 ; en 1735, V, 167.

MARIE - ANNE - VICTOIRE. Infante. Projet de mariage. Médaille, IV, XVI, 252-253 (fig.).

MARIE - ANTOINETTE. Médaille, IX, 54. — Favorise Mique, VIII, 321. — Affaire de la serrure commandée au sʳ Landry Poux. Voir à ce nom. — Te Deum pour l'accouchement de la Reine, IX, 56.

MARIE - JOSÈPHE DE SAXE, VI, 37, 169 ; VII, 237.

MARIE LECZINSKA. Médaille, IV, 331 ; V, 33, 65, 84. — Service pour sa mémoire, VIII, 281.

MARIE-THÉRÈSE. Impératrice. Dessins et description de son mausolée, par A.-P. Paris, IX, 49.

MARIE - THÉRÈSE d'Espagne. Mariage, VI, 37, 57 ; VII, 237 ; médaille commémorative, VI, 37, 57.

MARIE (Pierre). Propriétaire de carrière près Montesson, I, 213.

MARIETTE (P.-J.). Abecedario, 1851, I, XXXVIII. — Annotations, IX, 27. — Description des travaux qui ont précédé... et suivi la fonte... de la statue équestre de Louis XV..., 1768, VI, 331 ; ex. offert par MM. les prévôts des marchands et échevins de la Ville de Paris, VIII, 123-124.

MARIGNIER. Premier commis des Bâtiments, III, XXIII.

MARIGNY (Mⁱˢ DE). Nomination de directeur général des Bâtiments, 1754, VI, X-XI, 41. — Secrétaire-commandeur de l'ordre du Saint-

Esprit, VI, 271. — Démission de directeur, VII, xviii ; VIII, 167. — Maladie, VII, 246, 321. — Mariage, VII, 268. — Décès (à Paris le 11 mai 1781), IX, 48. — Vente de ses effets, IX, 69-70, 71, 72 ; catalogue, IX, 73, 367 ; état des objets achetés par l'Acad., IX, 367-368, 369. — L'Acad. lui souhaite la bonne année, VI, 231 ; VII, 161, 321. — Envoie des volumes de Rome, VII, 68. — Lettres diverses relatives à la création des correspondants, VI, 336-337 ; VII, 137-138 ; VIII, 54. — Accorde quelques médailles en forme de gratification aux élèves, VI, 243. — Lettre relative au concours de 1756 et prescrivant un nouveau programme, VI, 261-263. — Préside la distribution des prix, VI, 241-243, 276, 332 ; VII, 23, 59-60, 80, 118, 184, 261. — Lettre relative aux jetons de présence, 3 mars 1763, VII, 136-138. — Rapports avec Gabriel, VII, xvi, xxv. — Lettre au sujet du différend entre Vigné de Vigny et Mansart de Lévy, VI, 316. — Lettres diverses à l'Acad., à l'occasion de l'affaire de la nomination de C. de Wailly, VII, 276-277, 279, 283, 288, 309-310, 312-313, 316. — Encourage l'Acad. au dépouillement des anciens registres et promet de faire payer les dépenses par le Roi, VI, 231. — Dessins relevés par son ordre des châteaux de Blois et Richelieu, IX, 208. — Écrit à A.-J. Loriot au sujet des mortiers italiens et spécialement des napolitains, VII, 201. — Protège Souflot, VI, xxiv, xxxv ; VII, xvii, xix. — Voyage à Spa, VII, 303. — Cit., VI, 230, 245, 246, 247, 248, 249, 252, 253, 254, 264, 273, 275, 279, 281, 283, 289, 290, 292, 294, 295, 313, 314, 316, 318, 320, 321, 330, 331, 336, 337, 341, 342 ; VII, ix, xix, xxxi, xxxiv, xxxix, xl, 21, 33, 34, 42, 50, 57, 72, 73, 74, 79, 91, 103, 106, 116, 120, 144, 148, 149, 150, 157, 171, 172, 184, 185, 186, 193, 200, 202, 205, 207, 209, 210, 231, 233, 234, 235 ; VIII, ix, 1, 2, 3, 21, 22, 23, 24, 25, 27, 28, 29, 30, 33, 34, 35, 38, 39, 49, 56-74, 78, 81, 84, 85, 86, 89, 90, 91, 92, 97, 106, 108, 110, 111, 113, 118, 123, 124, 129, 137, 140, 141, 145, 149, 150, 151, 155, 157, 158, 159, 262. — Voir aussi : Vandières (Abel - François Poisson de).

MARILLAC (DE). Intendant de Rouen, II, 106.

MARIN. Aspire au prix en 1736, V, 190.

MARIOTTE. Du mouvement des eaux, 1700, III, 268, 270, 352.

MARLY. Château, travaux de Mansart, III, xiv ; IV, xxxvii, et de R. de Cotte, IV, xli. — Salon, VIII, 83. — Contrôleur des Bâtiments, VII, 142. — Inspecteur, IV, xx. — Fontainier, V, 86. — Machine, II, xxix, 225 ; IV, 251. — Résidence de Mansart, qui y meurt, III, xv-xvi.

MARNAY. Pierre, IV, 49, 83, 130.

MARNE. Canal à la Seine, II, XXXIII. — Carrières voisines, II, 60. — Expérience contre la débâcle des glaces, VIII, 206-207. — Pont, I, 207 ; II, 91.

MARNÉ. Voir : Marnay.

MAROT. Élévation et plan de la Bourse de Nantes, V, 291.

MAROT (Daniel). Architecte et graveur. Né vers 1660, mort après 1712. — Château de Voerst, II, 86 ; III, 365. — Recueil d'architecture, III, 195, 365-367.

MAROT (Jean). Architecte et graveur. Né vers 1619, mort en 1679. — Constructions, II, XII. — Recueil d'architecture, III, 195, 365-367. — Église Saint-Gervais, III, 16 ; Saint-Sulpice, I, 192. — Pavillon du Louvre, côté rivière, I, 254 ; côté Saint-Germain-l'Auxerrois, I, 255.

MARQUET. Architecte du roi d'Espagne. Mort en 1783. — Candidat à la correspondance, VII, XIX, XXI, 148 ; élu le 26 juill. 1763, VII, 149 ; remerciements, VII, 162. — Annonce de son décès à la séance du 7 janv. 1783, IX, 91, 93, 94.

MARQUET DE VASSELOT (J.-J.). La ménagerie de Versailles, 1899, I, XXXVIII. — Vues de la Grande Galerie du Louvre, par Hubert Robert, 1920, IX, 358.

MARQUIS (Jean - Auguste). Né à Paris. — Aspire au prix d'émulation de févr. 1764, VII, 169 ; de mars, VII, 171 ; de juin, VII, 182 ; d'août, VII, 187 ; de déc., VII, 194 ; de févr. 1765, VII, 204. — Prix d'émulation de févr. 1767, VII, 274, 289. — Esquisse au concours du grand prix en 1765, VII, 214. — Admis à concourir, VII, 216 ; en 1767, VII, 277 ; en 1768, VIII, 16 ; en 1769, VIII, 49 ; en 1770, VIII, 76 ; en 1771, VIII, 101 ; en 1772, VIII, 133 ; accessit en 1767, VII, 302 ; 1er prix le 31 août 1772 (prix non distribué en 1771), VIII, 138, 156.

MARS. Figure au revers de médailles, V, 129, 152 ; VI, 57. — Projet de temple, VI, 326 ; VII, XXIII.

MARSEILLE. Acad., VIII, 55, 61 ; IX, 44, 67, 71, 118, 370 ; son histoire par E. Parrocel, 1890, IX, 370. — Mém. de d'Aggeville sur les embellissements de la ville, VIII, 364 ; IX, 370, 371 ; sur l'approfondissement du port, IX, 71, 370-371. — Arrière-voussure, dite de, II, 364 ; IV, 78-79, 172. — Arsenal des galères, IX, 371. — Artiste (naissance d'), IX, 370. — Boulevard d'Athènes, IX, 371 ; Dugommier, IX, 371. — Correspondant, VIII, XIV, 121, 290, 318. — Cours Devilliers, IX, 371. — École d'architecture, IX, 370. — Faubourgs de l'Est, IX, 371. — Projets de Franque, IX, 349-350. — Projet de cénotaphe pour Mirabeau, IX, 301. — Place de la Tour, IX, 371. — Quai du Nord, IX, 371. — Quartier du Champ-Major, IX, 371. — Rue de Rome, IX, 349. — Projets pour une salle de spectacles, IX, 138-140,

201, 371 ; plans de Bénard, IX, 201 ; projet de Le Quin de Latour, VIII, 153, 158. — Travaux, IX, 163.

MARTEAU. Menuisier. Modèle de croisées, IV, 324-325 ; de portes, V, 313.

MARTEAU (François). Aspire au prix en 1731, V, 73 ; Ier prix le 3 sept..1731, V, 84. — Présente des plans et coupes de Saint-Pierre de Rome, V, VIII, 210, 234-235.

MARTELLANGE (le Frère Étienne). Architecte. Né à Lyon en 1568, mort à Paris en 1641. — Travaux à l'église des Jésuites de la rue Saint-Antoine, I, 194 ; à l'église du Noviciat, V, 195.

MARTIN (Jean). Traduction d'Alberti, De re aedificatoria, 1553, I, 164 ; de Vitruve, 1547, II, XLIII ; III, 174 ; lecture de cette traduction, I, 21 ; IX, 95.

MASSÉ (François). Élève, VIII, 189, 225. — Prix d'émulation de nov. 1773, VIII, 178. — Admis à concourir en 1774, VIII, 195.

MASSON (J.-Bapt.-Théodore). Élève, VI, 64.

MATAN (DE). Propriétaire de carrières à Tessancourt, I, 215.

MATHIEU. Mort en 1732. — Notice biographique, III, XXIII. — Académicien de 2e classe le 5 mai 1699, III, 63. — Annonce de son décès à la séance du 28 avr. 1732, V, 96. — Visite les carrières d'Apremont, III, 70-71. — Pont du Rhône à Lyon, II, 165, 178 ; dans la Marche, II, 136, 138 ; à Moulins, II, 94-95, 103-104,

224-225 ; à Saint-Pourçain, II, 118, 144-145. — Cit., II, XII ; IV, XII.

MATHIEU de Vendôme. Abbé de Saint-Denis, I, 191.

MATIGNON (DE). Hôtel à Paris, escalier, IV, 13.

MATTAU (François). Voir : Marteau.

MAUBUISSON (abbaye de). Visite, I, 204-205. — Carrières sous l'abbaye, I, 205 ; V, 21.

MAUDUIT (Antoine - Remy). Géomètre. Nomination de professeur de géométrie à l'Acad., le 4 juill. 1768, et lettres diverses relatives, VIII, X, 21-25 ; brevet, VIII, 37-38. — Élèves, VIII, 93, 138, 180, 189, 196, 203, 225, 233 ; IX, 84, 120, 184, 188.

Enseignement :

Local, VIII, 283. — Nouveau règlement, VIII, 204, 265 ; programme d'études, VIII, 204, 361 ; IX, 132. — Invité à donner des compositions mathématiques, IX, 16. — Programme du prix d'émulation, IX, 209.

Divers :

Chargé des acquisitions à la vente de feu Jacques-F. Blondel, VIII, 183. — Montre et offre un portrait de Louis XV enfant, IX, 20, 21, 23, 25, 42, 44. — Offre ses Leçons élémentaires d'arithmétique, IX, 4. — Lettre d'envoi à La Lande, IX, 4. — Compas elliptique, IX, 99. — Leçons de géométrie, 1773, VIII, 134, 135. — Réflexions sur les lampes, IX, 125-126. — Propriétés des nombres, VIII, 384. — Lit son Essai

d'une perspective théorique et pratique à l'usage des artistes, VIII, 261. — Montre des reliefs pour l'étude de la perspective, IX, 77. — Montre l'identité de ses principes de perspective avec ceux de Br. Taylor, IX, 109. — Présente le Traité de l'art du trait par le s^r Simonin, 1792, IX, 342. — Détermination géométrique des voussoirs d'une voûte elliptique, IX, 160.

Examens :

Examen de la pompe à feu du s^r Barkley, VIII, 136-137, 138, 149 ; du levier tournant du s^r Bernière, VIII, 278 ; des propriétés du blanc d'albâtre, IX, 177, 184 ; du blanc de zinc, IX, 174, 179, 184 ; de la fabrique de cuivre du s^r Bonnet, IX, 161-162, 172, 173 ; de la traduction par Bellanger du Traité de Bl. Caryophile, IX, 29, 30, 31 ; de la sonnette du s^r Fr. Cocheri, IX, 242 ; de la pompe du s^r Charpentier, IX, 51, 52, 53 ; du mastic du s^r Crosel, IX, 193 ; du projet de curage des ports de Dieppe et de Fécamp, IX, 300 ; des procédés de peinture du s^r Dubois, IX, 240 ; des Recherches sur la pouzzolane de Faujas de Saint-Fond, VIII, 366, 380 ; de la serrure du s^r Fontaine, IX, 145, 148 ; de diverses inventions du s^r Fourneau : caisse de défense, IX, 242, 248 ; modèles de charpente, VIII, 136, 138, 139 ; IX, 159 ; grue, IX, 68, 75, 76, 88, 90-91 ; machine à transporter les fardeaux, IX, 80 ; moulin, IX, 249, 250 ; planchers, IX, 96 ; sonnette, IX, 75 ; ouvrage de tour, VIII, 272, 279 ; mém. indéterminé, IX, 239 ; des procédés d'assemblages des bois du s^r Gabory, IX, 104, 105 ; des carreaux cuits au charbon de terre du s^r Goblet, IX, 132, 133 ; du Mém. du chevalier de Grignon sur le charbon épuré, IX, 10 ; du vernis du s^r Laboureau, IX, 52, 53 ; du comble en charpente et de la grue du s^r Lasnier, IX, 194, 196 ; du moulin à blé du s^r J. Le Fièvre, IX, 298, 299 ; des expériences contre la débâcle des glaces en rivière de Marne, VIII, 207 ; des procédés du s^r Mignerot pour la courbure des bois, IX, 126, 128, 131 ; des ponts en charpente du même, IX, 312, 314 ; du moulin du s^r Nicolas dit Delot, IX, 198-199 ; du modèle de poutres de P. Panseron, IX, 172, 188, 192 ; des travaux de Couture à la Madeleine, IX, 191, 192 ; des travaux du Palais de Justice à Paris, IX, 105 ; des projets de Peyre l'aîné pour des nouveaux magasins à poudre, VIII, 186-187 ; des marbres de la M^{ise} de Poulpry, IX, 186, 189, 190 ; de l'affaire de la serrure commandée par la Reine, IX, 227, 228-229, 230-231, 237, 249 ; du vernis contre la rouille du s^r Rossignol, IX, 160, 161, 165 ; de celui du s^r Talamona, IX, 238 ; des voûtes en poterie du s^r de Saint-Far, IX, 156, 157, 159 ; du Mém. du s^r Six sur le gra-

nit, IX, 202, 203, 206 ; des modèles de poêles suédois, VIII, 209 ; des cahiers sur les us et coutumes et toisé, VIII, 284 ; du Mém. sur la tôle vernissée, IX, 206 ; des serrures du s^r Toque, IX, 250, 255 ; de la demande de M. de Vaucanson, VIII, 190-193 ; des granits et porphyres des Vosges, IX, 177, 183 ; du mastic du s^r Wallon.

MAUGIS. Maître général des Bâtiments. Lettre relative à une contestation de titre, VIII, 185-186.

MAULGUE (Louis-Joseph), Né à Paris. — Prix d'émulation de déc. 1769, VIII, 67, 97.

MAUREPAS. Voir : Phélypeaux de Maurepas.

MAURICE de Sully. Évêque de de Paris, I, 176, 179.

MAURICET (Pierre). Élève, VI, 63.

MAURY (A.). L'ancienne Acad. des sciences, 1864, I, XXVI.

MAY (abbé). Lecture du début de ses Temples anciens et modernes, 1774, VIII, 384.

MAYENCE. Cathédrale, travaux de la tour, VIII, XIII, 78, 83-89 ; IX, XVI, XXI.

MAZARIN (cardinal). Délibération sur sa sépulture et Avis de M. Foucault, I, 104-105 ; sentiments de l'Acad., I, 112. — Son testament, I, 104.

MAZIÈRES (Allier). Brèche, VII, 9.

MEAUX. Évêque, VII, 21.

MÉDAILLES françaises dont les coins sont conservés au Musée monétaire, 1892, VIII, 139.

MÉDICIS. Chapelle à Florence, II, 144. — Style, VIII, 117.

MÉDITERRANÉE. Construction de môles, III, 77. — Port, IX, 45. — Réunion à l'Océan, IV, 258, 316. — Vaisseaux, leur durée, I, 84.

MEISSONIER (J.-A.). Son art décoratif, VI, 262.

MELLIER, IV, 125, 126, 128.

MELUN. Chaux, III, 73.

MÉMOIRES ET BULLETIN de la Société archéologique et historique de l'Orléanais, IV, 267.

MÉMOIRES de la Société d'agriculture de Paris, IX, 328.

MÉNAGEOT. Recommandation pour l'élève Bonnard, IX, 241.

MÉNARS (M^{ise} DE). Condoléances, IX, 48.

MÉNARS (Mis DE). Voir : Marigny (Mis DE).

MÉNARS. Château, VI, XI ; VIII, 21.

MERCURE DE FRANCE, IV, XXVI, XXXI, XXXIII ; VI, 144 ; VII, 324 ; VIII, 18, 27, 34, 129, 136, 177 ; IX, 29.

MERCURE GALANT, I, XXXVIII.

MERCY (François - Médard DE). Aspire au prix en 1732, V, 96 ; en 1733, V, 119 ; en 1734, V, 141 ; 1er prix le 1er sept. 1732, V, 104.

MERIAVAL. Voir : Mariaval.

MERLIN. Serrurier. Présente deux serrures, IX, 77-78.

MÉROVINGIENS, I, 325.

MESIÈRE (Blaise). Propriétaire d'une carrière près Reuilly, I, 206.

MESSINE. Tremblement de terre, IX, 103.

MESTAYER. Premier valet de chambre de Philippe d'Orléans. Demande avis sur des plans de maison, I, 130.

MESTRE. Tour, II, 235 ; III, 41.

MÉTEZEAU (Clément). Architecte. Né en 1581, mort en 1652, II, 200, 364.

METTAIS (Étienne). Né à Nemours en août 1737. — Aspire au prix d'émulation de nov. 1763, VII, 163 ; de déc., VII, 163 ; de janv. 1764, VII, 168 ; de mars, VII, 171 ; d'avr., VII, 176 ; de mai, VII, 180 ; d'août, VII, 187 ; de nov., VII, 191 ; de févr. 1765, VII, 204 ; d'avr., VII, 215 ; de mai, VII, 216 ; d'août, VII, 231 ; prix en nov. 1764, VII, 191, 203 ; en mai 1765, VII, 216, 217, 218 ; en août, VII, 231, 232. — Esquisse au concours du grand prix en 1765, VII, 214 ; admis à concourir, VII, 215.

METZ. Albâtre des carrières voisines, VIII, 201. — Cathédrale, travaux du chœur, VIII, 120-121. — Congrès archéologique, VIII, 51. — Château voisin de Frescati, IV, XXXIX. — Médaille commémorative des fortifications, V, 104 ; de la guérison du Roi, VI, 242. — Parlement, VII, XIII.

MEUBLES de la Couronne. Contrôleur, VIII, 271 ; intendant général, VIII, 130.

MEUDON. Carrières. Visite, I, 207 ; III, 69 ; V, 22 ; VI, 200 ; sa pierre utilisée à la Grotte du château, I, 208 ; aux frontons du Louvre, I, 335 ; V, 22 ; n'a plus d'usage actuel, I, 327. — Château, visite, I, 208 ; constructions, de A. Servien, I, 209 ; fontainier, V, 86 ; grotte, I, 208. — L'Acad. y est convoquée, II, 97.

MEULAN. Visite des carrières, I, 215 ; V, 22.

MEUNIER. Prix d'émulation de sept. 1783, IX, 117. — Admis à concourir en 1784, IX, 131 ; en 1789, IX, 248.

MEXIQUE. Monuments, III, XIII, 293. — Histoire de la conquête, par D. Ant. de Solis, 1691, III, 293.

MEYRONNES, II, 163.

MÉZIÈRES (Gabriel DE). Voir : Gabriel (Jacques-Ange).

MICHAUT (François). Élève de Peyre. Adresse, VIII, 189, 225. — Prix d'émulation de juill. 1774, VIII, 198. — — Admis à concourir en 1778, VIII, 351.

MICHEL-ANGE. Voir : Buonarroti.

MICHELOT (Paul). Chargé d'une enquête sur les carrières analogue à celle de l'Acad., I, 327.

MIDI de la France. Relevés de monuments antiques, par Mignard, I, XLVII. — Usage de voûtes en briques, IX, XXI.

MIGEON. Maître tourneur. Présente un balustre en marbre, VII, 114.

MIGNARD de Troyes. Aïeul de Pierre, I, XLVI.

MIGNARD (Catherine). Comtesse de Feuquières, I, XLVI.

MIGNARD (Nicolas). Peintre. Père de Pierre et de Paul, I, XLVI ; VII, 140.

MIGNARD (Paul). Peintre, I, XLVI.

MIGNARD le Romain (Pierre). Peintre. Son neveu, I, XLVI ; IX, 334. — Directeur de l'Acad. de peinture, II, XXI. — Travaux à Saint Eustache à Paris, II, 6.

MIGNARD (Pierre). Architecte. Né à Avignon en 1640, mort à Paris en 1725. — Notice biographique, I, XLVI - XLVIII. — Membre d'origine, I, X, XVI, XX, 2. — Signe à la première assemblée, I, 3. — Séjour à Rome, I, LIX, 65 ; à Avignon, II, XI. — Sa vie, par Franque, IX, 336. — Ancienne boucherie d'Avignon, IX, 337. — Montre un dessin de la part des PP. Célestins d'Avignon, I, 167. — Arbitre entre le Mis de Bullion et le maçon Lebrun à Paris, I, 253 ; son rapport et jugement de l'Acad., I, 256-258. — Proposition au sujet du larmier, I, 166. — Façade de Montmajour, IX, 36, 334. — Relève les mesures de la Maison-Carrée et du Temple dit de Diane à Nîmes, I, XLVII, LIX, 73-74 ; IV, 35 ; dessins du même temple, VII, 140-141. — Proportion des ouvertures, II, 185. — Signe au procès-verbal de la visite des monuments et carrières, VI, 202. — Dessins pour le tabernacle des Carmes à Paris, I, 155, 265. — Remplace Bruand, absent, aux travaux des Feuillants-Saint-Honoré, I, 147-148. — Visite de la maison d'Antoine Le Paultre et rapport, I, 167-168. — Rapport sur le temple de la Fortune-Virile à Rome, I, 65. — Mesures du temple de Mars-Vengeur à Rome, I, 63. — Dessin pour l'hôpital de Saint-Brieuc, I, 263. — Rapport sur quelques mss. de Scamozzi remis par M. Bruant, I, 136, 138-139.

— Notice sur ses dessins des antiquités de la France méridionale, par J. Labande, 1900, I, XLVIII.

MIGNEROT ou Mignoron. Demande l'examen de ses procédés pour la courbure et la réintégration de la force des bois, IX, 126, 128, 131. — Présente des ponts de charpente, IX, 312.

MIHAULT (François). Voir : Michaut (François).

MILAN. Cathédrale, baptistère, II, 191 ; dôme, III, 301 ; mesures du portail, VIII, 20. — Église indéterminée, VIII, 80. — Cit., VII, 21.

MILANAIS. Conquête, V, 152.

MINERVE. Cortège, II, 287. — Figure sur la médaille commémorative de fondation de l'Acad., I, XI (figure en tête de chaque volume des Procès-verbaux). — Médaille de prix, IV, 312 ; V, 15, 199, 216, 240, 350 ; VI, 276.

MINISTRE DE LA GUERRE. Exemption de la milice pour les élèves, VIII, 221, 222.

MINISTRE DE LA MARINE, IX, 308.

MINISTRE DES TRAVAUX PUBLICS, I, 327.

MIQUE (Richard). Né en 1728, mort le 8 juill. 1794. — Premier architecte du Roi en 1775, VIII, 274. — Affaire de la discussion de son droit à présider l'Acad. et de la suppression de son nom de la liste des membres, VIII, X, 321-333 ; réinstallation, VIII, 334. — Favorisé par la Reine, VIII, 321. — Intendant général en mai

1778, VIII, 348, 349, 350.
— Jouit des droits de directeur et de président dès la mort de Gabriel, IX, 64, 86.
— Élèves, VIII, 355, 361, 381 ; IX, 17, 54, 129. — Discours en présence du directeur général, IX, 264. — Commissaire à l'état des traitements et pensions, IX, 277, 313. — Examen des projets de la Grande Galerie, IX, 170-171, 173, 174, 175, 176, 180, 183, 358-362. — Cit., IX, XXIX, 91, 104, 107, 112, 121, 122, 129, 138, 140, 143, 146, 147, 148, 149, 164, 166, 167, 171, 176, 177, 178, 183, 185, 187, 191, 192, 195, 198, 199, 200, 201, 202, 207, 208, 209, 211, 214, 218, 219, 221, 222, 223, 227, 228, 229, 230, 237, 238, 240, 242, 244, 255, 256, 258, 260, 262, 263, 271, 283, 288, 290, 308, 310, 317, 320, 324, 326, 327.

MIRABEAU (Honoré Riquetti de). Cénotaphe, IX, 301.

MIREPOIX. Évêque, VI, 78.

MIROT (L.). Le Louvre, 1904, I, XXXVIII.

MIRVAULT. Libraire, VI, 353.

MIT le jeune (Louis). Prix d'émulation de juill. 1766, VII, 266. — Admis à concourir en 1769, VIII, 48 ; en 1770, VIII, 76 ; en 1771, VIII, 101 ; en 1772, VIII, 133.

MODÈNE, II, 159.

MOETTE. Voir : Moitte (J.-B.-Ph.).

MOITTE. Graveur. Dessins de Cochin, VIII, 55.

MOITTE (Jean - Bapt. - Philibert). Né en 1754, mort le 18 déc. 1808. — Élève, VIII, 225. — Prix d'émulation de

nov. 1777, VIII, 334 ; d'août 1780, IX, 24 ; de sept., IX, 27 ; de déc., IX, 31. — Admis à concourir en 1777, VIII, 301 ; en 1779, VIII, 379 ; en 1781, IX, 47 ; en 1782, IX, 74 ; en 1783, IX, 103 ; en 1784, IX, 131 ; 2e prix en 1781, IX, 47.

MOLINO (comte). Maison, II, 302.

MOLINOS (Jacques). Né à Lyon le 4 juin 1743, mort le 19 janv. 1831. — Élève, VIII, 225. — Travaux au manège de Lunéville, IX, 134. — Achève la Halle aux grains à Paris, VII, 328 ; IX, 117, 134.

MOLLET. Famille, IV, XXIV ; VI, XXIII.

MOLLET père (A.). Mort au Louvre le 23 janv. 1742. — Notice biographique, IV, XXV. — Académicien en 1699, III, 63 ; confirmé à la 1re classe en 1718, IV, 153. — Sa préséance sur Boffrand et de Cotte fils, V, 144-145. — Annonce de son décès à la séance du 19 févr. 1742, V, 312, 313, 319, 320. — Cit., IV, 110 ; V, 276.

MOLLET (André - Armand). Mort fin 1719 ou début 1720. — Notice biographique, IV, XXV. — Académicien de 2e classe le 3 janv. 1719, IV, XII, 163. — Annonce de son décès à la séance du 8 janv. 1720, IV, 187, 188, 306.

MOLLET (Louis - François). Mort en 1758. — Notice biographique, VI, XXIII. — Présenté pour la 2e classe en 1734, V, 154 ; promu le 16 nov. 1734, V, 155 ; brevet, V, 157-158 ; candidat à

la 1re classe en 1737, V, 217 ; présenté en 1756, VI, 278 ; promu le 31 déc. 1756, VI, 281, 283 ; brevet, VI, 289, 294-295. — Architecte du Roi le 16 juill. 1735, V, 172 ; brevet, V, 174. — Annonce de son décès à la séance du 16 janv. 1758, VI, 310, 311, 314, 330. — Élèves, V, 344 ; VI, 6, 26. — Collaborateur de Gabriel, VII, xvi. — Procès-verbal d'examen des carrières de Saint-Leu et de Trossy, VIII, 243. — Cit., V, 180, 276, 277, 298.

MONCEAU (DE). Hôtel à Paris, II, XII.

MONCONYS (Balth. de). Voyages, 1695, VII, 241.

MONDAIN - MONVAL. Soufflot, sa vie, son œuvre, 1918, VI, 72 ; IX, 166, 359.

MONGE (Gaspard). Nommé professeur adjoint de l'abbé Bossut, IX, 5.

MONGINOT. Commissaire des guerres. Envoie son Exposition des principes qu'on doit suivre dans les théâtres modernes, VIII, 40, 43, 44.

MONITEUR. Autel de la patrie, IX, 274. — Comité des pensions, IX, 277. — Travaux du port de Dieppe, IX, 299. — Translation des cendres de Voltaire, IX, 306.

MONS, VII, 270.

MONSUMO, II, 302.

MONTAIGLON (A. DE). Éd. de Correspondance des directeurs de l'Acad. de France à Rome. Voir : Académie de France à Rome. — Éd. Procès-verbaux de l'Acad. royale de peinture, I, II. — Éd. Félibien. Mém. pour servir à l'histoire des mai-

sons royales. P. 1874, I, 298.

MONTAIGU (Jean DE). Fonde l'église des Célestins de Marcoussis, I, 245.

MONTALEMBERT (Marc-René, Mis de). Lettre de candidature à la place d'associé libre, IX, 249. — Méthode de disposition d'un poêle, VIII, 217. — Lettre d'hommage avec l'ex. de son Art des fortifications, IX, 240, 241.

MONTANI. Voir : Montano.

MONTANO (J.-B.). Examen de son ouvrage Li Cinque libri d'architettura, 1691, III, XII, 217-218, 222-226, 231-232. — Recueil de dessins originaux, III, 218.

MONTARGIS, IV, 257.

MONTAUBAN. Capucins. Voûtes en briques à plat, VI, 75-77 ; VII, 322.

MONTAUZAN (Germain DE). Voir : Germain de Montauzan (C.).

MONT-DORE. Ciment volcanique fait de ses laves, VIII, 31-32.

MONTÉLIMAR, II, 41.

MONTÉMONT (Jean-Marc). Élève, VIII, 189, 225. — Prix d'émulation d'août 1776, VIII, 280.

MONTEREAU. Pont de bois de Boffrand, IV, XXXIV.

MONTESPAN (Mme DE). Enfants, IV, x ; VI, 126. — Retraite, I, 170.

MONTESPAN (Mis DE), IV, X.

MONTESQUIEU (DE). Article de l'Encyclopédie sur le goût, VIII, 309, 310 ; IX, 18, 22, 50.

MONTESSON. Carrières. Visite, I, 212 ; III, 69-70 ; V, 22 ; sa pierre employée au château neuf de Saint-Ger-

main, I, 214 ; à Versailles, ibid. — Cit., I, 334.

MONTFERRIER (M^ts DE), VII, 207.

MONTGARNIE (M. DE). Projet d'un Traité d'architecture, VI, XXXI, 13-14.

MONTGARNIER (rivière de). Pont, II, 136, 138.

MONTJOSIEU (Louis DE). Gallus Romae hospes, 1585, II, XLIV, 28-29.

MONTLAUR. Voûtes en briques à plat, VI, 80 ; VII, 323.

MONTLHÉRY. Tour, III, 281. — Ville, I, 245.

MONTLUÇON, VII, 9.

MONTMAJOUR. Abbaye. Façade de P. Mignard, I, XLVII ; IX, 36, 334.

MONTMORENCY (Maison DE). Ses armes et devises sur les pavés de carreaux émaillés du château d'Écouen. I, 197.

MONTMORENCY (DE). Hôtel à Paris (Amelot), travaux de Boffrand, IV, XXXIV.

MONTMORENCY (connétable DE). Représenté dans les vitraux d'Écouen avec sa famille, I, 197.

MONTMORENCY (Anne-Léon DE). Projet de château, VII, 140.

MONTPELLIER. Arc de triomphe, I, XL. — Cintre usité à, II, 182. — Consul et maire, VIII, 361. — Hospice Saint-Éloi ou Hôtel-Dieu, VII, XXXIX-XL, 50, 53-56. — Place du Peyrou, VII, XII, XL, 204-213, 231, 233-235, 329. — Pont, IX, 33. — Statue équestre de Louis XIV, IV, XXXIX ; VII, 211, 231. — Université, VII, 53. — Montpellier aux XVIIe et XVIIIe siè-

cles, par MM. Em. Bonnet et André Joubin, 1912, VII, 329.

MONTPENSIER (Mlle DE). François Le Vau, son architecte en 1652, I, XXXIX.

MONTROUGE. Carrières. Visite, I, 247-248 ; carrières de liais voisines, I, 186 ; pierre, III, 72 ; VI, 201.

MONTUCLA. Santé de d'Angiviller, VIII, 391. — Cit., IX, 39.

MORAND (Jean - Antoine). Architecte. Né à Briançon en 1727 ou 1728, mort en 1794. — Montre des ornements en carton moulé, des échantillons de marbres des environs de Briançon, des papiers peints, et offre un plan de Lyon avec ses agrandissements, VIII, 307-308. — Modèles de murs en talus, VIII, 361, 364, 371, 381 ; IX, 21.

MORANZEL (Louis - François THOUROUX DE). Né le 11 janv. 1709, mort en 1785. — Notice biographique, VI, XXIII. — Présenté pour la 2e classe en 1755, VI, 249 ; promu le 10 févr. 1756, VI, 254, 290 ; brevet, VI, 301 ; présenté pour la 1re classe en 1772, VIII, 141 ; promu le 7 mars 1773, VIII, 149. — Admis à la vétérance le 8 juill. 1776, VIII, 275, 277, 281. — Élèves, VIII, 58, 83, 94, 134, 144, 157, 181, 188, 225 ; IX, 235.

MORARD (abbé). Travaux à l'église de l'abbaye de Saint-Germain-des-Prés, I, 192-193.

MORAVIE. Visitée par Blondel, I, XXIII.

MORBIHAN, II, 129.

MOREAU (Jean - Charles - Alexandre). Prix d'émulation de nov. 1782, IX, 86 ; de déc., IX, 88 ; de mars 1783, IX, 96 ; de févr. 1784, IX, 124 ; de mai, IX, 132. — Admis à concourir en 1783, IX, 103 ; en 1784, IX, 131 ; en 1785, IX, 156 ; 2ᵉ prix en 1784, IX, 138 ; 1ᵉʳ prix le 29 août 1785, IX, 163.

MOREAU (Pierre). Aspire au prix en 1738, V, 230 ; en 1741, V, 292 ; en 1743, V, 343 ; 1ᵉʳ prix le 26 août 1743, V, 349, 350.

MOREAU - DESPROUX (Pierre-Louis). Né vers 1730, mort en 1793. — Notice biographique, VII, xi-xv. — Admis à concourir en 1749, VI, 121, 122 ; en 1750, VI, 141 ; en 1751, VI, 161 ; en 1752, VI, 180 ; 3ᵉ prix en 1749, VI, 128 ; 2ᵉ prix en 1751, VI, 168 ; 3ᵉ prix en 1752, VI, 186. — École de Rome, de 1754 à 1756, VI, 304 ; VII, xv. — Présente ses études, VI, 304. — Présenté pour la 2ᵉ classe en 1762, VII, 90, 91 ; promu le 27 févr. 1762, VII, 91 ; proposé pour la 1ʳᵉ classe en 1773, VIII, 171, 172 ; en 1776, VIII, 266 ; promu le 13 mai 1776, VIII, 267. — Élèves, VII, 238 ; VIII, 59, 107, 189, 196, 203, 206, 225-280 ; IX, 103.

Affaires intérieures académiques :

Rapport et lettre au Mˡˢ de Marigny sur les embarras financiers, VIII, 85, 89-90. — Désigné pour le mém. relatif aux droits de présence, IX, 53, 56-57. — Examen du discours d'anniversaire de la fondation de l'Acad. de David-Leroy, VIII, 108. — Commissaire à l'état des traitements et pensions, IX, 277, 313. — Examen de la candidature du comte de Cronstedt à la correspondance, VIII, 105 ; de celle de Marquet, VII, 148-149 ; désigné pour en recevoir la correspondance, VII, 244.

Enseignement :

Rédige le nouveau règlement pour les élèves, VIII, 417-419. — Examen des esquisses de 1777, VIII, 301, 312 ; de 1778, VIII, 349, 358, 360 ; conditions du grand prix et examen des esquisses de 1779, VIII, 377, 379, 386, 387 ; de 1783, IX, 102, 111-112 ; de 1784, IX, 130, 131 ; de 1789, IX, 246-248, 255-256 ; de 1793, IX, 340-341. — Désignation du monument à étudier par l'élève parti pour Rome, IX, 237, 239 ; examine la proposition de Peyre à ce sujet, VIII, 340. — Examen des envois de Rome, IX, 214.

Statuts :

Commissaire à la révision des statuts, IX, 272. — Commissaire dans l'affaire de la nomination de M. de Wailly, VII, xxvi, 277-282, 283-288, 291-298, 303-307.

Divers :

Réponse à M. Lambert, IX, 254, 255. — Projets pour diverses constructions sur le terrain des Cordeliers à Paris, IX, 1-3, 8, 9. — Ordonnateur des fêtes de 1782,

IX, 59, 60, 61, 62, 63, 351-357. — Projets de fermeture pour le Palais-Royal, VII, 172-174. — Travaux du Palais de Justice, IX, 107.

Examens :

Examen du projet de Palais de Justice à Aix, IX, 163, 164, 166 ; des ardoises d'Angers et de Rimaigne, IX, 252, 253, 254, 262 ; de l'encre à façon de Chine de l'abbé Artaud, VIII, 277, 279 ; du projet de portail pour la cathédrale de Boulogne, VII, 105-107 ; de la lettre de Cossigny sur la pouzzolane, IX, 201, 202 ; d'une nouvelle couverture en tuiles, IX, 206-207 ; de l'ouvrage de David-Leroy sur la forme des temples chrétiens, VII, 183, 184 ; des Recherches sur la pouzzolane de Faujas de Saint-Fond, VIII, 366, 380 ; du moulin du s^r Fourneau, IX, 249, 250 ; du Mém. du chevalier de Grignon sur le charbon épuré, IX, 10 ; du tablier de cheminée du s^r Lebœuf, VIII, 210, 211, 215-216 ; du projet du s^r Lucotte pour la taille de la pierre hors Paris, IX, 206-208 ; du projet de livre sur l'architecture de Lussault, IX, 79 ; des expériences à faire en Marne contre la débâcle des glaces, VIII, 206-207 ; des projets pour la tour de la cathédrale de Mayence, VIII, 83-89 ; du projet de Franque pour la place du Peyrou à Montpellier, VII, 231, 233-235 ; de la question des saillies et de l'alignement dans les rues de Paris, VIII, 219 ; des projets de Chalgrin pour Saint-Philippe-du-Roule, VIII, 28-31 ; de l'état de la tour de l'église Saint-Sauveur à Paris, VIII, 224, 226, 228 ; du projet de gare d'eau à Paris, IX, 141, 142, 148-149, 152 ; de la construction faite pour la maison de Navarre au faubourg Saint-Victor, IX, 187-188 ; des projets de la Grande Galerie, IX, 170-171, 173, 174, 175, 176, 180-183, 358-362 ; de l'état du Pont-Rouge, IX, 264-266, 271 ; des plans de Saint-Augustin de Plaisance, VII, 121-122, 127-131 ; du traité de Potain sur la construction, VII, 98, 109-112 ; de l'affaire de la serrure commandée par la Reine, IX, 227, 228-229, 230-231, 237, 249 ; des projets de travaux à la cathédrale de Rennes, IX, 144, 145-146, 148, 150-151 ; des planchers du s^r Taboureux, IX, 243, 244. — Cit., VII, 161, 315, 316 ; VIII, 124 ; IX, XXX, 174, 238, 283, 284.

MOREAU-DUFRESNOY (Antoine). Élève de Bellicard, VIII, 2, 189, 225. — Prix d'émulation de mai 1778, VIII, 352. — Admis à concourir en 1776, VIII, 225 ; en 1777, VIII, 301.

MOREL. Admis à concourir en 1776, VIII, 272 ; en 1777, VIII, 301.

MORET. Écluse, IV, XLVIII, 257-263.

MORNAY-SUR-ALLIER, III, XV.

MOROT. Directeur des pompes de la Ville. Fêtes de 1782, IX, 356.

Morot (Pierre). Voir : Moreau.

Mortemart (de). Hôtel à Paris, II, xii.

Mortier. Notaire à Paris. Acte en son étude, I, 256.

Morvan, VI, 333.

Moscou. Naissance d'un architecte, VII, 113.

Moulin - Galant. Manufacture de cuivre, VII, 203.

Moulin de la Tour. Carrière à Mme de Briçonnet, I, 187.

Moulins. Faubourg de la Madeleine, VII, 198. — Intendance, II, 103, 118. — Levée de Bressolles, VII, 198. — Pont, II, xxiii, xxxii, xxxiii, 94-96, 103-104, 224-225 ; III, xxiii, 70, 200, 265, 266, 309 ; projets de Gabriel, V, viii, 286-289 ; construction par de Regemorte, VII, xiii, xxxviii, 28-29, 196-199 ; VIII, 95-96, 122 ; IX, xvi, 44 ; Description du nouveau pont de pierre construit... par M. de Regemorte, 1771, VII, 196-197. — François Le Vau visite la région, I, xxxix. — Ruau Chenard, VII, 198. — Travaux, IV, xxi.

Mouret (Louis). Aspire au prix en 1723, IV, 266 ; en 1725, IV, 304 ; en 1726, IV, 326, 327 ; en 1727, V, 11 ; 2e prix en 1723, IV, 273 ; accessit en 1727, V, 15.

Mousquetaires. Casernes, VII, 239. — Hôtel à Paris état et reconstruction, IV,

xxvii ; travaux de R. de Cotte, IV, xl ; plans, III, 281.

Moussard (Jacques). Architecte. Né à Bayeux en 1670, mort le 17 août 1750. — Reconstruction de la coupole de la cathédrale de Bayeux, I, 111.

Moussinot. Mém. sur la ville souterraine découverte au bas du... Vésuve, 1748, VIII, 16.

Moustier (comte de). Affaire des projets pour la résidence électorale de Coblentz, VIII, 386, 387, 388.

Mouton père et fils. Afferment deux carrières à Saint-Cloud, I, 246.

Mouton (Adrien). Né à Versailles. — Élève, VII, 99. — Admis à concourir en 1760, VII, 44 ; en 1761, VII, 72, 79 ; en 1762, VII, 101 ; en 1764, VII, 175 ; accessit en 1761 ; 1er prix le 27 août 1764, VII, 184.

Murbach. Chapitre de la collégiale. Construction de l'église de Guebwiller, VIII, 26, 51-52, 55-57, 59.

Musée (le). Institution, IX, 145.

Musée monétaire (médailles françaises dont les coins sont conservés au), 1892, VIII, 139.

Muses. Leur cortège, II, 287.

Muy (maréchal de). Exemption de la milice pour les élèves, VIII, 221-222.

N

NADAUX (le sᵣ). Présente des crayons, IX, 19.

NAGLER (G.-K.). Neues allgemeines Künstler-Lexicon..., 1835, VII, 108, 140.

NANCY. Travaux de Boffrand à l'hôtel de Craon et au Palais ducal, IV, xxxiv.

NANTES. Archives, IV, 42. — Artiste (naissance d'), VIII, 169, 203, 207. — Bourse, V, viii, 290-291 ; VIII, 181. — Chambre des comptes, VII, 147, 270. — Correspondant, VIII, xiv, 121, 290. — Travaux de Crucy, IX, 212. — École de chirurgie, VII, 270. — Embellissements, projets de Céneray, VII, xxxviii, 147, 270 ; VIII, 152 ; de Vigné de Vigny, VIII, 152. — Édit, II, xii, 112 ; III, 365. — Église collégiale (Notre-Dame), VII, 89. — Travaux de Gabriel, IV, xxxi. — Ile Feydeau, V, 291. — Ingénieur, IV, L, 44, 47, 51. — Observation, par P. de La Hire, II, xxvii. — Travaux de Mansart de Lévy, VI, xxv. — Place Louis XVI, VII, 147. — Plan géométrique de F. Roussel, IV, 44. — Ponts de Pirmil (Pirmil, Belle-Croix, Madeleine), II, xxxii, xxxiii, 79-84 ; IV, xxiv, xlvii-li, 41-42, 44-53, 55-61, 76-77, 79-80, 82-83, 125-131 ; V, viii, 13-14, 17 ; VIII, 95 ; IX, xvi. — Porte Saint-Louis, IV, 126. — Quais, VII, 270. — Tour de Pirmil, II, 79.

NAPLES. Architecte du Roi, IX, 36. — Château voisin, III, 144. — Église Saint-Paul, I, 72. — Travaux de Fuga, IX, 36. — Mortiers, VII, 201. — Pouzzolane, I, 264. — Temple de Castor et Pollux selon Palladio, I, 72 ; IV, 33. — Terrasses de lapillo, VIII, 32. — Voyage pittoresque de l'abbé de Saint-Non, 1781-1786, IX, 68, 69.

NARBONNE. Archevêque, VII, 205, 231, 235. — Église des Capucins, voûtes, VI, 79 ; VII, 323. — Pont de la région, IV, 237.

NARVA (Livonie). Pont, I, xxvii, 52 ; II, 51.

NATATION. Projet d'école de l'abbé Arnaud, VIII, 319.

NATIVELLE (Pierre). Architecte. Né vers 1685. — Nouveau traité des cinq ordres d'architecture, suivant... Vignole, Palladio, P. Delorme et Scamozzi. P. 1728, V, 6, 9-10.

NATOIRE. Peintre, VI, 251.

NAUDIN (Jean-Joseph). Né le 7 févr. 1740. — Aspire au prix d'émulation de nov. 1763, VII, 163 ; de janv. 1764, VII, 168 ; de févr., VII, 169 ; de mars, VII,

171 ; d'avr., VII, 176 ; de mai, VII, 180 ; de févr. 1765, VII, 204 ; prix en juin et août 1763, VII, 163 ; en mars 1764, VII, 171 ; en avr., VII, 188. — Admis à concourir en 1764, VII, 175. — Esquisse au concours de 1765, VII, 214. — Discours sur la préférence du 3ᵉ ordre, sur un attique (prix d'émulation d'août 1763), VII, 151.

NAVARRE (maison de). Construction au faubourg Saint-Victor à Paris, IX, 187-188.

NECKER. Demande avis sur les projets de Moreau pour un hôtel de juridiction et des prisons sur le terrain des Cordeliers à Paris, IX, 1-3, 8, 9 ; sur les projets de Boullée pour la transformation de l'hôtel de La Force, IX, 22, 23. — Départ, IX, 75. — Lettre à lui adressée par Ledoux, IX, 255.

NELLE (Jean-Bapt.). Élève, VI, 41.

NEMOURS. Naissance d'artiste, VII, 203.

NESLE (comte DE), I, 191.

NESSUS, I, 230.

NEUFFORGES. Recueil élémentaire d'architecture. P. 1757-1780, VI, XXXI, 303-305, 335 ; VII, XXXVIII, 85, 146, 216, 218, 282 ; VIII, 39, 206 ; IX, 32.

NEUILLY. Maison du comte d'Argenson, VII, 21. — Château voisin, I, 246. — Pont, VII, XII, XIII, 194 ; VIII, 112 ; décintrement, estampes le figurant et tableau de Hub. Robert, VII, 202 ; médaille commémorative, VIII, 139.

NEVERS. Carrières, III, 70, 71.

NEWTON, II, XLVII.

NICOLAS dit Delot. Projet de moulin à eau, IX, 198, 199.

NICOLE (N.). Architecte. Construit l'église de Sainte-Marie-Madeleine à Besançon, en 1748, VI, XXXIII, 68.

NICOMÈDE. Instrument, II, 357-359. — Tracé de la cerche, III, 79.

NIGELY. Présente des dessins, VIII, 212.

NIKŒPING (Suède), III, 226.

NIL. Fleuve, VII, 219.

NÎMES. Amphithéâtre. Dessins de Jacquiet conférés avec ceux de Palladio, III, 214-215, 218-219. — Anciens édifices, III, 272 ; IV, XLIII ; recherches de Clerisseau, 1778, VIII, 276 ; ms. les concernant, IX, 154, 156. — Fontaine, sa restauration par les États de Languedoc, IX, 36. — Maison-Carrée. Dessins de Jacquiet conférés avec ceux de Palladio, III, 214-215 ; chez Palladio et Mignard, I, XLVII, LIX, 73 ; IV, 35. — Temple de Diane relevé de Franque, IX, 333 ; dessins de Jacquiet conférés avec ceux de Palladio, III, 214 ; dessins et plans chez Palladio et Mignard, I, XLVII, LIX, 73-74 ; IV, 35 ; VII, XXXVIII, 140-141. — Temple de la Fontaine. Voir : Temple de Diane. — Temple de Némausus. Voir : Temple de Diane. — Discours historial de l'antique et illustre cité de Nîmes..., par J. Poldo d'Albenas, 1591, III, 216, 217, 219.

NIQUET (Louis). Élève, VIII, 189, 226.

NIVELET. Aspire au prix en

1732, V, 96 ; en 1733, V, 119 ; en 1734, V, 141 ; en 1735, V, 167.

NOAILLES (DE). Hôtel à Paris, travaux de Lassurance, IV, xxx ; à Saint-Germain, porte de Mansart, I, 289.

NOBLET (Catherine). Épouse Libéral Bruand en 1661, I, xxxi.

NOBLET (Michel). Architecte du Roi. Beau-père de Lib. Bruand, I, xxxi, xxxii.

NOÉ (Marc-Ant.). Évêque de Lescar, IX, 86.

NOGARET. Projet pour la place du Peyrou à Montpellier, VII, 207, 210, 211, 329.

NOGENT-SUR-MARNE, II, 143.

NOINVILLE. Plans pour le Palais de Dijon, II, 72.

NOLHAC (P. DE). Publie la Description de la chapelle de Versailles de Félibien, en tête de son volume sur le même sujet, 1914, IV, 1. — Création de Versailles, I, XXXVIII. — Histoire de Versailles, 1911, VIII, 18.

NOLIN. Graveur, II, 122.

NOMENTUM. Voir : Mentana.

NORD (architecture du), VII, 180. — Mer, II, xxv. — Pays, III, 292. — Poêles,

VIII, 211, 230 ; IX, 221. — Sapins, I, 84.

NORDEN (F.-L.). Voyage d'Égypte et de Nubie, 1755, lecture de fragments, VII, 218-219 ; offert à l'Acad., VII, XXXVIII.

NORMAND DE VAUTIBAULT (Charles-Pierre). Élève, VI, 40.

NORMANDIE. Chaux de coquillages, I, 81. — Chemins, III, 95. — Visitée par Franque, IX, 369. — Intendant, II, 106. — Maison de force, VIII, 182. — Usage du sable de mer, II, 234. — Seigneur, I, 236.

NORRY. Prix d'émulation de juin 1776, VIII, 274 ; de nov., VIII, 282 ; de déc., VIII, 283. — Admis à concourir en 1782, IX, 74.

NORVÈGE. Sapins, I, 84.

NOTRE-DAME. Carrière. Voir : à Louviers.

NOUVELLES ARCHIVES de l'Art français. Voir : Archives.

NOYON. Carrières voisines, VI, 171, 175, 283. — Cathédrale, VI, xx.

NUBIE. Voyage de F.-L. Norden, 1755, VII, 218-219.

NUMANCE. Voir : Mentana

O

Observations sur les arts, 1748, I, xxx.

Océan. Port, VII, 223. — Réunion à la Méditerranée, IV, 258, 316.

Odiot (le sʳ). Chipolins à la cire, VI, 295.

Odon. Rivière, II, 20.

Ogier. Notaire, I, 167, 175, 191.

Oise. Abbaye voisine, VII, 66. — Canal, IV, 295. — Carrières voisines, I, 199-204, 327 ; VI, 171, 174, 175, 282. — Ponts de Gabriel, IV, xxxi.

Oléron (île d'). Visitée par Blondel, I, xxiv. — Emploi du sable de mer à ses fortifications, I, 82.

Olivier. Faïencier. Présente des vases, IX, 251.

Olivieri (P.). Travaux à Saint - André - de - la - Vallée à Rome, III, 301.

Ombrie, IV, 34.

Oppenordt (Gilles-Marie). Né vers 1671. — Admis à l'École de Rome [en 1694], IV, xvi. — Chargé de vérifications de mesures de Desgodets, III, xix. — Dessins, IX, 346.

Orbay (François Iᵉʳ d'). Maître entrepreneur des Bâtiments, I, xl.

Orbay (François II d'). Né en 1634, mort le 4 sept. 1697. — Notice biographique, I, xl-xliii. — Membre d'origine, I, xvi, xx ; II, xi ; brevet, I, 3. — Annonce de son décès, du 4 sept., à la séance du 17 sept. 1697, II, iv, xxx ; III, 20, 53. — Plan des logements de l'Acad. (fig.), II, xvii-xviii, 230. — Dessin d'aqueduc, II, 86. — Mesures d'attiques, II, 151. — Archevêché de Bourges, II, 122. — Combles, II, 152. — Coutume, II, 258. — Dôme du collège des Quatre-Nations à Paris, III, 26-27. — Dessins pour Saint-Eustache, II, 6. — Autel pour Saint - Jean - en - Grève, I, 115. — Travaux du palais Mazarin, III, xxii. — Apporte l'avis de M. Foucault sur le tombeau de Mazarin, I, 104-105. — Disposition des piédestaux, I, 113. — Mesures prises au temple de Mars-Vengeur à Rome, I, 63. — Dessin pour l'hôpital de Saint-Brieuc, I, 263. — Questions de servitudes, II, 62 ; pour un regard de fontaine, I, 146-147. — Cit., I, xxxvii ; II, xx, xlvi, 64 ; III, xxii, 10.

Orbay (Jean d'). Entrepreneur, I, xl.

Orbay (Jean - Pierre d'). Fils de Nicolas, I, xl. — Aspire au prix en 1737, V,

207 ; en 1738, V, 230, 240 ; en 1739, V, 256 ; 1er prix le 1er déc. 1739, V, 264.

ORBAY (Nicolas d'). Né en 1697, mort en 1742. — Sa signature apparaît le 5 janv. 1705, puis en 1712, I, XL ; III, 209 ; IV, 4 ; brevet de 2e classe le 31 mars 1718, IV, XII, XX, 153 ; présenté pour la 1re classe en 1724, IV, 294 ; promu le 18 juin 1728, IV, XX ; V, 28 ; brevet, V, 32. — Annonce de son décès à la séance du 2 juill. 1742, V, 325, 326, 332 ; VII, 280. — Désigné pour aider le secrétaire à la constitution du recueil sur les Us et coutumes, V, 159. — Chargé de l'examen des Nouveaux essais sur le bon goût de de Courtonne, V, 145, 149, 160. — Cit., IV, 110.

ORBAY (Thomas d'). Entrepreneur du Roi en 1683, I, XL.

ORDONNANCES des rois de France, IV, 278.

ORDRE DU SAINT-ESPRIT, VI, 271 ; de Saint-Lazare, I, XLIV ; VIII, 220 ; de Saint-Louis, VII, 324 ; VIII, 220 ; de Saint-Michel, III, XV ; IV, XXI, XXXI, XXXIX ; VII, XVII, XXII ; VIII, 55.

ORFEUIL (D'). Voir : Rouillé d'Orfeuil.

ORIENT. Voyage de F. Blondel, II, XXXVIII ; d'un des Bruand, III, XXI. — Dissert. on oriental gardening by Chambers, 1772, VIII, 139.

ORIENT HELLÉNIQUE, VII, XLIII.

ORLÉANAIS. Gouverneur, IV, X ; VI, XI. — Mission de Fr. Le Vau, I, XXXIX. — Mém. et Bulletins de la Société archéologique, IV, 267.

ORLÉANS (Louise - Adélaïde d'), V, 181.

ORLÉANS (Philippe Ier d') (Monsieur). Son architecte, I, XXXI, XXXII. — Contrôleur général de ses Bâtiments, I, XXXVI. — Officier de sa maison, I, XXXII ; valet de chambre, I, 130. — Reçoit du Roi le palais Cardinal, II, XVI. — Travaux à Saint-Cloud, I, XXXVII.

ORLÉANS (Philippe II d'). Régent. Bâtiments : architecte, VI, XVIII ; contrôleur, VIII, 277 ; intendant, VI, XXV. — Canaux, IV, 257. — Médaille, IV, XV, 231, 252, 253 (fig.). — Fermeture du Palais-Royal, VII, XLI, 172-174. — Château de Saint-Cloud, VII, 112 ; VIII, 18. — Cit., IV, VI, 179, 218, 293, 336 ; VII, 292 ; VIII, 177.

ORLÉANS. Arrondissement, VIII, 21. — Canal, IV, 257, 259. — Chemin d'Orléans à Paris, VI, 201. — Église Bonne-Nouvelle, dessins de R. de Cotte, IV, XL, XLII. Église cathédrale Sainte-Croix, dessins de R. de Cotte, IV, XL, XLII ; travaux du portail, I, XXXIX ; IV, XLVI, 266-268 ; VII, XL, 57-58 ; plan, VII, 69 ; son histoire, par l'abbé Chenesseau, 1921, VII, 328. La cathédrale romane, par Eug. Lefèvre-Pontalis et Jarry, 1905, IV, 267. — Travaux de J. Gabriel, IV, XXXI. — Mission de F. Le Vau, I, XXXIX. — Pont, VII, XIII.

ORRY, comte DE VIGNORY

(Philibert). Contrôleur des Finances. — Notice biographique, V, 222. — Succède à d'Antin comme directeur général, en 1736, V, VII. — Retraite en 1745, VI, X, 39. — Cit., V, 219, 223, 254, 258, 281, 282, 283, 307, 311, 313, 319, 320, 323, 325, 326, 332 ; VI, 17, 52 ; VIII, 118.

OSTIE (Grand Chemin de Rome à), I, 271. — Pont chez Serlio, III, 137. — Port, III, 329. — Ostiensia, de M. Carcopino, 1909-1911, III, 329.

OSYMANDIAS. Tombeau chez Serlio, III, XIII, 145.

OUCHE. Canal, IV, 289, 316.

OUDOT. Projet pour l'achèvement de Saint-Sulpice, VIII, 2-3, 5-9.

OURCQ. Canal, IV, 295.

OUVRARD (René). Architecture harmonique, 1679. Lecture, II, 203-204 ; III, 51. — Secret pour composer en musique un art nouveau, 1660, II, 204.

P

Pacy - sur - Eure. Défaite des fédéralistes, IX, 347. — Cit., I, 236.

Padoue. Basilique, I, 309. — Maisons de campagne du voisinage, II, 302, 303 ; des frères Badoeri à Veraga, I, 316-317. — Palais municipal, I, 309 ; de l'Université, ibid.

Paisuolo. Voir : Poizzuolo.

Paix. Avers de médaille, V, 264 ; VII, 119, 185, 301. — Projet de temple à la, VI, 326 ; VII, xxiii.

Pajou. Demande la distribution aux membres de l'Adresse et projets de statuts pour l'Acad. générale, IX, 297.

Palatin (l'Électeur). Architecte, VII, xix, 5, 6, 149 ; VIII, 246.

Palatinat. Visité par Blondel, I, xxiii. — Correspondant, IX, xxv. — Jardins de Schwetzingen, IX, 52.

Palerme. Pont voisin, IX, 36.

Palestrina. Porte, III, 34.

Palladio (Andrea). Architecte. Né en 1508, mort en 1580. — Au premier rang des Italiens, I, lviii. — Autorité, I, 6-7. — Acrotères, II, 250. — Bases des colonnes, II, 192. — Chapiteau dorique, I, 315 ; comparé avec celui du théâtre de Marcellus à Rome, I, 129-131. — Chapiteau ionique, I, 105 ; tracé de sa volute, I, 133-134 ; II, 28, 266 ; IV, 22. — Chapiteau toscan, I, 315. — Dessins antiques, I, 96 ; II, 269 ; venus de Venise, I, 139. — Frises, II, 192. — Maisons : de P. Almerico ; de V. Chiericato ; de J. Porti ; de G. Ragona ; de M. A. Sarego ; du cte Valmarana. Voir à ces noms. — Ponts, I, 49-56 ; II, 9, 41, 51, 54 ; IV, 227, 228. — Temple de Castor et Pollux à Naples, I, 72. — Monuments de Nîmes. Voir à Nîmes. — Temples de Rome. Voir à Rome. — Saillie du triglyphe, I, 314. — Basilique et travaux à Vicence. Voir à Vicence. Pour les différentes parties de l'art de la construction, voir aussi à la Table technique. — Fabbriche antiche, raccolte da Conte di Burlington, 1730, IX, 27. — Les quatre livres de l'architecture mis en français, par Fréart de Chambray, lecture, I, 21-76 ; II, 3-14 ; nouvelle lecture, III, 63-66, 73-78, 80-119, 125-128 ; VIII, 95-96. — Texte italien cité, I, 21 ; II, 33, 254, 303, 324, 330, 331, 332, 334, 335, 340, 362 ; III, 3, 23, 24, 32, 38, 39, 43, 44, 61, 124, 128, 133, 168, 214, 241, 242, 362 ; IV, 26 ; VI, 109, 112, 137, 138,

139, 285. — Cit., I, xxvii, lv, lviii, lx, lxii ; II, 3, 185, 191 ; III, xi, xii, 10, 19, 21, 239, 242, 243, 244, 245, 246, 251, 252, 322 ; IV, xxxiv, xliii, xlvi, 33, 36, 227 ; V, 188, 204, 205, 229, 245, 246, 259, 260 ; VI, 9, 43, 60, 221, 223, 322 ; VIII, 137, 372 ; IX, xvii, xviii, xix.

PALMA. Lettres d'un ingénieur, IX, 201.

PALMYRE. Ruines, IX, 69. — Voyage, VIII, 118. — Les ruines de Palmyre, par R. Wood, 1753, VIII, 242.

PANINI (G.-P.). Dessins, IX, 343.

PANSERON (Pierre). Né au Plessis-Tournelles. — Aspire au prix d'émulation de nov. et déc. 1763, VII, 163 ; de janv. 1764, VII, 168 ; de févr., VII, 169 ; de mars, VII, 171 ; d'avr., VII, 176 ; de mai, VII, 180 ; de juin, VII, 182 ; d'août, VII, 187 ; de nov., VII, 191 ; de févr. 1765, VII, 204 ; prix en mai 1769, VIII, 50 ; en juill., VIII, 55. — Admis à concourir en 1770, VIII, 76 ; en 1771, VIII, 101 ; accessit en 1770, VIII, 83, 85. — Présente un modèle de poutres, IX, 172, 188, 192.

PAPIN (Denis). Nouvelle manière pour élever l'eau par la force du feu, 1707, IV, 318.

PAPPUS. Synagogè, III, 369.

PARAIN. Propriétaire de carrières à Trossy, I, 200 ; III, 68-69.

PARENT. Résistance des tuyaux cylindriques pleins d'eau, III, 326.

PARIS (les frères). Commis de leur bureau, VI, 223.

PARIS (Charles). Aspire au prix d'émulation de nov. 1764, VII, 191.

PARIS (Pierre-Adrien). Né à Besançon le 25 oct. 1746, mort le 1er août 1819. — Aspire au prix d'émulation de déc. 1764, VII, 194 ; de janv. 1765, VII, 201 ; de févr., VII, 204 ; prix en 1764, VII, 194, 203. — Esquisse au concours du grand prix en 1765, VII, 214 ; admis à concourir, VII, 216 ; en 1766, VII, 249 ; en 1767, VII, 277 ; en 1768, VIII, 16 ; en 1769, VIII, 48 ; accessit en 1765, VII, 233 ; en 1768, VIII, 30, 36 ; en 1769, VIII, 59, 60. — Admis à l'École de Rome, VIII, 228 ; montre ses études, VIII, 228-229. — Présenté pour la 2e classe en 1777, VIII, 315 ; en 1780, IX, 30 ; promu le 10 déc. 1780, IX, 30, 31. — Élève, IX, 309.

Affaires intérieures académiques :

Lettre à Camus, président du Comité des pensions, IX, 285.

Enseignement :

Conditions du grand prix et examen des esquisses pour 1781, IX, 47, 54 ; 1785, IX, 155, 156, 162 ; 1786, IX, 182-183 ; 1787, IX, 203-205, 211 ; 1791, IX, 302-303, 308-309. — Examen des envois de Rome, IX, 59-60, 61, 62, 86, 88, 184, 185, 196, 197, 214, 271. — Organisation du séjour des élèves à Rome, IX, 198, 212-218, 326, 327. — Désignation du monument à étudier pour l'élève parti

pour Rome, IX, 237, 239, 259-260, 261, 264. — Examen de la proposition du graveur Berthauld pour la collection des prix de Rome, IX, 40, 42. — Revision des statuts, IX, 272.

Divers :

Recueil de ses dessins à Besançon, VIII, 228. — Projets, VIII, 282. — Présente ses Réflexions faites à Rome sur les dessins de Desgodets, IX, 48. — Réponse à M. Lambert, IX, 254, 255. — Offre ses Dessins et description du mausolée de Marie-Thérèse, IX, 49. — Montre ses relevés du palais des Tuileries, VII, 260.

Examens :

Examen du Détail des fers de Bonnot, IX, 67, 69, 71 ; de la sonnette du s^r F. Cocheri, IX, 242 ; de diverses inventions du s^r Fourneau, caisse de défense, IX, 242, 248 ; grue, IX, 75, 76 ; sonnette, IX, 75 ; des procédés d'assemblage des bois du s^r Gabory, IX, 104, 105 ; des procédés de dorure du s^r Lefèvre, IX, 54, 66 ; du ms. de Lussault d'un livre sur l'architecture, IX, 79 ; d'un ms. sur les antiquités de Nîmes, IX, 154, 158 ; du projet de Loret pour les Halles à Paris, IX, 39, 40-41, 42 ; des travaux du Palais de Justice, IX, 105 ; des projets de la Grande Galerie, IX, 170-171, 173, 174, 175, 176, 180, 358-363 ; du projet d'ordre de la place du Palais, IX, 222-223 ; de l'état du Pont-Rouge, IX, 264-266, 271 ; du projet d'église pour Prémontré, IX, 165, 179, 184, 275, 371 ; des travaux de la cathédrale de Rennes, IX, 144, 145-146, 148, 150-151 ; du Mém. du s^r Six sur le granit, IX, 202, 203, 206. — Cit., IX, 68, 262.

PARIS-DUVERNEY. Mém. sur la théorie et la pratique du gros bois de charpente, VII, 327.

PARIS. Description... par G. Brice, 1725, I, 319. — Nouvelle description des curiosités, par Dulaure, VII, 324, 325. — Histoire, par Dom Mich. Félibien, publ. par Dom Lobineau, 1725, I, L. — Travaux souterrains de Paris, par E. Belgrand, 1872-1887, IV, 285. — Paris souterrain, par Ém. Gérards, 1908, I, 325. — Recherches historiques et topographiques par Jaillot, 1772, II, 55 ; VIII, 144. — Description, par Piganiol de La Force, 1742, VII, 324, 325. — Histoire des antiquités, par Sauval, 1724, I, XLII.

Abbayes : Sainte-Geneviève, visite, I, 183 ; VI, 267. Saint - Germain - des-Prés, visite, I, 192 ; V, 19 ; chapelle de Notre-Dame, I, 192 ; porte de Saint-Benoît, VI, 324. Saint-Martin-des-Champs, rampe de l'escalier, IX, 188. Saint-Victor, visite, I, 185. — Abus de matériaux dans les constructions, VII, 130. — Acad., voir à ce mot. — Adresses (le livre commode des), par Abr. Du Pradel, 1692, et réimpression, I, 334-335 ; III, XXII ; IV, 187, 313. — Agriculture (Mém. de la So-

ciété d'), IX, 328. — Aides (cour des), IX, 111. — Alignement, VIII, 219. — Ancien aqueduc (égout), IV, 284-285, 290-291. Mém. sur les aqueducs de P., par Bonamy, 1764, IV, 295. — Arc de triomphe Saint-Antoine. Dessin, plans, modèle et projets divers, I, LI, 72-73, 75, 248, 255-256 ; II, XXXII, 68-73, 97 (fig.)-102, 231 ; III, 160 ; VI, 284-285. — Archevêché, visite, I, 179. — Artistes (mort d'), I, XXVI, XXXIV, XLVI ; III, XVII. — Artistes (naissance d'), I, XLII ; II, XXIV ; III, XVII ; VII, 80, 118, 153, 185, 204, 209, 232, 239, 247, 248, 271, 274, 278, 302 ; VIII, 30, 31, 34, 36, 38, 46, 47, 58, 59, 60, 67, 70, 71, 72, 74, 77, 80, 81, 83, 93, 94, 168, 169, 203, 207, 233, 280. — Assainissement, VII, 147. — Avenue Daumesnil, I, 206. De l'Observatoire, I, 170.

Bastille, emplacement, IX, 250 ; fossés, V, 70 ; hôtel voisin, II, 200 ; plan de Cathala, IX, 256 ; porte voisine, II, 200 ; prise, IX, 252. — Bibliothèques : du Roi, dessins de Perrault, I, XLIII ; Nationale, Cabinet des Estampes, I, XXX ; II, XVII, XXIX, XXXIX, 79, 94, 95, 122, 129, 143, 144, 175, 177, 230, 257 ; III, XIX, XXIII, 17, 18, 19, 301, 302, 329 ; IV, XLII, XLIX, L, 42, 120, 121, 255, 258, 259, 351 ; V, 286, 291, 301 ; VI, XIX, 72, 251, 304, 325, 329 ; VIII, 17 ; IX, 244 ; Cabinet des Ms., I, 168 ; IV, 1, 352 ; V, 16 ; VI, 173 ; Section géogra-

phique, IV, 323 ; Imprimés, VI, 237 ; IX, 151. De l'École des Beaux-Arts, I, 1 ; IX, VIII. De l'Institut, II, 276 ; III, XVIII-XIX, 179, 218, 352 ; IV, 328 ; V, XI, 201 ; VI, 165, 214 ; VIII, 151, 367 ; IX, XIX, 4, 27, 29, 48, 131, 151, 184, 208, 235. Du Louvre, VI, 256. De la Sorbonne, II, 72. — Bois de Boulogne, I, 246. — Bornes, IV, 116. — Boulevard Saint-Germain, I, 192 ; Saint-Martin, IX, 49. — Boulevards, marais voisins, VIII, 218. — Bourse, travaux de A.-T. Brongniart, VII, 272. — Brique, IV, 43. — Bureau royal des dessins, IV, XXXVIII. — Bureau de la Ville, V, 16. — Butte Montmartre, ruines, III, 227. Saint-Roch, VI, 40 ; IX, 233.

Cabinet du Roi, directeur des dessins, IV, XXXII ; des estampes, voir : Bibliothèque. — Cachot des premiers chrétiens, III, 227. — Canaux. Autour de Paris, II, XXXIII, 142, 143 ; Un projet de canal autour de P., par H. Lemonnier, III, 326. De l'Oise à la Seine, IV, 295. — Carrefour de Bucy. Projet de place, de Loriot, VI, 222. De la Croix-Rouge, plan, VIII, 52. — Carrières des environs, I, LVI, 325, 327 ; II, 60-61, 62 ; III, 66-69, 72 ; IV, 54 ; commerce de leur pierre, I, 333-335. Voir aussi : Monuments et carrières, visite. — Casernes de Gardes-françaises, VII, 239, 245-246, 260-261, 328 ; de Mousquetaires, VII, 239.

— Catacombes, II, 236 ; III, 41. — Chambre des Comptes, pourriture des poutres, VII, 327. — Chambre des Requêtes, I, xviii. — Champs-Élysées, agrandissement, IV, xxviii ; emplacement choisi pour la statue équestre de Louis XV, V, 106, 191 ; fossés, IX, 199 ; hôtels, IV, xix, xxx ; procès-verbal d'arpentage, IV, xxi. — Chapelles : de Saint - Michel à Saint - Martin - des - Champs, I, 181 - 182. Sainte - Chapelle, construction de Pierre de Montereau, I, 192 ; maître de musique, II, 203 ; privilèges de son clergé, I, 257. — Charpentiers (communauté des maîtres), VII, 250. — Château d'Eau, VI, xix. — Châtelet (MM. de la juridiction), communication à l'Acad. pour une estimation de dessins, IX, 81-84. — Projet de translation des juridictions et prisons, IX, 1-3, 8-9 ; mesures, III. 39-40, 299-300 ; procureur, I, xxxii ; usages, II, 65. — Châtelet (Petit-), visite, I, 182. — Chaux, III, 73. — Cimetière des Saints-Innocents, visite, I, 193 ; V, 19. — Cité plan de Croisset, VI, 118. — Cloître Notre-Dame, IX, 354. Voir aussi à l'église. Saint-Jacques-de-l'Hôpital, VI, 41. — Colisée, voir : Salon du C. — Collège des Bernardins, visite, I, 170 - 171, 331. Mazarin, voir : des Quatre-Nations. De Picardie, I, 182. Des Quatre-Nations, autel, I, 113 ; dôme, III, 26-27, 305-306 ; fronton, I, 15 ; inscription, I, 44 ; construction de L. Le Vau, I, xxxviii ; pavillon, VII, 220 ; portail, III, 103-104 ; V, 148, 214 ; VIII, 93 ; l'Acad. y délibère sur la sépulture du cardinal Mazarin, I, 104, 105, 112. Royal, II, xxv. — Comédie, soulèvement du parterre, V, 287 ; dessins pour la nouvelle salle, IX, 368. Italienne, solidité des transformations en cours, IX, 126-127. — Commune (1871), VI, 256. — Conservatoire des arts et métiers, I, 181. — Cour des Suisses, voir : Palais des Tuileries. — Cours-la-Reine, II, 271 ; IV, 295. — Coutume, traités de Cl. de Ferrière, voir à ce nom. — Lois des Bâtiments suivant la Coutume de P., par A. Desgodets, voir à ce nom. — Traité de Cl. Duplessis, IV, 280. — Cit., I, 22, 109-110 ; II, 21, 104, 110, 121, 160, 258 ; III, 147, 148, 150, 190-191, 202, 204, 205, 206, 207, 209-214, 312-316, 357 ; IV, xiii, xlvi, 84-125, 132-162, 164-179, 181-220, 255, 265, 268-292, 294-311, 314, 317-334 ; V, 1-9, 11, 159-168, 258 ; VI, 20, 228 ; VII, 165 ; VIII, 284. — Couvents : des religieuses de l'Adoration du Saint-Sacrement, II, 167. Des Capucines, II, 107. Des Carmélites de la rue Saint-Jacques, visite, I, 170. Des Célestins, visite, I, 185. Des Chartreux, visite de ses carrières, I, 170, 186, 334 ; III, 69 ; V, 19 ; emploi de la pierre au grand couvent des Carmélites, I, 170 ; au

Petit-Bourbon, I, 174 ; au Vieux-Louvre, I, 173, 334. Des Cordelières du faubourg Saint-Germain, VII, XL, 169. Des Cordelières-Saint-Marcel, visite, I, 187-188. Des Cordeliers, acquisition du terrain et projets de construction, IX, 1-3, 8-9. Des Dames de Sainte-Marie (visitation) du faubourg Saint-Jacques, projets de reconstruction, VII, 273. Des Feuillants - Saint - Honoré, projets de Bruand pour diverses constructions, I, 143-144, 146-147, 151-152. Des Jacobins de la rue Saint-Jacques, visite, I, 170, 330. Des Mathurins, I, 178. Des Miramiones, IX, 354. Des religieuses de Montmartre, projet de dortoir de P. Delorme, III, 194. Des Pères de l'Institution de l'Oratoire, ancienne carrière et église, I, 186, 187 ; siège des leçons de l'abbé Bossut, VIII, 294. De Panthémont, VI, XVIII. Des Pères de Picpus, carrière voisine, I, 206. Des Petites-Cordelières, voir : des Cordelières. De Saint-Martin - des - Champs, visite, I, 181-182. Des Théatins, VII, 68. Pour les églises des couvents, voir aussi à l'article églises. — Cul-de-sac de la rue Beaubourg, VI, 63. Coquerelle, VI, 63. De la Petite-Bretonnerie, VI, 63. De Rome, IV, 313.

Département, contrôleur des Bâtiments, VI, 292. — Directoire. Lettre à l'Acad. demandant son état et composition et ses revenus et charges, IX, 313, 314 ; rapport sur les travaux du Panthéon français, IX, 336. — Dômes, III, XIII, 300 ; V, 105.

Eaux, projets d'alimentation, IV, XXVI, 295 ; de Deforge, VIII, 305 ; d'adduction de l'Yvette et de la Bièvre, VIII, 57-58, 267 ; IX, 272-274. — Les eaux de Paris, voir : Belgrand (E.). — Échevins, I, XXXV. — École d'architecture, voir : Blondel (Jacques-Fr.). École des Beaux-Arts, bibliothèque, voir à ce mot ; fragments de Gaillon, I, 221 ; des Tuileries, II, 271 ; salle Melpomène, IV, XIV. Écoles de chirurgie, voir à Gondoin. École royale des élèves protégés, voir : Courajod. École militaire, contrôle, VI, XXI, 277, 293 ; VII, XI ; travaux de Gabriel, VII, XVI ; médaille commémorative, VIII, 60, 85 ; pierre, VI, 175, 282 ; pourriture des poutres, VII, XLI, 134, 327 ; puits, VI, 239 ; VII, XLI ; IX, 41-42. École des ponts et chaussées, direction, VII, XII, 194 ; professeur, VIII, 21. — Édifices, III, 312, 320, voir : Blondel (Jacques-Fr.), l'Architecture française. Voir aussi : Monuments. — Églises, dessins, V, 105. Assomption, coupole, III, 27. Blancs-Manteaux, portail, VI, XVIII. Capucines, dessin d'une chapelle, VII, 21. Carmes de la rue de Vaugirard, tabernacle, I, XLVII, LVI, 164-165, 265. Dominicains du faubourg Saint-Germain, VII, XL, 204. Feuillants - Saint - Honoré,

portail, I, XLVII, LVI, 143-144, 146-147, 151-152 ; III, 170 ; V, 209. Jacobins, construction de l'église du Noviciat général, II, XXII, 306 ; IX, 233. Jésuites, visite, I, 194 ; V, 19. Voir aussi église Saint-Paul-Saint-Louis ; de leur Noviciat, portail, V, 196-198 ; VII, 2. Madeleine, construction et travaux, VI, XVIII ; VIII, XIII, 157-159, 161-165 ; IX, XVI, 152-154, 157, 158, 190-192 ; La Madeleine, par G. Gruel, 1910, IX, 152. De la Merci, travaux de Boffrand, IV, XXXIV ; colonnes, II, 201. Minimes de la place Royale, ordres, III, 14 ; VI, 300 ; VII, 2. Notre-Dame, visite de l'église et des cloîtres, I, 177-179, 326, 331-332 ; chanoine, III, 162 ; chapelle d'Harcourt, VII, XL, 96 ; chapitre, VII, 325 ; transformation du chœur, III, XIV, 150 ; VI, 15 ; travaux de R. de Cotte, IV, XL, XLII ; légèreté de l'église, VII, 130 ; pilotis, III, 294 ; portail sud, inscription, I, 178 ; grande rose restaurée par Boffrand, IV, XXXIV ; sacristie et trésor, VII, 145-146 ; tours, II, 78. Notre-Dame-des-Champs, visite, I, 331. Notre-Dame-la-Petite, voir : Sainte-Geneviève-des-Ardents. Pères de l'Oratoire, services pour diverses personnes, VI, 17, 169, 184 ; VII, 237. Petits-Pères, architectes, I, XXXIV ; autel et portail, VI, XVIII. Prémontrés de la Croix-Rouge, VII, XXIII-XXIV. Saint-Bacchus, I, 330. Saint-Barthélemy, requête des curés et marguilliers, IX, 22. Saint-Denis-du-Pas, I, 177. Saint-Denis-du-Saint-Sacrement, II, 167. Saint-Étienne-des-Grecs ou Grès, visite, I, 184 ; VI, 267. Saint-Étienne-du-Mont, visite, I, 183, 184 ; VI, 267 ; cul-de-lampe, VIII, 146-148. Saint-Eustache, dessin de d'Orbay pour une chapelle, II, 6. Saint-Germain-l'Auxerrois, décoration du chœur, VI, 264-267 ; VII, 324-325 ; destruction du jubé, VI, 196 ; VII, 325 ; paroisse de l'Acad., V, 63, 299 ; cit., I, 174 ; III, 228, 279 ; VI, 322. Saint-Gervais, visite, I, 194 ; V, 19 ; travaux de Salomon de Brosse, I, 13 ; portail, II, 325 ; III, 14, 16-17, 152, 169, 312 ; V, 148 ; VI, 299, 325-326, 328 ; VII, 2. Saint-Jacques-du-Haut-Pas, dessins de Gittard, I, XXXV, 147 ; inscription commémorative de la reprise des travaux dans la chapelle du Bon-Pasteur, I, 147. Saint-Jacques-la-Boucherie, visite, I, 194-195 ; V, 19 ; chapelle de Daviler, II, 55. Saint-Jean-en-Grève, dessin par d'Orbay pour l'autel d'une chapelle de saint François de Sales, I, 115. Saint-Jean-le-Rond, visite, I, 179. Saint-Julien-le-Pauvre, visite, I, 182, 326, 330. Saint-Louis-en-l'Ile, II, XII. Saint-Martin-des-Champs, projet de portail, VII, 150. Saint-Nicolas-des-Champs, fondation, I, 181 ; pierre, I, 182 ; porte

sud, II, 275. Saint-Nicolas-du-Chardonnet, construction, III, 273. Saint-Philippe-du-Roule, projets de Chalgrin, VIII, xiii, 28-31 ; IX, xxvii, 168. Saint-Paul-Saint-Louis, ancienne église des Jésuites, I, 194 ; construction, II, 200 ; portail, III, 21, 312 ; voûte, III, 390. Saint-Roch, travaux de Boullée, VII, xv ; dessins de R. de Cotte, IV, xl, xlii ; dimensions, VIII, 164, 165 ; portail, VI, xix ; service pour Félibien, II, 306. Saint-Sauveur, état de sa tour, VIII, xii, 223-224, 226, 228. Saint-Séverin, visite, I, 169, 330. Saint-Sulpice, visite de l'ancienne église, I, 192 ; V, 19 ; construction, I, 70 ; travaux de Gittard, I, xxxv, 70, 161 ; chapelle Saint-Jean, VII, xli, 21 ; portail et travaux d'achèvement, VII, xli, 111, 172-173, 185, 122 ; projets de Patte et de Oudot, VIII, xiii, 2-3, 5-9 ; médaille commémorative, VI, 243 ; VII, 60, 119 ; proportions, VIII, 164. Sainte-Geneviève, travaux de Brébion, IX, 336 ; de Rondelet, IX, 323 ; de Soufflot, VI, 203 ; VII, xviii, xxxviii, 129 ; VIII, 146-148 ; IX, xxi, xxvii, 3-4 ; état actuel, IX, 336 ; médaille commémorative, VII, 233 ; problème posé par Patte relatif à la construction de la coupole, VIII, 275 ; Mém. critique de Desbeufs, VII, xxx, xli, 223. Sainte - Geneviève - des - Ardents, visite, I, 180. Sainte-Opportune, visite, I,

193 ; V, 19. Sorbonne, autels, I, lvi, 318, 319 ; II, xxiii ; chapelle de la Vierge, VI, 99 ; dôme, III, 305 ; portail, V, 148 ; VI, 99 ; cit., I, 170 ; II, 324. Trinité, portail de d'Orbay, I, xl. Val-de-Grâce, achèvement par Leduc, II, xii ; affaissement, III, 41 ; dôme, I, lvii, 157-158, 305 ; façade, III, 312 ; portail, V, 148 ; ressemblance avec les Invalides et Bicêtre, I, xxxiv ; voûte, III, 390. — Égouts, IV, xlvi ; assainissement, IV, 295 ; chez Blondel, III, 43. Voir aussi : Aqueducs. — Embellissements, projets de Franque, IX, 348-349 ; de Soufflot, VII, xviii. — Enceinte, limites, IV, 281 ; recueil de Beausire, V, 16 ; plan les distinguant, IX, 208 ; mur, I, 103. — Environs, voyage pittoresque de d'Argenville, VII, 21 ; carte de Lagrive, I, 247 ; III, 67 (fig.). — Évêque, I, 176, 179, 180.

Faubourg du Roule, VI, 331 ; VII, 28. Saint-Antoine manufacture de faïence, IX, 251 ; de plomb laminé, V, 70, 74, 77, 86 ; mousquetaires noirs, VII, 239. Saint-Denis, mur d'enceinte, I, 103. Saint-Germain, II, 92 ; IV, xix, xxx ; VI, 41, 63 ; VIII, 52. Saint-Jacques, carrières, I, 335 ; III, 66 ; couvent, I, 170 ; VII, 273. Saint-Marcel, Cordelières, I, 187 ; affaire de la maison de la rue Mouffetard, voir à ce nom. Saint-Victor, réclamation contre une construction, IX, 187-188. — Fêtes de 1782 à l'occasion de

la naissance du Dauphin, solidité des constructions de l'Hôtel-de-Ville, IX, xvi, 59, 60, 61-63, 351-357 ; à l'occasion des deux mariages de Mgr le Dauphin, VI, 141-142, 170. — Foire Saint-Germain, VII, 100. — Fontaine des Innocents, visite, I, 172-173 ; dessin de Bruand, III, 280 ; Médicis, VI, 61-62. Saint-Michel, II, xxii, de Soufflot, VIII, 362. Fontaines publiques, garde ayant charge, IV, 103. — Franque s'y marie, IX, 370 ; y séjourne, IX, 369.

Galeries du Louvre, VI, 40, 63. — Garde-Meuble, construction de Gabriel, VII, xvi ; plates-bandes, VI, 204 ; VII, xli, 87-89 ; cit., VI, xxix ; IX, xiii. — Gardes-françaises, voir : Casernes. — Gare d'eau, projet, IX, 141, 142, 148-149, 152. — Généralité, architecte, VIII, 149 ; inspecteur des ponts et chaussées, II, 92. — Grand-Palais, II, 271. — Grange-Batelière (fief), maisons construites par P. Nativelle, V, 10.

Halle au Blé, construction et charpente, VII, 250, 328 ; IX, xxi, 117, 134. — Halles, projet de Loret, IX, xvi, 40-41, 42 ; Lutte contre l'incendie… sous l'ancien régime, par Cherrière, 1913, IV, 183. — Histoire (Bulletins et Mém. de la Société de l'), I, xv. — Hôpitaux, Mém. de J. Tenon, 1788, IX, 235. De la Charité, portail de la chapelle, IV, xl ; Général, voir : Hospice de la Salpêtrière. De la Santé,

construction de Saint-Phar, IX, 156. Voir aussi : Hôtel-Dieu. — Hospices, architecte, IX, 125, 156. De Bicêtre, voir : de la Salpêtrière. Des Enfants-Assistés, I, 186. Des Enfants-Trouvés, travaux de Boffrand, IV, xxxiv ; pourriture des poutres, VII, 327. Des Quinze-Vingts, boucherie, IV, 284, 285 ; VI, 265. De la Salpêtrière, administrateurs, IX, 234 ; puits et réservoir de Boffrand et usage du plomb laminé, IV, xxxiv ; V, 71 ; travaux de Bruand et Le Vau, I, xxxiv ; écoulement des eaux, IX, 24, 25, 26, 27, 28, 31, 33, 234 ; ressemblance avec les Invalides et le Val-de-Grâce, I, xxxiv. — Hôtel-Dieu, visite, I, 180, 332. — Hôtel-de-Ville, visite, I, 193 ; projet de A.-J. de Bourge, VII, 275 ; contrôle, IV, xxvi, 103 ; décoration, VI, 142 ; solidité des constructions élevées pour les fêtes de 1782, IX, xvi, 59, 60, 61-63, 351-357 ; l'Hôtel-de-Ville de Paris depuis les origines jusqu'en 1871, par Lucien Lambeau, 1920, IX, 352. — Hôtels : Amelot, II, xxiii ; Amelot de Bizeuil, II, xii ; d'Argenson, IV, xxxiv ; d'Aumont, IV, 13 ; d'Auvergne, II, xii ; IV, xxx ; VII, 154 ; de Balincourt, IX, 29 ; de Beauvais, I, xxxvi, xxxvii ; de Béthune, IX, xxx ; de Biron, IV, xxxi ; de Bouillon, II, 167 ; de Bourbon, I, 174 ; III, 354 ; VI, 179 ; de Bourbon-Conti, VI, 170 ; de Brancas, II, xxiii ; de

Brissac, IV, XXVIII ; de Broglie, V, 161 ; de Brunoy, VII, XV ; de Choiseul, IX, 126 ; de Cluny, I, 178-179. Voir aussi : Musée ; de Condé, I, XXXV ; VII, XLI, 143 ; de Conti, V, 161-163 ; VI, XV ; VII, 220 ; Cramayel, VII, XLII, 51-52 ; Crozat, II, XXIII ; VI, XVIII ; Dangeau, III, 207 ; d'Estrées, IV, XL ; d'Étampes, IV, XXII ; d'Évreux, IV, XXV, XXX ; VI, XXI ; VIII, 28 ; Fieubet, III, 207 ; d'Humières, IV, XXV ; des Invalides, travaux de L. Bruand, I, XXXII ; II, V ; attique, II, 151 ; chapelle de Saint-Louis, voir : dôme ; contrôleur général, IX, 369 ; dôme, travaux de Mansart, I, XLIV, XLV, XLVI, LVII ; II, V, XXIX, XXXI, 175-179 (fig.), 184, 241 ; III, XIV, 25, 305-307, 312 ; IV, XXXVII, XLI ; ses colonnes, V, 262 ; VI, 30 ; son portail, V, 193, 298 ; VI, 299-300 ; son modèle, IV, 181 ; VII, 293 ; mém. de Raimond sur sa comparaison avec celui de l'église de la Salute de Venise, VIII, 214-215 ; église des soldats, I, XXXIV ; V, 193 ; description par l'abbé Pérau, 1756, VIII, 388 ; description de la nouvelle église, par J.-F. Félibien, I, 274 ; III, XXIII ; Jabach, II, XXIII ; VII, 208 ; de Jars, III, 367 ; de La Force, IX, 22, 23 ; Lambert, I, XXXVII, XXXVIII ; IV, XXII ; de Lamoignon, V, 269 ; de Lassay, IV, XXX ; de La Vallière, VI, 170 ; Le Pelletier, II, XXIII ; Lesdiguières, VI, 213 ; Louvois, II, 75 ; du Lude, IV, XL ; du Maine, IV, XL ; de Maisons, IV, XXX ; Matignon, IV, 13 ; Montceau, II, XII ; de Montmorency, IV, XXXIV ; de Mortemart, II, XII ; des Mousquetaires, III, 281 ; IV, XXVII, XL ; de Noailles, IV, XXX ; Richelieu, I, 2 ; de Rohan-Chabot, IV, XXVIII ; do Roquelaure, IV, XXVIII, XXX ; Saint-Pouange, III, 207 ; de Soissons, VII, 250 ; de Soubise, IV, XXXIV, XXXV ; VI, XXXV ; Tallard, II, XXIII ; Tessé, VII, XI ; d'Uzès, IX, 143 ; de Vaurouy, voir : Logis de ; de Vendôme, I, XXXIV, XLIV, XLV ; de Villars, IV, XXVIII ; de Villeroy, IV, XXVIII ; VI, XV. — Humidité des rez-de-chaussée, VII, 147.

Iles, jonction de la Cité et des îles Louvier et Saint-Louis, IX, XVI, 254, 349. Voir aussi : Ponts. — Inondations, IV, 295 ; VIII, 206. — Inscriptions, I, 44, 147, 178. — Institut, I, XIV ; attaché, VII, VIII ; bibliothèque, voir à ce mot ; lois et statuts, publiés par Aucoc, voir à ce nom ; membre, IX, 178. — Intendant, VIII, 221.

Jardin du Roi, marbres de France, IX, 198 ; poêle, VIII, 210. — Jeu de paume, II, 271.

Logis : de Mansart, III, 166 ; de M. de Vaurouy, I, 171. — Lycée Henri IV, I, 183.

Maisons : de L. Bruand, I, XXXIII ; du M^{ls} de Bullion, I, 256, 257 ; de R. de Cotte, IV, XXXIX ; de P. De-

lorme, II, 276 ; de Lully, I, xxxv ; du sʳ Mestayer, I, 130 ; des Thermes, voir : Hôtel de Cluny ; du sʳ de Varenne, voir à ce nom. Voir aussi : Logis. — Manufacture de faïence de la rue de la Roquette, IX, 251. Des Gobelins, II, 67 ; IV, xxxviii ; VI, xix. De plomb laminé, V, 70, 74, 86. — Marais voisins des boulevards, VIII, 218. — Marché du Palais-Royal (Petit-Marché), IX, 233. Saint-Germain, VII, 100. — Ministère de la Guerre, V, 161. — Mitoyenneté, voir à la Table des termes d'architecture. — Monnaie, catalogue, IV, 313, 331 ; V, 15, 34, 50, 64, 85, 104, 129, 152, 177, 199, 216, 240, 264, 279, 303 ; VI, 37, 57, 87, 110, 128, 186, 242, 276, 332 ; VII, 24, 184, 233 ; VIII, 60 ; IX, 54 ; directeur général, VI, xix ; projets de reconstruction, VII, xli, 89-90, 216 ; cit., VI, 63 ; VII, 220. — Monuments : visite sur ordre de Colbert des monuments, églises et carrières de Paris et des environs, afin de reconnaître l'état et la qualité de leurs pierres, I, lvi, 168-249, 251-252, 260-263, 325-335 ; II, 60-62 ; III, 66-72 (fig.), 353-354 ; V, 19-24, 293 ; VI, xxviii, 194-195, 198, 200-202, 233, 252, 253, 257, 267, 280 ; VIII, 201 ; table rédigée en 1755 par Jér. Beausire, VI, 233. — Mousquetaires, voir : Casernes. — Municipalité de Paris (écrit imprimé sous ce titre), IX, 311. — Musée Carnavalet,

I, 164. De Cluny, I, 190. Du Louvre, chalcographie, I, 9-10, 137, 247 ; II, xxxix ; III, 22 ; salles d'exposition, II, xix ; V, 309 ; statue de Louis XII, provenant de Gaillon, I, 222.

Observatoire, construit par Cl. Perrault en 1667-1671, I, 41 ; escalier, II, 136 ; fondation, IV, 335. — Opéra, projets de Bellanger, IX, 244 ; incendie, IX, 49 ; travaux de Moreau-Deproux, VII, xv ; projet de Poyet, IX, 242. — Orme Saint-Gervais, VI, 64.

Palais de Justice, travaux de restauration, II, 151 ; VIII, 261 ; IX, xvi, 96-100, 104-108, 110-114, 118-119 ; emploi du plomb laminé, V, 71 ; cit., I, 256. Bourbon, travaux de Girardini et de Lassurance, IV, xxx ; voûte en briques à plat, VIII, 358. Brion, transport de quelques modèles du Louvre, I, lii ; logement des Acad., I, 2 ; II, xvi. Cardinal, donné à Monsieur, II, xvi. De la Légion d'honneur, VIII, 97. Louvre, visite des anciens bâtiments, I, 173-175, 183 ; VI, 267 ; Mém. de Félibien, III, 279-282, 290 ; l'Acad. y loge, I, 2 ; II, xvii-xix, 230 ; III, 310 ; IV, 17 ; V, 63, 299 ; VI, 93, 335 ; VII, xxix, 122, 240, 242 ; VIII, 38, 39, 294 ; siège du concours, IV, xiv ; exposition des envois de Rome, VIII, 335 ; achèvement, VI, 287 ; VII, 182 ; projets de M. de Tessin, voir à ce nom ; antiques du Roi, voir : Salle des Cariatides ; appartements, II,

xix ; de la Reine, II, xvii, 230 ; III, 339-340 ; du Roi, III, 339-340 ; architraves, VI, 204 ; artistes y demeurant, VIII, 385 ; bibliothèque, voir à ce mot ; colonnade, voir à C. Perrault ; combles, IX, 351 ; constructions, VIII, 233 ; contrôle, VI, 294 ; IX, 307 ; corniches intérieures, III, 339-340 ; cour, III, 22, 153, 316, 346 ; V, 257 ; sa distribution des modillons, VI, 274, 275 ; mesures de ses ordres, III, 279 ; V, 309-310 ; VI, 10-11, 287, 299 ; dôme, II, 151 ; entablements, VII, xxxv ; escalier, II, 299 ; façade, problème de ses auteurs, I, xli-xlii, lii ; fenêtres, VI, 123, 245 ; expériences avec le mastic du s^r Paroisse, IX, 307 ; frontons, VI, 322 ; galerie d'Apollon, VI, 70 ; Grande Galerie, construction, IX, 166, 169, 170, 171, 173, 174, 175, 176, 180, 183, 358-362 ; cit., III, 19 ; IV, 290 ; VI, 185 ; vues de Hubert Robert, par G. Brière et Marquet de Vasselot, 1920, IX, 358 ; galetas, VI, 208 ; essai d'une grue nouvelle, VI, 271-272 ; intendance, VII, xi ; jeu de paume, I, 173 ; travaux de Lescot, III, 48, 290, 320 ; V, 309 ; VI, 272 ; travaux de Lemercier, V, 309 ; travaux des deux Le Vau, I, xxxviii, xxxix ; essai d'un nouveau mastic, VII, xxxvi, 17. Voir aussi : Fenêtres ; modèles, I, lii, 136 ; III, 333 ; leur exposition, III, 234 ; leur examen par Louis XV, IV, 181 ; VII, 293 ; Nouveau L., consultation de l'Acad., I, lvi ; travaux de F. d'Orbay, I, xli-xliii ; ordres, VI, 328 ; intérieurs, III, 18 ; pavillon central, recueil de dessins d'Aubry, VI, 256 ; de l'Horloge, III, 10 ; VI, 322 ; VII, 51 ; pavillons, III, 316, 346-347 ; peinture, essais des procédés du s^r Vallée, VII, xli, 42-43, 51 ; péristyle, dessins d'Aubry, VI, 256 ; ses chapiteaux, VI, 123, 124 ; ses colonnes, VI, 30, 133, 204 ; son modèle, IX, 69 ; ses tirants de fer, VII, 111 ; cit., I, xxviii ; III, 13 ; V, 262, 264, 293 ; VII, 255 ; travaux de Perrault, voir à ce nom ; pierre, I, 174-175 ; III, 354 ; pouzzolane, expérience de 1665, II, 209 ; III, 289 ; salle des Cariatides ou des Suisses, chez Du Cerceau, III, 272-273 ; ses cariatides, III, 243 ; contient les antiques du Roi, I, 93, 136, 139 ; II, 279-280 ; VI, 126 ; des Sept-Cheminées, II, xix ; salles, proportions, III, 20 ; soubassements nouveaux mis à jour, I, 273 ; terrains adjacents, IX, 348 ; Grosse Tour, III, 280 ; projets de jonction aux Tuileries, IX, 244 ; cit., III, 318, 321. Luxembourg, visite, I, 207 ; travaux de Sal. de Brosse, I, 13 ; V, 191 ; dessin coté d'un angle de la cour, III, 155 ; angles rentrants, IV, 46 ; inspecteur, VII, 276, 279 ; ordre dorique, VI, 53 ; ordres superposés, VI, 299 ; cit., V, 189 ; VI, 179 ; Petit-Palais, travaux de Boffrand, IV, xxxiv. Mancini, acquisition, V, 222. Mazarin, III, xxii. D'Orléans, voir : Lu-

xembourg. De la Présidence, voir : Hôtel de Bourbon. Palais-Royal, siège de l'Acad., I, 2 ; II, xvi, xvii, 230 ; travaux de Contant, poutres moisées, VIII, 25 ; de R. de Cotte, VI, xix ; escalier, VI, xviii ; fermeture, VII, xli, 172-174 ; jardin ancien, IV, xxxiv ; de Desgots jeune, IV, xxvi ; plan de La Boissière, I, lii ; travaux de Moreau-Desproux, VII, xv. Tuileries, visite des anciens bâtiments, I, 183 ; VI, 267 ; bassins des parterres exécutés avec la pouzzolane du Vivarais, VIII, 380 ; IX, 16, 88 ; colonnes de P. Delorme, II, 270-271 ; V, 266 ; cour des Suisses, IV, 290-291 ; escalier, II, 197 ; façade centrale, V, 209, 229 ; fossé, IV, 295 ; galerie, I, 120 ; intendance, VII, xi ; travaux de Fr. et L. Le Vau, I, xxxviii, xxxix ; projet de jonction au Louvre, IX, 244 ; modèle, IV, 181 ; ordre français, VI, 145 ; ordres superposés, III, 19 ; relevés de P.-A. Paris, VII, 260 ; pont tournant, emplacement choisi pour la statue équestre du Roi, voir : Place Louis XV ; terrasses, IX, 262 ; terrains adjacents, IX, 348 ; cit., II, 91, 92 ; III, 231 ; IV, 126. — Panthéon destiné aux grands hommes, voir : Église Sainte-Geneviève. — Parlement, arrêt, VI, 156 ; conseiller, III, 162 ; jurisprudence, IV, 224 ; procureur général, VI, 155. — Paroisse de la Madeleine, chapelle, VIII, 28. De Saint-Benoît, maison, I, 167. De Saint-Eustache, naissance d'artiste, VII, 232. De Saint-Germain-l'Auxerrois, paroisse de l'Acad., voir à l'église ; naissance d'artiste, VII, 80. De Saint-Paul, id., VII, 248. De Saint-Sulpice, marguillier, I, xxxv ; funérailles, I, xxvi ; naissance d'artiste, VI, 332 ; VII, 80, 118, 185. De Sainte-Marguerite, naissance d'artiste, VII, 153. — Pavillon de Hanovre, V, xviii. — Pépinière du Roule, murs de soutien, II, 122. — Pharmacie centrale, IX, 354. — Pierre dure de : emploi au couvent de Saint-Martin-des-Champs, I, 181 ; à l'église des Jésuites, I, 194 ; de Saint-Jacques-la-Boucherie, I, 194-195 ; de Saint-Séverin, I, 330 ; de Sainte-Catherine, I, 193 ; de Sainte-Geneviève-des-Ardents, I, 180 ; à l'Hôtel-de-Ville, I, 193 ; à la tour de Notre-Dame-des-Bois, I, 193. Pierres en usage, II, 209-210 ; III, 66 ; VI, 267 ; IX, 19. — Pilastres pliés, VI, 196. — Place du Carrousel, ancien aqueduc, IV, 284, 290, 291 ; projet d'opéra, IX, 244. De la Concorde, VI, 105. Dauphine, V, 13. De l'Étoile, VIII, 112. De Grève, VI, 41 ; IX, 354, 355, 357. De l'Hôtel-de-Ville, IX, 353, 354, 356. Louis-le-Grand, V, 348 ; VIII, 164. Louis XV, établissement, VI, xxvii, xxxv, 105-106, 128, 191, 222, 223, 227 ; VII, 88, 216 ; VIII, 112 ; inspecteur des Bâtiments, VII, 189 ; pro-

jet de Poyet pour y placer l'Opéra, IX, 242 ; médaille avec la figure équestre du Roi, VII, 184 ; suppression des fossés qui la bordent, IX, 199-200. Louvois, II, 75. Du Palais, organisation, IX, 221, 223. Du Palais-Royal, château d'eau, de R. de Cotte, IV, XL. Du Panthéon, I, 183. Saint-Michel, IX, 104. Saint-Sulpice, IX, 349. Des Tuileries, IV, 284, 285. Aux Veaux, IX, 354. Vendôme, établissement, II, XXIII, 107 ; VII, 239 ; projets de Boffrand, VI, XVII ; travaux de R. de Cotte et de Mansart, III, XIV ; IV, XXXVII, XXXIX, XLI ; statue de Louis XIV, voir à ce nom ; Notice, par de Boislisle, 1888, I, XLIII. Des Victoires, travaux de Mansart et R. de Cotte, IV, XLI ; Notice, par de Boislisle, 1888, I, XLIII. — Plan de Bretez, dit de Turgot, I, XXVI ; III, 20 ; VII, 100, 217 ; VIII, 28 ; IX, 352 ; offre d'un ex. à chacun des académiciens par le Prévôt des marchands, V, 276-277. De Bullet, I, XXV ; II, XXII ; VIII, 19. De J. de Wailly distinguant les enceintes successives, IX, 208. Atlas des anciens pl. de la Ville, I, XXV. — Pluie tombée, II, XXVII. — Pompe Notre-Dame, porte dorique, II, XXIII. Voir aussi : Ville. — Pont des Arts, II, XVIII. Au Change, VI, 40 ; IX, 254. De la Cité, II, 49. Du Louvre, voir : Pont Royal. Louis XVI, cintrement, IX, 266 ; travaux, IX, 199, 275.

Louis-Philippe, II, 49. Marie, écroulement de ses maisons en 1659, III, 41 ; cit., IX, 354. Neuf, IV, 237 ; V, 12. Notre-Dame, IX, 254. Rouge, chute, II, 49-50, 53-56, 59 ; état, IX, 264-266, 271, 354. Royal, II, XXXIII, 91-93, 107, 125-126, 149, 161-162 ; devis, IV, 126. Des Tuileries (tournant), VI, XXVII. — Port, VI, 282. Au Blé, IX, 354. Avantages d'un port de mer, IX, 332. — Portes diverses chez Blondel, III, 38. Saint-Antoine, I, XXV ; II, 97, 100, 200, 202, 364 ; III, 38 ; V, 70. Saint-Benoit, VI, 324. Saint-Bernard, I, XXV ; II, XXI ; III, 38. Saint-Denis, construction, décoration et mesures, I, XXIX-XXXI ; II, XXI ; III, 38 ; V, 348 ; VIII, 19-20 ; projet de fermeture, I, 103. Saint-Martin, construction de Bullet, II, XXI, 73 ; III, 342. — Pré-aux-Clercs, II, 92. — Prévôt des marchands, requêtes, IX, 59, 61, 141, 142, 148-149, 152 ; don à l'Acad., VIII, 123, 124, 125. — Prévôté et vicomté, clôture, IV, 116.

Quai des Augustins, VI, 298. Conti, VII, 154. De l'École, dessins de Beausire, IV, XXVII. Le Pelletier, construction, II, XXII ; IX, 356. Des Miramiones, IX, 354. Des Orfèvres, réparation de 1716, IV, XXVII ; V, 12-13. D'Orsay, II, 149 ; IV, XXVII, XXXIX. De la Tournelle, IX, 354. Voltaire, VII, XI. — Quartier de la Croix-Rouge, VI, XXIV. Voir aussi : Carrefour de la Croix-Rouge. De

l'Élysée, VI, **xxi**. Halles, plan de Jaillot, VIII, 151. La Ville-l'Évêque, VIII, 157. Marais, V, 192 ; VI, 40, 63. Montmartre, plan de Jaillot, VIII, 151. Montparnasse, visite à ses carrières, I, 186 ; III, 69 ; V, 19. Palais-Royal, ancien aqueduc, IV, 284-285 ; marché (Petit-Marché), IX, 233. Saint-Jacques-la-Boucherie, recherches de Jaillot, II, 55. Villeneuve, VI, 63.

Route de P. à Lyon, III, 95. De Versailles, IV, 321. — Rues : de l'Arbre-Sec, VI, 40 ; VIII, 362 ; des Aveugles, VII, 100 ; du Bac, IV, **xxxix**, **xl** ; III, 281 ; VII, 239 ; Bailleul, VI, 63 ; Barie, VI, 40 ; des Barres, VI, 64 ; Beaubourg, VI, 269 ; de Beaune, IV, **xxvii** ; de Bercy, VI, 63 ; des Bernardins, I, 170, 171 ; des Bons-Enfants, IV, **xxxiv** ; Boucherat, VIII, 124 ; du Bouloir, VI, 64 ; de Bourbon, IV, **xl** ; Bourg-Tibourg, VI, 64 ; de Bretagne, I, 194 ; de la Bûcherie, IX, 95 ; de Bucy, I, 192 ; Castiglione, I, 143 ; de la Cerisaie, I, 185 ; II, 276 ; VI, 213 ; de la Chaise, VI, 63 ; du Champ-de-l'Alouette, I, 187 ; de Charenton, I, 206 ; Charlot, I, 194 ; du Cloître-Notre-Dame, I, 176 ; Clovis, I, 183 ; du Coq, VIII, 93 ; du Colombier, I, 192 ; de la Comédie-Française, VI, 41 ; Cujas, I, 170, 184 ; Cuvier, I, 185 ; Dante, I, 182 ; Denfert-Rochereau, I, 186 ; des Deux-Boules, VI, 302 ; Dupetit-Thouars, I, 194 ; de l'Échelle, IV, 285 ; l'Évê-que, VI, 40 ; du Faubourg-Saint-Antoine (grande), VI, 64 ; du Faubourg-Saint-Honoré, VI, 16 ; du Faubourg-Saint-Jacques, VI, 40, 63 ; du Faubourg - du - Temple, VIII, 235 ; de Fécamp, I, 206 ; aux Fers, I, 173 ; III, 280 ; des Filles - du - Calvaire, VIII, 124 ; du Foin, V, 192 ; Fontaine, IX, 233 ; des Fossés - Saint - Germain-des-Prés, VI, 63, 64 ; du Fouarre, I, 182 ; VI, 40 ; de Fourcy, VI, 63 ; des Francs-Bourgeois, V, 270 ; Frépillon, VI, 307 ; Froimanteau, VI, 64 ; de Grenelle, VII, 169 ; Guénégaud, VII, 220 ; IX, 369, 370 ; Guisarde, VII, 100 ; Haute-des-Ursins, VI, 63 ; Hautefeuille, VI, 63 ; Honoré-Chevalier, V, 196 ; Jacob, I, 192 ; La Harpe, II, **xxii** ; des Lavandières, VI, 64 ; Linné, I, 185 ; des Lombards, I, 193 ; VI, 40 ; de la Lune, VI, 63 ; Madame, V, 196 ; des Marais-Saint-Martin, VIII, 236 ; des Marmousets, I, 178 ; Meslé, VI, 41 ; Mézières, V, 196 ; de la Monnaie, VII, 217 ; Monsieur-le-Prince, II, **xxii** ; du Montceau-Saint-Gervais, VIII, 177 ; Montmartre, IX, 143 ; Mouffetard, solidité d'une maison, VII, **xli**, 239, 245-246, 249-255, 260-261, 328 ; du Mouton, IX, 352, 353 ; de Nazareth, VII, 273 ; Neuve-Notre-Dame, I, 180 ; Neuve - des - Petits - Champs, I, **xxxv** ; Neuve-Saint-Augustin, I, 130 ; VI, 64, 170 ; Neuve-Saint-Honoré, II, 107 ; de Lourcine, I, 187 ; Pagevin, VI, 40 ;

Pavée-au-Marais, V, 269 ; de la Pépinière, IX, 29 ; du Petit-Bourbon, VII, 100 ; du Petit-Musc, I, 185 ; Phélipeaux, VI, 307 ; Plâtrière, I, 253 ; de Poissy, I, 170 ; Portefoin, VI, 64 ; du Pot-de-Fer, V, 196 ; des Poulies, III, XXII ; VII, 51 ; des Prouvères, VII, 232 ; de Rambuteau, VI, 269 ; des Rats, VI, 62 ; Richelieu, II, 75 ; VII, 180 ; Id. (faubourg), V, 10 ; de Rivoli, II, XIX ; VI, 334 ; de la Roquette, IV, XXII ; IX, 251 ; des Rosiers-au-Marais, VI, 40 ; Saint-André-des-Arts, VII, XXXI ; Saint-Antoine, I, 194 ; VI, 63 ; Saint-Benoît, I, 192 ; VI, 324 ; Saint-Christophe, VI, 41 ; Saint-Denis, I, 173, 193 ; III, 280 ; VI, 41, 63, 64 ; VIII, 223 ; Saint-Dominique, IV, XXXIV ; VI, XV ; Saint - Étienne - des - Grès, I, 170, 184 ; Saint-Germain-l'Auxerrois, VII, 209 ; Saint-Hippolyte, I, 187 ; Saint-Honoré, I, 143 ; II, 200 ; III, 228, 230 ; IV, 285 ; VI, 62 ; VIII, 93, 362 ; IX, 125, 133 ; Saint-Jacques, I, 167, 170, 184, 380 ; VI, 64 ; Saint-Julien - des - Ménétriers, fabrication de plomberie du sʳ Thibaut, VI, 269 ; Saint-Louis, II, 167 ; IX, 349 ; Saint-Martin, I, 181 ; VI, 63, 69 ; Saint-Merry, VII, 208 ; Saint-Nicaise, IV, 285 ; Saint-Roch, II, 306 ; Saint-Sauveur, VIII, 223 ; Saint-Sulpice, VII, 100 ; Saint-Thomas, VII, 236 ; Saint-Thomas - du - Louvre, IV, 285 ; VI, 41 ; Saint-Vincent, II, 306 ; Sainte-Anne, I, XXXIII, 256, 257 ; II, 75 ; Sainte-Marguerite, I, 192 ; Sainte-Opportune, I, 193 ; Sainte-Placide, VI, 63 ; du Sentier, VII, XLII, 52 ; Soufflot, VII, 273 ; de la Sourdière, IX, 233 ; de Sully, I, 185 ; de Suresne, VI, 41, 64 ; du Temple, I, 194 ; VI, 307 ; Thibaut-aux-Dés, VII, 21 ; Tirechappe, VI, 40 ; de la Tixeranderie, IX, 352 ; de la Tonnerie, VI, 62 ; des Tournelles, III, 166 ; VI, 40 ; de Tournon, IX, 369 ; de l'Université, VI, 41, 179 ; VII, 154 ; d'Uzès, IX, 143 ; du Val-de-Grâce, I, 170 ; de Valois, VII, XV ; de Vaugirard, I, 164 ; de Verneuil, VII, 239 ; Vivienne, I, 130 ; Volta, VI, 307.

Salon du Colisée, VIII, 266. — Savonnerie, IV, 295. — Seine, projets de couverture, IX, 254 ; rives, IX, 149. — Société d'agriculture, voir : Agriculture (Mém. de la Société d'). Société d'histoire de, voir : Histoire (Bulletins et Mém. de la Société d'). — Statue du Grand Jeûneur, I, 177. Pour les statues royales, voir au nom du Roi.

Temple (le), visite, I, 194 ; V, 19 ; Mansart de Lévy s'y réfugie, VI, XXIII ; cit., VII, 273. — Terrains, leur cherté, VII, 167 ; différences, I, LIV. — Terrasses du Jeu de Paume, II, 271. — Thermes de Julien, visite, I, 178. — Tour de Notre-Dame-des-Bois, I, 193.

Vieux-Paris, commission, I, 329 ; V, VIII. — Ville, architecte, II, XXII ; IV,

xxxviii ; V, 12 ; IX, 351. Bâtiments, directeur, VII, xv ; police, VI, 161, 260, 273-274 ; juré maçon, I, xxxiv ; maître des œuvres, I, xxxi ; IV, 103. Bureau, V, 16. Médailles avec son effigie, IV, 313, 331 ; V, 15, 64, 85, 241 ; VI, 87. Pompe pour son service, VII, 59. Pompes (directeur des), IX, 356. Voir aussi Pompe.

Parizon (Jean-Bapt.). Élève, VIII, 183, 188, 224. — Prix d'émulation de mars 1774, VIII, 190.

Parme (duc de). Architecte, VII, xxii, 96, 121.

Parme. Construction de la bibliothèque et de la promenade du Stradone, VII, 164. — Correspondant, VII, xxii ; VIII, 290 ; IX, xxv. — Médaille commémorative du combat, VI, 177. — Palais de la Pilotta, VII, 164.

Parnasse (Le), pavillon de Gaillon, I, 223.

Paroin (Jean-Bapt.). Serrurier. Présente dix modèles de serrures, VIII, 297, 298.

Paroisse (le sr). Présente un mastic de son invention, IX, 307.

Parrocel (Ét.). Histoire documentaire de l'Acad. de peinture et de sculpture de Marseille, 1890, IX, 370.

Parrocel (Pierre ou Joseph?). Dessins, IX, 346.

Paruta (F.). La Sicilia, 1612, IX, 316.

Parvi. Admis à concourir en 1758, VI, 323, 332.

Parvi (Charles). Élève de Jossenay, VI, 41. — Admis à concourir en 1745, VI, 26, 36 ; en 1746, VI, 49 ; en 1748, VI, 102 ; 1er prix le 2 sept. 1748, VI, 110.

Pascal (Jean-Louis). Architecte. Né à Paris le 4 juin 1837, mort en mai 1920. Édite l'Architecture française de Jacques-Fr. Blondel, VI, 189.

Passy. Carrières, I, 334 ; leur pierre, VI, 201.

Patente des professions artistiques, IX, 320-321.

Patte (Pierre). Né à Paris le 3 janv. 1723, mort en 1812 ou 1814. — Élève, VI, 40, 62. — Admis à concourir en 1746, VI, 49 ; en 1748, VI, 102 ; en 1749, VI, 121, 122 ; candidat à la 2e classe en 1767, VII, 320. — Projets d'achèvement de l'église Saint-Sulpice, VII, 111 ; VIII, 2, 3, 5-9. — Discours sur l'architecture, 1754, lecture, VI, 222. — Mém. sur les objets les plus importants de l'architecture, 1769, I, xliii ; VI, 204, 256-257 ; VII, 88 ; VIII, 7. — Monuments élevés à la gloire de Louis XV, 1765, VI, xxvi, 106, 118 ; offre d'un ex. à l'Acad., VII, xxxviii, 196, 202. — Mém. sur l'achèvement du grand portail de Saint-Sulpice, 1767, VIII, 7. — Démonstration de mon projet pour l'achèvement du portail de Saint-Sulpice, VIII, 7. — Problème proposé relativement à la construction de la coupole de l'église Sainte-Geneviève, 1774, VIII, 275. — Publie les deux derniers volumes du Traité d'architecture de J. Blondel, VII, 167 ; VIII, 143.

Pattu. Prix d'émulation de

sept. 1777, VIII, 318. — Admis à concourir en 1779, VIII, 379 ; en 1780, IX, 14 ; en 1781, IX, 47.

PAU. Généralité, IX, 86. — Projet de Poudis pour une église, IX, 207.

PAUL V. Pape. Détruit le temple de Minerve à Rome, I, 63. — Colonne de la place de Sainte - Marie - Majeure, III, 328.

PAUMIER. Modèle pour le prix, III, 179.

PAUMIER DE LA TOUR (Pierre). Élève, VI, 64.

PAVIE. Oriflamme, VI, 57.

PAYEN. Aspire au prix en 1732, V, 96.

PEAK. Plomb, V, 75.

PECCAIS. Gabelles, IV, 237.

PÉCHADE. Prix d'émulation de mai 1781, IX, 48. — Admis à concourir en 1782, IX, 74 ; en 1784, IX, 131.

PELAGOT. Maître charpentier. Solidité d'une maison de la rue Mouffetart à Paris, VII, 250.

PELISSAC (DE). Voir : Deluzy de Pelissac.

PELLEGRINI (Pellegrino). Architecte. Né en 1522, mort en 1592, II, 191.

PELLETIER (Henri). Élève, VI, 41.

PELLETIER. Prévôt des marchands. Exécution des dessins de Blondel par Bullet, I, xxv.

PELOT. Abbé de la Croix-Saint-Leuffroy, I, 236.

PÉNITENTS DU TIERS ORDRE. Bâtissent un couvent à Meulan, I, 215 ; établis depuis 1614 au prieuré Saint-Michel près Vernon, I, 219.

PÉRARD. Élève, VII, 99. — Aspire au prix d'émulation de nov. 1763, VII, 163 ; de déc., VII, 163 ; de janv. 1764, VII, 168 ; de juin 1765, VII, 220 ; prix en nov. 1763, VIII, 163. — Esquisse au concours du grand prix en 1765, VII, 214 ; admis à concourir en 1767, VII, 277 ; en 1768, VIII, 16.

PÉRARD. Architecte. Présente un modèle en relief d'un belvédère et des plans de maisons qu'il a construits à Paris, VIII, 264. (Probablement Perrard-Montreuil ?)

PÉRAU (abbé). Description historique de l'hôtel royal des Invalides, 1756, VIII, 388.

PERCIER (Charles). Né en 1764, mort en 1838. — Prix d'émulation de sept. 1782, IX, 85 ; de janv. 1784, IX, 122 ; de mai 1785, IX, 157. — Admis à concourir en 1783, IX, 103 ; en 1786, IX, 183 ; 2ᵉ prix en 1783 ; 1ᵉʳ prix le 28 août 1786, IX, 191. — Relève la colonne Trajane à Rome, IX, 270-271.

PÉRIGORD, II, 126, 128.

PERLIN. Présente des dessins, IX, 29. — Dessin de bains publics, ibid. — Candidat à la 2ᵉ classe en 1780, IX, 30.

PÉROUSE, III, 2.

PERPIGNAN. Couvent des Jésuites, voûtes, VI, 79 ; VII, 323. — Intendant, V, 222.

PERRARD-MONTREUIL. Voir : Pérard.

PERRAULT (C. et P.). Œuvres diverses de physique et de mécanique, 1721, III, 350.

PERRAULT (Charles). Premier commis des Bâtiments, I,

L ; IV, 220. — Fac-similé de
sa signature, I, xix. — Délégué de Colbert près l'Acad.,
I, xviii, xx, xxiv, 9, 99-
100, 102, 105, 111, 112, 158,
168. — Défend son frère
dans ses Mém., I, xlii. —
Disgrâce, II, 70. — Mém.,
publ. par P. Bonnefon, I,
xxxviii, li, 26, 73 ; II, 209.
— Sa vie, publ. par le
même, 1905, I, li.

PERRAULT (Claude). Né en
1613, mort en 1688. — Notice biographique, I, l-lii.
— Assistait aux séances et
signait sans nomination régulière, I, xviii, xx ; II, x,
xi, xii. — Fac-similé de sa
signature, I, xix. — Disgrâce, II, 70 ; VIII, 116. —
Propose une machine pour
le tracé des cerches, I, 259,
336. — Colonnes, accouplées, I, 71 ; leur renflement, I, 88. — Doctrine,
VII, xliv. — Dissertation
sur le bon goût, V, 140 ; VI,
191. — Ordre colossal, III,
320 ; dorique, VII, 32. —
Travaux de l'arc de triomphe Saint-Antoine, I, li, 70,
73, 255 ; II, xxxii, 99 (fig.) ;
III, 160 ; VI, 284. — Travaux de l'Observatoire, II,
236. — Palais du Louvre,
I, xxviii, xlii-xliii ; III,
320 ; colonnade, I, li,
137, 253-255, 260 ; II, v,
31 ; ses chapiteaux, VI,
123-124 ; emploi du fer, III,
187 ; sa façade, II, 187 ; III,
13, 320 ; V, 278 ; VIII, 118 ;
ses frontons et leurs grandes pierres, I, 78, 208, 335 ;
II, 179, 223-224 ; III, 69 ;
ses gargouilles, I, 78 ; son
modèle, II, 231 ; ses pavillons, I, 137, 253-255, 260 ;
cour, III, 280 ; couverture, I, 252. — Ordonnance
des cinq espèces de colonnes
selon la méthode des anciens, lecture, II, 171-175,
178-179, 187, 196 ; cit.,
I, lviii ; II, 242, 362 ; III,
49, 50, 322 ; V, 140 ; VI, 9,
60. — Voyage à Bordeaux
(1669), publ. par P. Bonnefon, 1909, I, 26, 73. — Traduction de Vitruve. Offre
un ex. à l'Acad., I, 50 ; lecture, I, 76-102, 108-123 ;
II, 204-227 ; III, 199-201,
257, 283-290, 292-295, 331-
332, 334 ; IV, xliv, 36-47,
54-55, 61-63, 66-77, 79, 81-
82 ; VI, 230-234, 257, 325-
326 ; VII, 70, 76, 98, 134,
146, 148, 228, 265, 272 ;
VIII, 11, 44, 71, 231, 275,
383 ; IX, 232, 234, 252,
329, 346. — Cit., I, lviii,
21, 76, 77, 166, 313, 314,
315, 321 ; II, xliii, 22, 23,
187, 247, 254, 362 ; III, 20,
49, 50, 320, 364 ; V, 140 ;
IX, 95. — Quelques idées
de Cl. Perrault sur l'architecture, par H. Lemonnier,
1910, II, 171 ; V, 203 ; VI,
191. — Cit., I, xxi ; II,
xliv ; III, 234 ; VII, 243.

PERRET (Paul). Graveur. Planches de l'Escurial, III, 179.

PERRIER (François). Ses ouvrages : Icones et segmenta
nobilium signorum quae Romae extant... R. 1638, et
Icones et segmenta illustrium è marmore tabularum quae Romae adhuc
extant. R. 1645 ; acquis
pour l'Acad., VI, 275 ; VII,
165.

PERRONNET (Jean - Rodolphe). Né le 8 oct. 1708,
mort le 20 févr. 1794. —

Notice biographique, VI,
XXIII ; VII, XII-XIII. —
Présenté pour la 2ᵉ classe
en 1755, VI, 249 ; en 1756,
VI, 278 ; en 1758, VI, 34 ;
promu le 13 févr. 1758, VI,
314 ; brevet, VI, 327 ; présenté pour la 1ʳᵉ classe en
1767, VII, 274 ; promu le
3 janv. 1768, VIII, 1-2. —
Maladie, VIII, 77 ; IX, 69,
80. — Élèves, VII, 301 ;
VIII, 188, 225, 388, 391 ;
IX, 26.

*Affaires intérieures aca-
démiques :*

Communique une lettre
de M. Ritter, architecte de
la République de Berne,
demandant la correspon-
dance, VII, 4 ; examen de
la candidature, VIII, 65,
68 ; chargé de la correspondance du nouvel élu, VIII,
68 ; présente un projet de
temple de ce dernier, VIII,
17. — Candidature de Ta-
gliafichi, VIII, 314, 339. —
Examen de la proposition
du graveur Berthauld pour
la gravure des sujets de
prix, IX, 40, 42. — Exa-
men du Mém. de David-
Leroy sur les anciens registres, VII, 202 ; VIII, 71. —
Affaire de la nomination de
M. de Wailly, VII, 283-288,
291-298.

Divers :

Lettre relative à l'ordre
inventé par le sʳ Debard,
IX, 323. — Présente un dessin de Desprez, IX, 85. —
Lit une lettre écrite à
M. Trudaine par M. Holker
au sujet de l'emploi qu'on
fait en Angleterre de planches de cuivre pour couvrir
les bâtiments, VII, 194-
195, 244-245. — Approba-
tion aux travaux du pont
de Moulins, VII, 29. —
Plans et profils du chevet
de la collégiale de Nantes
(Notre-Dame), VII, 89. —
Construit le pont de Neuilly, VIII, 139, 202. — Cintrement du pont Louis XVI
à Paris, IX, 266 ; sa construction, IX, 275. — Mém.
sur les pieux et pilotis, VII,
62. — Avis pour la disposition des pilotis des ponts,
VI, 319-320. — Donne un
modèle en relief du pont de
Pont-Sainte-Maxence, IX,
141. — Description du projet et de la construction des
ponts de Neuilly, Mantes,
Orléans, etc., 1782-1789,
VII, XIII ; ex. offert à
l'Acad., IX, 108. — Adduction des eaux de l'Yvette
et de Bièvre à Paris, VII,
135 ; VIII, 267 ; IX, 272,
274 ; offre un ex. de son
Mém., IX, 108.

Examens :

Examen de la pompe à
feu du sʳ Barkley, VIII,
136-137, 138, 149 ; du projet de J.-A. de Bourge pour
une salle d'Opéra, VIII, 43-
44 ; des projets de de Wailly pour la restauration de
Saint-Bénigne de Dijon,
VII, 140, 142 ; de diverses
inventions du sʳ Fourneau :
caisse de défense, IX, 244 ;
modèles de charpente, VIII,
136, 138, 139 ; grue, IX, 68 ;
ouvrage de tour, VIII, 272,
279 ; de la pompe du sʳ
Jacquet, VII, 150, 153-
154 ; des briques légères des
sʳˢ Laurent et Scheffer, VII,
156, 162, 164, 166-167 ; du
tablier de cheminée du sʳ

Lebœuf, VIII, 210, 211, 215-216 ; des propositions et machines de A.-J. Loriot, VII, 190 ; de la machine du sʳ Macary utilisant la force de la marée, VII, 222-227 ; des Leçons de géométrie de Mauduit, VIII, 134, 135 ; du projet de Franque pour la place du Peyrou à Montpellier, VII, 231, 233-235 ; du modèle de mur en talus du sʳ Morand, VIII, 371 ; IX, 21 ; des travaux de construction de la Madeleine, à Paris, VIII, 157-159, 161-165 ; des travaux d'achèvement de Saint-Sulpice, VII, 173 ; de son portail, VIII, 2-3, 59 ; des préparatifs pour les fêtes de 1782, IX, 59, 60, 61, 62, 63, 351-357 ; du projet de gare d'eau à Paris, IX, 141, 142, 148-149, 152 ; de la solidité de la maison de la rue Mouffetart à Paris, VII, 250-255 ; des travaux du Palais de Justice à Paris, IX, 97-100, 104-108, 110-114, 118-119 ; des procédés de peinture du sʳ Vallée, VII, 43, 46, 50-52 ; du mastic du sʳ Wallon, IX, 121. — Cit., VI, xxxv ; VII, 3, 69, 136, 139, 171, 315, 316, 321 ; VIII, xiv, 156, 203 ; IX, xxxi, 56.

Perruchaut. Mém. sur les granits et porphyres des Vosges, IX, 177, 183.

Peruzzi (Baldazzare). Architecte et peintre. Né en 1481, mort en 1537. Maître de Serlio, I, 275.

Petit (Toussaint). Propriétaire d'une carrière au Val-des-Leus, I, 333.

Petit-Bourg. Château, VI, xviii.

Petites Affiches, IX, 370.

Petitot (le sʳ). Réservoir à Lyon, V, 269.

Petitot (Edme-Alexandre). Notice biographique, VII, xxii. — Admis à concourir en 1745, VI, 26 ; 1ᵉʳ prix le 6 sept. 1745, VI, 36. — Candidat à la correspondance, VII, xx, xxi, 63, 96 ; élu le 29 mars 1762, VII, 97 ; IX, xxv ; remercie, VII, 113. — Annonce de Parme une invention pour rafraîchir les appartements, VII, 189. — Décore la chapelle d'Harcourt à Notre-Dame de Paris, VII, xl, 96. — Lettre sur les projets du duc de Parme pour la construction d'une bibliothèque et d'une promenade, VII, 164. — Fêtes célébrées à Parme pour le mariage de... Don Ferdinand, 1769, VII, xxii. — Envoie les coupes et plans de l'église Saint-Augustin de Plaisance, VII, 113, 121-122, 127-131.

Peyre (Mᵐᵉ). Condoléances, IX, 161.

Peyre (Antoine - François) le jeune. Né à Paris le 5 avr. 1739, mort le 7 mars 1823. — Élève, VII, 99. — Admis à concourir en 1759, VII, 16, 22, 23 ; en 1760, VII, 44 ; en 1761, VII, 72, 79 ; en 1762, VII, 101 ; accessit en 1761, VII, 80 ; 1ᵉʳ prix le 31 août 1762. — Montre ses études de Rome, VIII, 11-12 ; divers projets, VIII, 166. — Proposé pour la 2ᵉ classe en 1771, VIII, 109 ; en 1772, VIII,

141 ; en 1773, VIII, 168 ; en 1774, VIII, 179, 195 ; en 1776, VIII, 264, 267, 272, 277, 278 ; en 1777, VIII, 315 ; promu le 27 nov. 1777, VIII, 315, 316. — Ses élèves, VIII, 369, 382 ; IX, 66, 138. — Mém. sur les services que pourraient rendre les élèves à Rome en relevant exactement les monuments antiques, VIII, 338, 340, 341, 342, 343, 347, 348. — Examen des Envois de Rome, VIII, 372, 374, 375-377 ; IX, 6, 10. — Lit son Mém. : Du génie de l'architecture, VIII, 261. — Projet pour les constructions de l'électeur de Trèves à Coblentz, IX, 6, 7, 8, 10. — Examen de la future édition de Desgodets, VIII, 370. — Examen des projets de décoration pour le chœur de la cathédrale de Laon, IX, 144, 145, 147-148. — Dessins pour la nouvelle salle de la Comédie-Française, IX, 368.

PEYRE (Marie-Joseph) l'aîné. Né en 1730, mort le 11 août 1788. — Élève de Jossenay, VI, XII, 63. — Admis à concourir en 1750, VI, 141 ; en 1751, VI, 161 ; 1er prix le 6 sept. 1751, VI, 168 ; proposé pour la 2e classe en 1762, VII, 117 ; en 1763, VII, 142 ; en 1764, VII, 187 ; en 1767, VII, 274 ; promu le 24 mai 1767, VII, XXIV, XXV, 276, 279 ; présenté pour la 1re classe en 1780, IX, 30. — Maladie, IX, 160. — Annonce de son décès à la séance du 16 août 1785, IX, 161. — Ses élèves, VIII, 17, 189, 198, 225 ; IX, 117.

Affaires intérieures académiques :
Observations sur les droits de présence, IX, 110, 115-116. — Examen de la candidature de M. Ritter à la correspondance, VIII, 65, 68 ; de celle de Temanza, VIII, 45. — Rédaction du nouveau règlement pour les élèves, VIII, 417-419. — Offre un prix supplémentaire en l'honneur de la naissance du dauphin, IX, 65. — Examen des esquisses de 1777, VIII, 301, 312 ; de 1778, VIII, 349, 358 ; de 1781, IX, 47, 54 ; de 1782, IX, 73, 83, 84 ; de 1784, IX, 130, 131, 137 ; de 1785, IX, 155, 156 ; de 1791, IX, 302-303, 308-309 ; des envois de Rome, VIII, 372, 374, 375-377 ; IX, 6, 10, 118, 119, 120, 140, 196, 197, 198. — Examen des nouveaux statuts, VIII, 250.

Divers :
Lit ses Distributions des anciens comparées avec celles des modernes (colonnes), 1773, VIII, 130. — Présente des dessins de différents bâtiments et décorations intérieures, VIII, 266. — Lettre sur les jardins d'Ermenonville, IX, 55. — Projets de reconstruction du couvent et église des Dames de Sainte-Marie du faubourg Saint - Jacques, VII, 273. — Projets pour l'hôtel Condé, VII, XLI, 143. — Projet de déplacement du marché du Palais-Royal, IX, 233. — Présente son projet de nouveaux magasins à poudre, VIII, XII, 186, 187. — Présentation

de son livre : Œuvres d'architecture, 1765, VII, 232 ; offre d'un ex. relié, VIII, 292.

Examens :

Examen des plans pour les bains de Bagnères-de-Luchon, IX, 144, 146, 149-152 ; du projet de Combes pour un hôtel de l'Acad. des arts à Bordeaux, IX, 232 ; du projet de travaux à la cathédrale de Châlons, VIII, 121 ; de la future édition de Desgodets, VIII, 370 ; de l'invention du s^r Giraud pour la suppression des fosses d'aisances, VIII, 320, 362 ; des gravures des écoles de chirurgie de Gondoin, IX, 6, 7 ; du vernis du s^r Laboureau, IX, 52, 53 ; des procédés de dorure du s^r Lefèvre, IX, 54, 66 ; de la nouvelle carrière du s^r Topinard à l'Isle-Adam, IX, 6, 7, 11, 12, 18, 19, 20 ; des travaux de Couture à la Madeleine, à Paris, IX, 153-154, 157-158 ; des projets pour le portail de Saint-Sulpice, VIII, 2-3, 5-9 ; des préparatifs pour les fêtes de 1782 à Paris, IX, 59, 60, 61, 62, 63, 351-357 ; du projet de gare d'eau à Paris, IX, 141, 142, 148-149, 152 ; de la coupole de la nouvelle Halle au blé à Paris, IX, 117 ; des projets de Boullée pour la transformation de l'hôtel de La Force, IX, 21, 22, 23 ; des travaux du Palais de Justice à Paris, IX, 97-100, 104-108, 110-114, 118-119 ; des projets de travaux à la cathédrale de Rennes, IX, 144, 145-146, 148, 150-151 ; du Mém. abrégé et re-

cueil de quelques antiquités de la Suisse de Ritter, IX, 237, 243, 244 ; des voûtes en poterie du s^r de Saint-Far, IX, 156, 157, 159 ; des modèles de poêles suédois, VIII, 209 ; du mastic du s^r Wallon, IX, 121. — Cit., VII, 315, 316 ; VIII, 376 ; IX, 53, 56.

PEYTRET (Jacques). Architecte. Hôtel de ville d'Arles, II, 60.

PHÉLYPEAUX DE MAUREPAS (Jean-Fréd.), IV, 151-152, 153, 164, 175, 193, 218, 267, 293, 302, 306, 347 ; V, 29, 32, 33, 34, 36, 68, 70, 142, 158, 174, 176, 180, 182, 223, 319, 321 ; VI, 100, 244, 251, 324, 327, 330, 341 ; VII, 202 ; VIII, 38, 39, 188, 195, 220.

PHÉLYPEAUX DE PONTCHARTRAIN (Jérôme), III, 52, 54, 311 ; IV, 152.

PHÉLYPEAUX DE SAINT-FLORENTIN (Louis). Affaire de Wailly, VII, XXV, XXVIII, XXIX, 299, 300, 308, 309, 312, 313, 315, 317, 318. — Cit., VIII, 28, 29.

PHÉNICIENS. Premiers constructeurs, VII, 12-13.

PHIDIAS, III, 48.

PHILANDER (G.). Cannelure antique, I, 89. — Chapiteau toscan, I, 314. — Proportion des ordres superposés, I, 116. — In decem libros Vitruvii... de architectura annotationes, 1544, I, 84, 89 ; III, 49.

PHILIPPE Ier, roi de France. Travaux, I, 176, 181.

PHILIPPE - AUGUSTE. Clôture du cimetière des Saints-Innocents, I, 193. — Travaux à Notre-Dame de Pa-

ris, I, 176 ; à l'Hôtel-Dieu, I, 180 ; au Vieux-Louvre, I, 173-174. — Donjon de son château à Rouen, I, 230.

PHILIPPE III LE HARDI. Élève les croix de pierre sur la route de Saint-Denis, I, 171.

PHILIPPE IV LE BEL. Travaux à l'abbaye de Poissy, I, 215.

PHILIPPE V d'Espagne, IV, XL, 252 ; VI, 37.

PHOCÉENS. Constructions, VII, 190.

PICARD. Astronome. Missions, II, XXV, XXVII.

PICARD. Élève, VII, 99. — Aspire au prix d'émulation de mars 1764, VII, 171. — Admis à concourir en 1763, VII, 145 ; esquisse au concours de 1765, VII, 214.

PICARDIE. Visite de Franque, IX, 369. — Mode de construction spécial, I, XXVII, 82. — Pierre à bâtir, I, 82. — Usage du sable de mer, II, 234.

PICAULT. Procédé de rentoilage des tableaux, VI, XXXIII, 69-71.

PICHON. Prix d'émulation de mai 1783, IX, 103.

PICHOT. Admis à concourir en 1783, IX, 103 ; en 1788, IX, 226.

PICOT. Force des cintres, VI, 4.

PIE II. Pape, II, 42.

PIE IV. Pape. Transforme en église une partie des thermes de Dioclétien, I, 290.

PIÉMONT (sous-lieutenance du régiment de), I, XXXIII.

PIERRE (saint). Image, III, 328.

PIERRE LE GRAND. Transport du piédestal de sa statue, VIII, 245-246. — Règne, VII, 326.

PIERRE (Jean-Bapt.-Marie). Peintre. Associé libre le 18 mars 1776, VIII, XII, XIV, 261. — Maladie, IX, 129. — Annonce de son décès à la séance du 18 mai 1789, IX, 249, 250, 251. — Ses élèves, VIII, 305, 365 ; IX, 75. — Observation dans l'affaire Mique, VIII, 321, 324-330. — Transmet les envois de Rome, IX, 214. — Décore un plafond à Saint-Cloud, VIII, 18. — Cit., VIII, 287.

PIERRE de Montereau. Constructions et tombeau, I, 192.

PIÈTRE (Henri). Contrôleur des Bâtiments de la maison d'Orléans. Demande l'examen de certains de ses ouvrages, VIII, 277.

PIGAGE (Nicolas). Né en 1720, mort en 1796. — Notice biographique, VII, XXII-XXIII. — Admis à concourir en 1745, VI, 26, 36 ; en 1746, VI, 49 ; médaille en 1746, VI, 58. — Candidat à la Correspondance, VII, XIX, XX, 5-6, 63 ; élu le 26 juill. 1763, VII, 149 ; remercie, VII, 162. — Correspondances diverses concernant ses travaux, VIII, 246, 366 ; IX, 4, 92, 220. — Lettre annonçant son projet de livre sur les jardins anglais, IX, 33. — Lettre annonçant un mém. sur les pierres des bords du Rhin et du voisinage, VIII, 330-331, 338-340. — Galerie électorale de Dusseldorf. Bâle, 1778, VII, XXIII ; offre d'un ex., VIII, 343. — Lettre sur les jardins dessinés par lui [à Schwetzingen?], IX, 52.

PIGALLE. Sculpteur. Achève la statue équestre de Louis XV, VI, 191.

PIGANIOL DE LA FORCE. Description de Paris, 1742, VII, 324, 325 ; de la chapelle de Versailles, 1711, II, 174.

PILAT (le mont). Aqueduc, VII, 58-59.

PINARD (Jean). Reçoit un encouragement en 1722, IV, XVI, 254. — Aspire au prix en 1723, IV, 266 ; 1er prix le 6 sept. 1723, IV, XVI, 273. — Rédige le ms. du Cours d'architecture de Desgodets, III, 300 ; IV, XVII, 231, 351-352 ; V, 17, 27.

PINDARE. Comparé avec Homère, par Blondel, I, XXVI.

PINEAU père (Dominique). Sculpteur. Adresse, VII, 273.

PINEAU (Nicolas - François). Né à Paris. — Prix d'émulation de janv. 1767, VII, 273 ; d'avril 1770, VIII, 74. — Admis à concourir en 1767, VII, 277 ; en 1769, VIII, 48 ; en 1770, VIII, 76.

PINOT (Edme). Admis à concourir en 1754, VI, 220 ; mention en 1754, VI, 227.

PIQUET ou Piquel (Nicolas). Élève, VIII, 225. — Prix d'émulation de janv. 1775, VIII, 211.

PIRANESI. Examen de différentes estampes, VI, XXXI, 224. — Œuvres, VII, XLIII, 165 ; IX, XXVI. — Catalogue raisonné de son œuvre, par Focillon, 1918, VI, 225.

PIRMIL. Village, IV, XLVIII, XLIX. — Tour, IV, 53. — Voir aussi : Nantes, Ponts de P.

PISANI (comte). Maison, II, 302.

PISE. Tour penchée, III, 326.

PITROU (Robert). Inspecteur général des ponts et chaussées. Né en 1684, mort en 1750. — Pont de Blois, IV, 120. — Offre par son fils de son Recueil de différents projets d'architecture, de charpentes et autres concernant la construction des ponts, rédigé par le sr Tardif, 1756, VI, 264.

PIZZONI. Architecte. Plan pour l'église Saint-Jean de Liége, VI, 195-198.

PLAISANCE. Église Saint-Augustin, VII, XXII, XXXVII, 67-68, 113, 121-122, 127-131 ; VIII, XIII, 72-73.

PLATON, II, 222, 261.

PLESSIS-TOURNELLES. Naissance d'artiste, VIII, 55, 82.

PLINE l'Ancien. Histoire naturelle, III, 321. — Proportion des colonnes, I, 126. — Temple d'Éphèse, III, 321-323. — Extraits sur le Panthéon de Rome, II, 28-30.

PLINE le Jeune. Lettre à Gallus sur sa villa de Laurentum, II, 301 ; IV, 11.

PLUYETTE. Mort en 1769. Candidat à la 2e classe en 1758, VI, 311 ; présenté pour la 2e classe en 1758, VI, 319 ; promu le 15 mars 1758, VI, 320, 321. — Annonce de son décès à la séance du 13 févr. 1769, VIII, XI, 41, 42. — Élèves, VII, 16, 99, 188 ; VIII, 7. — Signe la liste des élèves de mai 1762, VII, 100. — Rapport sur la pompe du sr Jacquet, VII, 153-154. — Construit la fontaine de la place

Saint-Louis à Versailles, VII, XI.

POERSON. Directeur de l'École de Rome, IV, XXI.

POESTUM. Ruines, VII, XII, XLIII, 191 ; VIII, 118 ; IX, XXVI. — Les Ruines de P., par T. Major, 1768, VIII, 242. — Suite de plans, coupes... de trois temples antiques... dessinés par J.-G. Soufflot et mis au jour par G.-M. Dumont, en 1764, VII, 191 ; VIII, 47.

POGGIO-REALE (château de). Imité par Serlio, III, 144.

POILLY (DE). Mesures et relevés de l'église de Toussaint d'Angers, VII, 189.

POILLY, IV, 289.

POILVERT. Voir : Pollevert.

POISSON (Antoine). Son décès, VI, 223.

POISSY (Simon et Osmond de). Voir : Simon de Passi.

POISSY. Abbaye, visite de l'église, I, 215. — Couvent des Dames religieuses de Saint-Louis, restauration de R. de Cotte, IV, XL. — Église, visite, I, 215. — Pont de J. Gabriel, IV, XXXI.

POISUOLO. Voir : Poizzuolo.

POITEVIN. Mort fin 1719 ou début 1720. — Académicien de 2e classe en 1718, IV, XX. — Annonce de son décès à la séance du 8 janv. 1720, IV, 187, 188, 193. — Dessin du pont de Châteauneuf-sur-Cher, II, 79 ; de Hennebont, II, 129 ; de La Charité, II, 105-107, 115, 116, 117 ; de Pirmil à Nantes, II, 79, 80. — Cit., II, XII ; IV, XII.

POITIERS (Diane DE). Chapelle d'Anet, I, 239. — Tombeau, ibid.

POITIERS. Intendant, II, 127.

POITOU. Carrières, I, 327.

POIX (Jeanne DE). Épouse Antoine Le Paultre en 1648, I, XXXVI.

POIZZUOLO. Villa de Giov. Cornaro, I, 318 ; II, 305.

POLA. Arc chez Blondel, III, 36 ; chez Serlio, III, 139. — Temple de Diane, III, 126 ; de Rome et d'Auguste chez Palladio, I, 73 ; III, 126. — Théâtre, chez Palladio, II, 331 ; chez Serlio, III, 135.

POLDO D'ALBENAS. Discours historial de l'antique... cité de Nîmes..., 1591, III, 216. — Le pont du Gard, III, XII, 219-220.

POLIGNAC (cardinal DE). Ambassadeur à Rome. Collection et palais, VI, 99.

POLLET. Admis comme élève, IX, 308.

POLLEVERT (Jean-Louis). Aspire au prix en 1735, V, 167 ; en 1736, V, 190 ; 2e prix en 1735, V, 177 ; 1er prix le 19 nov. 1736, V, 199 ; candidat à la 2e classe en 1756, VI, 279 ; en 1758, VI, 311.

POLOGNE. Guerre de Succession, médaille commémorative, V, 152, 240.

POMPADOUR (Mme DE). Architecte, VI, XXIII. — Chapelle funéraire, VII, 21. — Château de Bellevue, VI, XXI. — Décès, VII, 171. — Son frère, VI, X, LI. — Cit., VI, 287.

POMPÉE. Colonne, III, 206. — École. Voir : Ivry.

POMPÉI, VII, XLIII ; IX, XXVI.

PONCET. Mém. sur les granits et porphyres des Vosges, IX, 177, 183, 186.

PONT-CHARREAU, II, 138.

210 · TABLE DES PROCÈS-VERBAUX

PONTCHARTRAIN (Jérôme DE). Voir : Phélypeaux de Pontchartrain.

PONT-DE-L'ARCHE. Visite, I, 224 ; V, 22. — Réparation du pont, II, 130.

PONTGOUIN, II, XXXIV.

PONTOISE. Carrières des environs, visite, I, 195, 198, 201-205, 333 ; V, 21 ; Suger en emploie la pierre à Saint-Denis, I, 190, 203. — Églises Notre-Dame et Saint-André, visite, I, 202. — Porte Chapelet, I, 203.

PONT - SAINT - ESPRIT. Pont, II, 41-42, 128.

PONT - SAINTE - MAXENCE. Modèle du pont, IX, 141.

PONT - SUR - YONNE. Pont, II, XXXIII, 96, 114-115.

PONT-VEL. Église, VII, XXI, 96.

PONTS ET CHAUSSÉES. Conseil supérieur, II, XXXII ; contrôleur général, VII, 227 ; VIII, 27, 278 ; directeur, VIII, 58 ; ingénieur, I, XXXIV, XXXV ; II, XII ; IV, XXXI, 120, 316 ; VII, XII, XIX, 2, 6, 40, 141, 194 ; VIII, 182, 190, 197, 374 ; IX, 223, 304 ; inspecteur, II, 92 ; IV, 120 ; VIII, 55 ; IX, 134 ; maître-général, I, XXXI ; médaille, VII, 302.

POPPELSDORF. Château. Travaux de R. de Cotte, IV, XL.

PORTI (comte J.). Maison à Vicence, IX, 306.

PORTICO. Élève. Modèle pour un prix, III, 179.

PORT-ROYAL. Église construite par A. Le Paultre, I, XXXVI.

PORTUGAL. Voyage de Mansart de Lévy, VI, XXIII. — Affaire de Vigo, V, 329.

PORT-VENDRES. Travaux de de Wailly et obélisque, IX, 45.

PORT-VILLIERS. Port des carrières de Vernon, I, 216-218.

POSIDONIA. Voir : Poestum.

POTAIN (Nicolas-Marie). Mort en 1791. — Aspire au prix en 1738, V, 230, 240 ; 1er prix le 24 nov. 1738, V, 240 ; candidat à la 2e classe en 1755, VI, 245 ; promu le 10 déc. 1755, VI, XXIII, 247, 290 ; brevet, VI, 293 ; présenté pour la 1re classe en 1762, VII, 103 ; promu le 19 juin 1762, VII, 106. — Annonce de son décès à la séance du 10 janv. 1791, IX, 289, 299. — Ses élèves, VIII, 188, 306. — Mém. relatif au concours du grand prix, VIII, 186, 204. — Conditions et examen des esquisses pour 1784, IX, 130, 131, 137.

Divers :

Emploie le stuc de Clerici, VII, 21. — Dessins pour une salle de spectacle, IX, 368. — Accuse Dupuis de plagiat, VII, XXX, 131. — Travaux et dessins concernant les ordres superposés, VII, 1-2, 3, 5, 9. — Présente son Essai en forme de traité sur la construction (Traité des Ordres), VII, XXXVIII, XLII, 87, 89, 98, 108-112, 237-238, 241-244 ; offre le volume paru, VIII, 3. — Projet pour l'archevêché de Rennes, VII, 139 ; pour la cathédrale, VII, 114, 138-139, 217 ; pour l'église de Saint-Germain-en-Laye, VII, 217. — Examen des procédés de soudure du

sʳ Thibaut, VI, 264, 268-269 ; de l'ouvrage de B.-A. Vittone, VII, 102. — Cit., VII, 315, 316 ; IX, 56.

POTERLET. Architecte. Plans des travaux du chœur de la cathédrale de Châlons, VIII, 150.

POUCHEL. Voir : Poncet.

POUDIS. Architecte à Pau. Lettre relative à des projets de l'évêque de Lescar, IX, 85-86. — Projets d'une église à Pau, IX, 207.

POUILLY. Canal, IV, 316 ; V, 14, 15.

POULPRY (Mˡˢᵉ DE). Marbres de ses carrières, IX, 186, 189, 190.

POUSSIN (Nic.). Peintre. Lié avec A. Félibien, I, XLVIII. — Dessins d'après lui, IX, 346. — Cit., IV, XLII.

POUX (Landry). Affaire de la serrure soi-disant commandée par la Reine et de son règlement, IX, 227, 228-229, 230-232, 237, 240, 249.

POUZZOLE, II, 234.

POYET (Bernard). Né à Dijon vers 1742. — Élève de Regemorte, VII, XIII. — Prix d'émulation de déc. 1766, VII, 271, 272 ; d'avr. 1767, VII, 289 ; de juin, VII, 301, 302 ; d'août, VII, 319 ; VIII, 40. — Admis à concourir en 1768, VIII, 16 ; 2ᵉ prix en 1768, VIII, 30, 36 ; candidat à la 2ᵉ classe en 1781, IX, 58 ; en 1784, IX, 124 ; en 1785, IX, 169 ; en 1786, IX, 181 ; promu le 9 mai 1786, IX, 183. — Projet pour placer l'Opéra à la place Louis XV, IX, 242. — Certificat en faveur

du mastic dn sʳ Paroisse, IX, 307.

PRADO (H.). In Ezechielem explanationes. Voir : Villalpando (J.-B.).

PRASLIN (duc DE). Voir : Choiseul.

PRAVILLE. Carrière, près Voves, I, 243.

PREDEL ou Pretel (Laurent). Élève, VIII, 189, 226.

PRÉMONTRÉ. Abbaye. Projets d'église, IX, 163, 165, 179, 184, 275, 371 ; coupe de son escalier, IX, 326 ; renseignements de M. Lucien Broche, IX, 371.

PRENESTE. Voir : Palestrina.

PRETEL. Voir : Predel.

PRÊTRES DE LA DOCTRINE CHRÉTIENNE. Projets d'église (indéterminé), IX, 335.

PRÉVÔT. Entrepreneur. Travaux de la place Vendôme, II, XXIII.

PRÉVOST (abbé Jean). Sous-secrétaire de l'Acad., III, XXIII, 162.

PRIEUR. Propose de graver les dessins des grands prix, IX, 202, 203, 208-209.

PRIMATICE (Fr. Primaticcio, dit le). Peintre et architecte. Né en 1490, mort en 1570. — Décore le logis de M. de Vaurouy à Paris, I, 171. — Cit., I, 125.

PROTAIN (Jean - Constantin). Élève de Trouard, IX, 276. — Prix d'émulation de mars 1791, IX, 300 ; de déc., IX, 311 ; de févr. 1793, IX, 337. — Admis à concourir en 1791, IX, 303 ; en 1792, IX, 322 ; en 1793, IX, 342.

PROVENCE (comte DE). Architecte, VIII, 124.

PROVENCE. Administrateurs,

IX, 163, 164. — Antiquités, VII, 141. — Missions de Blondel, II, xxv. — Bois, qualité, I, 84. — Canal, VIII, 121. — Cloisons de plâtre, IX, 202. — Voyages de Franque, IX, 370. — Gouverneur, IX, 138. — Missions et travaux de P. Mignard, I, xlvi, xlvii. — Voûtes en brique à plat, VI, 75.

Provins, II, 107.

Prusse. Visitée par Blondel, I, xxiii.

Psyché. Histoire aux vitraux d'Écouen, I, 197-198.

Puisieux. Présenté pour la 2e classe en 1776, VIII, 277 ; en 1777, VIII, 315.

Pymandre. Interlocuteur supposé de A. Félibien, I, l.

Pythagore, II, 222, 261.

Q

Quarenghi (G.). Travaux en Russie, IX, 120. — Delle opere e fabbricche di G. Q., 1821, IX, 120.

Quatremère de Quincy. Architecture dans l'Encyclopédie méthodique, II, xiii. — Dictionnaire historique d'architecture, 1832, III, 307. — Rapport sur l'état du Panthéon français, IX, 336. — Réfutation de la seconde suite aux considérations sur les arts, 1791, IX, 308 ; réponse de Renou, ibid.

Quéau. Aspire au prix en 1728, V, 28 ; en 1729, V, 50 ; en 1730, V, 56 ; accessit en 1728, V, 34 ; 3e médaille en 1729, V, 56.

Quérard. La France littéraire, 1827, IX, 241.

Querret. Candidat à la Correspondance, VII, xx, 6, 63.

Quillet. Aspire au prix en 1736, V, 190 ; en 1737, V, 207.

Quinquet. Lampe, IX, xvi, 125.

R

RADEL. Juré-expert. Mém. sur l'établissement d'une manufacture d'ouvrages de granit, porphyre, jaspe et autres pierres précieuses de France, VIII, 252.

RADEL (Louis-François). Né à Paris le 22 juill. 1739. — Élève, VII, 99. — Admis à concourir en 1759, VII, 16, 22 ; en 1760, VII, 44 ; en 1761, VII, 72, 79 ; en 1762, VII, 101 ; en 1763, VII, 145 ; accessit en 1763, VII, 153.

RAFANEAU. Manufacturier, VII, 202.

RAGONA (Girolamo). Plan de Palladio pour sa maison, I, 47 ; II, 8.

RAIMOND. Aspire au prix en 1735, V, 167.

RAIMOND (Jean-Arnaud). Né à Toulouse en 1741, mort le 28 janv. 1811. — Élève, VII, 99. — Candidat au prix d'émulation de nov. 1763, VII, 163 ; de mars 1764, VII, 171 ; de mai, VII, 180 ; de juin ; prix en juin 1764, VII, 182 ; en févr. 1765, VII, 204 ; en mars 1765, VII, 208. — Admis à concourir en 1763, VII, 145 ; esquisse au concours de 1765, VII, 214 ; admis en 1766, VII, 249 ; 1er prix le 1er sept. 1766, VII, 262. — Va en Italie, VIII, 198. — Présenté pour la 2e classe en 1781, IX, 58 ; en 1784, IX, 124 ; promu le 23 févr. 1784, IX, 125. — Maladie, IX, 238.

Affaires intérieures académiques :

Conditions du grand prix et examen des esquisses de 1784, IX, 130, 131, 137 ; de 1788, IX, 225-226, 234-235 ; de 1789, IX, 246-248, 255-256. — Désignation du monument à étudier par l'élève envoyé à Rome, IX, 237, 239, 259-260, 261. — Revision des statuts, IX, 272.

Divers :

Dessins d'église, IX, 368. — Examen du projet du s^r Lucotte pour la taille de la pierre hors Paris, IX, 206-208 ; de l'état du Pont-Rouge à Paris, IX, 264-266, 271. — Mém. sur les aqueducs de Rome, VIII, 198. — Comparaison du dôme de la Salute (Venise) avec celui des Invalides, VIII, 214-215 ; IX, 87.

RAINALDI (Carlo). Architecte. Né en 1611, mort en 1691. — Sainte-Agnès et Saint-André-de-la-Vallée à Rome, III, 301-302.

RAMBOUILLET, I, 245 ; II, XXXIV.

RAMÉE. Édite le Traité de la coupe des pierres de J.-B. Delarue, V, 4.

RAMILLIES, IV, 179.

RANCHIN, IV, 126, 129.

RANFIN (Louis - Étienne). Élève, VI, 62.

RAPHAEL (R. Sanzio). Né en 1483, mort en 1520. — Dessins d'après, IX, 346. — Plan pour Saint-Pierre de Rome, III, 132. — Chapelle Chigi à Sainte-Marie-du-Peuple, VI, 196. — Corniches de sa maison à Rome, I, 86.

RATTE. Maire de Montpellier. Question à l'Acad. sur les honoraires d'un architecte, VIII, 361-362.

RAUCOUX. Médaille commémorative de la bataille, VI, 87.

RAVASCHIERA. Palais à Gênes, II, 300.

RÉ (île de). Visitée par Blondel, I, XXIV. — Usage du sable de mer à ses fortifications, I, 82.

RÉAU (Louis). L'art français sur le Rhin, 1922, VIII, 382 ; IX, 6. — L'expansion de l'art français moderne, 1924, IX, 348. — Le sculpteur Falconet, 1922, VIII, 246.

REBOURS (Jean-Bapt.). Élève, VI, 40.

REBOURS (J. - B. - Antoine). Élève, VI, 41.

RECOURRE (D.). Voir : Barbiere (Domenico del).

RECOUVRY (D.). Même renvoi.

REDON. Navigabilité de la Vilaine, V, 17.

REGEMORTE (DE). Père. Lettre au sujet du pont de Blois (1717), IV, 121-123.

REGEMORTE jeune (DE). Mort en 1774. — Notice biographique, VII, XIII. — Présenté pour la 2e classe en 1764, VII, 187 ; promu le 3 janv. 1765, VII, 193, 194. — Annonce de son décès à la séance du 25 avr. 1774, VIII, XI, XIV, 191, 195, 196. — Éloge par David-Leroy, VIII, 243. — Élèves, VII, 271, 319 ; VIII, 30, 36, 138, 166, 189, 226. — Travaux du pont de Moulins, VII, XXVIII, 28-29, 196-199 ; VIII, 95-96, 122 ; IX, XVI, 44. Description du nouveau pont de pierre construit... à Moulins, 1771, VII, 196-197. — Examen du système de M. de Villemaire pour construire des bâtiments en état de résister aux tremblements de terre, VII, 200. — Cit., VI, XXXV ; VII, 268, 315, 316 ; IX, XXXI.

REIMS. Arc de triomphe [porte de Mars], I, 158 ; II, 33. — Archevêché, plans de R. de Cotte, IV, XXXIX. — Cathédrale, projet de restauration par Mansart de Lévy, VI, XXV. — Officiers municipaux, VI, 102. — Description de la place Louis XV, par le sr Le Gendre, 1765, VIII, 54-55.

REIZLER. Archiviste. Collabore à la copie du ms. des Procès-verbaux, III, V ; IV, III ; IX, XI.

RÉMOND (le sr). Mém. sur le plomb laminé, V, 74.

RENAISSANCE. Époque, III, 238.

RENARD. Die Bauten der Kurf. Jos. Clemens und Clemens August von Köln, 1876, IV, XL.

RENARD (Jean - Bapt. - Augustin). Né à Paris vers

1745, mort en 1807. — Aspire au prix d'émulation de janv. 1764, VIII, 168 ; de mars, VII, 171 ; de mai, VII, 180 ; de juin, VII, 182 ; d'août, VII, 187 ; de déc., VII, 191 ; de févr. 1765, VII, 204 ; de mars, VII, 208 ; de juin, VII, 220 ; de juill., VII, 228 ; prix en juin 1769, VIII, 40 ; en juill., VIII, 58 ; en mars 1770, VIII, 97 ; en août 1771, VIII, 107. — Aspire au prix spécial de janv. 1772, VIII, 113 ; prix, VIII, 113. — Esquisse au concours du grand prix en 1765, VII, 214 ; admis à concourir en 1770, VIII, 76 ; en 1771, VIII, 101 ; en 1772, VIII, 133 ; 2e prix en 1772, VIII, 138, 156 ; 1er prix le 6 sept. 1773, VIII, 168. — Séjour à Rome, VIII, 334 ; IX, 4, 124, 361 ; envois de 1777 (projet de Palais de Justice), VIII, 335 ; de 1779 (projet de palais pour le conclave), VIII, 375, 376 ; en réclame la restitution, IX, 17. — Présente des études de Rome, IX, 4. — Candidat à la 2e classe en 1781, IX, 58 ; en 1784, IX, 124 ; en 1785, IX, 169 ; en 1786, IX, 181 ; en 1791, IX, 297 ; en 1792, IX, 317 ; promu le 10 mars 1792, IX, 318. — Conditions du grand prix et examen des esquisses de 1792, IX, 321-322, 331 ; de 1793, 340-341. — Offre un ex. de ses Fragments d'architecture, IX, 118. — Ornements d'architecture, IX, 118, 124, 140. — Lit un mém. concernant ses projets pour la Grande Galerie, IX, 171, 174, 361. — Vues du théâtre de Taormine, IX, 233.

RENNES. Travaux de M. Abeille, V, 291. — Archevêché, projets, VII, 139. — Cathédrale, projets et travaux, I, 68 ; VII, 114, 138-139, 217 ; IX, xvi, 144, 145-146, 148, 150-151. Église de Toussaints, IV, xxxix. — Évêque, IX, 145. — Incendie, médaille commémorative, V, 304, 331, 350 ; VI, 37, 58, 168, 186, 207 ; VII, 185. — Collaboration de Le Saché aux travaux de Gabriel, V, 352. — Contestation sur un cas de mitoyenneté, IV, 313, 314 ; V, 152-153, 259. — Monnaie, travaux de C. Thevenon, IV, 44. — Place du Palais, travaux de J. Gabriel, IV, xxxi. — Statue du Roi, médaille commémorative, VI, 242. — Navigabilité de la Vilaine, V, 17.

RENOU (Antoine). Lecture de sa réponse à Quatremère de Quincy sur des questions académiques, IX, 308. — Lettre demandant la lecture de son Adresse à l'Assemblée nationale relative aux patentes pour les lettres, les sciences et les beaux-arts, IX, 320-321 ; offre de l'imprimé, IX, 325. — Trad. de C.-A. Dufresnoy, l'Art de peindre, IX, 253.

REQUÊTES (maître des), V, 222.

RETRONE. Pont, III, 38.

REUFFET ou Rufflet (Pierre). Élève, VIII, 183, 188, 225. — Prix d'émulation de

mars 1775, VIII, 220. — Admis à concourir en 1777, VIII, 301 ; en 1778, VIII, 351.

RÉUNION des Sociétés des Beaux-Arts des départements, I, xv ; V, 311 ; VI, xxv, 312 ; VII, 21.

REVERCHON. Prix d'émulation de déc. 1785, IX, 171 ; d'avr. 1787, IX, 203 ; de janv. 1788, IX, 218 ; d'avr., IX, 224 ; de déc., IX, 238.

REVETT (Nic.). Antiquities of Athens, 1767, VIII, 12, 14.

RÉVOLUTION. Œuvres de l'époque, IX xxviii.

REVUE DE L'ART ANCIEN ET MODERNE, III, 300 ; IV, 231.

REVUE DE FRANCE, IX, xiii.

REVUE HISTORIQUE ET NOBILIAIRE, IV, xxv.

REVUE DU MIDI, I, xlviii.

REVUE DE L'HISTOIRE DE VERSAILLES, I, xxxviii ; VII, 21.

RHIN. Allégorie, I, xxix. — Passage, I, xxx. — Pierres et spécialement trass de ses bords et du voisinage, VIII, 331, 338-340. — Pont de César, I, 271 ; II, 51 ; III, 97. — L'art français sur le Rhin, par L. Réau, 1922, VIII, 382.

RHÔNE. Département, VII, 202.

RHÔNE. Fleuve. Affluent, III, 272. — Embouchure, IV, 237. — Moulin, II, 157. — Pont, II, 41. — Régularisation. IV, 139 ; VII, xxiv. — Voir aussi : Lyon.

RIBÉMONT (Aisne ou Somme). Naissance d'artiste, I, xxiii.

RICHARD (Alexandre). Élève, VIII, 189, 226. — Aspire au prix d'émulation de févr.

1764, VII, 169. — Admis à concourir en 1775, VIII, 227.

RICHELET. Dictionnaire, 1679, II, xiii.

RICHELIEU (cardinal DE). Art français de son temps, II, xiii. — Hôtel, I, 2. — Mausolée, VI, 99.

RICHELIEU (duc DE), III, xv ; VII, 127.

RICHELIEU. Château. Dessins relevés par ordre de M. de Marigny, IX, 208.

RICHEMOND. Château, III, 280-281.

RIEUX. Nommé professeur de trait, IX, 308, 323, 326, 328 ; réclame sa solde, IX, 344.

RIGAUD. Aspire au prix en 1728, V, 29.

RIGAUD (Hyac.). Peintre, II, 67.

RIMAIGNE. Ardoises, IX, 252, 253, 254, 262.

RIMINI. Pont antique, III, 98.

RIQUET. Canal de Languedoc, IV, 258.

RITTER. Architecte de Berne. Candidat à la correspondance, VII, xix, xx, xxiv, 4, 63, 65 ; élu, VIII, 68 ; remercie, VIII, 71. — Travaux à l'église de Guebwiller, VIII, 5. — Présente son Mém. abrégé et recueil de quelques antiquités de la Suisse, IX, 237, 243, 244. — Projet de temple, VIII, 17.

RITTER. Prix d'émulation de juill. 1792, IX, 328. — Admis à concourir en 1792, IX, 322 ; en 1793, IX, 342.

RIVET. Notice biographique, IV, xx. — Signe en 1709, III, 310. (Peut-être à identifier au suivant ?)

RIVET. Mort en nov. 1720. —

Académicien de 2ᵉ classe le 31 mars 1718, IV, XII, XX, 154. — Annonce de son décès à la séance du 25 nov. 1720, IV, 208, 209, 218.

RIVIÈRE (le P.). Traduction de Taylor (Brook), Nouveaux principes de perspective, IX, 109.

RIVOTTE. Écluse à l'embouchure du canal de Briare, IV, 257.

ROBBIA (Girol. della). Ses terres cuites au château de Madrid, I, 246.

ROBERT II. Roi de France, I, 176, 181, 193, 240, 330.

ROBERT. Ascension (première) au gaz d'hydrogène, IX, 178.

ROBERT (Hubert). Peintre. Tableau représentant le décintrement du pont de Neuilly, VIII, 202. — Fêtes de la Fédération à Paris, IX, 274. — Vues de la Grande Galerie du Louvre, IX, 358. — H. R. et son temps, par Gabillot, 1895, IX, 166, 358. — Cit., VII, XII, XIII.

ROCHEFORT. Travaux de F. Blondel, I, XXIV, XXVII ; corderie, III, 42 ; VIII, 98 ; porte, II, 33. — Voyages et mission de Blondel, par Lucas, 1895, I, XXIII. — Dangers d'incendie, II, 9. — Insalubrité, I, 79. — Plans de Clerville, I, XXIV. — Scierie du sʳ Macary, mue par la force de la marée, VII, 222-227. — R. en 1672 et 1673, par L. Delavaud, I, XXIII. — Histoire, par Fleury et Viaud, 1867, I, XXIII.

ROCQUENCOURT. Expérience des procédés de La Faye pour la préparation de la chaux, VIII, 308.

ROHAN (cardinal DE). Demande avis pour le château de Saverne, IX, 76.

ROHAN-CHABOT (DE). Hôtel, travaux de Leroux, IV, XXVIII.

ROLAND. Entrepreneur. Travaux du Palais de Justice à Paris, IX, 105, 107.

ROLLANVEAUX (DE). Montre des échantillons de ses verres blancs, VI, 182.

ROLLIN (Antoine-Guy). Élève, VI, 63.

ROLLOT DE SIVRY. Précis historique (Saint-Germain-en-Laye), VI, 352.

ROMAIN (le Frère). Architecte. Né en 1648, mort en 1735. — Restaure l'abbaye de Jouy, II, 107-108. — Dessin pour le pont de Moulins, II, 224. — Pont Royal à Paris, II, 92, 125. — Demande avis pour un moulin sur le Rhône, II, 157.

ROMAIN (J. - B. - Philippe-Aaron). Admis à concourir en 1788, IX, 226 ; en 1789, IX, 235 ; 2ᵉ prix en 1788, IX, 235.

ROMAINS. Architecture, V, 187. — Bains, IX, 27. — Bornes milliaires, IV, XLIII. — Chemins : Histoire de N. Bergier, 1622, III, 95 ; IV, 243. — Eaux, adductions, VII, 59. — Édifices, III, 192 ; IV, XLV, 15. — Ordres connus d'eux, I, 28. — Ponts. Voir : Gautier, Traité de la construction des ponts et chaussées. Voûtes, IX, 156.

ROMANELLI. Dessins, IX, 343.

ROME. Acad. de France à, voir à ce mot. — Aiguille

de Saint-Pierre, voir : Obélisque, du Vatican. — Antichita (I vestigi dell'), voir : Monuments. — Aqueducs, Traité de Frontin, II, XXXVIII, 310 ; Mém. de Raimond, VIII, 198 ; sujet d'études pour les élèves, IX, 239-240. De l'Aqua Claudia, III, 37. Des Empereurs, IX, 267. — Arcs antiques, III, 318. Des Argentiers, voir : des Changeurs. Des Changeurs, chez Blondel, III, 37 ; chez Desgodets, II, 289 ; III, XIX, 139 ; chez Serlio, III, 139. De Constantin, chez Blondel, III, 7, 37 ; chez Desgodets, II, 289, 290 ; VI, 54-55 ; chez Serlio, III, 139 ; cit., IV, 38 ; VII, 76 ; IX, 367. Des Orfèvres, voir : des Changeurs. De Septime-Sévère, chez Blondel, III, 7, 37 ; chez Desgodets, II, 288-289 ; chez Serlio, III, 139 ; cit., II, 340 ; IV, 38 ; IX, 367. De Titus, chez Blondel, III, 36 ; chez Desgodets, II, 288 ; chez Serlio, III, 138-139 ; cit., I, 28, 29 ; II, 257 ; III, 37, 109, 250, 251 ; IX, 367. De Trajan, II, 289. — Aventin, II, 286. — Avenue Princesse-Margherita, III, 108.

Bains, voir : Thermes. — Baptistère de Constantin ou du Latran, construction, I, 308 ; chez Palladio, III, 112. — Basiliques. Antique (indéterminée), chez Serlio, III, 137. D'Antonin, chez Desgodets, II, 286-287, 335 ; IV, 28 ; IX, 329 ; dessin montré par Garnier d'Isle, VI, 43. De Caius, voir : Galluce. De Constantin, voir : Temple de la Paix. De Lucius, voir : Galluce. Saint-Jean de Latran, I, 308 ; II, 283 ; son obélisque, III, 205. Saint-Pierre (l'ancienne), I, 206. Saint-Pierre (actuelle), attique, II, 151 ; baldaquin, VIII, 11 ; construction de Bramante, III, 132-133 ; colonnade, II, 165, 320 ; III, 14 ; VI, 163 ; analyse par Combes, IX, 195 ; architettura di S. P. de Costaguti, 1684, V, 234 ; dessin de l'intérieur, par Després, IX, 85 ; dôme, II, 51-52 ; III, 26 ; VI, 196 ; ses mesures, chez Desgodets, III, 300-302 ; V, 235 ; sa coupe par Marteau, V, 235 ; ses menaces de ruine, III, 41 ; détail des plus intéressantes parties d'architecture..., par G.-P.-M. Dumont, 1763, VII, XI, 112, 115-116, 157 ; divers morceaux d'architecture par le même, VII, 132 ; id., 2e partie, VII, 186, 189-191 ; façade, III, 318 ; modèle, III, 333 ; mosaïque du parvis, III, 327-328 ; obélisque (aiguille de Saint-Pierre), III, 206, 328 ; son transport, VI, 165, et voir aussi : Fontana et Zabaglia ; pierre employée (travertin), IV, 54 ; plans et coupes : offerts par Daviler, I, 300 ; V, 325 ; de Marteau, V, VIII, 210, 234, 235 ; figurant à la vente de Menars, IX, 367 ; attribués à Raphaël, III, 132 ; de Soufflot, VI, 163 ; portail, II, 200, 201 ; projets, II, 231 ; projets primitifs pour la construction, par H. de Geymüller, III, 132, 133 ; sacristie, VIII, 344 ; tom-

beau d'Alexandre, VII, VIII, 12 ; voûtes, III, 390 ; machines employées par Zabaglia, VII, 27. Voir aussi : Vatican. Sainte-Marie-Majeure, façade, III, 328. — Belvédère, voir : Vatican. — Bourse, VI, 43. — Brique, IV, 43, 55.

Cacabario, voir : Portique de Pompée. — Campo di Fiore, III, 25 ; Vaccino, colonnes, III, 5, 59. — Capitole, I, 69 ; II, 13, 201, 255 ; inscription des trois colonnes voisines, III, 171. — Casa di Mario, voir : Portique de Pompée. — Castrum pretorianum, chez Palladio, III, 118. — Chefs-d'œuvre, VIII, 117. — Cirque de Maxence, voir : Castrum Pretorianum. — Colisée, chez P. Delorme, I, 142 ; II, 269-270 ; chez Desgodets, II, 290-291 ; chez Serlio, III, 136 ; son architrave, II, 313 ; ses galeries, I, 308 ; ses ordres, I, 29, 115-116 ; VII, 19, 260 ; vomitoria, IX, XXVIII ; cit., II, 255, 289 ; III, 37, 252 ; VIII, 185 ; IX, 367. — Colonnes antiques, III, 78 ; VI, 27, 92. Accouplées, III, 343. — Votives : Antonine, III, 328 ; IV, XLIII, 14 ; VII, 212. De Duilius, III, 10. De Monte-Citorio, voir : Antonine. Trajane, base et chapiteau, III, 174 ; chez Blondel, III, 10 ; examen, III, 121, 149 ; imitation, VIII, 212 ; sujet d'études pour l'élève pensionnaire de 1787, IX, 218 ; relevé de Percier, IX, 270, 271 ; chez Serlio, III, 136 ; église voisine, VI, 196. — Construc-

tion, méthodes, III, 292-293. — Corso Vittorio-Emmanuele, III, 301. — Couvent de l'Annunziata, I, 62. De Saint-Pierre in Montorio, tempietto de Bramante, I, 67 ; chez Palladio, I, 113 ; chez Serlio, III, 133. Dogana Vecchia, VI, 43.

École, voir : Acad. de France à Rome. — Édifices, voir : Monuments. — Églises. Des Catéchumènes, I, 16, 62 ; II, 285-286. Gesu, II, 32-33. Saint-André-de-la-Vallée, III, 18 ; son dôme, III, 301-302. Saint-Basile, voir : des Catéchumènes. Saint-Charles-des-Catinari, dôme, III, 302. Saint-Charles au Corso, VIII, XII, 74. Des Chartreux (Sainte - Marie - des-Anges), chez Serlio, III, 138. Saint-Étienne-le-Rond, voir : Temple de Faune. Saint-Georges au Velabrum, II, 289 ; III, 37. Saint-Jean in Fonte, voir : Baptistère de Constantin. Saint-Laurent in Lucina, obélisque, III, 205. Saint-Laurent in Miranda, voir : Temple d'Antonin. Saint - Louis - des-Français, III, 18. Saint-Sébastien, III, 118. Sainte-Agnès, chez Palladio, I, 70, 71 ; son dôme (fig.), III, 302-304. Sainte-Constance, voir : Temple de Bacchus. Sainte - Marie - des - Anges, voir : Thermes de Dioclétien et église des Chartreux. Sainte-Marie in Campo Carlo, II, 292. Sainte-Marie-l'Égyptienne, I, 65-66. Sainte - Marie - de - Lorette, VI, 196. Sainte - Marie - du - Peuple, chapelle Chigi, VI, 196. Sainte-Marie-del-Sole,

voir : Temple de Vesta. Sainte - Marie - du - Trans - tevere, chapiteau antique, avec les centres du tracé de la volute, I, 133 ; II, 28, 266. Sainte-Sabine, porte, II, 226, 274. — Églises à dômes, III, xiii, 300-301. — Entablements découverts, III, 192. — Eratio, IX, 367.

Fontaine de la place Navone, VIII, 354. De Trévi, IX, 367. — Forum, I, 64, 68 ; II, 13, 146, 288. D'Auguste, I, 62. De Nerva, voir : Place de Nerva. De Trajan, II, 292. Le Forum romain et les Forums impériaux, par H. Thédenat, 1904, I, 28. — Fragment dorique, VII, 32. — Frontispice de Néron, voir : Temple de Jupiter au Quirinal. — Travaux de Fuga, IX, 36.

Galluce. Dessins, plans et coupes, VIII, 342 ; dessin de Montano, III, 223 ; chez Palladio, III, 108, 223.

Hadrianeum, voir : Temple de Mars à la place des Prêtres.

Ile tibérine, I, 65. — Inscriptions antiques, III, 171-172.

Jardins Colonna, ruines, I, 64. De Salluste, obélisque, III, 205.

Lettres et dessins venus de, I, 105. Livres envoyés de, VII, 68.

Mausolée d'Auguste, obélisques, III, 205. — Monuments antiques de R. seuls connus des académiciens, I, lviii ; II, xliv ; III, 4 ; IX, xviii, 48. Édifices antiques dessinés et mesurés..., par A. Desgodets, 1682, voir à

Desgodets (A.). I vestigi dell antichita di R., 1612, III, 121 ; dessins, II, 155 ; gravures, VI, 163 ; cit., VI, 165, 192, 223 ; VII, 17. — Monte Citorio, colonne Antonine, III, 328 ; IV, 14. — Mortier, III, 292. — Murs, IV, 55.

Obélisques, liste, III, 205-206. De Domitien, VIII, 354. Du Vatican, III, 206, 328 ; son transport, VI, 165. Voir aussi : Fontana et Zabaglia. — Grand chemin d'Ostic, I, 271.

Palais, VI, 223. Barberini, III, 18 ; VI, 328. Des Convertendi, voir : Maison de Raphael. Des Empereurs, voir : Palatin. Farnèse, congé antique de Vespasien, III, 39 ; galerie, VII, 165 ; cit., II, 55 ; III, 18, 25. De Monte Cavallo, escalier chez Blondel, III, 46. De Monte Citorio, colonne, III, 328. De Néron, voir : Temple de Jupiter au Quirinal. Du cardinal de Polignac, VI, 99. Du Quirinal, voir : de Monte Cavallo. — Palatin, II, 289 ; IX, 367. — Palme, III, 299. — Panthéon, inexactitudes de Blondel, III, 8, 15, 33 ; phases de sa construction selon Chedanne, I, 69 ; discussion de sa date, IX, 314 ; projet de Descinne pour en lever les plans, VIII, 362, 363, 372 ; chez Desgodets, II, 277-283 ; III, 355 ; IV, 31 ; à relever par les élèves, IX, 260-261 ; chez Palladio, III, 114-116 ; IV, 30-31 ; chez Pline, II, 28-30 ; chez Serlio, III, 129 ; ses architraves, I, 112-113 ; ses autels,

III, 248 ; ses cariatides vues par L. de Montjosieu, II, 28-29 ; chapiteaux des pilastres, II, 248, 351 ; moulage d'un chapiteau conservé au Louvre, I, 139 ; II, 279 ; VI, 126 ; colonnes, II, 28-29, 267-268 ; III, 82, 332 ; V, 148, 260-261 ; VI, 83 ; fronton, II, 31 ; III, 5 ; imitation, VIII, 361 ; inscription, III, 171 ; mesures, chez Ph. Delorme et vérification, I, 139 ; II, 28 ; chez Desgodets, VIII, 20 ; chez de La Hire, III, 39-40 ; cit., III, 37 ; niches, III, 233 ; ordres, III, 59 ; corinthien, I, 97 ; II, 181, 183 ; V, 308 ; porte, II, 226, 274 ; chez Scamozzi, II, 323, 324 ; portique, chez de Chambray, III, 244 ; chez Palladio, I, 69-70 ; II, 14 ; III, 103-104 ; proportions, I, 317 ; Il Pantheon de Beltrami et Armanini, 1898, I, 69 ; II, 29 ; III, 115 ; IV, 30 ; Le Panthéon d'Agrippa, à propos de découvertes récentes, par Eug. Guillaume, 1892, I, 69 ; cit., III, XII. — Pierre, I, 82 ; II, 209 ; III, 289-290. — Place Cairoli, III, 302. Du Campo Vaccino, ruines, II, 146, 158, 183, 285 ; III, 113-114, 125 ; chez P. Delorme, I, 140 ; II, 268-269 ; III, 184-185. Giudea, III, 25. Navone, III, 302. De Nerva, ruines, chez Desgodets, II, 287. Du Peuple, obélisque, III, 205. Di Pietra, ruines, I, 67. Voir aussi : Basilique d'Antonin. Des Prêtres, voir : di Pietra. Saint-Pierre, I, 86. Sainte-Marie-Majeure, colonne, III, 328.

Des Thermes, I, 290. — Plans de Daviler, II, 55. — Pont des Quattro Capi, III, 40. Saint-Ange, III, 40. Sisto, III, 40. Antiques, chez Serlio, III, 137. — Porte entre R. et Foligno, I, 290 ; III, 34. Majeure, chez Blondel, III, 37-38 ; son obélisque, III, 205. Pia, I, 49 ; IV, 30. Sainte-Agnès, voir : Pia. Viminale. Id. — Portique d'Octavie, voir : Portique de Septimius Sévère. De Pompée, chez Serlio, III, 25, 135. De Septimius Sévère, chez Desgodets, I, 156-157 ; II, 287 ; VI, 54-55 ; son inscription, III, 171. — Pouzzolane, I, 264 ; II, 234.

Quirinal, I, 290. Voir aussi : Temple de Jupiter au Q.

Rotonde, voir : Panthéon. — République (époque de la), IX, XXVI, XXVII.

Sable des environs, III, 288. — Sacellum libertatis, II, 292. — Secrétaire d'ambassade, I, XLVIII. — Septizonium de Septime-Sévère, III, 28.

Tempietto, voir : Bramante. — Temples, IV, XLIII. Antiques et modernes, discours de Combes, IX, 195. D'Antonin et Faustine, chez Desgodets, I, 159-161 ; II, 284 ; IV, 26 ; VI, 54 ; chez Palladio, I, 63-64 ; III, 105-106 (fig.) ; IV, 26 ; son architrave, I, 212 ; son inscription, III, 171 ; cit., I, 97. De Bacchus, chez Desgodets, II, 283 ; IX, 327 ; chez Palladio, I, 70 ; III, 117-118 ; IV, 30 ; IX, 327 ; chez Serlio, III, 129 ; IX, 327 ; ses mesures, III, 39 ;

IX, 327-328 ; à relever par les élèves, IX, 327-328 ; cit., III, 37, 232. De Castor et Pollux, I, 97, 196 ; II, 255 ; III, xii. Voir aussi : de Jupiter Stator et place du Campo Vaccino. De la Concorde, chez Desgodets, I, 157-159 ; II, 285 ; IV, 35 ; chez Palladio, I, 75 ; II, 33 ; III, 128 ; IV, 35 ; ses chapiteaux, I, 135, 316 ; son inscription, III, 171 ; cit., IX, 367. De Faune, chez Desgodets, II, 283 ; ses mesures, III, 39 ; de la Fortune virile, chez de Chambray, III, 240, 241 ; chez Desgodets, II, 284 ; IV, 27 ; chez Palladio, I, 65 ; III, 109-110, 126 ; IV, 27 ; ses chapiteaux, II, 270. De Janus, chez Serlio, III, 138. De Janus Quadrifons, voir : Place de Nerva. De Jupiter au Quirinal, chez de Chambray, III, 244-245 ; chez Desgodets, IV, 26-27 ; chez Palladio, I, 64-67 ; II, 286 ; III, 106, 108, 111-112 ; IV, 26-27 ; base, II, 181 ; VI, 99. De Jupiter Stator, chez Palladio, I, 68 ; II, 13 ; III, 113-114, 119 ; IV, 29. Voir aussi : De Castor et Pollux et place du Campo Vaccino. De Jupiter tonnant, chez Desgodets, II, 285-286 ; IV, 29 ; chez Palladio, I, 69 ; II, 13-14 ; III, 114 ; IV, 29. De Mars à la place des Prêtres, chez Palladio, I, 67 ; III, 111. De Mars vengeur, chez Desgodets, II, 285-286 ; IV, 25-26, 28 ; VI, 54-55 ; chez Palladio, I, 62-63 ; III, 103, 128 ; IV, 25-26, 28 ; cit., I, 16 ; VI, 167. De la Mater Matuta, voir : de la Fortune virile. De Minerve, voir : de Nerva. De Minerve Medica, voir : Galluce. De Neptune, chez Palladio, I, 75-76 ; III, 128. Voir aussi : de Mars à la place des Prêtres. De Nerva, chez Desgodets, IV, 26 ; chez Palladio, I, 63 ; III, 104-105 ; IV, 26. De la Paix, chez Desgodets, II, 284 ; IV, 25 ; chez Palladio, I, 61-62 ; II, 10-11 ; III, 101-102 ; IV, 25 ; chez Serlio, III, 129-130 ; ses colonnes, III, 328 ; cit., IX, 367. De la Piété (prétendu), planches attribuées à Palladio, I, 76. De Saturne, voir : de la Concorde. De Sérapis, voir : de Jupiter. Du Soleil, voir : de Jupiter au Quirinal. De Vespasien, voir : de Jupiter tonnant. De Vesta, chez Desgodets, II, 283 ; IV, 27-28 ; chez Palladio, I, 66 ; II, 12-13 ; III, 110-111 ; IV, 27-28. — Théâtre de Flavius, VIII, 185. Voir aussi : Colisée. De Marcellus, chez Blondel, III, 25 ; chez de Chambray, III, 233, 236-237, 240-241 ; chez Desgodets, II, 291 ; III, 3, 233 ; chez Serlio, III, 134 ; son chapiteau dorique, et mesures diverses, I, 129-131, 315 ; II, 313 ; sa corniche dorique, I, 102, 105 ; II, 26, 265 ; son ordre dorique, II, 322, 340 ; IV, 76 ; son ordre ionique, I, 42, 105 ; ses ordres divers, II, 198 ; III, 17 ; VI, 19, 76 ; cit., III, xii. — Thermes d'Antonin et de Dioclétien, chez Serlio, III, 137. Voir aussi : T. de Caracalla. De Caius et de Lucius Cesar, voir : Galluce. De Caracalla,

à relever par les élèves, IX, 260, 261 ; III, 238. De Dioclétien, chez de Chambray, III, 236, 241, 245 ; VI, 98 ; chez Desgodets, II, 291-292 ; III, 123 ; chez Serlio, III, 137-138 ; dessins de Moreau et de J. de Wailly, VII, xxvi ; bases, II, 181, 182 ; frontons des niches, I, 290 ; grande salle et méridienne, III, 138 ; IV, 14 ; voûtes, III, 220-221 ; cit., II, 11 ; III, xii, 238. Thermae D... studio A. Perrenoti..., S. ab Aya architecto, 1658, IX, 27. De Paul-Émile, chez Desgodets, II, 292 ; cit., III, 238. — Tibre, I, 65 ; II, 226. — Traité publié à, II, 214.

Vatican. Belvédère, pied antique sur un tombeau, III, 39. Loge de Bramante, III, 140 - 141. Obélisque. Contignationes ac pontes Nicolai Zabaglia, una cum... descriptione translationis obelisci Vaticani aliorumque per... D. Fontana susceptae. R. 1743, VI, 165 ; VII, 27. Della trasportatione dell' obelisco Vaticano... da Dom. Fontana, 1590, VI, 165. Il tempio Vaticano e la sua origine di Carlo Fontana, 1680, VI, 165. Templum Vaticanum, 1694, II, 29, 51. Le Vatican et Saint-Pierre de Rome, par Letarouilly et A. Simil, 1882, II, 165, 320 ; III, 140 ; V, 234. — Vigne Mattei, pied antique sur un tombeau, III, 39. — Voie Arenula, III, 302. Labicane, I, 49. Nomentane, I, 49 ; II, 283. Prenestine, I, 49. — Voyages d'académiciens ou

architectes français à, I, lix. Voir aussi aux noms de : Antoine, Blondel (F.), Delorme (P.), Desgodets (A.), Mignard (P.), de Montjosieu, Moreau - Desproux, Soufflot (J.-G.), Soufflot le Romain, de Wailly. — Vues, par Cochin, IX, 367.

Rondelet (J.-B.). Architecte. Né à Lyon le 4 juin 1743, mort le 26 sept. 1829. — Lettre de candidature au poste de professeur de trait, IX, 321, 323. Travaux à Sainte-Geneviève, IX, 323.

Roquefort. Retable et stalles de l'église, par Pierre Mignard, I, xlvii.

Roquelaure (de). Hôtel à Paris, travaux de Leroux, IV, xxviii ; de Lassurance, IV, xxx.

Roret. Manuels, V, 4.

Rosati ou Rosato. Architecte, mort en 1620. Saint-Charles-des-Catinari à Rome, III, 302.

Rosay. Carrière, I, 243.

Rose (Arnould). Propriétaire des carrières de liais à Montrouge, I, 186-187 ; III, 69 ; a tiré de la pierre à Vernon, I, 218 ; beauté de son liais, I, 252 ; propriétaire d'une carrière au Val-des-Leus, I, 233-234.

Rose (Valentin). Éditeur de Vitruve, I, 19.

Rossignol. Présente un vernis contre la rouille, IX, 160, 161, 165.

Roubo fils. Menuisier. Travaux à la nouvelle Halle au blé à Paris, IX, 117.

Rouen. Visite des monuments et des carrières voisines, I, lvi, 225-234 ; III, 72 ; V, 22 ; VI, 201. — Ab-

baye de Saint-Ouen, visite, I, 225-226 ; V, 22 ; ses colonnes, I, 219. — Acad. des sciences, VIII, 216. — Archevêché, visite, I, 229 ; V, 22. — Artiste (naissance d'), VI, xvi ; VII, 60. — Église des Cordeliers, visite, I, 229 ; des Jésuites, I, 234 ; Notre-Dame, I, 227-229 ; Saint-Godart, I, 234 ; Saint-Lô, Saint-Maclou et Sainte-Croix, I, 226. — Fontaine de la Pucelle, visite, I, 230 ; V, 22 ; suivant le système du sʳ David, VIII, 273. — Grenier à sel, pourriture des poutres, VII, 327. — Hôtel de ville, partie de l'abbaye de Saint-Ouen, I, 226 ; plans de Lecarpentier, VI, 329 ; médaille commémorative, VI, 332. — Hôtel de La Ferté (Bourg-Theroulde), visite, I, 230 ; V, 22 ; intendant, II, 106. — Lycée Corneille, sa chapelle, ancienne église des Jésuites, I, 234. — Musée, dessin de Cochin, V, 7. — Palais de Justice, visite, I, 226-227 ; V, 22. — Parlement, I, 234. — Paroisse Saint-Pierre-du-Châtel, naissance d'artiste, VII, 60. — Place Bouvreuil, I, 230. — Pont, visite des piles de l'ancien, I, 227 ; V, 7. Boieldieu, III, 328. Projets de construction de Bruand, III, 328-329. Corneille, I, 227. Projets de J. Gabriel pour un pont de bois, V, viii, 7-8, 287. — Rue du Beffroi, I, 234 ; des Charrettes, I, 229 ; du Grand-Pont, I, 227 ; Jeanne-d'Arc, I, 229 ; de la République, I, 234 ; Restout, I, 234 ; Saint-Lô, I, 226 ; Thiers, I, 234. — Tour de la Chambre-aux-Clercs, visite, I, 226 ; de la Pucelle, I, 230 ; Saint-Romain, I, 227 ; indéterminée, I, 234.

Rougé. Sculpteur. Montre une arabesque en bas-relief en talc, VIII, 266.

Rouillé d'Orfeuil. Exemption de la milice pour l'élève Thibault, VIII, 222.

Rousseau père. Décorateur-sculpteur. Ses fils, VIII, 142.

Rousseau. Présente des dessins faits à Rome et en France, VIII, 97. — Recueil de dessins, IX, 368. (Probablement Jacques?)

Rousseau. Présente des études et projets en posant sa candidature en 1780, IX, 28, 29 ; présenté pour la 2ᵉ classe en 1780, IX, 30 ; 1784, IX, 125 ; en 1786, IX, 181. (Probablement Jacques?)

Rousseau. Sculpteur. Frère de Jacques, VIII, 142.

Rousseau (Jacques). Admis à concourir en 1755, VI, 236 ; en 1756, VI, 264 ; accessit en 1755, VI, 243. — Présente avec son frère un bas-relief en talc, VIII, 142.

Rousseau (Pierre). Architecte. Né à Nantes vers 1750. Palais de la Légion d'honneur, VIII, 97.

Roussel, dit Marc d'argent. Abbé de Saint-Ouen de Rouen, I, 225.

Roussel (François). Architecte de la ville de Nantes. Affaire du pont de Pirmil, IV, L, 44, 47, 51, 52. — Plan

géométrique de Nantes, IV, 44.

Roussel ou Rousset (Pierre). Aspire au prix en 1731, V, 73 ; en 1732, V, 96 ; en 1733, V, 119 ; 2e prix en 1731, V, 85 ; accessit en 1732, V, 104. (Peut-être le même que P.-Noël Rousset?)

Rousset (Pierre-Noël). Mort en 1763. Candidat à la 2e classe en 1755, VI, 248 ; en 1756, VI, 279 ; en 1758, VII, 311 ; présenté en 1758, VI, 317, 318 ; promu le 2 mars 1758, VI, 317 ; brevet, VI, 324 ; présenté pour la 1re classe en 1771, VIII, 141 ; en 1773, VIII, 167, 168, 171, 172 ; promu le 28 nov. 1773, VIII, 173, 175 ; brevet, VIII, 187, 188 ; signe au dernier procès-verbal, IX, xxx. — Ses élèves, VI, 323 ; VII, 44, 99 ; VIII, 50, 55, 82, 150, 168, 188, 225, 233 ; IX, 133.

Affaires intérieures académiques :

État de la bibliothèque, VII, 68 ; classement des échantillons de marbres, IX, 11. — Création des correspondants, VII, 7, 10-14, 63, 96 ; candidature des srs Marquet et Roux, VII, 148-149. — Examen des esquisses de 1776, VIII, 279, 312. — Nouveaux statuts, VIII, 250. — Affaire de la nomination de M. de Wailly, VII, 303-307.

Divers :

Emploie le stuc de Clerici, VII, 21. — Dessins d'ordres superposés, VII, 18-19. — Travaux de l'hôtel Tessé à Paris, VII, XI.

— Méthode pour soulager une poutre trop chargée, VIII, 129. — Plans et coupes de l'église de Royaumont, VII, 66-67. — Reconstruction de l'hôtel de ville d'Uzès, VII, 217.

Examens :

Examen de l'encre à façon de Chine de l'abbé Artaud, VIII, 277, 279 ; des procédés de M. Bernières pour courber le verre, VII, 227, 240-241 ; du projet de J.-A. de Bourge pour une salle d'Opéra, VIII, 43-44 ; des instruments du sr Boussard, VII, 170, 181 ; des modèles d'arrière-voussures et d'escaliers en bois du sr Henry Brunel, VII, 246-247 ; des projets d'Ixnard pour la résidence électorale de Coblentz, VIII, 386, 388 ; du mastic du sr Corbel, VII, 17 ; des modèles du sr Fourneau, IX, 244 ; d'un ouvrage de Gérard, maître serrurier, VIII, 93, 94 ; des plans de l'Hôtel-Dieu de Montpellier, VII, 50, 53-56 ; des projets pour la place du Peyrou à Montpellier, VII, 207-213 ; des travaux de construction de la Madeleine, VIII, 157-159, 161-165 ; du projet de Loret pour les Halles, IX, 39, 40, 41, 42 ; des plans d'écoulement des eaux de Bicêtre, IX, 26, 27, 28, 31, 33, 234 ; du projet de fermeture du Palais-Royal, VII, 172-174 ; de l'ouvrage de Patte, Monuments érigés en France à la gloire de Louis XVI, VII, 196 ; des projets de Peyre l'aîné pour de nouveaux magasins à

poudre, VIII, 186-187. — Cit., VI, xxv, 330; VII, 69, 136, 157, 315, 316; VIII, 77, 156, 298; IX, 26, 49, 80.

ROUSSET (Camille). Histoire de Louvois, 1861-1863, II, xv.

ROUSSILLON. Intendant, IX, 45.

ROUX (Léonard). Né en 1725. — Notice biographique, VII, xxiv. — Élève, VI, 64. — Candidat à la correspondance, VII, xx, xxi, 63; élu le 26 juill. 1763, VII, 149; remercie, VII, 162. — Lettre sur une transformation produite dans une masse de sable, VIII, 306-307; IX, 89. — Cit., VIII, 244.

ROYAN, II, xxvii.

ROYAUMONT (abbaye de). Visite, I, 198, 252; V, 19. — Incendie et réparation de l'église, VII, 66-67.

ROYER. Architecte parisien. Examen de ses dessins pour l'hôpital de Besançon, I, 18, 20.

ROYER ou Royers de La Valfenière. Voir : La Valfenière (F. Des Royers de).

ROZE (Arnould). Voir : Rose (Arnould).

RUBENS (P.-P.). Palais anciens et modernes de Gênes, VII, 165.

RUFFLET. Voir : Reuffet (Pierre).

RUSSIE. Acad. impériale. Voir : Saint-Pétersbourg. — Émigration de d'Angiviller, IX, 308. — Architecte de l'Impératrice, VII, 267. — Artistes français, VII, 326; VIII, 231; IX, xxv. — Correspondants, VIII, 354; IX, 92. — Projet de David-Leroy pour une maison de plaisance, IX, 348. — Marbres, IX, 11. — Médaille commémorative de la paix avec l'Allemagne, V, 303, 331, 350; VI, 37. — Poêles et cheminées, VIII, 199-200. — Tuiles métalliques, VII, 8.

RUSTICUS (saint). Compagnon de saint Denis, I, 191.

RYSWYCK. Congrès, II, 86.

S

Saglio [Daremberg et]. Dictionnaire des antiquités grecques et romaines, 1877, III, 40.

Sagonne (comte de). Voir : Mansart de Lévy (J.-H.).

Sagonne. Mansart acquiert la terre et le château, III, xv ; VII, 9.

Saint-Amand (Cher), II, 79 ; III, xv, 70.

Saint - Amand - les - Eaux. Plans et coupes de l'abbaye, VII, 236.

Saint - André (Jean - Baptiste). Aspire au prix en 1733, V, 119 ; en 1734, V, 141 ; en 1737, V, 207 ; en 1738, V, 230, 240. — Candidat à la correspondance, VII, xix, xx, 2, 4, 63.

Saint-Bel. Mines de cuivre, VII, 202.

Saint-Brieuc. Demande d'avis pour l'hôpital, I, lvi, 261 ; IX, xvi ; projets de Gittard, Bruand et d'Orbay, I, 263.

Saint-Bris, I, 261.

Saint-Cloud. Carrières, visite, I, 208, 246-247 ; VI, 200 ; pierre, I, 173, 335 ; III, 72 ; VI, 201 ; employée au château de Meudon, I, 208 ; aux constructions neuves du Louvre, I, 174, 334. — Château et cascade, travaux de Le Paultre, I, xxxvii ; projet de charpente de comble, VII, 112 ; VIII, 17-18 ; salon décoré par Pierre, VIII, 18. — Hôtels et maisons construits par A. Le Paultre, I, xxxvii.

Saint-Christophe (île). Pouvoirs d'inspection de Blondel à, I, xxiv.

Saint-Denis. Visite des monuments et carrières voisines, I, 171-172, 189-191 ; V, 19. — Abbaye, travaux de Franque, IX, 49, 338 ; de Gabriel, IV, xxxi ; son église conserve les stalles de la chapelle de Gaillon, I, 222 ; le tombeau de Frédégonde, I, 192 ; les mosaïques d'Albericus dans la chapelle Saint-Firmin, I, 190 ; réparée par saint Louis, I, 191 ; pierre employée, I, 203-204 ; travaux de Suger, I, 190, 203-204 ; chapelle des Valois, visite, I, 171, 173 ; expertise de 1719, IV, xxvii-xxviii ; Histoire par D. Michel Félibien, 1706, I, 320. — Carrières, leur pierre n'a plus d'usage, I, 327. — Couvent de l'Annonciade, dôme de Daviler, I, 320. — Croix sur le chemin, I, 171. — Plan de 1704, I, 320.

Saint - Denis - de - l'Estrée. Visite de l'église, I, 191.

Saint-Domingue. Voyage et décès de Beausire jeune, VII, xxxi, 42, 46, 61.

SAINT-ÉLOI. Carrière, VI, 174, 282.

SAINT-FAR. Voir : Saint-Phar.

SAINT - FLORENTIN (Phélypeaux de). Voir : Phélypeaux de Saint-Florentin.

SAINT-GEORGES DE BOSCHERVILLE. Abbaye, visite, I, 232-233 ; abbé, I, 232.

SAINT - GERMAIN - EN - LAYE. Visite du château neuf et du vieux château, I, 214-215 ; contrôle des bâtiments, IV, XXX ; VI, XVI, XXI ; travaux de Mansart, I, XLV ; III, XIV ; de J. Marot, II, XII ; écuries, VI, 299. — Pavillon du château de la Muette, charpente, III, 187. — Projet pour l'église paroissiale, VII, 217. — Hôtel de Noailles, porte de Mansart, I, 289. — Marché et prison, VI, 352-353. — Rue Collignon, VI, 353 ; Ducastel, VI, 353 ; des Louviers, VI, 353 ; au Pain, VI, 352, 353 ; des Prêtres, VI, 352-353 ; Sansonnet, VI, 353. — Donation de terrain par le Roi à la ville, VI, XXXIII, 22-24, 352-353.

SAINT-GILLES. Abbaye, escalier de l'église, II, 197. — Voir aussi : Vis de Saint-Gilles, à la Table des termes d'architecture.

SAINT-HUBERT. Château royal, VII, 21.

SAINT - LEU - D'ESSERENT. Visite des carrières, I, 195-201 ; Mém. de Le Camus de Mézières sur l'état actuel, VII, 272 ; voyage de Soufflot, Trouard et Billaudel, VIII, 201 ; examen d'anciens procès-verbaux, VIII, 243. — Pierre,

examen particulier, I, 191 ; pas d'emploi avant le XIIe s., I, 172, 191 ; mélange frauduleux à celle de Trossy, I, 200-201 ; toujours en vogue, I, 327 ; sa vente, I, 335 ; bonne conservation, III, 68 ; V, 19. Emploi à Anet, I, 237-240 ; à l'abbaye de Bon-Port, I, 224 ; à Chartres, à Notre-Dame, I, 241-242, 244 ; V, 23 ; à Dreux, I, 240 ; à Écouen, I, 195 ; à Gaillon, au château, I, 221, 223 ; à la Chartreuse, I, 223 ; au château de Madrid, I, 246 ; au château de Marcoussis, I, 245 ; à Paris, à l'abbaye de Sainte-Geneviève, I, 184 ; de Saint-Victor, I, 185 ; au collège des Bernardins, I, 170-171 ; au couvent des Carmélites, I, 170 ; des Célestins, I, 185 ; des Jacobins, I, 170, 330 ; au cloître de Notre-Dame, I, 178 ; à l'église Saint-Étienne-du-Mont, I, 184 ; Saint-Gervais, I, 194 ; Saint-Jacques - la - Boucherie, I, 195 ; Saint - Nicolas - des - Champs, I, 182 ; Saint-Séverin, I, 169 ; Saint-Sulpice (l'ancien), I, 192 ; Sainte-Opportune, I, 193 ; à l'Hôtel-de-Ville, I, 194 ; à l'Hôtel-Dieu, I, 177 ; à l'hôtel de Cluny, I, 178 ; au logis de Vaurouy, I, 171 ; au palais du Louvre, I, 173, 178, 183 ; des Tuileries, I, 183 ; au Temple, I, 194 ; à Rouen, aux églises Sainte-Croix, Saint-Lô, Saint-Maclou et au Palais de Justice, I, 226-227 ; à Royaumont, I, 198 ; à Saint-Denis, à l'abbaye, I, 172 ; à la chapelle des Valois, I, 171-173. — Cit., I,

334 ; II, 208, 260 ; IV, 54 ;
V, 21 ; VI, 198 ; VII, 178 ;
VIII, 32 ; IX, 7, 12, 19.

SAINT-LUC (M. DE). Abbé de
Saint-Georges de Boscher-
ville, I, 232.

SAINT-MAMMÈS. Écluse, IV,
257.

SAINT-MARTIN (DE). Présenté
pour la 2e classe en 1762,
VII, 103, 116.

SAINT - MARTIN (abbé DE).
Voir : Primatice.

SAINT-MARTIN DE BOSCHER-
VILLE. Abbaye de Saint-
Georges, I, 232.

SAINT-MARTIN près Pontoise
(abbaye de). Visite des travaux et de sa carrière, I,
204.

SAINT-MARTIN DE QUEYRIÈ-
RES, VIII, 307, 308.

SAINT-MAUR. Bénédictins de
l'ordre, IX, 345. — Car-
rière, I, 334 ; II, 60. — Château, travaux de Gittard,
I, XXXV.

SAINT-MAXIMIN. Sa pierre toujours en vogue, I, 327, 334.

SAINT - MÉDARD - EN - JALLE,
III, 356.

SAINT-MICHEL près Vernon.
Visite du prieuré, I, 229.

SAINT-NAZAIRE, IV, 49.

SAINT - NICOLAS près Mons.
Église, VII, 270.

SAINT-NON (abbé DE). Can-
didat à la place d'associé
libre, IX, 174, 175. — Offre
son Voyage pittoresque du
royaume de Naples et de
Sicile, 1781-1786, IX, 68,
69, 76, 133, 141, 160, 170.
— Cit., IX, 233.

SAINT-OUEN près Paris. Naissance d'artiste, VI, 333 ;
VII, 24.

SAINT - OUEN (abbaye de).
Voir : Rouen.

SAINT - PÉRAVY (Marin - Antoine). Élève, VIII, 188,
225. — Prix d'émulation de
juin 1776, VIII, 273. — Admis à concourir en 1776,
VIII, 272.

SAINT - PÉTERSBOURG. Acad.
des Beaux-Arts : envoi de
ses statuts et d'une mé-
daille à l'Acad. d'architecture, VII, 228-230, 236-237,
268-269 ; correspondants,
VIII, 290, 353 ; IX, 91 ; relations, VII. 325-326 ; VIII,
61-66, 82 ; IX, XXVI ; recommande deux de ses élèves,
VIII, 4-5 ; donne le titre
d'associé libre à un membre
de l'Acad. d'architecture,
VIII, 62-63 ; IX, 64-65, 79,
80, 91 ; nomination d'un associé résidant en Russie,
IX, 92, 93-94 ; pension-
naire, VII, 262. — Méthode
de couverture des maisons,
VII, 7-9, 325 ; VIII, 200. —
Échantillons des pierres et
marbres des environs, VIII,
245. — Rocher pour le piédestal de la statue de Pierre
le Grand et son transport,
VIII, 246.

SAINT-PHAR. Construit la Santé à Paris, IX, 156. — Présente un procédé de voûtes
en poterie, IX, 156, 157,
159.

SAINT-POUANGE (DE), II, XV.
— Hôtel à Paris, perspec-
tive peinte, III, 207.

SAINT-POURÇAIN. Pont, II,
XXXII, XXXIII, 117-118, 144-
146.

SAINT-SÉBASTIEN (le). Vaisseau de Blondel, I, XXIV.

SAINT-SIMON. Mém., édition
Boislisle, I, XLIII ; II, XV ;
III, XIV, XV, XVI, 200 ; IV,
X, XXX.

Saint - Thibault (Yonne), IV. 316.

Saint-Vaast. Carrières de la montagne, VI, 174, 175, 281-283.

Sainte - Anne (chapelle). Voir : Écouen.

Sainte-Barbe. Carrière du couvent des Pénitents, visite, I, 231 ; V, 23.

Sainte-Croix (île). Antilles. Son assainissement, I, 79.

Saintes. Arc de triomphe romain, I, xxiv. — Pont, travaux de F. Blondel, I, xxiii ; II, 9-10 ; III, 42 ; VIII, 98. — Fr. Blondel à Saintes, à Rochefort et aux Antilles, par Charles Lucas, 1894, I, xxii.

Saintonge (Archives historiques de), I, xxiii.

Saints-Anges (église des), [sic pour S. Salvatore] entre Spolète et Foligno. Voir : Trevi (temple de).

Salerne, II, 234 ; VII, 191.

Salomon. Temple. Voir : Jérusalem.

Salviati (Giuseppe Porta, dit). Peintre et architecte. Né vers 1520, mort après 1572. Tracé de la volute ionique, I, 133.

San Dona di Piave. Villa du comte Trevisan, I, 317 ; II, 303.

San Gallo (Antonio II da). Architecte. Né en 1485, mort en 1546. Sainte-Marie-de-Lorette à Rome, VI, 196. — Armature (cintres) pour Saint-Pierre de Rome (fig.), II, 51-52 ; III, 27 ; modèle, II, 231.

San Salvatore (église de). Voir : Trevi (temple de).

Sansovino. Architecte vénitien. Élu architecte associé correspondant, V, 303 ; remercie, V, 315-316. — Présente son Abrégé pratique des cinq modes d'architecture, V, 250, 277, 299. — Projet d'un palais pontifical à Bologne, V, 299.

Sansovino (Jac. Tatti, dit). Architecte. Né en 1486, mort en 1570. Un homonyme, V, 250. — Palais de l'Université à Padoue, I, 309. — Bibliothèque et Loggetta à Venise, I, 22.

Sanzio (Raphaël). Voir : Raphaël.

Saône. Canal, IV, 289, 304, 316 ; V, 13-16. — Maisons sur ses bords à Lyon, VIII, 17. — Pont à Lyon, III, xxiii ; à Seurre, IV, 284. — Cit., VII, 58.

Sardaigne. Roi, VII, 237.

Sarego (Marc - Antoine). Maison, I, 47.

Sarrebourg. Verres, VI, 180.

Sartines (M. de). Demande d'avis dans l'affaire des changements apportés au plan primitif de la Madeleine, VIII, 157-159, 161-165, 166 ; dans l'affaire de la solidité d'une maison destinée à servir de caserne, rue Mouffetard, à Paris, VII, XLI, 239, 245-246, 249-255, 260-261.

Saumur, IV, 49.

Saunier. Élève de David-Leroy, IX, 310.

Sauval. Histoire... des antiquités de Paris, 1724, I, XLII ; III, 17, 150 ; IV, 284.

Sauvé, IV, 126.

Sauvigny (Bertier de). Intendant de Paris. Exemption de la milice accordée aux élèves, VIII, 222.

Savary. Dictionnaire univer-

sel du commerce, 1761, V, 74, 75.

SAVERLANDT. Toiles métalliques, IX, 161.

SAVERNE. Château, travaux de R. de Cotte, IV, XL. — Plans divers, IX, 76.

SAVINES. Pont sur la Durance, IV, 262.

SAVOIE (Marie-Thérèse DE). Mariage, VIII, 171.

SAVOIE (Victor - Amédée II DE), IV, LX.

SAVOT. L'Architecture française, 1642, II, 25 ; annoté par Blondel, I, XXVII.

SAXE (Maurice DE). Médailles commémoratives de la prise de Bruxelles, VI, 57 ; de la bataille de Lawfeld, VI, 110.

SCAMOZZI (Vincenzo). Architecte. Né en 1551, mort en 1610. Son rang et autorité, I, LVIII, 6-7. — Acrotères, II, 250. — Bases, I, 92. — Son chapiteau dorique comparé à celui du théâtre de Marcellus à Rome, I, 129-131. — Chapiteaux ioniques et composites, I, 135 ; II, 143-144, 157, 181. — Maison grecque, I, 307 ; des anciens romains, et en particulier villa de Pline le Jeune, I, 301 ; IV, 11. — Maisons de campagne : des frères Badoeri ; de G. Contarini ; de G. Cornaro ; du comte Molino ; du comte Pisani ; du comte Trevisan ; de L. Verlato ; à Castelfranco ; près Dolo ; à Monsumo ; à Veraga. Voir à ces noms. — Palais : Fino ; des comtes Godi ; de G. et G. F. Trissino. Voir à ces noms. — Pilastres, I, 300-301. — Pont, II, 51. — Ses mesures des colonnes du Campo-Vaccino à Rome, I, 140. — Saillie du triglyphe, I, 314. — Idea della architettura universale, 1615. Cit., I, 94 ; II, 23, 182, 194, 256, 257, 330, 334, 362 ; III, 3, 6, 24, 26, 32, 43, 44, 84, 124, 238, 240, 241 ; IV, 11 ; V, 227 ; VI, 60. — Lecture d'une traduction indéterminée, I, 123-125, 306, 324 ; II, 311-329. Pour les différentes parties de l'art de la construction, voir aussi à la Table technique. — Œuvres d'architecture... dont les règles des cinq ordres que le 6e livre contient ont été traduites en français par M. A.-C. d'Aviler..., et le reste... par M. Samuel du Ry..., 1713, I, 125, 306 ; II, 306, 311, 317, 362 ; III, 306 ; VI, 60 ; VII, 165. — Traduction de quelques chapitres par de La Hire, II, XXVII ; lecture, II, 137-139, 140-141, 292-311. — Traduction d'un de ses livres par P. Mignard, I, XLVII, 136, 138-139. — Manuscrits inédits, I, 136, 138-139. — Sa vie, par Temanza, VIII, 45, 80, 144. — Cit., I, LV, LX, 76, 274 ; II, VI, XLIV, 185, 335, 337 ; III, 19, 21, 40, 239, 246, 249, 251, 322 ; V, 188, 204, 205, 206, 227, 229, 231, 245, 246, 256, 257, 259, 260, 261, 265 ; VI, 221, 322.

SCANDINAVIE. Visitée par Blondel, I, XXIII.

SCEAUX. Naissance d'artiste, VII, 119, 185, 262, 301.

SCHAFFHOUSE. Pont, VIII, 104. — Achat des dessins et croquis des ponts de Schaffhouse et de Wattingen, VIII, 107.

Schalik, de Fulda. Lettre à l'Acad. (indéterminée), IX, 243.

Scheffer. Présente des briques légères. VII, 155, 156, 162, 164, 166-167.

Schneider (René). Quatremère de Quincy et son intervention dans les arts, 1910, IX, 336.

Schwetzingen. Jardins, VII, XXIII ; IX, 52.

Secrétaire du Roi. Office, I. XXXIII.

Sedaine (M.-J.). Élève de G. Aubry, VI, xv. — Nomination comme secrétaire, annoncée à la séance du 11 juil. 1768, et diverses formalités et lettres relatives, VIII, IX, 21-25 ; brevet, VIII, 37, 39. — Élèves, VIII, 3, 59, 138, 188, 225, 273. — Nomination d'associé libre de l'Acad. des Beaux-Arts de Saint-Pétersbourg, IX, 79, 80 ; remerciements, IX, 81-82.

Affaires intérieures académiques :

Désigné pour le Mém. relatif aux droits de présence, IX, 53, 56-57. — Commissaire à la question des dépenses et recouvrement des déboursés, VIII, 309 ; état des revenus et charges, IX, 313. — Commissaire à la révision de la bibliothèque, VIII, 356 ; achat d'un ms. de Desgodets, VIII, 370 ; dépouillement des dessins, IX, 220-221 ; demande le classement des échantillons de marbres donnés par Soufflot, IX, 10-11. — Mém. sur les correspondants, VIII, 45-46, 54, 55, 62-64 ; candidature de Höt-

zendorf, VIII, 152, 165 ; lettre à MM. de l'Acad. de Saint-Pétersbourg, VIII, 63-64. — Examen du discours d'anniversaire de David-Leroy, VIII, 108. — Commissaire à la question d'organisation nouvelle de l'enseignement, VIII, 176 ; rédige le nouveau règlement, VIII, 204, 265 ; demande à l'Acad. de peinture le droit d'entrée à la salle de dessin pour le 1er prix d'architecture, VIII, 205. — Logement du secrétaire, IX, 261. — Délégué près M. de Fontanieu au sujet du mobilier, VIII, 130. — Examen des cartons de feu M. Beausire, VIII, 56, 71. — Prié de continuer les extraits des anciens registres depuis Tanevot, VIII, 36 ; d'examiner les cahiers sur les us et coutumes et le toisé, VIII, 284.

Travaux divers :

Réflexions sur le terme caractère appliqué à l'architecture, IX, 55. — Réflexions sur les expressions de bon et mauvais goût appliquées aux arts, VIII, 284. — Lit le sentiment de feu Camus sur le bon goût, VIII, 309. — Examen des plans de l'église de Guebwiller, VIII, 52, 56, 57 ; lettre du chapitre, VIII, 55. — Examen des travaux de construction de la Madeleine, VIII, 157-159, 161-165. — Cit., IV, 352 ; VIII, 28, 29, 78, 106, 120, 126, 137, 145, 152, 191, 196, 199, 203, 205, 239, 242, 288, 298, 306, 311, 322, 343, 362, 367, 370, 391, 392 ; IX, XXX, 9,

16, 17, 19, 23, 24, 26, 27, 29, 35, 41, 44, 64, 67, 68, 69, 70, 78, 79, 80, 82, 84, 94, 102, 106, 108, 110, 115, 118, 120, 121, 124, 127, 133, 140, 141, 145, 147, 153, 155, 158, 160, 161, 170, 182, 194, 205, 206, 209, 212, 214, 219, 221, 223, 226, 230, 232, 240, 243, 249, 252, 253, 254, 255, 258, 259, 265, 266, 283, 286, 288, 298, 304, 305, 315, 319, 320, 322, 325, 326, 341.

SEDAN. Église Saint-Charles, II, XXIX.

SÉDELLE (pont sur la), II, XXXII, 136, 138.

SÉGUIN. Ile, IV, 321, 324.

SEIGNELAY. Travaux de L. Le Vau au château, I, XXXVIII.

SEINE (L.-E. DE). Voir : Deseine.

SEINE (canal de la Marne à la), II, XXXIII ; pour la communication des mers, IV, 289, 304, 316 ; V, 13-16. — Carrières le long de ses rives. Voir à Paris l'article : Monuments et carrières, visite. — Navigation, IX, XVI. — Nivellement par rapport à sa pente, II, 143 ; III, 326. — Pavillon sur sa rive, VI, 69. — Projet de pont de Ph. Delorme, III, 193, 195 ; de J. Gabriel pour Sèvres, IV, 323. — Pour les ponts, voir aux articles : Charenton, Mantes, Neuilly, Paris, Poissy, Pont-de-l'Arche, Rouen.

SEINE-ET-OISE. Département, VII, 66.

SEISY. Voir : Assise.

SELBERT. Professeur. Projet d'hôpital pour Saint-Brieuc, I, 262.

SELLIER (Charles). Rapport sur l'enquête ordonnée par Colbert en 1678 relative aux pierres employées dans les constructions de Paris, 1898, I, 329.

SEMUR, V, 316.

SENLIS. Carrières des environs, V, 21 ; VI, 174. — Chaux, III, 73. — Pierre de liais, employée à Écouen, I, 194-195 ; le long des rives de l'Oise, I, 200 ; au Louvre, à Paris, I, 334 ; à Rouen, I, 227.

SENS. Arrondissement, II, 96. — Diocèse, II, 107. — Pont de Boffrand, IV, XXXIV, 320 ; projet de Gabriel, ibid.

SEPTIME-SÉVÈRE. Rebâtit le portique d'Octavie, I, 156.

SEQUIN. Entrepreneur. Voir : Le Quin de La Tour.

SERLIO (Sebastiano). Architecte. Né en 1475, mort en 1552. Examen de son œuvre et jugement, I, LXII, 7-8, 14, 274-275 ; lecture d'un certain nombre de chapitres des livres III-IV, III, 129, 132-139, 144-145. — Monuments d'Ancône. Voir à Ancône. — Pyramides d'Égypte. Voir à Égypte. — Règle pour les frontons, II, 189, 272, 331 ; IV, 79. — Monuments de Grèce et d'Italie, III, 138. — Tombeau des rois de Juda, III, 137. — Construit la Grotte de Meudon, I, 208. — Ordre ionique, III, 242. — Pont d'Ostie, III, 137. — Tombeau d'Osymandias, III, XIII, 145. — Monuments de Pola. Voir à Pola. — Pour les monuments de Rome, voir à Rome. — Son dessin d'une porte entre Foligno et Rome,

I, 290. — Arc de Vérone, III, 139-140. — Volute ionique, II, 266 ; III, 130. Pour les différentes parties de l'art de la construction, voir aussi à la Table technique. — Tutte l'opere d'architettura, 1600, I, 274 ; 1619, I, 290. — Il settimo libro d'architettura, 1575, II, 363 ; III, 242 ; traduction de J.-F. Félibien offerte à l'examen et lue, I, 274-306 ; cit., II, 306. — Livre de géométrie, III, 33. — Cit., I, LV, LX, 76, 125 ; III, 5, 21, 25, 36, 49, 90, 93, 129, 130, 226, 239, 247, 250, 252, 318 ; IV, 73 ; V, 188 ; VI, 223 ; IX, XVIII, XIX.

SERVANDONI. Architecte. Né à Lyon le 22 mai 1695, mort le 19 janv. 1766. — Façade de Saint-Sulpice, VII, 173 ; VIII, 8.

SERVIEN (Abel). Ses constructions au château de Meudon, I, 209.

SÈTE. Voir : Cette.

SEURRE. Pont sur la Saône, IV, 284.

SÉVERIN (saint), I, 330.

SÈVRES. Manufacture royale de porcelaine, VI, 279. — Pont, projet de Gabriel, IV, 322-323 ; de La Guêpière, IV, XLVI, 321.

SIBÉRIE. Échantillons des pierres et marbres, VIII, 231, 245-246, 274 ; IX, 11.

SICILE. Pont du Chevalier-Fuga, IX, 36. — Théâtre de Taormine, IX, 233. — La Sicilia di F. Paruta, 1612, IX, 316. — Voyage pittoresque de l'abbé de Saint-Non. Voir à ce nom.

SIGNIA. Ciment, I, 25-26.

SILÈNE barbouillé. Tableau de Coypel, VI, 69-71.

SILVÉRÉAL. Écluse, IV, 237.

SILVESTRE (Israël). Vues de Versailles, I, 9, 192.

SILVY (DE). Principes d'architecture, examen, VI, XXXII, 202, 206-211, 295, 297.

SIMANDIUS. Roi d'Égypte. Voir : Osymandias.

SIMON. Prix d'émulation de mars 1783, IX, 103.

SIMON de Passy (ou Poissy?). Chanoine. Fondation à l'église Saint - Denis - du - Pas en 1148, I, 177.

SIMONET (Jean). Voir : Simonnet (Nicolas).

SIMONIN. Professeur à Bayonne. Système de Copernic, VI, XXXII, 65. — Traité élémentaire de l'art du trait, 1792, IX, 342.

SIMONNET (Nicolas). Mort en 1742. Candidat à la 2e classe en 1735, V, 171 ; présenté en 1735, V, 173 ; promu le 1er août 1735, V, 174 ; brevet, V, 179, 180. — Travaux à l'église des Prémontrés de la Croix-Rouge, VI, XXIII-XXIV. — Cit., V, 277.

SINFRAY. Aspire au prix en 1743, V, 344.

SIOULE. Rivière, II, 144.

SIX. Architecte. Présente un projet d'arsenal, IX, 51. — Mém. sur l'emploi du granit, IX, 202, 203, 206. — Modèles des différents ordres, VIII, 264.

SIXTE III. Pape. Baptistère du Latran, I, 308.

SIXTE-QUINT. Pape. Constructions, VI, 165.

SOBRE. Prix d'émulation d'août 1781, IX, 55 ; de sept. 1782, IX, 85 ; de janv. 1783, IX, 92. — Admis à

concourir en 1780, IX, 14 ;
en 1784, IX, 131 ; en 1787,
IX, 205.

Société d'agriculture de
Paris (Mémoires de la), IX,
328.

Société des Amis des arts.
Exposition des prix d'en-
couragement, IX, 274.

Société centrale des ar-
chitectes, III, v. — Journal, IV, 221.

Société de l'Histoire de
l'Art français, III, 290 ;
IV, 111 ; IX, vii, x. — Son
Bulletin, II, xxxii ; III,
200, 326 ; IV, 295 ; V, 203 ;
IX, 358. Pour les Nouvelles
Archives, voir à Archives.

Sociétés des Beaux-Arts
des départements. Voir :
Réunion des Sociétés.

Socrate, I, x.

Soissons (de). Hôtel à Paris,
tour, VII, 250.

Soissons (comte de). Tom-
beau, I, 223.

Soissons. Abbaye de Notre-
Dame, projets, IX, 345. —
Abbaye voisine, IX, 326. —
Intendant, V, 222.

Soliman le Magnifique.
Aqueduc de Valens, II, 77.
— Mosquée à Constantino-
ple, II, 77 ; III, 325.

Solis (Antonio de). Histoire
de la conquête du Mexique,
1691, III, 293.

Solitaire (le). Voir : Séverin
(saint), I, 330.

Soltikoff (A.), VII, 230 ;
VIII, 4, 65.

Soubise (de). Hôtel à Paris,
décoration de Boffrand, IV,
xxxiv-xxxv ; VI, xxxv.

Soufflot (Jacques - Ger-
main). Né en 1709, mort en
août 1780. — Notice biographique, VI, xxiv ; VII, xvi-

xvii. — Biographie, par Mon-
dain-Monval, 1918, VI, 72 ;
IX, 166. — Accompagne de
Vandières en Italie, VI, xi.
— Présenté pour la 2e classe, VI, 129 ; promu le
23 nov. 1749, VI, 130 ; reçoit un jeton supplémen-
taire, VI, 173 ; académicien
de 1re classe sur nomination
directe du 10 déc. 1755, VI,
247 ; brevet, VI, 292. —
Brevet d'architecte ordi-
naire du Roi, VIII, 273,
274. — Intendant général,
VIII, 348, 349. — Maladie,
VIII, 381 ; IX, 26. — Dé-
cès en août 1780, VIII,
387. — Annonce du décès
à la séance du 4 sept. 1780,
IX, 27, 31. — Éloge, par
David-Leroy, IX, 30. —
Éloge prononcé à Marseille
par d'Aggeville, IX, 67. —
Autorisé à emporter. et à
copier le procès-verbal de
visite des anciens bâtiments
de Paris, faite en 1678, VII,
53 ; restitution, VIII, 305.
— Ses élèves, VI, 220, 323 ;
VII, 16, 44, 99 ; VIII, 43,
46, 188, 215, 224, 228, 302.
*Affaires intérieures aca-
démiques :*
Installation de l'Acad.
dans son nouveau local,
VIII, 131, 144, 145, 155. —
Délégué près M. de Fonta-
nieu au sujet du mobilier,
VIII, 130. — Examen du
Discours d'anniversaire de
David-Leroy, VIII, 108. —
Commissaire à la révision
de la bibliothèque, VIII,
356 ; offre un ex. de l'Encyclopédie, VIII, 387 ; une
collection d'échantillons des
marbres européens, VIII,
389-390 ; IX, 11 ; apporte

les Édifices et églises de Rome en quatre volumes gravés par différents maîtres et le plan de Saint-Pierre relevé par lui, VI, 163. — Commissaire dans l'affaire de la création de correspondants, VII, 45-46, 62-63, 96 ; examen du Mém. de Sedaine sur le règlement, VII, 46 ; candidature de d'Aggeville, VIII, 55 ; de Petitot, VIII, 244 ; de Ritter, VIII, 65, 68 ; de Roux, VII, 149 ; de Taglia-fichi, VIII, 314, 388, 389 ; de Temanza, VIII, 45 ; de Vallin de La Mothe, VII, 268 ; VIII, 10, 231. — Demande de gratifications pour les élèves qui font les copies des dessins des grands prix, VIII, 356 ; examen de la proposition de Peyre pour les élèves de Rome, VIII, 340.

Divers :
Montre les plans et coupes de l'église de la Toussaint d'Angers, VII, 189. — Lit un Mém. sur la théorie de l'architecture, VIII, 78 ; sur l'identité du goût et de la règle en architecture, VIII, 241, 261 ; sur l'architecture gothique, VII, 86. — Montre des dessins d'architecture chinoise appartenant à M. Bertin, VIII, 242. — Présente ses projets pour divers édifices à Bordeaux, VI, 329. — Montre des échantillons de briques légères, VII, 69-70 ; en lave volcanique d'Auvergne, VIII, 5-6. — Parle de la glacière de Cléry, VIII, 21. — Montre un nouveau trait de coupe de pierre, VIII,

107. — Lit une dissertation du s^r David sur l'origine des fontaines et la possibilité d'en former, VIII, 273. — Montre des dessins et plans d'une partie de Notre-Dame de Dijon, VII, 84 ; remercie Le Jolivet qui a facilité la levée de ses plans, VII, 85-86. — Lit le Mém. de M. Gaulhet sur la résistance des différentes pierres à la charge, dont il a vérifié les expériences, VIII, 197, 204, 207. — Dessin de la construction du porche de Saint-Pierre de Genève, VIII, 69, 76. — Lit le Mém. de M. de Jussieu sur les voûtes en briques à plat, VIII, 309. — Rapport sur les projets de reconstruction de l'église Saint-Jean de Liége, VI, 195-198, 203-206. — Montre les plans et coupes de la tour de Sainte-Marie-aux-Arcs de Londres, VIII, 78. — Rend compte des expériences sur le vernis contre la rouille des s^rs Loriot et Crevel, VIII, 230. — Montre des plans et profils de l'église de Saint-Nizier de Lyon, VIII, 198-199 ; de l'hôpital de Lyon, VI, 72, 118. — Montre des dessins de maisons construites à Lyon sur les bords de la Saône, VIII, 17. — Fait décider la destruction du château de Madrid, IX, 3 ; montre un modèle de ses plates-bandes, IX, 3-4. — Machine pour l'épreuve des matériaux, VIII, 356, 389-390. — Présente les plans et coupes de l'église de Milan (dôme?), VIII, 80. — Expériences sur un ciment

volcanique avec les laves du Mont-Dore, VIII, 31-32. — Construit la sacristie de Notre-Dame de Paris, VII, 146. — Dessin et détails de développement du cul-de-lampe de Saint-Étienne-du-Mont, VIII, 146-148. — Église Sainte - Geneviève, VI, 203 ; VII, XXXVII, 129 ; IX, XXI, XXVII ; emploi du fer aux plates-bandes, VIII, 146-148 ; IX, 3-4 ; critique de Desbœufs, VII, XXX, XLI, 223. — Présente les plans de sa fontaine du coin de la rue Saint-Honoré et de l'Arbre-Sec, VIII, 362. — Projets pour la Grande Galerie du Louvre, IX, 166, 170, 171, 173, 174, 175, 176, 180, 358-362. — Détails de construction de Saint-Augustin de Plaisance, VII, 67-68, 113, 121-122, 127-131 ; VIII, 72-73. — Suite de plans, coupes... de trois temples antiques... à Pœstum, mesurés et dessinés par J.-G. Soufflot et mis au jour par G.-M. Dumont, 1764, VII, 191 ; VIII, 13. — Lit un Mém. de Raimond, élève pensionnaire, sur les aqueducs de Rome, VIII, 198. — Présente des plans et coupes de divers édifices de Rome : église Saint-Charles au Corso, VIII, 74 ; fontaine du Bernin, VIII, 354 ; palais Barberini, VI, 328 ; temple de Minerva Medica, VIII, 341-342. — Montre une plaque de cuivre rouge des usines de Saint-Bel, VII, 202-203. — Observations faites dans un voyage aux carrières de Saint-Leu et de Conflans,

VIII, 201. — Communique une lettre, à lui écrite, du comte Tchernychev au sujet de la couverture des maisons en tuiles métalliques usitée à Saint-Pétersbourg, VII, 7 ; montre des échantillons, VII, 8. — Présente un Mém. avec plans du comte de Cronstedt sur la construction des poêles en Suède, VIII, 104-105, 209. — Montre des profils, plans et coupes du dôme de Notre - Dame - de-la-Salute à Venise, VIII, 214-215. — Dissertation sur la poussée des voûtes, VIII, 276. — Propose un prix à celui qui aura fait les expériences les plus certaines sur la construction des voûtes en briques, VIII, 358. — Présente les plans de La Guêpière pour des clôtures abritant du froid deux jardins du duc de Wurtemberg, VII, 157-158.

Examens :

Examen des procédés de M. Bernières pour courber le verre, VII, 227, 240-241 ; du mastic du s^r Corbel, VII, 17 ; des briques nouvelles du s^r Fabre, VIII, 122, 125 ; d'un ouvrage de Gérard, maître serrurier, VIII, 93, 94 ; de la pompe du s^r Jacquet, VII, 150, 153-154 ; de la nouvelle carrière du s^r Topinard à l'Isle-Adam, IX, 6, 7, 11, 12, 18, 19, 20 ; du Mém. du s^r Lucotte et réponse à M. Le Noir, VIII, 388 ; des projets pour la manécanterie de Lyon, VII, 104-105 ; des plans de l'Hôtel-Dieu de Montpellier, VII, 50, 53-

56 ; des projets pour la place du Peyrou à Montpellier, VII, XL, 204-213 ; des modèles de murs en talus du s^r Morand, VIII, 371 ; IX, 21 ; du projet de décoration du chœur de Saint-Germain-l'Auxerrois, VI, 264-267 ; de l'état de la tour de l'église Saint-Sauveur, VIII, 224, 226, 228 ; des travaux de Saint-Sulpice, VII, 173, 322 ; VIII, 2, 9 ; du projet de fermeture du Palais-Royal, VII, 172-174 ; de l'ouvrage de Patte, Monuments érigés en France à la gloire de Louis XV, VII, 196 ; des projets de Peyre l'aîné pour de nouveaux magasins à poudre, VIII, 186-187 ; du Traité des ordres de Potain, VII, 237, 241-243 ; de l'ouvrage de Dumont sur Saint-Pierre de Rome, VII, 112, 115-116, 186, 191 ; des pièces et plans relatifs à la réparation de la cathédrale de Strasbourg, VII, 33-37, 73-75 ; du projet de théâtre de La Guêpière pour le palais de Stuttgart, VII, 151-152, 175-178 ; de la Vie de Scamozzi par Temenza, VIII, 93, 144 ; de l'ouvrage de B.-A. Vittone, VII, 102. — Cit., VI, XVII, XXXIV, XXXV, 206, 241, 271, 290, 330 ; VII, XII, XVI, XIX, XXII, XXV, 2, 3, 4, 58, 116, 171, 266, 272, 315, 316 ; VIII, XIII, XIV, 12, 124, 211, 212, 238, 287, 364 ; IX, XXX, 15.

SOUFFLOT le Romain. Neveu de J.-Germain S. Candidat au prix d'émulation de janv. 1764, VII, 168. —

Séjourne à Rome et relève la fontaine du Bernin et les ruines du temple de Minerva Medica, VIII, 341-342, 354.

SPA. Séjour de M. de Marigny, VII, 303.

SPINOLA. Salon du palais à Gênes, III, 293, 296.

SPOLÈTE. Porte, III, 34. — Temple voisin (dit du Clitumne), I, 72 ; III, 119 ; IV, 33-34.

SPRUNGLIN (Nicolas). Admis à concourir en 1754, VI, 220 ; mention le 2 sept. 1754, VI, 227.

STAINS. Château. Construction de Mollet père, IV, XXV.

STANISLAS LECZINSKI. Roi de Pologne, IV, 4 ; V, 240 ; VII, 45.

STAREMBOURG - VASSENAR. Ambassadeur extraordinaire de Hollande, II, 86.

STAROV (Ivan Igorovitch). Architecte. Né en 1740. — — Montre divers projets d'architecture, VII, 262-263, 326.

STATILIUS TAURUS. Tombeau, III, 39.

STEIN (Henri). Le Palais de Justice, 1912, IX, 221.

STERN (Rafaël). Architecte. Restaure l'arc de Titus à Rome en 1821, I, 28.

STIRLING (James). Idée sur la poussée des voûtes, IX, 342, 344.

STOCKHOLM. Château. Plans, coupes et aspects, VIII, 231, 233-234. — Correspondant, VIII, XIV, 291. — Fêtes pour le mariage du frère du Roi, VIII, 210. — Palais royal, III, 226.

STORS, IV, 295.

STRASBOURG. Travaux de Jacques-Fr. Blondel, VII, XIII.
— Bourgeois, VIII, 382. —
Canal de l'Ille et moulins,
II, XXXII, 142-143. — Cathédrale, décoration du
chœur, IV, XXXIX; restauration, VII, XXXIX, 32-37,
72-75, 78-79, 194, 329; IX,
XVI; son histoire, par M. P.
Delahache, 1910, VII, 329.
— Congrès archéologique
de 1922, VIII, 51. — Palais
épiscopal, travaux de R. de
Cotte, IV, XL; ses dépendances, IX, 76.
STROZZI (Robert), II, 298.
STUART (J.). Antiquities of
Athens, 1761, VIII, 12, 14.
STUTTGART. Opéra, palais. Recueil d'esquisses d'architecture..., par le sʳ de La Guêpière, 1766, VI, 325; VII,
XXIII, 151-152, 175-178.

SUÈDE. Ambassadeur, II, 86.
— Artiste (naissance d'),
VIII, XXI. — Bâtiments du
Roi, III, 226; VIII, 105. —
Correspondant de l'Acad.,
VIII, 180, 230. — Intendant, IX, 90. — Construction des poêles, VIII, 205,
209, 217, 230-231. — Tuiles
métalliques, VII, 8.
SUGER. Constructions à Saint-
Denis, I, 190, 203-204. —
De consecratione ecclesiae
Sancti Dionysii, édition de
Lecoy de La Marche, I,
203.
SUISSE. Correspondant, IX,
XXV. — Mém. abrégé et
recueil de quelques antiquités, par Ritter, 1788, IX,
237.
SUNIUM. Cap, VII, 18.
SUSE, III, 2.
SUZANA. Val, I, 52.

T

TABOUREUX. Système de planchers, IX, 243, 244.

TAGE. Vaisseau échoué à Vigo, relèvement, V, 329-330.

TAGLIAFICHI ou TAGLIAFICI. Proposé pour la correspondance en Italie, VIII, XII, XIV, 314, 338 ; élu le 2 mars 1778, VIII, 339, 340, 341 ; lettre de nouvelle année, IX, 33, 239 ; lettres diverses, IX, 90, 144, 173, 197, 218. — Envoie le plan des carrières de Carrare, IX, 45, 63.

TAILLANDIER (Jacques). Locataire de la carrière de Notre-Dame près Louviers, I, 234.

TALAMONA. Procédé de préservation du fer de la rouille, IX, 237-238.

TALLARD. Hôtel à Paris, II, XXIII.

TANCARVILLE (les srs DE). Fondateurs de l'abbaye de Saint-Georges de Boscherville, I, 233.

TANEVOT (Michel). Mort en 1762. — Notice biographique, VI, XXIV. — Académicien de 2e classe, brevet du 31 mars 1718, mais signait depuis mars 1717, IV, 154 ; présenté pour la 1re classe en 1740, V, 281, 282 ; promu le 16 nov. 1741, V, 305, 306, 309 ; brevet, V, 308. — Maladie, VI, 178, 216, 330 ; VII, 69 ; VIII, 32. — Annonce de son décès à la séance du 7 juin 1762, VII, 102, 106. — Élèves, VI, 26, 64, 200, 220 ; VII, 99.

Affaires intérieures académiques :

Rend compte de la députation à M. de Marigny pour le remercier de l'augmentation faite à l'Acad., VI, 249. — Travaux préparatoires à la rédaction d'un catalogue de la bibliothèque, VI, 219 ; y emprunte et rend des volumes, V, 317. — Commissaire dans l'affaire de la création de correspondants, VII, 7, 10-14, 43, 45-50, 62, 63, 96, 97 ; projet de lettre à Jardin à ce sujet, VII, XIX, 1, 2. — Examen du Mém. d'Aubry sur les élèves, VII, 84, 91, 92 ; protestation contre le concours de 1756, VI, 261. — Commissaire à la préparation d'une table des travaux de l'Acad., VI, 284 ; fait les extraits des registres, VI, 301-304, 308-310, 317 ; présente cinq cartons de ceux concernant l'architecture, VII, 25-26.

Divers :

Dessin de chapiteau antique perfectionné, V, 254, 256-257 ; ionique moderne, V, 257-258. — Mém. comparatif sur les frais de couverture en plomb et en cuivre,

VII, 45. — Demande d'avis au sujet d'un chapelet pour élever les eaux, VI, 39. — Profil d'entablement, VII, 76. — Définition du bon goût, V, 140. — Chargé du rapport général sur les ordres : généralités, V, 150, 293, 322, 334, 336-338 ; VI, 2, 3, 53 ; attique, V, 247-248 ; corinthien, V, 225-228, 231, 259-262, 277-278, 347 ; composite, VI, 137-139 ; dorique, V, 192-204, 224-225, 296-298, 300-301, 307, 340-341, 346 ; VI, 12, 52, 69, 71-72 ; ionique, V, 204-215, 218-221, 232-237, 243, 245-246, 248-251, 253-254, 256-261, 266, 274-275, 277-278, 316-317 ; toscan, V, 150-151, 154, 337, 347, 352 ; VI, 46-47, 59, 66-68 ; superposés, V, 219-221, 223-224, 237, 313, 315-316, 328, 352 ; VI, 8, 288 ; VII, 20, 27. — Dessins des ordres (originaux), V, XI, 200, 246, 251, 254, 260, 261, 275, 278, 293, 295, 298, 316 ; VI, 61, 66, 91, 107. — Dépose et offre à l'Acad. deux cartons reliés contenant l'ensemble de ses dessins et études sur les ordres, VII, 26-27 ; VIII, 128 ; IX, XIX. — Plan de l'église du Noviciat des Jésuites à Paris, V, 196-198 ; du portail de la grande église des Invalides, V, 193. — Mém. sur les mesures des ordres du Louvre prises par Jér. Beausire, V, 310 ; dessin de l'ordonnance entière du péristyle, V, 293. — Dessins de divers portails au sujet de l'emploi des colonnes avec des pilastres, V, 148. — Mém. sur les car-

rières de Saint-Vaast et Ganelon près Compiègne, VI, 281. — Chargé d'un résumé sur la construction des murs de terrasse, VII, 30. — Toisé des fermetures, VI, 153-154 ; des murs, VI, 162, 164. — Lit un Mém., à lui envoyé, sur une nouvelle construction de voûtes en briques à plat, VI, 74-81 ; VII, 191-192 ; VII, 323-324 ; emploie le procédé, VI, 144, 234-235 ; VII, 324 ; présente le livre du comte d'Espic sur une méthode analogue, VI, 225, 228-229.

Examens :

Examen des Édifices de Rome de Desgodets, V, 317 ; du Recueil d'esquisses d'architecture de La Guêpière, VI, 325, 326 ; des planches dessinées par L.-A. Loriot pour son enseignement, VII, 85-88 ; des modèles de machines présentés par Ant.-Jos. Loriot, VI, 267 ; du Mém. de Mansart de Lévy sur le toisé, VI, 154, 159-160, 162, 164 ; des plans de l'Hôtel-Dieu de Montpellier, VII, 50, 53-56 ; du projet de décoration du chœur de Saint - Germain - l'Auxer - rois à Paris, VI, 264-267 ; du Traité de Potain sur les ordres, VII, 98 ; des pièces et plans relatifs à la réparation de la cathédrale de Strasbourg, VII, 33-37, 73-75 ; des procédés de soudure du sʳ Thibaut, VI, 267, 269-271. — Cit., IV, XII, 170, 217 ; V, 88, 276 ; VI, XII, 17, 64, 88, 156, 170, 184, 285, 312, 318, 321 ; VII, 21 ; VIII, 243 ; IX, XXX.

TANNERY (P.), III, 369.

TAORMINE. Dessin du théâtre par Huvé, IX, 233 ; par Renard, ibid.

TARAVAL. Graveur. Plans, coupes... et profils de l'église Saint - Philippe - du - Roule, par Chalgrin, VIII, 29 ; IX, 168.

TARDIEU (Jean-Jacques). Prix d'émulation de déc. 1786, IX, 195. — Admis à concourir en 1786, IX, 183 ; en 1788, IX, 226 ; 1er prix le 18 août 1788, IX, 235.

TARDIF. Ingénieur des ponts. Nouvelle méthode d'encaissement pour fonder..., 1757, VI, 264, 298. — Publie le Recueil de différents projets d'architecture de son beau-frère Pitrou, VI, 264.

TARNOPOL, II, 299.

TARTARES, II, 299.

TARTARIE, III, 363.

TAYLOR (Brook). Nouveaux principes de perspective traduits par le P. Rivière, 1757, IX, 109.

TCHERNYCHEV (comte). Lettre à Soufflot sur la couverture des maisons à Saint-Pétersbourg, VII, 7, 325.

TEDMOR. Voir : Palmyre.

TEILLARD. Sculpteur. Sollicite le privilège de la construction du pare-fumée du s^r de Lisle de Saint-Martin, IX, 239.

TELLIERS (famille des), II, xv.

TEMANZA. Candidat à la correspondance, VIII, xii, xiv, 45, 61 ; élu, VIII, 62, 65. — Vie de Scamozzi, VIII, 45, 80, 93, 144. — Cit., IX, xxv.

TÉNIÈRES ou Téniers. Élève, VII, 99. — Candidat au prix d'émulation de mars 1765, VII, 208. — Esquisse au concours du grand prix en 1765, VII, 208 ; admis à concourir en 1764, VII, 175 ; en 1767, VII, 127 ; en 1770, VIII, 76.

TENON (Jacques). Lettre offrant un ex. de son Mém. sur les hôpitaux de Paris, IX, 235.

TERRAY (abbé Jos.-M.). Succède à M. de Marigny comme contrôleur général, VIII, IX, 167 ; réception à l'Acad., VIII, 170. — Lettre à Gabriel relative à ses intentions vis-à-vis de l'Acad., VIII, 172-173 ; relative à une modification aux statuts, VIII, 175 ; recommandant l'examen de projets de constructions de Vaucanson en Dauphiné, VIII, 191-192. — Cit., VIII, 174, 175, 178, 180, 187, 188, 195.

TESCHEN. Traité, VIII, 366.

TESSANCOURT. Visite de ses carrières, I, 215 ; V, 22.

TESSÉ (DE). Hôtel à Paris, travaux de Pluyette, VII, XI.

TESSIER (dame). Propriétaire de la carrière de la Croix-la-Cloque, près Vitry, I, 210.

TESSIN (comte C.-G. DE). Travaux au château de Stockholm, VIII, 233.

TESSIN (baron Nicodème DE). Projet d'achèvement du Louvre, III, XIII, 226-231, 234-236. — Travaux au château de Stockholm, VIII 233.

TEVERONE, IV, 54.

THÉDENAT (Henry). Le Forum romain et les forums impériaux, 1904, I, 28.

THÉRY. Voir : Thierry.

THEVENON (Charles). Ingé-

nieur. Dessins et devis pour les travaux du pont de Pirmil à Nantes, II, xii ; IV, L, 44, 47, 51, 52, 59, 127, 128, 129.

THÉVENOT (Pierre). Entrepreneur des Bâtiments. Arcs d'Autun, I, 102-103. — Travaux au pont Royal, II, 125.

THIAIS. Présente une pompe de son invention, VIII, 142.

THIAN. Prix d'émulation de mars 1777, VIII, 298. — Admis à concourir en 1777, VIII, 301 ; en 1781, IX, 47.

THIBAUD. Voir : Thibaut.

THIBAUT. Projet de pompe pour le service de la Ville de Paris, VII, 59.

THIBAUT (le s^r). Nouvelle méthode de soudure du plomb, V, 250, 264, 267-272.

THIBAUT (Louis). Élève, VII, 99, 224. — Admis à concourir en 1758, VI, 302 ; en 1761, VII, 101 ; en 1766, VII, 249 ; esquisse au concours de 1765. — Exempté de la milice, VIII, 221, 222.

THIEME und Becker, Allegemeines Lexicon der bild. Künstler, 1907, I, xxii ; VII, 140.

THIERRY ou Théry. Architecte. Plan de maison et demande d'avis, II, 136.

THIERRY (Jacques - Étienne). Né à Paris. — Élève, VIII, 224. — Prix d'émulation d'avr. 1769, VIII, 47, 49 ; d'août 1770, VIII, 81, 97 ; d'août 1771, VIII, 107, 113 ; de nov., VIII, 110 ; de janv. 1772, VIII, 124 ; d'avr., VIII, 131. — Aspire au prix spécial de janv. 1772, VIII, 113. — Admis à concourir en 1773, VIII, 169 ; en 1774, VIII, 195 ;

en 1776, VIII, 272 ; accessit en 1773, VIII, 169.

THIERS (L.-A. Crozat, baron DE), VI, 251.

THION DE LA CHAUME. Directeur du département de Paris, IX, 313.

THIONVILLE. Voûtes en briques à plat, VI, 144 ; VII, 324.

TOLHUYS. Passage du Rhin, I, xxx.

THOMAS. Prix d'émulation de mai 1781, IX, 49. — Admis à concourir en 1780, IX, 14 ; en 1785, IX, 156.

THORICIUM. Ruine d'un temple voisin, VII, 18.

THOUROUX DE MORANZEL. Voir : Moranzel (T. de).

THURN ET TAXIS (prince DE), IV, xl.

THURSTON. Histoire de la machine à vapeur, traduction par Hirsch, 1880, IV, 319.

TIBRE. Débarcadère à Ostie, I, 271. Voir aussi : Rome.

TILLY (DE). Armes figurées dans l'église de Louviers, I, 236.

TITE-LIVE, I, 306.

TITUS. Construit la Porte-Majeure, III, 37.

TIVOLI. Carrières voisines, IV, 54. — Temple de Vesta ou de la Sibylle, chez Desgodets, II, 283 ; chez de La Hire, III, 39 ; chez Palladio, III, 110, 118-119. — Cit., I, 71 ; II, 14 ; III, 132 ; IV, 32-33, 70 ; VI, 33 ; VIII, 26. — Villa Hadriana, Relevés de de Wailly et Moreau-Desproux, VI, 304 ; VII, xxvi. Villa impériale de Tibur, par P. Gusman, 1904, IV, 15. Trattato dell' antichità di T. e della villa Adriana da Pirro Ligorio,

1538, IV, 15. Libro o vero trattato dell' antichita, ibid. — Descrittione della... villa tiburtina Adriana, ibid.

TOLOZAN. Lettre demandant avis sur un pare-fumée de l'invention de M. de Lisle de Saint-Martin, IX, 239.

TONNERRE. Sa pierre employée aux Célestins de Marcoussis, I, 245 ; IV, 54. — Pont, II, 111.

TOPIN (Sylvestre). Élève de David-Leroy, IX, 330. — Prix d'émulation de sept. 1792, IX, 331.

TOPINARD. Carrier. Demande l'examen de la pierre d'une carrière à l'Isle-Adam, VIII, 390 ; IX, 6, 7, 11, 12, 18, 19, 20.

TOQUE. Serrurier à Versailles. Présente deux serrures, IX, 250, 255.

TORICELLI (lettre de Galilée à), I, 339.

TORY (Geoffroy). Éd. Alberti, De re aedificatoria, 1512, I, 164.

TOSCANE. Peuplée par les Lydiens, I, 126. — Cit., IV, 11.

TOULLY (M. DE). Maître des comptes. Propriétaire d'une carrière à Saint-Cloud, I, 246.

TOULOUSE (comte DE), IV, VI, 336.

TOULOUSE. Artiste (naissance d'), VII, 262. — Cardinal originaire, I, 331. — Couvent des Jésuites, voûtes, VI, 78. — Digue ruinée, III, 345. — Église des Carmes déchaussés, voûtes, VI, 78 ; VII, 323 ; de la Daurade, projets de construction, IX, 343. — Maison du comte d'Espie, voûtes, VI, 225. —

Moulin du Bazacle, III, 345. — Paroisse Saint-Étienne, naissance d'artiste, VII, 262. — Pont, IV, XXXIX. — Prix de dessin, lettre anonyme au sujet de leur distribution, VI, 145.

TOUR (étang de la), II, XXXIV.

TOURNAI. Cendrée, VIII, 190.

TOURNEHEM (DE). Voir : Le Normant de Tournehem.

TOURNEUX (M.). Bibliographie de l'histoire de Paris pendant la Révolution, IX, 250, 254, 256, 264, 272, 277, 299, 307, 308, 332, 336.

TOURNON, III, 272.

TOURNU. Doreur. Présente divers modèles de moulures bois et métal, VIII, 209.

TOURNY. Château, II, XII.

TOUROUD. Voir : Verneuil (Touroud de).

TOURS, IV, 49 ; VI, XXIII.

TRAJAN (lettres de Pline à), IV, 12. — Hauteur des maisons de Rome, II, 292.

TRANOY. Présente un escalier et un lit de son invention, VIII, 133, 134, 156.

TREILLARD. Privilège pour un pare-fumée, IX, 239.

TREMBLOT. Attaché à la bibliothèque de l'Institut. Copie du ms. des trois derniers registres des Procès-verbaux, VII, VIII ; IX, XI.

TRENTE. Route, I, 52 ; II, 51 ; III, 38.

TRÉSOR DE NUMISMATIQUE, 1835, IV, 313, 331 ; V, 15.

TRÈVES (S. A. S. l'Électeur de). Résidence, VIII, 382-383, 386, 387, 388 ; IX, 6, 7, 8, 10.

TREVI. Temple, dit aussi du Clitumne, chez Palladio, I, 72 ; III, 119 ; IV, 33-34.

TREVISAN (comte). Villa, I, 317 ; II, 303.

TREVISE, II, 302, 303.

TRÉVOUX (dictionnaire de), 1704, VI, 180.

TRISSINO (Galeas et Giov.-Fr.). Palais, II, 300.

TROMPETTE. Menuisier. Présente divers modèles de rampes d'escaliers, courbes et voussures, VIII, 134-135.

TROSSY. Visite de ses carrières, I, 199-201 ; VIII, 243 ; pierre préférable à celle de Saint-Leu, I, 200 ; à employer aux parties hautes des constructions, I, 173 ; mieux conservée que toutes les autres, III, 68 ; V, 18, 19, 21 ; VI, 198 ; employée à Écouen, I, 196 ; à Paris, au couvent des Chartreux, I, 170, 311 ; des Jacobins, I, 170, 331 ; à l'église des Jésuites, I, 194 ; à Saint-Jacques-la-Boucherie, I, 194 ; à Saint-Séverin, I, 169 ; au logis de Vaurouy, I, 171 ; à Royaumont, I, 198. — cit., I, 334 ; IX, 7, 19, 95.

TROUARD (Louis-François). Né en 1729. — Admis à concourir en 1753, VI, 200 ; 1er prix le 3 sept. 1753, VI, 207, 208. — Candidat à la 2e classe en 1767, VII, 320, 321 ; présenté à la 2e classe en 1769, VIII, 42 ; élu le 27 févr. 1769, ibid. ; présenté pour la 1re classe en 1786, IX, 181 ; promu le 9 mai 1786, IX, 183. — Élèves, VIII, 80, 189, 225, 366, 373, 391 ; IX, 4, 10, 15, 26, 71, 84, 86, 88, 96, 124, 132, 138, 163, 178, 184, 199, 213, 256, 276.

Affaires intérieures académiques :

Révision de la bibliothè-que, VIII, 356 ; offre divers ouvrages, IX, 27.

Enseignement :

Conditions du grand prix et examen des esquisses pour 1787, IX, 203-205, 211 ; pour 1791, IX, 302-303, 308-309 ; pour 1792, IX, 321-322, 331. — Désignation du travail aux élèves à Rome, IX, 216-218, 259-260, 261, 327. — Examen des envois de Rome, IX, 118, 119, 120, 140, 184, 185. — Commis à la révision des statuts, IX, 272.

Divers :

Voyage aux carrières de Saint-Leu et de Conflans, VIII, 201.

Examens :

Examen du projet de Palais de Justice à Aix, IX, 163, 164, 166 ; de la fabrique de cuivre du sr Bonnet, IX, 161-162, 172, 173 ; des projets de Peyre le jeune pour les constructions de l'Électeur de Trèves à Coblentz, IX, 6, 7, 8, 10 ; de l'ordre d'architecture du sr Debard, IX, 323-325 ; des procédés de peinture du sr Dubois, IX, 240 ; de la grue du sr Fourneau, IX, 75, 76 ; de la nouvelle carrière du sr Topinard à l'Isle-Adam, IX, 6, 7, 11, 12, 18, 19, 20 ; du ms. de Lussault sur l'architecture, IX, 79 ; du projet de gare d'eau à Paris, IX, 141, 142, 148-149, 152 ; des travaux du Palais de Justice à Paris, IX, 105 ; des projets de la Grande Galerie, IX, 170-171, 173, 174, 175, 176, 180, 183, 358-362 ; de la toile métallique du sr Saver-

landt, IX, 161. — Cit., VIII,
228 ; IX, 263.

TROUARD fils. Prix d'émulation de déc. 1778, VIII,
366 ; d'avr. 1779, VIII,
373 ; de nov., VIII, 391 ;
de janv. 1780, IX, 4 ; d'avr.,
IX, 10 ; de mai, IX, 15. —
Admis à concourir en 1778,
VIII, 351 ; en 1780, IX,
14 ; 1er prix le 28 août 1780,
IX, 26, 209 ; présenté pour
la 2e classe en 1785, IX,
169 ; en 1791, IX, 297 ; en
1792, IX, 317.

TROYES. Travaux de Josse-
nay, VI, XII. — Examen de
plans divers et de dessins
d'œuvres de Dom. Recours
[D. del Barbiere] (Saint-
Nicolas, Saint-Étienne et
Saint-Nizier), II, 19.

TRUDAINE. Directeur des
ponts et chaussées. Né en
1703, mort en 1769. — Lettre à lui adressée au sujet
de l'usage du cuivre rouge
en tables, VII, 194-195,
244-245 ; VIII, 57, 58, 119.

TRUDAINE DE MONTIGNY. In-
tendant des finances, VII,
244. — Associé libre le
18 mars 1776, VIII, 261,
271. — Annonce de son dé-
cès à la séance du 11 août
1777, VIII, 310, 314. —
Éloge par David-Leroy, IX,
29. — Remet à l'Acad. la
médaille commémorative de
la construction du pont de
Neuilly, VIII, 139. — Réu-
nit la chaire d'hydraulique
à l'Acad. d'architecture,
VIII, 293.

TUBY (J.-B.). Tombeau de
Mazarin, I, 104.

TUETEY. Répertoire des sources manuscrites de l'histoire
de Paris, 1890, IX, 266.

TUGDALE (Cariste). Architecte
de la cathédrale de Rennes
avant 1654, I, 68.

TULLE DE VILLEFRANCHE. Hôtel à Avignon, IX, 369.

TUNIS. Captivité de Daviler,
I, 300.

TURCHI (Aless.). Un de ses
tableaux, I, 113.

TURENNE (DE). Habitation,
II, 169.

TURGIS (Gabriel). Aspire au
prix en 1741, V, 292, 302 ;
en 1743, V, 344. — Admis
à concourir en 1745, VI,
26, 36 ; en 1746, VI, 49 ;
petite médaille d'argent en
1746, VI, 58.

TURGOT. Création d'une chaire d'hydraulique, VIII, 292.
— Demande des commis-
saires pour examiner des
expériences destinées à pré-
venir la débâcle des glaces
sur la Marne, VIII, 206-
207. — Plan de Paris dit de
T. Voir : Paris, Plan de
Bretez.

TURGY. Voir : Turgis.

TURIN. Prix d'émulation
d'août 1779, VIII, 388.

TURIN. Constructions de Vittone, VII, 108.

TURQUIE. Paix avec la Russie
et l'Allemagne, médaille
commémorative, V, 303,
331, 350 ; VI, 37.

TUTÈLES (les). Voir à Bordeaux.

TZETZÈS. Historiarum varia-
rum Chiliades, éd. Kissling,
1826, III, 48.

U

Urbain VIII. Pape, II, 277.
Uzès (d'). Hôtel à Paris, porte, IX, 143.

Uzès. Reconstruction de l'hôtel de ville, VII, 217.

V

Vaillant (Foy), III, xvii.
Vaisseaux du Roi. Lieutenant, IX, 239.
Val (château du). On y emploie la pierre de Montesson, I, 214.
Valadier. Restaure l'arc de Titus en 1821, I, 28.
Val-Armé. Voir : Valhermeil.
Val-des-Leus (près Bardonville). Visite de ses carrières, I, 233 ; V, 23 ; pierre employée à Rouen à l'abbaye de Saint-Ouen, I, 226 ; dans plusieurs autres monuments et églises, I, 229-230 ; s'y emploie encore actuellement, I, 227 ; à Saint-Georges de Boscherville, I, 233.
Valens (aqueduc de), II, 77.
Valfénières. Voir : La Valfénière (Des Royers de).
Valgalier (Marguerite). Mère de Fr. Franque, IX, 369.
Valhermeil. Visite de ses carrières, I, 203-204 ; V, 21.
Vallée. Peintre en bâtiments. Nouveaux procédés de peinture, VII, 42-43, 46, 50-52.

Vallin de La Mothe. Architecte de l'impératrice de Russie. Né en 1729, mort en 1800. — Candidat à la correspondance, VII, 267-268, 326 ; élu le 21 mars 1768, VIII, xii, 10 ; IX, xxv. — Rentre en France, VIII, 353 ; IX, 91. — Montre des plans, coupes et modèles des poêles et cheminées qu'il fait construire en Russie et les offre à l'Acad., VIII, 199-200. — Lettre annonçant l'envoi d'échantillons de pierres et marbres de Sibérie et de trois estampes représentant les opérations du travail et transport du piédestal de la statue de Pierre le Grand, VIII, 231, 245-246, 253, 274, 275.
Valmarana (comte de). Dessins de Palladio pour sa maison à Vicence, I, 42-43 ; II, 7-8.
Valois (famille des). Tombeaux. Voir à Saint-Denis.
Valois (A. de). Fondation de l'église Saint-Gervais, I, 194.

Van Cleemputte. Prix d'émulation de déc. 1783, IX, 121 ; d'avr. 1785, IX, 154. — Admis à concourir en 1780, IX, 14 ; en 1782, IX, 74 ; en 1783, IX, 103 ; en 1784, IX, 131 ; en 1787, IX, 205.

Vanday. Prix d'émulation de juin 1778, VIII, 353.

Vanderhaen. Admis à concourir comme élève de David-Leroy en 1791, IX, 302.

Vandières (Abel - François Poisson de). Directeur général des Bâtiments, VI, 41. — Notice biographique, VI, x-xi. — Perte de son père, VI, 223. — Assiste M. de Tournehem à la séance du 28 août 1747, VI, 86. — Reçoit la députation de l'Acad., VI, 170. — Décision concernant les jetons de présence, VI, 172-173. — Préside la distribution des prix, VI, 86, 186, 226. — Reçoit l'Acad., VI, 190. — Annonce le choix du Roi pour la place de sa figure équestre, VI, 191. — Ordonne de faire de nouvelles loges pour les concours, VI, 208. — Dons à la bibliothèque, VI, 188-189, 215. — Accorde des mentions de satisfaction supplémentaires au concours de 1754, VI, 227. — Cit., VI, 88, 185, 202, 207, 213, 214, 217, 218, 221. — Pour la suite, voir au nom de Marigny (Mis de).

Van Loo. Plan de Saint-Germain-en-Laye, 1702, VI, 352.

Vaquer. Présente des vases en albâtre de Lorraine, VIII, 201.

Varenne (de). Contestation à propos de la solidité de la charpente de sa maison de la rue Mouffetard, VII, xli, 239, 245-246, 249-255, 260-261.

Varignon. Mém. sur le mouvement des eaux, 1707, III, 268.

Varron, I, 306 ; II, 303.

Vassé (Louis-Claude). Sculpteur. Décoration du chœur de Saint - Germain - l'Auxerrois, VI, 264-267.

Vasserot. Aspire au prix d'émulation de juin 1765, VII, 220.

Vauban. Amenée des eaux de l'Eure, II, xxxiv, 75. — Profils, III, 277. — Traité de la défense des places, III, 277.

Vaucanson. Lettre demandant avis sur une construction en projet en Dauphiné, VIII, xiii, 190-193.

Vauchelet (Charles - Nicolas). Élève, VI, 63. — Admis à concourir en 1758, VI, 297 ; en 1759, VII, 16, 23.

Vaucluse. Bibliothécaire de l'Acad. de, IX, 369.

Vaucresson. Eaux, II, xxvi.

Vaudoyer. Prix d'émulation de mai 1781, IX, 48 ; de févr. 1782, IX, 67 ; de juin 1782, IX, 76. — Admis à concourir en 1783, IX, 103 ; 1er prix le 26 août 1783, IX, 112. — Plan, II, 276.

Vaugirard. Ses carrières, I, 334. — Moulin, I, 187.

Vauguyon. Élève, VII, 99. — Admis à concourir en 1761, VII, 72, 79.

Vaurouy (M. de). Visite de son logis, I, 171.

Vausenville. Voir : Le Rohberger de Vausenville.

VAUTRIN. Maçon, II, 160.

VAUX-LE-VICOMTE. Château. Plans de Bruand, III, 195. — Construction de L. Le Vau, I, XXXVII-XXXVIII.

VELAY. Volcans éteints, VIII, 380.

VENDÉE. Insurrection, IX, XXIX.

VENDENESSE - LE - CHATEAU, IV, 316.

VENDÔME (DE). Hôtel à Paris, travaux de L. Bruand, I, XXXIV; de Mansart, I, XLIV. — Association pour sa vente, I, XLV.

VÉNÉTIE. Édifices, III, 18.

VENISE. Acad. des Beaux-Arts. Voir : Couvent de la Charité. — Architecte, VIII, 45, 80. — Bibliothèque de J. Sansovino, I, 22. — Correspondant, VIII, 290. — Couvent de la Charité, son cloître par Palladio, III, 91. — Église de Notre-Dame-de-la-Salute, plans et coupes, VIII, 214, 215; IX, 87; mém. sur la construction du dôme comparée avec celle du dôme des Invalides, par Raimond, VIII, 87, 214-215. Saint-Georges, chez Palladio, III, 112. Saint-Marc, ses entre-colonnes, chez P. Delorme, I, 149; ses fondations, chez Alberti, II, 229; C. Boito, La Basilica di San Marco, 1888, II, 229, 232, 236. Églises diverses, plans montrés par de Cotte, II, 257. — Visite de P. de La Hire, II, XXV. — Loggetta de (J.) Sansovino, I, 22. — Palais Cornaro, II, 298. — Dessins de Palladio retrouvés par de Chambry, I, 139. — Pont du Rialto, III, 40. — Route de Trente, I, 52; III, 330. — Tour voisine, II, 235; III, 41. — Cit., I, 274, 290; II, 302; IX, XXI.

VERAGA. Villa des frères Badoeri, I, 316-317.

VERBERIE. Pierre des environs, VI, 171, 174, 175, 182.

VERDIER, IV, 125.

VERDUN. Évêché, construction de R. de Cotte, IV, XXXIX; VI, XIX; avec la collaboration de Jossenay, VI, XII.

VERGENNES (DE). Ministre des Affaires étrangères, IX, 146.

VERLA. Villa du comte L. Verlato, II, 303.

VERLATO (comte L.). Sa villa, II, 303.

VER-LES-CHARTRES. Carrière, I, 243.

VERLY. Prix d'émulation de juin 1783, IX, 106. — Admis à concourir en 1784, IX, 131; en 1785, IX, 156.

VERMANDOIS. Guillaume Blondel, avocat du bailliage de, I, XXIII.

VERNEUIL (TOUROUD DE). Candidat à la 2e classe en 1735, V, 171; présenté, V, 172, 178, 179; candidat en 1737, V, 218; présenté en 1739, V, 247, 248; en 1740, V, 281.

VERNEUIL (château de). Examen du plan et particularités, III, 151.

VERNIQUET (Edme). Élève, VI, 63.

VERNON. Visite de ses carrières et monuments. I, 216-221; III, 70, 72, 73; V, 22; IX, 162. — Chapelle de Saint-Jacques, I, 220. — Château, tour des Archives, I, 220. — Église des Cordeliers, I, 220; Notre-Dame,

qui conserve un autel venu de Gaillon. I, 223. — Pierre, qualité, I, 236 ; employée à Anet, I, 237-240 ; à l'abbaye de Bon-Port, I, 224 ; à Chartres, à Notre-Dame, I, 241-242, 244 ; V, 23 ; à Dreux, I, 240 ; à Gaillon et à sa Chartreuse, I, 221-223 ; à l'église de Pont-de-l'Arche, I, 224 ; à Rouen, à l'abbaye de Saint-Ouen, I, 225-226 ; à l'archevêché, I, 229 ; à Notre-Dame, I, 228-229 ; à Sainte-Croix, à Saint-Lô et à Saint-Maclou, I, 226 ; à la fontaine de Jeanne d'Arc, I, 230 ; à l'hôtel de La Ferté (Bourg-Theroulde), I, 230 ; au Palais de Justice, I, 226 ; à l'ancien pont, I, 226. — Carrière nouvelle à M. Lebrun d'Heurgival, IX, 162, 165, 178. — Château voisin. Voir : Bissy.

VERNONNET. Carrière du Bassin, I, 219 ; V, 22 ; sa pierre employée à l'église paroissiale, I, 220.

VÉRONE. Amphithéâtre, II, 331 ; III, 81, 249 ; chez Desgodets, II, 291. — Arc des Lions, II, 340 ; III, 251 ; chez Blondel, III, 2, 37 ; chez Serlio, III, 139-140. — Maisons, dessins de Palladio, III, 91. — Route de Venise, II, 302.

VERSAILLES. Histoire de Versailles, par M. de Nolhac, VIII, 18 ; création de Versailles par le même, I, XXXVIII. Revue de l'histoire de Versailles, I, XXXVIII ; VII, 21. — L'Acad. s'y rend pour saluer Mansart, III, 56. — Maladie de d'Angiviller, IX, 44. — Artistes (naissance d'), VI, 276, 333 ; VII, 24, 119, 152, 184, 267. — Bâtiments, contrôle, III, XXII ; IV, XXXI ; VI, 292, 294, 295 ; VII, XXIV, 199, 276. — Chancellerie, I, XLV. — Chaussée de l'Étang, II, 63. — Église catholique Saint-Louis, VI, XXII ; dessin de chapelle de Loriot, VI, 252. — Entrepreneur, II, 125. — Fontaine de la place Saint-Louis, VII, XI. — Hôtel des Gardes du comte d'Artois, VIII, 166 ; de Mme de Pompadour, VI, XXI. — Paroisse Saint-Louis, VI, 333 ; VII, 24 ; Notre-Dame, VII, 152, 184. — Serrurier, IX, 250. — Style, I, XXXVIII. — Surintendance, I, XLV ; III, 166. — Traité de 1783, IX, 127. — Travaux, consultation de Colbert, I, LV ; inspecteur, VII, XXVI. — Cit., I, 106 ; III, 161, 311, 320, 321 ; IV, XXXIX ; VI, 17, 183 ; IX, XVI.

Château. — Aile du nord, devis des maçonneries, II, 63. — Appartements, difficultés pour le placement de colonnes, I, 99-100. — Chapiteaux avec têtes de béliers, V, 246. — Travaux de R. de Cotte, IV, XLI. — Cour, travaux de Gabriel, IX, XXVII ; pavillons des ailes, — avis de l'Acad. et dessin de la balustrade, I, 9-10. — Écuries (grande et petite), travaux de Mansart, I, XLV. — Escalier des ambassadeurs, IX, XIII ; travaux de Gabriel, VII, XVI ; IX, XXVII. — Galerie des glaces, ordre français de Lebrun, VI, 145 ; travaux de

Mansart, I, XLV; cit., II, V;
III, 272; IX, XIII; travaux
de Louis Le Vau et de son
frère François, I, XXXVIII-
XXXIX; de Mansart, I, XLI,
XLIV, XLV; III, XIV; IV,
XXXVII. — On y emploie la
pierre de Montesson, I, 214.
— Travaux de d'Orbay, I,
XLI. — Fonte des orfèvre-
ries, I, XI. — Travaux de
Cl. Perrault, I, L. — Pourriture des poutres, VII,
327. — Salon, ordre corinthien, VI, 123; de Vénus, I,
99-100. — Théâtre, cons-
truit par Gabriel, VII, XVI;
sa charpente, VIII, 18. —
Tombeau de Diane de Poi-
tiers apporté à, I, 239.

Chapelle. — Description,
par J.-F. Félibien, IV,
XLIII, 1-2; par P. de Nolhac, IV, 1; par Piganiol de
La Force, II, 174. — Cha-
piteaux, VI, 123. — Co-
lonnes, VI, 27-30; corin-
thiennes, VI, 98. — Part
de R. de Cotte, IV, XLII. —
Légèreté, VII, 130. — Usage du mastic du sᵣ Maille,
VI, 158-159. — Mansart en
entretient l'Acad., I, LVII;
II, 174. — Plan de Prevost,
III, XXIV. — Dessins de
Tanevot, V, 260, 262. —
Tirants de fer, VII, 89,
111. — Cit., II, V, XXIX,
XXXI, 174; III, XIV, 11,
271; IV, XLI; VI, 204.

Parc. — Allée d'Eau,
dessin de Cl. Perrault, I,
LI. — Bain des nymphes,
I, LI. — Bassin du Dra-
gon, VI, 268; de Latone,
essai du mastic du sᵣ Maille,
VI, 158. — Bosquet des
Dômes, I, 136-137; de la
Renommée, I, 136-137. —

Contrôle, VI, XXII. — Eaux,
les grandes eaux..., par
Barbet, 1907, II, 225; IV,
251. Adductions diverses
et en particulier celle de
l'Eure. Voir à ce nom et à
l'article : Maintenon. —
Fontaine de la Renommée,
modèles de Mansart, I, 136-
137. — Fontainiers, V, 77,
86-87. — Grotte de Thétys,
dessin de Perrault, I, LI. —
Labyrinthe, V, 352. — Mé-
nagerie, travaux de L. Le
Vau, I, XXXVIII; étude de
J.-J. Marquet de Vasselot,
I, XXXIX. — Orangerie
(Iʳᵉ), travaux de L. Le Vau,
I, XXXVIII. — Grande Orangerie, travaux de Boffrand,
IV, XXXII; de Mansart, I,
XLV; II, 141; III, 249;
V, 190; ses colonnes tos-
canes, VI, 28, 30; ses voûtes, I, XLVI; cit., V, 189,
352. — Petit-Parc, V, 86.

Trianon. — Artiste (nais-
sance d'), VII, 60. — Chapiteaux ioniques, VI, 105.
— Goût chinois au Iᵉʳ T.,
III, 363. — Colonnes du
péristyle, VI, 28, 30. —
Contrôle, III, XXII. — Travaux de Mansart, III, XIV;
avec la collaboration de R.
de Cotte, IV, XLI. — Petit-
Trianon, travaux de Ga-
briel, VII, XVI.

VERTAIS. Faubourg de Nan-
tes, IV, XLVIII, 50, 83, 130.

VERTHAMON (Eugénie DE).
Épouse le Mⁱˢ de Bellegarde,
IV, 180.

VERTHAMONT (Mgr DE), VI,
79.

VESPASIEN. Congé antique,
III, 39.

V é s u v e. Ville souterraine
[Herculanum], VIII, 16.

Vettingen. Voir : Wattingen.

Veudre, III, xv.

Vézère. Demande d'avis sur des travaux de navigabilité, II, xxxii, 126-127.

Vialet ou Viallet (Guillaume). Élève, VI, 41, 64.

Viaud. Histoire de Rochefort, 1867, I, xxiii.

Vic d'Azyr (Félix). Lettre au sujet des bains de Luchon, IX, 150.

Vicence. Basilique par Palladio (fig.), I, 58-60 ; III, 99. — Conseil (palais du). Voir : Basilique. — Édifices, III, 18. — Maisons par Palladio (Almerico, Chiericato, Porti, Ragona, Sarego, Valmarana), I, 41, 42-44, 47, 49 ; II, 7-8 ; III, 91, 93 ; IX, 306-307. — Palais Godi et Trissino par Scamozzi, II, 300. — Ponts par Palladio, III, 38. — Cit., II, 302.

Viel de Saint-Maux (Charles-François). Né à Paris le 12 juin 1745, mort le 1er déc. 1819. — Élève, VIII, 189, 225. — Prix d'émulation de nov. 1770, VIII, 83 ; de janv. 1771, VIII, 94, 97 ; de févr. 1774, VIII, 186. — Aspire au prix spécial de janv. 1772, VIII, 113. — Admis à concourir en 1774, VIII, 195. — Fait part de sa Lettre sur l'architecture, VIII, 389, 390 ; deuxième lettre, IX, 24. — Son élève, IX, 4. — Adresse des documents sur une affaire en instance au Conseil (indéterminé), VIII, 252.

Vien. Prix d'émulation de sept. 1787, IX, 212 ; de nov. 1788, IX, 236.

Vien (Joseph-Marie). Peintre.

Candidat à la place d'associé libre, IX, 250 ; élu le 30 juin 1789, IX, 251. — Signe le dernier procès-verbal, IX, xxx. — Offre un ex. de l'Art de peindre, trad. de Dufresnoy par Renou, IX, 253. — Prend un élève, IX, 309. — Commis à la révision des statuts, IX, 272. — Cit., VIII, 341, 347.

Vienne. Artiste (naissance d'), VIII, 212. — Correspondant, VIII, 165, 290. — Médaille commémorative du traité, V, 240, 264, 350 ; VII, 119.

Vienne. Plan de l'Aiguille, VII, 18. — Pyramide, VII, 18.

Vieutaud (Jacques). Élève, VI, 64.

Vigne (Antoine-Joseph). Élève, VI, 63.

Vigné de Vigny (Pierre de). Mort en 1773. — Notice biographique, VI, xxv. — Admis à l'École de Rome en 1722, IV, xvii. — Présenté pour la 2e classe en 1723, IV, 160 ; promu le 8 mars 1723, IV, xx, 261 ; brevet, IV, 267 ; candidat à la 1re classe en 1735, V, 170 ; en 1737, V, 217 ; présenté en 1742, V, 318 ; promu le 5 juin 1742, V, 323, 332. — Emprunte un Rapport, VI, 260. — Parle au sujet du Recueil de travaux en projet, VI, 231. — Difficultés avec Beausire le jeune, V, viii, 311-312. — Démission forcée à la suite d'un différend avec Mansart de Lévy, VI, x, xxiii, 312-316, 317, 318, 324. — Protestation contre le con-

cours de 1756, VI, 261. — Commissaire à la préparation d'une table des travaux de l'Acad., VI, 284. — Chargé d'un rapport sur le toisé, VI, 1. — Observations sur la lecture de Vitruve, VI, 232-233 ; rapport sur le VIIIᵉ livre, V, 150, 151.

Divers :

Dessin d'entablement corinthien, V, 226. — Plans proposés pour les travaux de Nantes, VIII, 152. — Composition de la pouzzolane, VI, 211. — Mém. sur l'histoire du verre et de la peinture sur verre, VI, 280. — Toisé des voûtes, V, 43.

Examens :

Examen du Traité du sʳ Blanchard. Pratique pour les arrière-voussures de Saint-Antoine, revêtues de menuiserie, IV, 333 ; du Traité des cinq ordres de P. Nativelle, V, 6 ; de la question du plomb laminé, V, 71 ; du Mém. de M. de Silvy, VI, 206, 208-210, 295, 297. — Cit., V, 276 ; VI, 216, 271.

VIGNEUX. Aspire au prix en 1723, IV, 266 ; en 1725, IV, 304.

VIGNEUX. Pierre, IV, 49.

VIGNOLE (Jacopo Barrozzi, dit). Architecte. Né en 1507, mort en 1573. — Classé au 3ᵉ rang des Italiens, I, LVIII, LX. — Construit le château de Caprarola, VII, 256. — Cerche de la colonne, II, 290, 357-359 ; III, 57, 79. — Ordre composé, III, 251-252 ; volute du chapiteau, I, 316. Ordre dorique, III, 233-234, 237-239 ; chapiteau, I, 315 ; chapiteau comparé à celui du théâtre de Marcellus à Rome, I, 129-131. Ordre ionique, III, 242-243. Ordre toscan, saillie du triglyphe, I, 314. Ordres, proportions, II, 35-36. — Colonnes du Campo-Vaccino à Rome, I, 140. — Regola delle cinque ordini... d'architettura, 1563. Con la nuova aggiunta di Michel-Angelo Buonarotti, 1629, I, 7 ; II, 213, 255, 290, 291, 331, 332, 334, 335, 360, 363 ; 79, 84, 122, 129, 168, 233, III, 3,5, 23, 31, 60, 238, 239, 250 ; V, 248 ; VI, 62, 64, 94, 95, 98, 104, 109, 112, 133, 137, 138 ; lecture par d'Aviler d'une préface et de sa traduction de quelques chapitres, II, 34-36. — Cit., I, XXVII, 125 ; II, XLIV, 185, 191, 214, 266, 330 ; III, XI, 244, 256, 322 ; IV, XXXIV ; V, XII, 188, 189, 190, 195, 200, 204, 205, 229, 249, 251, 259, 260, 261, 265, 296 ; VI, 9, 61, 221, 323 ; VII, 81 ; IX, XVII, XIX, 79.

VIGNON. Prix d'émulation de mai 1787, IX, 206.

VIGNORY (DE). Voir : Orry de Vignory.

VIGNY (DE). Voir : Vigné de Vigny.

VIGO. Renflouement du vaisseau « le Tage », V, 329-330.

VIGUIER. Présente une persienne de son invention, VIII, 151.

VILAINE. Travaux de navigabilité, V, 17-18.

VILLABÉ, VII, 203.

VILLACERF (DE). Voir : Colbert de Villacerf.

VILLACERF (château de), II, XII.

VILLALPANDO (J. B.). In Eze-

chiellem explanationes et apparatus urbis ac templi Hierosolymitani..., 1596-1606, III, XII, 244, 299.

VILLARS (DE). Hôtel à Paris, travaux de Leroux, IV, XXVIII. — Le maréchal, V, 152.

VILLE-D'AVRAY. Eaux, II, XXVI.

VILLEDO (famille), I, XXXI-XXXII.

VILLEDO (Catherine). Belle-mère de Libéral Bruand, I, XXXI.

VILLEJUIF. Croix sur sa route près les carrières, I, 210.

VILLEMAIRE (DE). Projet pour mettre les bâtiments en état de résister aux tremblements de terre, VII, 200.

VILLENEUVE (DE). Ambassadeur à Constantinople, V, 303.

VILLENEUVE. Mort en 1730. — Présenté pour la 2ᵉ classe le 29 févr. 1723, IV, 260 ; promu le 25 oct. 1728, V, 32, 33. — Annonce de son décès le 13 nov. 1730, V, 65.

VILLENEUVE. Admis à concourir en 1758, VI, 297.

VILLENEUVE - MARTIGNAN. Hôtel à Avignon, IX, 369.

VILLEROY (maréchal DE), IV, 179, 180. — Son fils Louis-Nicolas, duc de, IV, 179. — Hôtel à Paris, travaux de Leroux, IV, XXVIII ; de G. Aubry, VI, XV.

VILLERS-COTTERETS. Château. Ordre français, de P. Delorme, I, 148.

VILLETARD (Étienne). Élève, VI, 64. — Admis à concourir en 1749, VI, 121 ; en 1750, VI, 141 ; en 1751, VI, 161.

VILLIARD ou DE VILLIARS.

2ᵉ prix en 1729, V, 50 ; aspirant en 1730, V, 57 ; accessit en 1730, V, 64.

VILLIERS (Joseph DE). Élève, VI, 64.

VILMORIN. Élève de Vien, IX, 309. — Prix d'émulation d'août 1792, IX, 330. — Admis à concourir en 1793, IX, 342.

VINAGE. Mort en 1735. — Nommé directement à la 2ᵉ classe le 13 nov. 1730, V, 65. — Annonce de son décès à la séance du 14 nov. 1735, V, 178.

VINCENNES. Château. Contrôle des bâtiments, V, XIX, 268 ; incendie de l'aile du Roi, VI, 275 ; chapelle, I, 192 ; donjon, couverture par Deluzy, VI, 258 ; travaux et portail de L. Le Vau, I, XXXVIII ; VI, 53 ; manufacture de porcelaine, VI, 279 ; ordre dorique, VI, 53, 54, 300 ; pont-levis, VI, I, 98.

VINCENT (F.-A.). Peintre. Demande la distribution aux membres de l'Adresse et projet de statuts... pour l'Acad. générale, IX, 297.

VINEUIL - LES - BLOIS. Délibération sur un plan présenté pour l'autel de la paroisse, I, 76.

VIOLA (Giuseppe). Della architettura... libri due, 1629, I, 8 ; III, 239, 242 ; V, 204, 205.

VIOLLET - LE - DUC. Né le 21 janv. 1814, mort le 17 sept. 1879. — Ses notes ajoutées à la publication du Procès-verbal des visites des monuments et carrières, I, 326, 328.

VIOSNE, I, 202, 203.

VITRUVE. Son autorité, I, VI ;
VI, 192. — Blondel l'invoque contre C. Perrault, I,
XXVIII. — Architrave ionique, I, 135. — Temple de
Jupiter à Athènes, I, 86.
— Bases toscanes, I, 126.
— Sa basilique, I, 116. —
Chapiteau dorique, I, 315 ;
comparé à celui du théâtre
de Marcellus, I, 129-131. —
Chapiteau toscan, I, 314-
315. — Colonnes, renflement et diminution, V, 29-
33. — Corniche toscane, I,
313-314. — Corps humain,
proportions, I, 84. — Maison grecque, I, 120-121. —
Palladio suit sa doctrine,
I, 22, 40 ; prétend expliquer
son sentiment sur les divers
aspects des temples, I, 61.
— Pensées sur la perspective, I, 311. — Ponts, n'en
parle pas, I, 78 ; IV, 41. —
Proportions, I, 76 ; ne concordent pas avec celles des
monuments antiques étudiés, VI, 192. — Monuments romains, voir à
Rome. — Tailloir ionique
plat, I, 135. — Pour les différentes parties de l'art de
la construction, voir aussi
à la Table technique. —
Lecture des anciennes conférences de 1674 le concernant et établissement
d'un rapport à ce sujet, V,
150, 186. — M. Vitruvius
per Jocundum solito castigatior factus, 1510, III, 292.
— De architectura libri
decem, publ. par Rose et
H. Müller Strübing, 1867,
I, 19 ; éd. de 1899, ibid. ;
éd. avec trad. par A. Choisy, 1909, ibid. — Guilelmi
Philandri in decem libros

M. Vitruvii... annotationes,
1544, I, 89. — Cit. du texte
latin, éd. indéterminée, II,
14, 36, 47, 48, 140, 141, 161,
234, 246, 251, 252, 257, 295,
303, 313, 321, 325, 330, 332,
333, 334, 336, 338 ; III, 48 ;
VI, 29, 33, 82 ; VIII, 295. —
Trad. du dernier chapitre
du IIIe livre, par P. de La
Hire, IV, 71. — Architecture ou art de bien bâtir,
de M. Vitruve..., mis de latin en français par Jean
Martin, 1547. Lecture arrêtée pour son inexactitude,
I, 19-21 ; lecture de quelques chapitres, IX, 95 ; cit.,
II, XLIII ; III, 174. — Les
dix livres d'architecture...
corrigés et traduits nouvellement en français, avec
des notes... par Cl. Perrault, 1673, et 2e éd., 1684,
II, 362 ; offerte à l'Acad.,
I, 50 ; lecture, I, 76-99, 108,
111, 113-123 ; II, 204-227 ;
III, 199-201, 257, 283-290,
292-295, 331-332, 334 ; IV,
XLIV, 36-47, 54-55, 61-63,
66-77, 79, 81-82 ; VI, 230-
234, 257, 325-326 ; VII, 70,
76, 98, 134, 146, 148, 228,
265, 272 ; VIII, 11, 44, 71,
231, 275, 383 ; IX, 232,
234, 252, 329, 346. — Cit.,
I, XXVIII, LI, 25, 26, 71,
321 ; II, 22-23, 187, 196,
247, 254 ; III, 13, 20, 30,
43, 49, 50, 83, 93, 140, 160,
256, 320, 364 ; V, 220, 248,
249 ; VI, 139 ; VII, 22, 41,
179. — Passage du VIe livre
que Perrault croyait, à tort,
être transposé, I, 166. — I
dieci libri..., tradotti e commentati da Daniello Barbaro, 1556, V, 204, 205 ; cit.,
III, 49, 239, 242. — Trad.

de B. I. Bajenov, 1788, VII, 113. — Cit., I, XXVII, LV, LVIII, LIX, 19, 22, 24, 25, 26, 28, 29, 30, 31, 32, 33, 35, 36, 38, 40, 44, 45, 46, 48, 49, 50, 57, 58, 60, 61, 67, 69, 70, 71, 72, 75, 126, 127, 128, 129, 130, 131, 133, 135, 149, 150, 166, 270, 310, 311 ; II, VI, XLIII, XLIV, 26, 144, 157, 198, 203, 242, 253, 256, 266, 271, 291, 312, 322, 335, 337 ; III, XI, 3, 4, 6, 10, 11, 16, 17, 21, 47, 64, 94, 101, 118, 241, 247, 252, 253, 292 ; V, XII, 188, 204, 229, 235, 245, 249, 251, 254, 259, 260 ; VI, XX, 8, 192, 343, 344, 348, 349 ; VII, 32, 159 ; VIII, 12, 13 ; IX, XVII, XVIII, XIX.

VITRY (Jean). Fontainier du Roi à Marly. Avis sur le plomb laminé, V, 86-87.

VITRY. Visite des monuments (église paroissiale, Saint-Gervais et Saint-Protais) et carrières, I, 209-211.

VITTONE (Bernardo ou Antonio). Architecte. Mort vers 1770. — Fait hommage d'un de ses ouvrages, VII, XXXVIII, 102 ; remercié, VII, 107-108.

VIVARAIS. Pouzzolane, VIII, 380. — Volcans éteints, VIII, 366. — Cit., III, 272.

VLEUGHELS. Directeur de l'École de Rome, IX, 369.

VOERST. Château, II, 86 ; III, 365.

VOLTAIRE. Article de l'Encyclopédie sur le goût, VIII, 309, 310. — Translation de ses cendres, IX, 306.

VOSGES. Carrières de granit et porphyre, IX, 177, 183, 186.

VOVES. Carrière voisine, I, 243.

VOYER. Évêque de Mirepoix, VI, 78.

VOYER D'ARGENSON (Marc-Pierre DE). Maison à Neuilly, VII, 21. — Cit., VI, 286, 292, 293, 294, 295, 301, 343.

W

WAILLY (Charles DE). Né en
1729, mort en 1798. —
Élève de l'abbé Camus, V,
VI. — Admis à concourir en
1750, VI, 141 ; en 1751, VI,
161 ; en 1752, VI, 180 ;
3e prix en 1750 ; 1er prix le
4 sept. 1752, VI, 186. —
École de Rome de 1754 à
1756, VI, 304 ; VII, 277 ;
présente des études, VI,
304. — Nomination directe
à la 1re classe le 24 mai 1767
et affaire qui en résulte, VII,
IX, XVIII, XXIV-XXIX, 276-
318. — Voyage en Italie et
à Rome, VIII, 344 ; à l'é-
tranger, IX, 216. — Acci-
dent, VIII, 306. — Ses
élèves, VIII, 130, 135, 188,
224, 274, 282, 283 ; IX,
256.

*Affaires intérieures aca-
démiques :*

Observations sur les droits
de présence, IX, 110, 115-
116. — Examen de la can-
didature de Tagliafichi à la
correspondance, VIII, 314,
339 ; IX, 90, 144, 173. —
Conditions du grand prix et
examen des esquisses de
1780, IX, 13, 14, 24, 26 ; de
1781, IX, 47, 54 ; de 1782,
IX, 73, 83, 84 ; de 1786, IX,
182-183 ; de 1787, IX, 203-
205, 211 ; de 1788, IX, 225-
226, 234-235 ; de 1793, IX,
340-341. — Examen des
envois de Rome, VIII, 372,

374, 375-377 ; IX, 6, 10, 59-
60, 61, 62, 140, 184, 185,
196, 197, 271.

Divers :

Prospectus d'un projet
d'encouragement aux arts,
IX, 263. — Invite l'Acad. à
visiter l'exposition des prix
d'encouragement de la So-
ciété des Arts, IX, 274. —
Travaux avec Bajenov, VII,
325. — Montre le Recueil
des dessins levés, par ordre
de M. de Marigny, des châteaux de Blois et Richelieu,
IX, 208. — Demande d'avis
sur ses projets de restauration de Saint-Bénigne de
Dijon, VII, 140, 142. —
Présente le modèle d'un escalier en bois [escabeau]
mobile, IX, 44-45. — Pré-
tend à la priorité d'idées
exprimées par M. de Fer
dans divers Mém., IX, 273.
— Montre différents des-
sins d'architecture et en
particulier une gravure et
des dessins d'une salle du
palais Spinola à Gênes,
VIII, 283, 296. — Montre
un plan de réunion de la
Cité aux îles Saint-Louis et
Louvier, IX, 254. — Des-
sins pour la nouvelle salle
de la Comédie-Française,
IX, 368. — Travaux de la
Comédie-Italienne à Paris,
IX, 126-127. — Montre un
plan de Paris, distinguant

les enceintes successives, IX, 208. — Montre ses projets de travaux pour Port-Vendres, IX, 45. — Observations sur l'architecture italienne et en particulier sur la sacristie de Saint-Pierre de Rome, VIII, 344.

Examens :

Examen des projets de Peyre le jeune pour les constructions de l'Électeur de Trèves à Coblentz, IX, 6, 7, 8, 10 ; du mastic du sr Crosel, IX, 193 ; des ornements en carton du sr Gardeur, VIII, 351 ; des procédés de dorure du sr Lefèvre, IX, 54, 66 ; des plans d'écoulement des eaux de Bicêtre, IX, 26, 27, 28, 31, 33, 234 ; des travaux du Palais de Justice à Paris, IX, 105 ; des projets de la Grande Galerie, IX, 170-171, 173, 174, 175, 176, 180, 183, 358-362 ; des projets de travaux à la cathédrale de Rennes, IX, 144, 145-146, 148, 150-151 ; du procédé du sr Talamona pour préserver le fer de la rouille, IX, 238 ; des granits et porphyres des Vosges, IX, 177, 183. — Cit., VII, xv, 113 ; VIII, 283 ; IX, xxx.

WAILLY (Noël-François DE), VII, xxv.

WALLIN DE LA MOTHE. Voir : Vallin.

WALLON. Présente un mastic de sa composition, IX, 121.

WATELET (Claude-Henri). Associé libre le 18 mars 1776, VIII, xii, xiv, 261. — Annonce de son décès à la séance du 16 janv. 1786, IX, 173, 177, 178. — Élève, IX, 235. — Essai sur les jardins, 1774, IX, 173.

WATIN. Offre son Art du peintre-doreur et vernisseur, 1771, VIII, 139.

WATTEBLED (Jean-Philippe). Aspire au prix en 1734, V, 141 ; 1er prix le 6 sept. 1734, V, 152.

WATTINGEN. Pont, VIII, 104, 107.

WIDOR (Ch.-M.). Les Procès-verbaux de l'Acad. royale d'architecture, 1925, IX, xiii.

WINCKELMANN. Recueil de lettres sur... Herculanum, 1784, VIII, 16.

WOLKOFF. Prix d'émulation de mars 1778, VIII, 343.

WOOD (Rob.). Les ruines de Palmyre, autrement dite Tedmor au désert, 1753, VIII, 242 ; IX, 69.

WREDE (baron DE). Plans, coupes et modèles de poêles, VIII, 209, 217, 230-231.

WREN (sir Christopher). Construction de la tour de Sainte-Marie-aux-Arcs à Londres, VIII, 78.

WURTEMBERG (duc Chr.-Charles-Eugène). Architecte, VI, 325-326 ; VII, xix, xxiii, 5, 149, 157-158. — Théâtre, VII, 151-152, 175-178.

WURTEMBERG (duché). Correspondant, VII, 173.

WURTZBOURG. Résidence. Travaux de Boffrand, IV, xxxiv.

Y

Yonne. Annuaire, V, 12. — Département, I, 261 ; II, 96, 111. — Rivière, IV, 289. — Carrières le long de ses rives, I, 325.

York (duc d'). Dessins de son château de Richemont, III, 281-282.

Yorktown. Capitulation, IX, 67.

Ypres. Affiches pour les travaux de l'Eure, II, xlii.

Ysabeau, VI, 343.

Yvette. Adduction des eaux à Paris, VII, xlii, 135 ; VIII, 57, 58 ; IX, xvi, 272-274. — Mém. de Perronnet, VIII, 267 ; IX, 108.

Z

Zabaglia (Nicolas). Contignationes ac pontes Nicolas Zabaglia una cum... descriptione translationis obelisci Vaticani aliorumque per... D. Fontana susceptae, 1743, VI, 165 ; VII, 27.

Zani (Pietro). Enciclopedia metodica delle Belle-Arti, 1817-1828, VII, 108.

Zanini. Voir : Viola (G.).

Zbarras, II, 299.

Zukmantel (baron de), VIII, 382.

Zurich. Intervention à Genève, V, 280. — Pont voisin, VIII, 104.

TABLE DES TERMES TECHNIQUES

A

ABBAYES : travaux divers, où visite, voir à la table principale : Argenteuil, Bonport, Chartres, Cîteaux, Clairvaux, Corbie, Croix-Saint-Leuffroy, Jouy, Maubuisson, Montmajour, Paris, Pontoise, Prémontré, Royaumont, Saint-Amand, Saint-Denis, Saint-Georges-de-Boscherville, Saint-Gilles, Saint-Martin, Saint-Ouen, Soissons.

ACCIDENTS : élévation des fardeaux et dispositifs pour éviter les, III, 71, 264-266 ; VI, 258-259, 271-273 ; VII, 31.

ACROTÈRES : chez Blondel, III, 6 ; chez Vitruve, I, 94-95 ; IV, 79 ; proportions, II, 250 ; IV, 73 ; VI, 139.

AÉRATION : chez Scamozzi, II, 307, 309-310.

AÉROSTAT : de J.-B. Leroy, IX, 124. — Ascension de Robert, IX, 178.

AIMANT : expérience de P. de La Hire, II, XXVII.

AIR : contenu dans l'eau, IV, 37 ; dans les tuyaux, selon Vitruve, I, 77-78 ; IV, 37.

ALBATRE de Lorraine, VIII, 201. — Voir aussi : Blanc d'.

ALÈGE : définition, I, 35.

ALETTE : définition, I, 34.

ALIGNEMENT, IV, 92.

ANGLES : assemblage des bois, II, 217 ; emploi des pilastres et des colonnes aux. Voir à ces articles.

ANSE DE PANIER, V, 268-269 ; chez Blondel, I, 163 ; tracé de Camus, VI, 73-74 ; de Cartaud, VI, 127 ; de Le Saché, V, 352. — Voir aussi : Arc surbaissé.

ANTIQUE : deux manières, I, 21 ; chez Scamozzi, I, 275 ; n'a pas les proportions de Vitruve, I, 76 ; dangers d'une copie trop exacte, V, 200-201.

ANTIQUITÉ : ses limites, I, LIX. — Grecque et romaine, Dictionnaire de Daremberg et Saglio, III, 40.

APPAREIL (petit) : employé à l'ancienne église Saint-Sulpice, I, 192 ; à Sainte-Geneviève, I, 184 ; à l'église du Temple, I, 194 ; à la tour de Notre-Dame-des-Bois, I, 193.

APPAREILLEURS : leur ignorance, I, 172.

APPARTEMENTS : chez Scamozzi, I, 323-324 ; hauteur chez Vitruve, I, 120 ; ornements intérieurs, III, 337 ;

procédé pour les rafraîchir, VII, 189. — Voir aussi : Corniches intérieures.

Aqueducs : chez Blondel, III, dessin de Gittard, II, 87. — Voir aussi à la table principale : Belgrade, Gard, Lyon, Maintenon, Paris, Rome.

Arbitres. Voir : Experts-jurés.

Arbres : emploi de leurs troncs comme colonnes, chez Delorme, I, 148. — Voir aussi : Bois

Arcades : proportions, III, 168-170 ; VI, 44-45 ; chez Serlio, I, 299-301 ; III, 145 ; doriques, VI, 70 ; renversées, II, 24-25 ; en tour ronde, II, 270, 364, 368.

Archéologie : grecque, par M. Collignon, 1881, I, 121.

Architecte : définition du titre, II, XIII. — Devoirs selon P. Delorme, I, 152 ; II, 277 ; selon Scamozzi, I, 124 ; selon Vitruve, I, 20, 80 ; II, 205, 252 ; III, 284 ; IV, 37-38. — Incompatibilité des fonctions d'entrepreneurs pour ceux qui sont académiciens de 1re classe, V, 241, 243. — Ouvrages des Français qui n'ont pas écrit, I, 13. — Qualités nécessaires par Garnier d'Isle, VI, 87. — Vies, voir à la table principale : Bauchal, Dézallier d'Argenville, J.-F. Félibien, Lance.

Architecture : abus chez de Chambray, III, 248 ; chez Palladio, III, 85. — La copie trop exacte des anciens nuisible au progrès, V, 200-201. — Caractère, IX, 55. — Modèles de La Guêpière, VI, XXXI. — Comparée avec la musique, I, LVIII ; III, 334.

— Origine. Discours de J.-F. Blondel, VI, 250 ; Mém. de Garnier d'Isle, VI, 38, 343-351 ; selon Vitruve, III, 287. — Quelques idées de Cl. Perrault, II, 171. — Règles, II, 118-119. — Termes techniques, lexique, I, 337-344 ; II, 364-368 ; III, 385-390 ; IV, 352-359.

Traités :

L.-B. Alberti de re aedificatoria libri decem, 1485. L'Architecture et art de bien bâtir du sr L.-B. Albert..., trad. par Jehan Martin, 1553, et autres éd. Voir : Alberti (L.-B.), à la table principale. — Dispareri in materia d'arch., di Martino Bassi, 1572, II, 191. — Cours d'architecture enseigné dans l'Acad. par Fr. Blondel, 1675-1683. Voir : Blondel, à la table principale. — J.-Fr. Blondel. Cours d'architecture, 1771-1776, et Traité d'architecture, 1737-1738. Voir : Blondel à la table principale. — Livre d'architecture contenant les principes généraux, par G.-G. Boffrand. Voir : Boffrand, à la table principale. — Manuale di G. Branca, 1629, II, 214. — Architecture moderne (attribuée à Brizeux), 1728, V, 29. — P. Bullet. L'architecture pratique, 1691, et éd. diverses. Voir : Bullet, à la table principale. — I quattro libri... di Pietro Cataneo, 1554, et éd. de 1567, I, 8. — Parallèle de l'architecture antique et de la moderne, par F. de Chambray, 1651, I, 139. Voir : Chambray (F.

de), à la table principale.
— Nouveaux essais par de Courtonne, V, 130-131. — T. I de l'Architecture de P. de l'Orme..., 1567. — Nouvelles inventions pour bien bastir, 1561, et éd., II, 362. Voir : Delorme (P.), à la table principale. — Cours d'architecture de A. Desgodets, ms. Voir : Desgodets, à la table principale. — Traités de C. Dupuis, IX, 136. — Lecture de l'article de l'Encyclopédie, IX, 229. — Mém. critiques de Frémin, II, 111. — Essai du P. Laugier, VI, 216. — Le génie de l'architecture, par Le Camus de Mézières, 1780, IX, 17, 18. — Traité de Lussault, IX, 79, 136, 137. — Le cinque libri di arch. di Montano, 1691. Voir : Montano, à la table principale. — L'Arch. di A. Palladio, 1570. — Trad. F. de Chambray, 1650. Voir : Palladio (A.), à la table principale. — P. Patte. Discours sur l'architecture, 1754, VI, 222. Mém. sur les objets les plus importants de l'architecture, 1769, I, XLIII. — Mém. de A.-F. Peyre sur le génie de l'architecture, VIII 261. — Annotationes G. Philandri in decem libros M. Vitruvii..., 1544, I, 89. — Abrégé pratique des cinq modes, par M. Sansovino, V, 250, 277, 299. — L'idea della arch. universale di V. Scamozzi, 1625. Trad. par d'Aviler et du Ry, 1713. Voir : Scamozzi (V.), à la table principale. — Il settimo libro d'arch. di S. Serlio, 1575. Voir : Serlio (S.), à la table principale. —

Lettres de Viel de Saint-Maux, VIII, 389, 390 ; IX, 24. — Dell' arch. di G. Viola Zanini... libri due, 1629, I, 8 ; III, 239. — Vitruve. De arch. libri decem ; éd. div. Trad. de Cl. Perrault, 1673, et éd. Voir : Vitruve, à la table principale.

Divers :
Architettura civile del p. D. Guarini, 1747, VII, 68. — L'architecture française, par J.-F. Blondel, 1752-1766. Voir : Blondel, à la table principale. — Gothique, appréciation, VII, XLIII ; légèreté, VII, 129-130 ; mém. de Soufflot, VII, 86. — Harmonique, de René Ouvrard, 1679, II, 203-204. — Hydraulique, de Belidor, 1750. Voir à : Belidor, à la table principale. Cours de l'abbé Bossut. Idem ; de F. Bruand. Idem. — Italienne. Études de différents maîtres, VII, XI. — Militaire, Elementa de N. Goldmann, 1643, II, 266.

ARCHITRAVE : chez Blondel, II, 19 ; III, 1-2 ; chez Delorme, I, 135 ; chez Palladio, I, 32-33 ; chez Vitruve, I, 75, 94, 111-113, 116, 149, 313-314 ; II, 18-19 ; IV, 72. — Lecture de l'article de l'Encyclopédie, IX, 229. — En Italie, II, 30. — Liaison des claveaux, chez Delorme, I, 149 ; II, 30, 266, 271-272 ; III, 278 ; VIII, 50. — Passage et ressauts, I, 15-19 ; IV, 21 ; VI, 54-56 ; VII, 255 ; retour, II, 199. Voir aussi : Plates-bandes.

ARCHIVOLTES : des arcs et pose sur les impostes, IV, 13.

Arcs : chez Alberti, I, 266, 268 ; chez Blondel, III, 23-25, 30 ; archivoltes, IV, 13 ; coupes diverses, II, 156-157 ; III, 352 ; coupe et poussée chez de La Hire, II, 247 ; pieds-droits, par de La Hire, III, 359-360 ; solidité, III, 277-278 ; voussoirs, charge par de La Hire, III, 358-359 ; division par le même, III, 343. — De décharge, I, 121-122. — Rampants, tracé par de La Hire, II, 151, 152 ; III, 34, 176-177, 369-376 (fig.) ; leur toisé, II, 157. — Renversés, I, 122 ; VII, 110 ; surbaissés, chez Palladio, I, 56 ; tracé, I, 260. — Voir aussi : Anse de panier.

Arcs de triomphe : chez Blondel, III, 35 ; dessin de Daviler, I, 308-309 ; proportions, III, 318. — Voir aussi à la table principale : Ancône, Autun, Bénévent, Montpellier, Paris, Pola, Reims, Rome, Saintes, Vérone.

Ardoises : comparaison de celles d'Angers et de Rimaigne (Flandre), IX, 252-254, 262. — Emploi, III, 341. — Article de l'Encyclopédie, IX, 80. — Voir aussi : Schistes ardoisiers.

Arpent de Paris, V, 26.

Arpentage : École d', par P. de La Hire, II, xxviii.

Arrière-voussures : revêtement de bois du s[r] Henry Brunel, VII, 246-247. — De Marseille, V, 125 ; question de Desgodets, IV, 78 ; modèle de P. de La Hire, IV, 78-79 ; revêtement, VII, 245 ; toisé, IV, 172 ; V, 58. — De Saint-Antoine, V, 125 ; modèle de P. de La Hire, II, xlvi, 200, 202 ; IV, 78 ; revêtement, IV, 333 ; VII, 246-247 ; toisé, V, 58.

Arsenal : projet du s[r] Six, IX, 51.

Artiste : définition, II, xiii.

Asphalte : ciment d', confection et emploi, IV, 226-227.

Assemblage des bois. Voir : Bois.

Astragale : chez Blondel, II, 339 ; chez P. Delorme, I, 127 ; chez Vitruve, I, 95.

Atrium : chez Palladio, I, 44-45 ; chez Scamozzi, I, 323.

Attique, II, 150 ; III, 317-321 ; V, 248 ; mém. de de La Hire, II, 151-152 ; proportions, VI, 126-127. — Discours sur la préférence du 3e ordre, par J.-J. Naudin, VII, 151.

Aulne : qualité dans l'eau, III, 294.

Autel : modèles de Blanchard, IV, 328 ; de Gittard, II, 107 ; de L.-A. Loriot, pour Lorient, VI, 105 ; de Montano, III, 218 ; colonnes isolées, II, 211. — Du collège des Quatre-Nations, I, 113. — De l'église des Petits-Pères, VI, xviii. — De Saint - Jean - en - Grève, I, 115. — De la Sorbonne, I, lvi, 318-319 ; II, xxiii. — De Vineuil, I, 76.

Avenues : chez Scamozzi, II, 309.

B

Bains publics : projet de l'abbé Arnaud, VIII, 319. — Dessin de Perlin, IX, 29 ; de Montano, III, 222-225. — Chez Vitruve, III, 220. — Voir aussi à la table principale : Bagnères-de-Luchon, Paris, Rome.

Bajoyers. Voir : Écluse.

Balcons de fer : usage sur les corniches, I, 78.

Balustrades, III, 321.

Balustre : du sʳ Migeon, VII, 114. — Voir aussi : Escalier.

Bandeaux : autour des arêtes des lunettes, II, 158. — Voir aussi : Portes.

Bandes : chez Vitruve, I, 93.

Baquet : machine d'épuisement, IV, 236.

Barbacanes : utilité, I, 52.

Bas appareil : 2ᵉ banc de la carrière de L. Bondo près Bagneux, I, 248.

Bases : des colonnes, IV, 4. — Chez Blondel, II, 338 ; chez Delorme, I, 126-127 ; chez Palladio, II, 192 ; chez Vitruve, I, 92-93. — Attique, II, 161. — Ionique, VI, 91. — Voir aussi : Ordres.

Basilique : dessin de Daviler, I, 309 ; projet de P. Delorme, III, 193 ; dessins de Montano, III, 225 ; chez Palladio, I, 58 ; chez Vitruve, I, 116. — Voir aussi à la table principale : Fano, Padoue, Rome, Venise, Vicence.

Bassins, II, 261.

Batardeaux, II, 122 ; IV, 236. — Voir aussi : Eaux, épuisement.

Batiments : belle composition, II, 119, 124. — Distribution chez Alberti, I, 166-167 ; chez Scamozzi, I, 310, 312, 315-318, 323-324 ; II, 292-310 ; chez Serlio, I, 275-285, 293-296, 299-300, 302-305. — Police des, V, 170-171 ; VI, 161, 260, 273-274. — Proportionnés à la qualité de ceux qui les font faire, II, 137-139. — Proportions, perspective et distribution, leçons de Desgodets, voir à ce nom à la table principale. — Du Roi. Toisé à l'usage des, V, 11, 66, 156. — Voir aussi à la table principale.

Beau : en architecture, principes, V, x.

Beauté : règle positive, I, 5 ; sentiment, I, 321.

Belvédère : du sʳ Pérard, VIII, 264.

Berceaux. Voir : Voûtes.

Biset : séparation des bancs dans les carrières de la région de Rouen, I, 233-235.

Bitte : pierre dure de Vernon, I, 230 ; de Sainte-Barbe, I, 231 ; du val des Leus, I, 233 ; de Notre-

Dame près Louviers, I, 234.

BITUME : des environs de Bordeaux, III, 356.

BIZARD : pierre à bâtir d'un banc de Vernon, I, 219.

BLANC : d'albâtre, des srs Le Nain et Avenard, IX, 177, 184 ; de plomb, IX, 174, 179, 184 ; de zinc, IX, 174, 179, 184.

BLOC : pierre dure de Vernon, I, 230 ; de Sainte-Barbe, I, 231.

BLOCAGE : sa composition, I, 265.

BOIS : assemblage chez Alberti, I, 267-268 ; du sr Gabory, IX, 104, 105. — Choix et abatage, III, 282-283 ; IV, 233-234 ; chez Alberti, I, 249-250 ; III, 232 ; chez Palladio, I, 22 ; III, 65 ; chez Vitruve, I, 83-84 ; II, 210 ; III, 199, 294 ; IV, 61-63. — Conservation, III, 336 ; VIII, 196. — Dimensions, II, 155-156. — Emploi, II, 64-65. — Grosseur insuffisante, IV, 9. — Inconvénients en bâtiment, III, 177. — En Italie, IV, 62. — Méthode de refente méplate du sr Babuty-Desgodets, VII, 256-257. — Traité de la coupe, pour le revêtement des voûtes, par Blanchard, IV, 328, 333 ; V, 14. — Procédés du sr Mignerot pour les courber et en réintégrer la force, IX, 126-128, 131.

BOMBES : art de les jeter par F. Blondel, 1685, I, xxvi.

BON BANC : pierre des carrières de Meudon, I, 208 ; de Montparnasse, V, 19 ; de Montrouge, I, 248. — Employé au cloître de Notre-Dame de Paris, I, 178. A la Grotte de Meudon, I, 208. Aux Tuileries, I, 183.

BON GOÛT. Voir : Goût.

BORNES milliaires, IV, 2.

BOSSAGES : usage, I, 148.

BRÈCHE. Voir : Marbres.

BRIQUES : chez Alberti, I, 250 ; II, 232, 233 ; chez Vitruve, II, 207 ; IV, 43-44. — En charbon de terre, VIII, 190. — Nouvelles du sr Fabre, VIII, 122, 125. — Cuites au charbon de terre du sr Goblet, IX, 135. — Légères contenant du charbon, VII, 69-70 ; de Hubert, VII, 132-133 ; du sr Laurent, VII, 150, 152, 155-156, 162, 164, 166-167 ; VIII, 61. — En lave, VIII, 5-6. — Nouvelles, III, 76, 275-276. — De Paris, IV, 43. — Poreuses du sr Scheffer, VII, 155-156, 162, 164, 166-167.

BRUNEAU. Voir : Sauterelle.

BUSES : ouvertures, IV, 256.

BUVEAU, IV, 81.

C

Cabestan : modèle, IX, 368.

Cailloux : insertion dans les lits des voussoirs des arches de ponts, IV, 130.

Caisse : pour la défense des ports, IX, 242, 248.

Caissons, IV, 80-81. — Voir aussi : Fondations dans l'eau.

Cales. Voir : Coquilles d'huîtres.

Campagne : acception du mot pour les architectes, IX, 194-195.

Canaux : construction, III, 258-263. — Mém. de d'Aggeville, VIII, 121. — Autour de Paris, II, 142-143. — Pour la communication des deux mers, III, 261, 264 ; IV, 251, 257-259, 289, 295, 304, 316 ; V, 15, 291. — De Provence, VIII, 121.

Cannelures. Voir : Colonnes.

Cariatides : chez Blondel, III, 10 ; chez de Chambray, III, 243 ; chez Vitruve, I, 20 ; II, 205 ; IV, 36. — Abus, II, 139-142.

Carreaux : cuits au charbon de terre, IX, 132, 133, 135. — Émaillés du château d'Écouen, I, 197.

Carrières : extraits de Félibien à ce sujet, I, 333-335. — Voir aussi à la table principale à Paris l'article : Visite des monuments et carrières.

Diverses :

D'albâtre gypseux à Lagny, IX, 177 ; aux environs de Metz, VIII, 201. — De marbre, voir à ce mot. — De pierre, pour le détail des citations, voir à la table principale : Amprinville, Angoumois, Apremont, Arcueil, Bagneux, Bailly, Berchère-l'Évêque, Blois (environs de), Bourgogne, Camp de César, Carrières-Saint-Denis, Chaillot, Charenton, Chartreux, Chatelliers, Chou (Le), Compiègne (environs de), Conflans, Croix-la-Cloque, Decambre, Dieppedale, Ermitage près Pontoise, près Vernon, Fécan ou Fécamp (vallée de), Fer, Fonciaux (Compiègne), Goret (Le), Houilles, La Palisière, Lauge, L'Isle-Adam, Lorraine, Louviers, Mantes, Marnay, Maubuisson, Meudon, Meulan, Montesson, Mont-Ganelon, Montparnasse, Montrouge, Moulin de la Tour, Nevers, Oise (rives de l'), Paris, Passy, Poitou, Pontoise, Port-Villiers, Porte-Chapelet, Poterie (La), Praville, Rosay, Saint-Cloud, Saint-Denis, Saint-Éloi, Saint-Leu-d'Esserent, Saint-Maur, Saint-Maximin, Sainte-Barbe, Seine (rives de la), Senlis, Tessancourt, Trossy, Val

des Leus, Valhermeil, Vaugirard, Ver - les - Chartres, Vernon, Vernonnet, Vertais, Vigneux, Vosges, Voves, Yonne (rive de l'). — De porphyre des Vosges, IX, 177, 183. — De schiste ardoisier de Franchèze, VII, 9.

CARTES chorographiques, V, 156.

CARTON moulé : procédés du s^r Gardeur, VII, 338, 351, 352, 363 ; IX, 35 ; du s^r Morand, VIII, 307.

CARTOUCHES : chez Palladio, III, 85.

CASERNES : de Chalon-sur-Saône, VI, 6-7, 9. — Voir aussi à la table principale à Paris.

CASINO près Dublin, VII, XXI.

CAVES : coutume, IV, 334 ; VI, 228.

CAVET : usage, I, 66.

CENDRÉE de Tournai, VIII, 190.

CERCHE des colonnes : tracé de P. de La Hire, II, 241-242 ; par la conchoïde, III, 57 ; nouvelle méthode, III, 79. — Note de Laffillée, I, 336. — Méthode et machine de C. Perrault, I, 259-260.

CERCLE : quadrature, VIII, 176, 367, 368.

CHAÎNAGE : chez Alberti, II, 238 ; chez Vitruve, I, 79-80, 270.

CHAIRES : modèles de Blanchard, IV, 328.

CHAMBRANLES : des ouvertures diverses, I, 14-15, 36-38, 99-100 ; leur décoration de pilastres, III, 337. — Ionique, disproportion chez Vitruve, I, 114.

CHAMBRES : chez Palladio,

III, 86-87, 90. — A feu des anciens romains, III, 238.

CHANFREIN, II, 33.

CHAPELETS hydrauliques, IV, 236, 309-310 ; VI, 39.

CHAPELLES : de Saint-Benezet à Avignon, I, 167. — Des d'Orléans à Dreux, I, 240. — De Sainte-Anne à Écouen, I, 195. — Des Médicis à Florence, I, 35 ; II, 144. — Des Chigi à Rome, VI, 196. — Des Valois à Saint-Denis, I, 171, 173 ; IV, XXVII-XXVIII. — De la Vierge pour une église gothique, V, 345-346. — Voir aussi à la table principale : Paris, Versailles, Vincennes.

CHAPITEAUX, II, 167 ; chez Bulland, III, 256-257 ; aux colonnes et aux pilastres, III, 278-279. — Invention des ornements, VIII, 13-14. — Ornements chez Vitruve, I, 97.

Divers :

Antique perfectionné, V, 254, 256-257. — Composite, du s^r Mandrin, VI, 105. — Corinthien, chez Blondel, II, 338-339 ; chez P. Delorme, II, 267 ; chez Vitruve, I, 97 ; ses caulicoles, II, 158 ; ses proportions, VI, 123-125. — Dorique, largeur de l'abaque chez Vitruve, I, 108 ; profils par Blondel, I, 315 ; dorique composé chez Delorme, I, 144-145. — Ionique, II, 143-144, 157 ; VI, 103-107 ; chez de Chambray, III, 243 ; chez Delorme, I, 132-135 ; II, 27-28 ; chez Palladio, I, 105 ; chez Vitruve, I, 93-95 ; II, 18, 212 ; IV, 71 ; tracé de sa volute, II, 87 ; III, 130 ; IV, 22 ; chez

Alberti, II, 266 ; chez Blondel, II, 333-334 ; par Desgodets, III, 131 ; chez Goldmann, II, 266, 333-334 ; VI, 95, 104 ; chez P. de La Hire, II, 245 ; III, 130 ; chez Palladio, I, 133 ; II, 266 ; IV, 22 ; chez Salviati, I, 133 ; chez Scamozzi, I, 316 ; chez Serlio, II, 266 ; III, 130 ; chez Vignole, II, 266, 334. — Ionique composé, origine, I, 134-135 ; chez P. Delorme, I, 144. — Ionique moderne, V, 257-258. — Toscan, I, 314-315. — Voir aussi l'article général : Ordres.

CHARBON ÉPURÉ : Mém. du chevalier de Grignon, IX, 10.

CHARBON DE TERRE : Mém. de Gabr. Jars sur ses usages, VIII, 190. — Briques en contenant, VII, 69-70. — Cuisson de briques, IX, 135.

CHARIOT : à pierres, modèle, IX, 368.

CHARPENTE : Mém. sur son origine par Jacq.-Fr. Blondel, VIII, 122. — Nouvelle méthode de P. Delorme, III, 187, 189, 191, 193-195, 199. — Art du trait et modèles du sr Fourneau, VIII, 136, 138, 139. — Solidité de celle des Invalides (fig.), II, 175-177 ; de celle d'une maison de la rue Mouffetart, VII, 250-255. — De comble pour Saint-Cloud, VII, 112. — Dessins divers de Serlio, I, 304-306. — Toisé, observations de Desgodets, IV, 200-204 ; mém. de Lespée, V, 155, 156, 183. — Dissertation de la Cie des Architectes experts des bâtiments de Pa-

ris, en réponse au mém. de Pâris-Duverney sur la théorie et la pratique du gros bois de charpente, rédigée par MM. Babuty-Desgodets et Le Camus de Mézières, 1763, VII, 327. — Voir aussi : Combles.

CHARPENTERIE. L'art de charpenterie de Math. Jousse, éd. de G.-P. de La Hire, III, 27, 164, 199 ; IV, XXIII.

CHATAIGNIER : emploi, III, 199 ; IV, 62.

CHATEAUX : construction, travaux divers ou visite, voir à la table principale : Anet, Bayreuth, Bellevue, Bissy, Blois, Bonn, Bouchefort, Bourbonnais, Bram, Brunoy, Caprarola, Chambord, Chantilly, Charleval, Choisy, Christiansborg, Clagny, Coblentz, Colorno, Compiègne, Cramayel, Crécy, Dampierre, Dreux, Drottningholm, Dusseldorff, Écouen, Fontainebleau , Frescati , Gaillon, Haroué, La Malgrange, La Muette, La Nerte, Lavardin, Le Raincy, Looz, Louveciennes, Madrid, Magnanville, Maisons, Mannheim , Marconville , Marcoussis, Marly, Menars, Meudon, Petit-Bourg, Poggio - Reale, Poppelsdorf, Rambouillet , Richelieu , Richemond , Saint - Cloud, Saint - Germain, Saint - Hubert, Saint - Maur, Saverne, Seignelay, Stains, Stockholm, Tourny, Trèves, Vaux - le - Vicomte, Ver - ncuil, Vernon, Versailles, Villacerf, Villers-Cotterets, Vincennes, Voerst.

CHAUFFAGE : Mém. de David-Leroy, IX, 330-331, 332. —

Voir aussi : Cheminées, Poêles.

CHAUX : différentes qualités chez Alberti, I, 251 ; II, 233, 237. — Façon de l'éteindre et machine de Boffrand, VI, 202. — De coquillages, I, 81. — Diverses, III, 73 ; VII, 178. — Préparation selon M. de La Faye, VIII, 305, 307, 308. — Chez Palladio, III, 73. — Nature de la pierre à, IV, 64-65 ; VI, 170-171. — Chez Vitruve, I, 81 ; II, 208, 218-219 ; III, 288-289 ; IV, 47 ; VIII, 275.

CHEMINÉES : chez Blondel, III, 35 ; chez Ph. Delorme, I, 152 ; II, 272-273, 276-277 ; III, 177-178 ; chez de La Hire, III, 55 ; chez Palladio, I, 38 ; III, 88-89 ; chez Scamozzi, II, 309, 329 ; chez Serlio, I, 285. — Augmentation du chauffage par les boîtes du s^r Baile, V, 300, 304-305. — Feux dans les bois voisins, I, 108. — Manière de construire pour les empêcher de fumer, I, 38 ; II, 277. — Mitre du s^r Lagneau, IX, 245, 248. — Modèle de tablier du s^r Lebœuf, VIII, 201, 210, 211, 215-216. — Ouvertures, III, 344. — Plaques, IV, 94. — Des anciens romains, III, 238. — Passage des tuyaux dans les combles, VI, 275.

CHEMINS : construction chez Alberti, I, 271 ; II, 240 ; chez Palladio, III, 94-96. — Traité de la construction par Gautier, 1775, IV, XLVII, 243-250. — Figure au revers d'une médaille, V, 216. — De Champagne, III, 95. — De Paris à Lyon, ibid. — Histoire des grands chemins de l'empire romain, par Nic. Bergier, 1622, III, 95 ; IV, 243.

CHEMINS DROITS : distribution chez Vitruve, I, 101-102.

CHÊNE : emploi, III, 199 ; IV, 62, 63, 65.

CHÉNEAUX : inconvénients, I, 146 ; II, 159, 179, 196, 256.

CHERCHE. Voir : Cerche.

CHIPOLINS : à la cire, VI, 291, 295.

CHOROBOLE : usage, II, 221.

CIMAISE : chez Vitruve, I, 93.

CIMENT : ne traduit pas le *cementum* de Vitruve, I, 25 ; nouveau, d'A. Loriot, VIII, 177 ; volcanique fait des laves du Mont-Dore, VIII, 31-32. — Voir aussi : Cendrée de Tournai, Pouzzolane.

CINTRES : division des voussoirs, par Bullet, III, 342. — De Ph. Delorme, III, 195. — Divers, II, 51-52, 54-55 ; V, 270. — Méthode pratique à Montpellier, II, 182. — Leur force, par Picot, VI, 4.

CIPOLINS. Voir : Chipolins.

CIRE : chez Vitruve, II, 220. — Voir aussi : Chipolins.

CITERNES : chez de La Hire, III, 56, 182-184.

CLAVEAUX : consolidation par enchâssement de cailloux, IV, 58, 83. — Voir aussi : Architraves, Arcs, Plates-bandes, Voûtes.

CLEFS : dans les murs, chez Palladio, I, 23, 27.

CLIQUART (pierre à bâtir) : bonne conservation, V, 18 ; ne s'emploie plus, I, 327. — Visite des carrières de Montparnasse, I, 186, 332 ; V,

19 ; de Fécamp près Reuilly, I, 206 ; de Montesson, I, 213 ; du Moulin de la Tour, I, 187 ; carrière nouvelle, V, 18. — Emploi à Charenton, au pont, I, 207. — Au château de Madrid, I, 246. — A Mantes, au portail de Notre-Dame, I, 216. — A Paris, à l'abbaye de Sainte-Geneviève, I, 184 ; de Saint-Germain-des-Prés, I, 184 ; de Saint-Victor, I, 185. A l'archevêché, I, 179. Au Petit-Châtelet, I, 182. Au collège de Picardie, I, 182. Au couvent des Célestins, I, 185 ; des Cordelières-Saint-Marcel, I, 188 ; de Saint-Martin-des-Champs, I, 181. A l'église de Notre-Dame et à son cloître, I, 177,179 ; de Saint-Denis-du-Pas, I, 177 ; de Saint-Étienne-des-Grès, I, 184 ; de Saint-Jacques-la-Boucherie, I, 194 ; de Saint-Julien-le-Pauvre, I, 182. A l'Hôtel-Dieu, I, 180. Au Vieux-Louvre, I, 182. Aux Tuileries, I, 183. A la statue du Grand-Jeûneur, I, 177. — A Passy, aux églises, I, 215. — A Pontoise, à Notre-Dame, I, 202. — A Vitry, à l'église, I, 209.

CLOCHE : de la cathédrale de Rouen (Georges d'Amboise), I, 228.

CLOCHE ANGLAISE, V, 329.

CLOCHER : Question de Gabriel, IV, 239.

CLOISONS : chez Vitruve, I, 122. — De plâtre, du sʳ Aubertot, IX, 202. — Toisé, II, 109.

COLOMBIER : construction, III, 307-308.

COLONNADES antiques, I, 301.

COLONNES : chez Alberti, II, 241, 244, 251 ; chez F. Blondel, II, 336-340 ; III, 10-14 ; chez P. de La Hire, III, 57, 61, 62 ; chez Serlio, I, 286-293, 295, 299-301. — Cannelure, chez Bulant, III, 257 ; mém. de Cartaud et de Chevotet, VI, 92-93 ; de de Courtonne, V, 209 ; diversité, VI, 82, 83 ; nombre, VI, 93 ; observations de Philander, I, 89-90 ; chez Scamozzi, II, 327 ; chez Vitruve, I, 95-96 ; IV, 73, 81-82. — Couplement connu des anciens, I, 70-71, 72 ; chez Blondel, III, 12-13 ; VII, 179-180 ; dessins de Desgodets, III, 13, 383-384 ; chez Perrault, I, XXVIII ; III, 13 ; VII, 179-180 ; sujet de prix, VII, 183. — Diminution et son tracé chez Blondel, II, 330 ; chez Desgodets, III, 78 ; tracé de de La Hire, III, 166 ; chez Palladio, III, 78 ; proportions, V, 230-231 ; VI, 30-33 ; dans les ordres romains, I, 15 ; mém. anonyme, VIII, 72. Voir aussi : Cerche. — Dispositions, I, 48, 175 ; II, 131, 133-134 ; III, 357 ; observations de Desgodets, III, 82. — Emploi, I, LXI ; aux angles, I, 300-301 ; III, 152-155, 158-160, 162-165, 316 ; IV, 46, 66, 264 ; V, 227-228 ; chez Vitruve, III, 331-332 ; dans les façades, II, 148 ; III, 331 ; avec des pilastres, I, 14-19 ; II, 148-149, 165 ; III, 116-117 ; IV, 21 ; V, 146, 148 ; chez Alberti, II, 241 ; sur plan circulaire, par Desgodets, III, 364-366. — Intervalle chez Vitruve, II,

191. — Nombre distinguant les ordres chez Palladio, I, 28. — Proportions, I, 115-117 ; VI, 35, 65-66 ; VII, 258 ; chez Palladio, I, 29-30 ; chez Pline, I, 216 ; chez Vitruve, I, 310. — Renflement, II, 196, 213 ; III, 165, 351 ; V, 209 ; VI, 11, 27 ; exemples, VI, 28 ; avis de l'Acad., VI, 29-30 ; chez Alberti, I, 206 ; II, 47-48, 229 ; chez Desgodets, III, 79 ; chez Palladio, II, 142 ; chez Vitruve, I, 87-90 ; II, 15-16, 164 ; IV, 66-67. — Superposition, II, 196-197 ; III, 271. — Tournage, II, 242-244.

Diverses :

Architravées, III, 61 ; en bossages, III, 61 ; corinthiennes, I, 35 ; couplées, V, 227 ; doriques couplées, I, 167 ; engagées, I, 100 ; II, 200-201 ; V, 257 ; ioniques, I, 272-273 ; monolithes, I, 148 ; nichées, II, 200-201 ; ovales, II, 201 ; de pierre de petit appareil, I, 196, 252 ; III, 338 ; de pierre, résistant à la charge, VIII, 196 ; par tambours, III, 61 ; torses, tracé de P. de La Hire, III, 60 ; toscanes, I, 127.

Traités :

Série par Antoine, 1782, VIII, 354. — Règle générale d'architecture des cinq manières de..., par J. Bulland, 1564, et nouv. édition par Salomon de Brosse, I, 12 ; II, 253-257 ; III, 252-257. — Lecture de l'article de l'Encyclopédie, IX, 131. — Ordonnance des cinq espèces, par Cl. Perrault, 1683, I, LVIII ; II, 171, 172.

— Distributions comparées par Peyre l'aîné, 1773, VIII, 130.

COMBLES, II, 150, 152-153, 193 ; couvertures, VII, 77 ; entretien, II, 188 ; passage des cheminées, VI, 275 ; proportions, II, 184, 185. — Mém. de Bullet, II, 153. — Projets et dessins de Jardin pour leur construction légère, IX, 36, 39, 87. — Chez de La Hire, III, 55. — Du s^r Lasnier, IX, 194-196. — A la Mansarde, I, 160. — Briqueté, VI, 234-235. Voir aussi : Espie (comte d'). Manière de rendre toutes sortes d'édifices incombustibles. — Brisés, définition de Daviler, I, 160 ; nouvelle manière de les faire, par Bullet, IV, 23.

COMPAS elliptique, IX, 98-99.

CONCHOÏDES : tracé, II, 164.

CONDUITES : d'eaux, accidents divers, II, 310. — Voir aussi : Eaux, Tuyaux.

CÔNES : de de Cessart à Cherbourg, IX, 299.

CONGÉ : antique de Vespasien, III, 39.

CONSOLES : emploi, I, 276 ; II, 147, 158 ; proportions, II, 199.

CONSTRUCTION : méthode de Delorme, I, 154, 162. — Matériaux et solidité, III, 274. — Solidité, II, 199 ; IV, 93, 227 ; mém. de Boffrand, VI, 193 ; chez Le Muet, III, 197-198 ; chez Vitruve, II, 205-206. — Battue par la mer chez Palladio, I, 23. — Mode spécial à l'Espagne, VI, 75 ; à la Picardie, I, XXVII, 82.

CONTREFORTS : chez Alberti et Vitruve, I, 165-166 ; em-

placement préférable, I, 106-107.

CONTREFRUIT, I, 71.

CONTRE-MURS : coutume, III, 315-316 ; IV, 92-99, 281-288, 330.

CONTRESCARPES : proportions des talus, I, 273-274.

COQUILLAGES : chaux de, I, 81.

COQUILLES d'huîtres : usage comme cales, I, 23 ; II, 4.

CORBEAUX : saillie, I, 162.

CORNICHES, I, 78, 80-81 ; II, 180 ; III, 166-167 ; chez Blondel, III, 3-5 ; chez Delorme, I, 145-146 ; chez Palladio, I, 66, 67, 69-72 ; III, 85. — Architravées, I, 116 ; III, 346. — Dorique, chez Vitruve, IV, 76-77 ; VII, 32 ; composée, III, 131-132. — Ionique, chez Delorme, I, 135. — Intérieures, II, 249 ; III, 337-341 ; règle de leur hauteur par Bullet, III, 338-339. — Toscane, chez Vitruve, I, 313. — Voir aussi : Entablements.

CORPS HUMAIN : proportions chez Vitruve, I, 84 ; III, 295.

COULEURS : chez Vitruve, II, 220.

COUPE DES PIERRES : trait de Bullet, II, 166. — Traité de J.-B. Delarue, 1728, V, 2-4. — Chez P. Delorme, II, 262-263. — Brouillon-projet de G. Desargues, 1640, et éd. de P. de La Hire, II, 167. — Traité de Desgodets, V, 16. — Difficultés, III, 144. — Leçons publiques de MM. de La Hire père et fils. Voir à ces noms. — Trait nouveau évitant la poussée, montré par Souf-

flot, VIII, 107. — Voir aussi : Stéréotomie.

COUPOLES. Voir : Dômes.

COURBES : relevé, I, 259, 336. — Rampantes, tracé, III, 308.

COURONNE : plate de Vitruve, I, 114 ; II, 23.

COURONNEMENT des édifices, VII, 258-259.

COURS : proportion chez Scamozzi, I, 307-308 ; chez Vitruve, I, 119 ; II, 217 ; III, 201-202.

COUTUME. Voir à la table principale : Paris, coutume.

COUVERTURES : chez Alberti I, 211-212, 269 ; chez P. Delorme, I, 156, 159-160 ; chez Palladio, I, 39. — Diverses, III, 341. — En feuilles de cuivre, VII, 37, 45, 194-195, 202-203, 244-245 ; fabrique de feuilles de cuivre pour cet usage, IX, 161-162, 172, 173, 210. — En dalles à recouvrement, VI, 258. — En plaques de fer, VII, 7-9, 325. — En plomb, VII, 45. — Toisé, IV, 204-209 ; mém. de Lespée, V, 155-157. — Voir aussi : Ardoises, Tuiles.

CRAIE : employée à la construction, IX, 192.

CRAMPONS : chez Alberti, I, 266-267 ; II, 238 ; chez Palladio, I, 23, 27 ; III, 39, 74.

CRAYONS : du s^r Hébert, VIII, 174 ; du s^r Delafosse, VIII, 104 ; du s^r Nadaux, IX, 19.

CRÈCHES. Voir : Écluses, Ponts et Quais.

CRESSIN : pierre à bâtir d'un banc de Vernon, I, 219.

CROISÉES : chez Bullet, III, 342 ; chez P. Delorme, I, 163. — Dessins de Desgo-

dets, III, 343-344. — Modèles du s^r Marteau, IV, 313, 324-325.

CROISILLONS, III, 341-342.

CROUPES : dans les façades, I, 86-87.

CUIVRE : à préférer pour les crampons, I, 23, 27, 267 ; II, 238 ; III, 39, 74. — Voir aussi : Couvertures.

CUL-DE-LAMPE : de Saint-Étienne - du - Mont, VIII, 146-148.

CYCLOÏDE : Traité de P. de La Hire, II, xxv.

D

DAIS : du s^r Gérard, VIII, 93-94.

DAMASQUINURE : au tombeau de Frédégonde, I, 192.

DÉMOLITION : coutume, I, 109-110.

DENTICULES, VI, 47. — Voir aussi : Entablement.

DESCENTE biaise, II, 187-188 ; III, 299 ; IV, 8. — Voir aussi : Voûtes.

DEVIS : établissement, II, 49-50.

DIFFICULTÉS : en matière de bâtiments, I, 108-109 ; V, 79.

DIGUES : construction, IV, 221-224 ; effet, III, 350 ; réparation, III, 331. — De Toulouse, III, 345.

DISQUES : Mém. de l'abbé Brottier, IX, 65.

DISTRIBUTION. Voir : Bâtiments.

DÔMES : construction, V, 105 ; chez Blondel, III, 26-27 ; chez Desgodets, III, 300-306 ; V, 235. — Application de pilastres aux piliers qui les soutiennent, III, 156-158. — Toisé des diverses parties. Voir à : Voûtes. — Voir aussi à la table principale : Liége, construction de l'église Saint-Jean ; Londres, église Sainte - Marie - aux - Arcs ; Paris, dômes, collège des Quatre-Nations, église de l'Assomption, de Sainte-Geneviève, de la Sorbonne, du Val-de-Grâce, hôtel des Invalides ; Rome, églises à dômes, basilique de Saint-Pierre, église de Saint - André - de - la - Vallée, de Saint - Charles - des - Catinari et de Sainte-Agnès ; Saint-Denis, couvent de l'Annonciade.

DORURE : modèles du s^r Bonvoisin, VIII, 232. — Sur bois, procédés du s^r Dandrillon, VI, xxviii, 311-312, 314-315 ; du s^r Félon, VII, 31 ; du s^r Lefèvre, IX, 54. — Art du peintre-doreur et vernisseur, par Watin, 1771, VIII, 139.

DUROT : pierre à bâtir des carrières de Vitry, I, 211.

DYASTILE de Vitruve, I, 31.

E

Eaux : chez Scamozzi, II, 310-311 ; chez Vitruve, I, 123 ; II, 220-221 ; III, 283. — Air contenu, expérience, IV, 37. — Conduite, III, 182 ; chez P. de La Hire, III, 62, 353. Voir aussi à la table principale : Bièvre, Eure, Paris, Versailles, Yvette. — Coutume, IV, 88-90, 279. — Distribution, III, 268-269. — Écoulement, IV, 9 ; chez Alberti, I, 211. — Élévation, chapelet, IV, 309-310 ; VI, 39 ; machines mues par la force du feu, IV, 318-319 ; Nouvelle manière pour élever l'eau par la force du feu..., par D. Papin, 1707, IV, 318 ; invention du s^r Verra, IX, 68 ; machines chez Vitruve, II, 225. — Épuisement, IV, 236, 310. — Évacuation, II, 262. — Jauge, par de La Hire, III, 353. — Matériaux retirés du fond, IV, 16. — Mouvement, mém. de P. de La Hire, 1707, III, 268 ; Du mouvement des eaux..., par Mariotte, mis en lumière par... P. de La Hire, 1700, III, 268 ; Mém. de Varignon, III, 268. — Nature chez de La Hire, III, 52. — Ouvrages qui s'y font, III, 258-270, 331, 347. — Voir aussi : Aqueducs, Architecture hydraulique, Canaux, Écluses, Môles, Ponts, — De pluie, III, 320 ; chez P. de La Hire, III, 56. — Recherche, III, 320 ; par P. de La Hire, III, 269-270, 352.

Échafaudage mobile du s^r Charpentier, VIII, 385.

Échelle de bibliothèque du s^r Pascal Beysse, VIII, 310.

Écluses : construction, III, 258-261 ; IV, 250-252, 254-263. — Nouveau plan de portes, IV, 317. — L'architecture hydraulique ou l'art d'élever et construire les écluses, par F. Bruand, ms., IV, 250-252, 255-256. — Voir aussi : Architecture hydraulique, Canaux, et à la table principale : Moret, Rivotte, Saint-Mammès, Silveréal.

Écuries : chez Scamozzi, II, 298.

Édifices : beautés principales, II, 252. — Ceux exigeant des colonnes, VIII, 295. — Voir aussi : Bâtiments.

Église : construction. Voir à la table principale : Besançon, Sainte-Marie-Madeleine ; Caen, église des Jésuites ; Copenhague, église royale ; Guebwiller ; Liége, Saint-Jean ; Paris, la Madeleine, Saint-Sulpice, Sainte-Geneviève ; Plaisance, Saint-Augustin. — Dispo-

sitions favorables à la vue de l'officiant, VI, 196, 198. — Fenêtres, chez Alberti, II, 249. — Proportions des ordres intérieurs, III, 182. — Réparations : aux églises de campagne, IV, 219-220, 224 ; à la cathédrale de Mayence, VIII, 83, 84, 86-89 ; à celle de Strasbourg, VII, 33-37, 72-75, 78, 79. — Voûtes, chez Delorme, I, 150 ; sans arêtes, IV, 18-20. — Pour les travaux divers et visites, voir à la table principale : Aix, Amiens, Anet, Angers, Autun, Beaucaire, Beauvais, Blois, Chalon - sur - Saône, Châlons, Chartres, Dijon, Dreux, Florence, Laon, Lille, Londres, Louviers, Mantes, Mayence, Milan, Montauban, Nantes, Narbonne, Noyon, Orléans, Paris, Pau, Poissy, Pontoise, Pont-Vel, Rennes, Roquefort, Rome, Rouen, Saint - Denis - de - l'Estrée, Saint - Germain, Saint - Nicolas - près - Mons, Sedan, Strasbourg, Toulouse, Troyes, Venise, Vernon, Versailles, Vitry.

ÉGOUTS : chez Blondel, III, 43. — Voir aussi à la table principale : Paris.

ELLIPSE : compas pour les tracer, IX, 98-99. — Méthode de de La Hire pour en déterminer la circonférence, IV, 166.

EMBATES : signification du terme, I, 100.

ENCAISSEMENT : nouvelle méthode par Tardif, 1757, VI, 264, 298.

ENCARPOS : de Vitruve, I, 97.

ENCRE : imitation de celle de la Chine, par l'abbé Artaud, VIII, 277, 279.

ENDUITS : chez Vitruve, II, 218-219 ; VIII, 44. — Voir aussi : Chaux, Ciments, Mortiers, Spalme, Spalte.

ENTABLEMENTS, VI, 34. — Proportions, I, 37-38. — Chez Blondel, II, 340-343 ; chez Delorme (fig.), I, 126, 140-142, 145-146 ; II, 260 ; III, 192 ; chez Palladio, II, 8, 11 ; chez Vitruve, I, 21, 93-94 ; IV, 72, 79. — Composite, VI, 138-139. — Corinthien, VI, 108-109, 111-119, 122-125, 131-134. — Ionique, V, 212-213 ; VI, 94-95. — Toscan, VI, 66-67.

ENTRE-COLONNEMENT : chez P. Delorme, I, 149-150 ; chez Palladio, I, 31, 33 ; proportions, II, 172 ; VI, 42-43 ; dessin de Serlio, I, 291-292. — Dorique, VI, 69, 74, 81. — Toscan, VI, 67-68.

ENTREPRENEURS : interdiction de prendre la qualité d'architecte du Roi, I, 109 ; V, 241, 243. — Obligations, II, 65-66.

ENTRESOL : définition, VI, 184-185.

ENTRETIEN : coutume, IV, 137-146.

ÉPICYCLOÏDES : traité par de La Hire, II, XXVIII.

ÉQUERRE : en fer du sr Boussard, VII, 170, 181 ; de plomb, chez Palladio et Vitruve, I, 26. — Tracé chez Vitruve, II, 222.

ESCALIERS : chez Alberti, I, 212 ; II, 231 ; chez P. Blondel, III, 43-47 ; chez P. de La Hire, III, 55 ; chez Palladio, I, 39, 47 ; III, 89 ; chez Scamozzi, I, 309, 311-312 ; II, 308 ; chez Serlio, I, 280-

281 ; du s^r Tranoy, VIII, 133, 134 ; chez Vitruve, IV, 68-69. — Balustres, II, 157. — Coupe des pierres, III, 325. — Disposition, II, 179, 195-196, 222 ; III, 270-271 ; de celui de l'hôtel d'Aumont, IV, 13 ; de l'Hôtel-Dieu d'Avignon, IX, 337 ; de l'hôtel de Bouillon, II, 167 ; de l'Escurial, III, 181 ; du château de Maisons, IV, 13 ; de l'hôtel de Matignon, IV, 13 ; de Prémontré, IX, 326. — Jours et ornements, II, 11-12. — Marches, giron et hauteur, I, 91 ; IV, 68-69. — Rampes, III, 132-133, 190, 197 ; IV, 8. — De bois, modèles du s^r Henry Brunel, VII, 246-247 ; du s^r Deplaye, IX, 188. — Mobile de de Wailly, IX, 44-45. — Voir aussi : Vis de Saint-Gilles.

ESCARPE : proportions des talus, I, 273-274.

ESCOPERCHE, III, 336.

EUSTYLE de Vitruve, I, 149 ; III, 11.

ÉVÊCHÉS. Voir à la table principale : Bourges, Chartres, Reims, Rennes, Rouen, Strasbourg, Verdun.

EXHALAISONS : nécessité des soupiraux, I, 25.

EXPERTS : interdiction aux architectes de 1re classe d'en exercer la charge, V, 242-243.

EXPERTS-JURÉS, II, XIII-XIV, 131, 132 ; IV, 38, 85-86, 265, 268-271, 329 ; V, 20-21.

F

FAÇADES : chez P. Delorme, I, 151 ; emploi des colonnes. Voir : Colonnes. — Croupes et frontons, I, 86-87. — Décoration, par Desgodets, III, 343.

FARDEAUX : machine du s^r Fourneau pour les transports, IX, 80. — Voir aussi : Accidents, Forces motrices.

FAUTEUIL : à ressort du s^r Ferry, VIII, 192-193.

FAYENCE : vases du s^r Olivier, IX, 251.

FENÊTRES : chez Blondel, III, 32-33 ; chez Delorme, I, 151 ; proportions, II, 185, 195 ; à croisillons, I, 286 ; III, 341-342 ; d'églises, II, 247. — Voir aussi : Croisées, Ouvertures.

FENILS, I, 48.

FER : emploi chez Alberti, I, 266-267 ; II, 238 ; chez Delorme, III, 187 ; chez Palladio, I, 23, 27 ; en charpente, I, 305 ; dans les constructions, I, 23, 27, 154, 267 ; II, 238 ; III, 39, 74 ; VII, 63-64 ; à Saint-Étienne-du-Mont, VIII, 146-148 ; à Saint-Sulpice, VII, XLI, 111 ; à Sainte-Geneviève, VIII, 147-148 ; au Garde-meubles, VI, 204 ; au Louvre, III, 187 ; VI, 204 ; VII, 111 ; à la chapelle de Versailles, VII, 89, 111. — Détail général par Bonnot, IX, 67. — Épuration, IX, 80. — Force, mém. de Soufflot, VII, 146-148. — Nature, mém. de Laurent, VII, 85. — Instruments du s^r Boussard, VII, 170, 181. — Tôle vernissée, IX, 206. — Tringles du s^r David, VI, 188. — Voir aussi : Fonte et Rouille.

FEU : par mauvaise construction des cheminées, V, 10. — Préservation des bâtiments, VIII, 315-317, 318, 320, 347-348. — Responsabilités et ordonnance du 26 janv. 1672, I, 108 ; II, 65-66. Voir aussi : Incendies. — Machine à feu, modèle de Boffrand, IV, 318. — La mécanique du feu, par Gauger, V, 305. — Nouvelle manière pour élever l'eau par la force du feu, par D. Papin, IV, 318.

FICHAGE : usage à la pose des pierres, I, 83.

FIGURES : emploi avec des colonnes, III, 343 ; habillement, I, XXIX ; proportions, II, 162-163 ; III, 48-49, 305, 310, 312.

FLEUVES : chez G. Branca, II, 214.

FONDATIONS : méthodes générales, II, 37-45, 48, 53, 90-91 ; VII, 219 ; chez Alberti, I, 263-264 ; II, 24-25, 235-236 ; mém. de J. Beausire, V, 30 ; chez F. Blondel, III, 29, 41 ; chez De-

lorme, II, 261-262 ; mém. de Desmaisons, VII, 156, 161 ; chez P. de La Hire, III, 62 ; mém. de Lemaître, III, 76, 377-379 ; chez Palladio, I, 24-25 ; III, 74-75 ; IV, 24 ; VIII, 95-96 ; chez Vitruve, I, 79, 90, 121-122 ; II, 24-25, 206, 218 ; III, 285. — Dans l'eau, III, 267, 328-329 ; IV, 53-54 ; V, 12. Voir aussi : Ponts, Quais. — Des grands édifices, III, 322-323 ; IV, 24. — Maritimes, III, 209. Voir aussi : Môles. — Piles liées par des arcades, II, 24-25. — En terrains en pente, I, 51-52. — Toisé, III, 149 ; V, 30-31, 109-111. — Nouvelle méthode d'encaissement pour fonder... dans les rivières... et généralement dans les terrains sablonneux ou vaseux, par M. Tardif, Paris, 1757, VI, 298.

FONTAINES : air enfermé dans les tuyaux, I, 77-78 ; III, 283. — Origine et possibilité d'en former, VIII, 273. — Servitude, I, 146-147. — Voir aussi à la table principale : Fontaines du Roi, Paris, Rome, Rouen, Versailles.

FONTE : de fer, tuyaux, II, 221. — Des grandes figures, V, 348 ; VI, 106, 331.

FORCE MOTRICE : chez Vitruve, II, 225. — Utilisation du flux et du reflux, VI, 258 ; VII, 222-227. — Raisons des forces mouvantes, par Salomon de Caus, 1615, II, 225. — Traité pour la pratique des, par Gobert, 1702, II, 225 ; III, XXI, 141-142. — Voir aussi : Fardeaux,

Feu, Grues, Levage, Levier, Roues, Treuils.

FORTIFICATIONS : chez Alberti, I, 270 ; II, 239 ; chez Vitruve, I, 270 ; II, 206. — Murs, I, 107 ; III, 277. — La fortification perpendiculaire..., par le m^is M. R. de Montalembert, 1776-1784, IX, 240-241.

FOSSÉS, IV, 120-121. — Revêtus, proportions des talus des escarpes et contrescarpes, I, 273-274.

FOSSES D'AISANCE : construction, III, 214. — Observation de Bullet, II, XXIV. — Mém. de Giraud sur le moyen de les supprimer, VIII, 318, 320.

FOUDRES : chez Vitruve, I, 102.

FOUILLES : dangers, III, 57.

FOURS : construction et toisé, IV, 181. — Voir aussi : Plâtre.

FRANC-BANC : pierre à bâtir tirée à Vernon, I, 217-218 ; on en trouve à Bagneux, I, 248 ; à Vitry, I, 210.

FRESQUES : échantillons de Joly, VII, 45. — Procédé pour les enlever, VIII, 210. — Voir aussi : Peinture.

FRISES : chez Blondel, III, 2 ; chez Palladio, I, 66-67, 68 ; II, 192 ; chez Vitruve, I, 94 ; IV, 75.

FRONTONS, I, 290 ; II, 146, 147, 182, 186, 189, 200 ; VI, 116, 126 ; chez Blondel, III, 5-6 ; chez Delorme, II, 72 ; chez Félibien, I, 100 ; chez Serlio, I, 292-293 ; chez Vitruve, I, 86-87 ; IV, 72-73, 79 ; proportions, VI, 322 ; retours, I, 322. — Brisés,

III, 85. — Superposés, III, 364.

Fruit : seulement en dehors, I, 71 ; II, 14 ; IV, 32.

Fumée, II, 159. — Mém. du sʳ Cardon sur les moyens de l'éviter. Machine de Dalsème qui consomme sa, II, xxviii. — Pare-fumée du sʳ de Lilsle de Saint-Martin, IX, 239. — Voir aussi : Cheminées.

G

Galères : mesures spéciales, I, 101.

Galeries : chez Palladio, III, 85-86 ; proportions, II, 222 ; extérieures, I, 120.

Garantie, II, 65.

Gare d'eau : projet, IX, 141, 142, 148-149, 152.

Gargouilles : au fronton du Louvre, I, 78.

Génie : lecture de l'article de l'Encyclopédie, IX, 103.

Géométrie : descriptive. Mém. de de La Hire, II, xxviii. — Pratique, chez P. Delorme, II, 261.

Ghiara : de Palladio, III, 96.

Giron. Voir : Escalier.

Glace : expériences contre la débâcle dans la rivière de Marne, VIII, 206-207. — Précautions contre, II, 46-47. — Principaux effets, par de La Hire, II, xxviii.

Glaces. Voir : Verre.

Glacière : de Chartres, II, 34 ; de Cléry, VIII, 21.

Glaise : constructions sur la, II, 39, 40, 70 ; III, 41, 42, 75, 356 ; VI, 164-165. — Méthodes pour la piloter chez Palladio, I, 24, 27, 49-50. — Voir aussi : Fondations.

Gnomonique : chez Vitruve, II, 223. — La gnomonique ou méthode universelle pour tracer des horloges solaires..., par P. de La Hire, 1698, II, xxviii

Gothique : appréciation des édifices, I, lxii-lxiii, 121 ; III, 291, 344 ; VII, xxi, xxxviii ; par Boffrand, IV, xxxv ; par Patte et Soufflot, VII, xxxvii. — Manière de faire une chapelle dans une église, V, 345-346. — Voir aussi : Architecture gothique.

Goudron : enduit pour les bois, I, 270.

Goût : problème, I, lviii ; sujet de la première assemblée, I, 3-5 ; discussions en présence de Colbert, I, 321-322 ; VIII, 79. — Mém. et discussions diverses, V, 130-131, 133-146, 149, 184. — Cit., IV, xliii-xliv, 9 ; VIII, 50. — Différences, I, 14 ; chez Serlio, I, 292. — Dissertation de Jacq.-F. Blondel, VII, 168, 169. — Mém. de Boffrand et récapitulation par lui des travaux passés de l'Acad. sur la question, IV, xxxv ; V,

351 ; VI, 191-192. — Nouveaux essais de de Courtonne, V, 130-131, 133, 145. — Du bon goût en architecture, par Desgodets, IV, 260-261. — Dissertation de P. de La Hire, IV, XLIV, 10. — Article de Montesquieu dans l'Encyclopédie de d'Alembert, VIII, 309 ; IX, 18, 22, 50.

GOUTTES : distribution chez Vitruve, I, 101-102.

GOUTTIÈRES : mitoyenneté, III, 213.

GRANGES, I, 48.

GRANIT : carrière des Vosges, IX, 177, 183, 186. — Différence avec les marbres, VI, 163. — Formation, VIII, 306-307. — Manufacture d'ouvrages de, VIII, 252. — Mém. du sr Six sur son emploi, IX, 202, 203, 206.

GRAVURE : en lavis, VII, 140-141.

GRÈS : usage, II, 260 ; III, 72-73. — Employé à l'église des Célestins de Marcoussis et au château, I, 245.

GRILLES DE FONDATIONS. Voir : Pilotis.

GRISAILLES : vitraux à Écouen, I, 197-198.

GRISON : pierre à bâtir, employée au pont de Pirmil à Nantes, IV, 49, 83, 130.

GROTESQUES : abus, II, 219. — Employés aux vitraux d'Écouen, I, 197.

GROTTES : chez Scamozzi, II, 309-310. — De Meudon, I, 208.

GRUES, III, 336 ; VI, 258-259. — Du sr Fourneau, IX, 68, 75, 76, 88, 90-91 ; du sr Lasnier, IX, 194, 196. — Équipées à la manière du sr Loriot et expérience, VI, 271-273.

GUILLOCHIS VI, 167.

H

HALLES. Voir à la table principale : Paris.

HARMONIE. Voir : Architecture harmonique.

HARPONS. Voir : Crampons.

HAUT-BANC : pierre à bâtir. Visite de ses carrières à Montparnasse, I, 186, 332 ; V, 19 ; près le moulin de la Tour, I, 187. — Emploi : à Charenton, au pont, I, 207. — A Paris, à l'abbaye de Sainte-Geneviève, I, 184 ; de Saint-Germain-des-Prés, I, 192 ; de Saint-Victor, I, 185. A l'Archevêché, I, 179. Au collège de Picardie, I, 182. Au couvent des Cordelières, I, 188 ; de Saint-Martin-des-Champs, I, 181-182. A l'église Notre-Dame, I, 178-179 ; Saint-Denis-du-Pas, I, 177 ; Saint-Étienne-des-Grès, I, 184 ; Saint-Jacques-la-Boucherie, I, 194-195 ; de l'Institution, I, 187 ; des Jésuites, I, 194. A l'Hôtel-de-Ville, I, 193. — A Saint-Denis, à l'abbaye, I, 189.

HAUTEUR : des bâtiments, chez Palladio, I, 56-57 ; des étages supérieurs, ibid., I, 48 ; des grandes salles et galeries chez Vitruve, I, 120.

HONORAIRES d'un architecte, VIII, 361-362.

HÔPITAUX, construction ou réparations, voir à la table principale : Aix, Besançon, Bordeaux, Lyon, Montpellier, Paris, Saint-Brieuc.

HÔTEL DE VILLE. Voir à la table principale : Arles, Châlons, Paris, Uzès. — Pour les hôtels particuliers, voir à Avignon, Nancy, Paris, Rouen, Saint-Germain, Versailles.

HUÎTRES : emploi des coquilles comme cales, I, 23.

HUMIDITÉ, III, 330-331. — Moyens de la combattre, VII, 147.

HYDRAULIQUE : machines, III, 161 ; de Loriot, VII, 190. — Voir aussi : Architecture hydraulique.

I

IMPOSTE : mesures chez Palladio, I, 35. — Proportions chez Scamozzi, I, 274. — Des arcs entre pilastres, II, 192.

INCENDIES : Mém. de Boffrand, IV, XLVIII, 183-184, 189, 192, 193. — Lutte contre l'incendie sous l'ancien régime..., par Cherrière, 1913, IV, 183. — Voir aussi : Feu.

INCOMBUSTIBILITÉ : procédés du s^r Angot, IX, 77, 79, 80. — Manière de rendre toutes sortes d'édifices incombustibles, par le comte d'Espic, VI, 225, 228-229.

INCRUSTATION, I, 123.

INSCRIPTIONS, III, 171-172. — Voir aussi à Paris et à Rome, à la table géographique.

INTERSCALMIUM : mesure grecque chez Vitruve, I, 101.

J

JALOUSIES : en fer, modèle du s^r Labadie, VI, XXVIII, 302, 305, 307-308 ; du s^r Lebeuf, VI, 324.

JARDINS : de Bagnolet, IV, XXVI ; de Blois, I, 298 ; de Chantilly, I, XXXV-XXXVI ; d'Ermenonville, IX, 55 ; de Kew, VII, XXI ; d'Orient, VIII, 139, 140 ; de Schwetzingen, IX, 52 ; du duc de Wurtemberg, VII, 157-158. — Essais de Watelet, 1774, IX, 173. — Voir aussi à la table principale : Paris Rome, Versailles.

JASPE : manufacture d'ouvrages de, VIII, 252. — Marbres d'une qualité analogue, VIII, 307.

JETS D'EAU, III, 267-268, 283.

JOINTS, II, 201, 202. — Procédés de Palladio, I, 23 ; II, 4.

JOURS : ouvertures chez Palladio, I, 27 ; chez Scamozzi, I, 316.

JURÉS EXPERTS. Voir : Experts.

L

LAMBOURDE : pierre à bâtir des bancs de fond, I, 210.

LAMINOIRS : d'Irlande, V, 75.

LAMPES nouvelles des s^rs Argant et Quinquet, IX, 125. — Réflexions de Mauduit, IX, 125-126.

LAPILLO, VIII, 32.

LARMIER : passage en cas de ressauts, I, 166. — Son sofite chez Vitruve, I, 101.

LATRINES, IV, 99-100. — Voir aussi : Fosses d'aisances.

LÉGÈRETÉ : des constructions, VII, XXXVII, 67, 68, 84, 86, 113, 119, 121, 122, 127, 129-131, 162, 189.

LEVAGE (appareils de), III, 71, 264-266, 336 ; VI, XXVIII, 258-259, 271-273. — Voir aussi : Forces motrices, Grues, Levier, Roue de carrière, Treuil.

LEVÉES : de Bressoles, VII, 198. — De la Loire, IV, 123.

LEVIER : tournant du s^r Bernières, VIII, 278 ; de A. de Lagarouste, VII, 31, 39.

LIAIS : pierre à bâtir. Visite des carrières de la Palisière, I, 186. — Un banc à Meudon, I, 208 ; à Montesson, I, 213-214 ; à Montparnasse, V, 9 ; à Vitry, I, 210-211. — Emploi à Meudon, à la grotte, I, 208. — A Paris, à l'abbaye de Saint-Germain-des-Prés, I, 192 ; de Saint-Victor, I, 185. Au couvent des Célestins, I, 185 ; de Saint-Martin-des-Champs, I, 181-182. A l'église de l'Institution, I, 187 ; des Jésuites, I, 194. A la fontaine des Innocents, I, 172-173. Au Vieux-Louvre, I, 183 ; aux Tuileries, I, 183. Aux Thermes de Julien, I, 178-179. Au tombeau de Frédégonde, I, 192. — A Rouen, à l'abbaye de Saint-Ouen, I, 226. — A Saint-Denis, à l'abbaye, I, 189. N'a plus d'emploi actuel, I, 327. — Voir aussi à : Senlis, à la table principale.

LIAISON : des pierres, II, 4 ; chez Palladio, I, 23, 27. — Voir aussi : Crampons.

LIBAGE : banc supérieur des carrières de Montparnasse, V, 19 ; emploi aux fondations, I, 25.

LIENS : de bois chez Vitruve, I, 79.

LIERNES : usage, I, 156.

LIMAILLE : employée aux joints des terrasses, VI, 211.

LISTEL : proportions chez Vitruve, I, 89-90, 95-97.

LIT : du s^r Tranoy, VIII, 133, 134, 156.

LOGES : autour des cours en Italie, I, 119-120.

LOUVE : définition, II, 162, 223.

LUCARNES, II, 153 ; chez Blondel, III, 34 ; chez Delorme, I, 151.

LUNETTE rampante, III, 173. — Voir aussi : Voûtes.

M

Machines : anciennes chez Vitruve, I, 100-101. — A curer et approfondir les ports de l'Océan, VI, 258, — Élévatoires, VI, 258 ; IX, 368. — A éprouver les matériaux, VIII, 356, 389-390. — D'épuisement, IV, 236, 309-310. — De guerre chez Vitruve, I, 20 ; II, 227. — Hollandaise, IV, 310. — A mâter, VI, 258, — A peser, VIII, 201, 243. Voir aussi : Peson. — A tracer les cerches, I, 259, 336. — A vapeur, IV, xvii, 318-319. Histoire, par Thurston, trad. de Hirsch, 1880, IV, 319.

Traités :

Le machine... di Giov. Branca, 1629, II, 214. — Recueil de dessin gravés des machines employées à élever les obélisques, VI, 165. — Voir aussi à la table principale : Fontana et Zabaglia.

Maçonnerie : Historique de son origine, par Jacq.-Fr. Blondel, VIII, 124. — Toisé par Desgodets, IV, 154, 156, 175-179, 181-186, 188-191, 193-194, 196-199 ; V, 3-4 ; des légers ouvrages, V, 59-60, 125-129, 131, 341, 344, 345, 346, 347.

Maçons (maîtres) : corporation, I, xl ; II, xii ; obligations, II, 65-66 ; ordonnances, III, 170-171.

Magasins à poudre : projets de Peyre l'aîné, VIII, xii, 186, 187.

Maisons : construction en Angleterre, VII, 147. — Distribution chez Palladio, III, 89-92. — Proportions chez Blondel, III, 20-21 ; chez Vitruve, II, 217-218. — De campagne, construction, III, 307 ; chez Palladio, I, 48 ; III, 92-94 ; chez Scamozzi, I, 316-318 ; II, 302-304. — Diverses, chez Serlio, I, 271-306. — Grecques, chez Vitruve, I, 120-121. — Particulières, chez Palladio, I, 40-41 ; chez Scamozzi, I, 310-312, 315-318, 323-324 ; II, 292-310. — De plaisance, distribution par Jacques-F. Blondel, 1737, VII, 256. — Religieuses, servitudes, IV, 88-89, 271, 275, 278. — Romaines, chez Scamozzi, II, 292, 296. — Voir aussi : Bâtiments.

Manège, de Lunéville, IX, 34.

Manufactures : de cuivre, VII, 203 ; en feuille, IX, 161-162, 172, 173, 210. — De faïence, IX, 251. — Des Gobelins, II, 67 ; IV, xxxviii ; VI, xix. — D'ouvrages de granit, porphyre et autres pierres précieuses,

VIII, 252. — De plomb laminé, V, 69-78, 86. — De porcelaine, VI, 279. — De spalme (ciment) de l'hôtel de Lesdiguières, VI, 213. — De tringles en fer, VI, 188.

MARBRE : des environs de Briançon, VIII, 307 ; de Carrare, IX, 45, 63 ; d'Europe, collection d'échantillons, VIII, 389-390 ; IX, 11 ; des environs de Giromagny, VIII, 180-181 ; brèche de Mazières, VII, 9 ; des carrières de la mise de Poulpry, IX, 186, 189, 190 ; de Sibérie, VIII, 231, 245-246, 253, 274, 275. — Différence avec les granits, VI, 163. — Formé dans un aqueduc voisin d'Aix-en-Provence, IX, 88-89. — Toisé des ouvrages de, IV, 213-215. — De antiquis marmoribus Blasii Carophyli, 1743, IX, 29.

MARCHES : hauteur chez Palladio et proposition de Blondel, I, 91 ; chez Vitruve, IV, 68-69. — Voir aussi : Escalier.

MARÉE : utilisation de sa force, VI, 258 ; VII, 222-227.

MASQUES : abus, II, 140, 141, 142.

MASTIC : du sr Corbel, VII, 16-17 ; du sr Crosel, IX, 193 ; du sr Paroisse, IX, 307 ; du sr Wallon, IX, 121. — Voir aussi : Spalme.

MATÉRIAUX : qualités, mém. de Boffrand, VI, 202, 206 ; de Jossenay, V, 333 ; chez de La Hire, III, 62 ; chez Palladio, I, 22 ; III, 65-66, 72-73. — Machine pour les éprouver, VIII, 356, 389-390. — Tarif et devis, II, 25, 49-50, 63-64 ; IV, 187.

MÉCANIQUE : démonstrations, III, 274. — Traité par P. de La Hire, 1692, II, XXVIII. — Œuvres de C. et P. Perrault, 1721, III, 350.

MÉDIÉTÉS : chez F. Blondel, II, 203.

MÉMOIRES : question du règlement équitable, IX, 51.

MÉNAGERIE : chez Scamozzi, II, 303. — De Versailles, I, XXXVIII-XXXIX.

MENUISERIE : de bâtiment. Divers modèles du sr Trompette, VIII, 134-135. — Revêtements, IV, 328, 333 ; VII, 246-247. — Toisé, IV, 211-212.

MÉPHYTISME : lettres de Jannin, 1784, IX, 132. — Voir aussi : Puits.

MER (constructions battues par la). Voir : Constructions, Môles.

MÉRIDIEN de la salle des Thermes de Dioclétien, IV, 4.

MESURES : antiques et modernes, II, 226 ; III, XIII, 37, 39, 40, 299-300, 326 ; IV, 68 ; V, 26 ; antiques grecques spéciales aux galères, I, 101.

MÉTAUX : chez Palladio, I, 23 ; III, 73-74. — Voir aussi au nom spécial.

MÉTOPES : chez Vitruve, I, 101-102 ; IV, 75.

MEUBLES : et objets réputés tels, IV, 133-137.

MEULES : excellence du mortier fait avec l'usure de meules, VI, 211

MEZZANINE : définition, VI, 184-185.

MICROMÈTRE : perfectionnement d'A. Auzout, II, 337.

MIROIRS : ardents. Mém. de Buffon, 1747 et 1748, VII,

241 ; concaves, abrégé de leurs propriétés par N. Bernières, VII, 227.

MITOYENNETÉ : selon la coutume, II, 258 ; III, 147-148, 150, 202-204, 207-210, 273, 310 ; IV, 39-40, 97-102, 104-108, 111-121, 123, 132, 137, 287-292, 294-315, 317-322, 324-329, 332, 334 ; V, 1-6, 163-167, 258 ; VI, 5.

MODÈLES, III, 333. Chez Alberti, II, 231 ; chez Delorme, II, 259. — Achetés à la vente de F.-J. Blondel, VIII, 183-185. — Des Invalides, IV, 181 ; du Louvre, I, LII, 136, 253-254, 260 ; III, 234, 333 ; IV, 181 ; VII, 293 ; des Tuileries, IV, 181 ; du pont de Pont-Sainte-Maxence, IX, 141.

MODÉNATURE : définition de Palladio, I, 54.

MODILLONS : disposition, I, 80 ; III, 166-167 ; VI, 47, 274-275 ; VII, 30, 32 ; chez Blondel, III, 12.

MOIS : représentés en mosaïque à Saint-Denis, I, 190.

MÔLES : chez Vitruve, II, 217 ; III, 200-201. — Description de la manière de les construire, à l'italienne, par A. Desgodets, III, 77, 381-383.

MONTRES : Traité du ressort des, par Blondel, I, XXVI.

MORTIERS, IV, 7 ; V, 148-149 ; VI, 211 ; VII, 178, 190, 201 ; VIII, 181. — Mém. de Boffrand, VI, 206 ; chez Delorme, II, 260. — Méthodes italiennes, I, 266 ; III, 292 ; VII, 201. — Composition chez Palladio, I, 23, 26-27 ; II, 4-5 ; III, 73 ; IV, 23-25. — Voir aussi : Chaux, Ciments, Pouzzolane.

MOSAÏQUE : à Sainte-Sophie de Constantinople, III, 327 ; à Saint-Pierre de Rome, III, 327-328 ; à l'église abbatiale de Saint-Denis, I, 190.

MOUFLES, III, 336. — Usage par de La Hire, III, 71.

MOULINS : à broyer, hollandais, VIII, 368-371. — A eau, du sr Fourneau, IX, 249, 250, 319 ; du sr Nicolas dit Delot, IX, 198, 199 ; sur le canal autour de Paris, II, 142-143 ; sur le Rhône, II, 157 ; à Strasbourg, II, 142-143 ; à Toulouse, III, 345 ; chez Vitruve, II, 225. — A papier, plans et coupes de pièces pour, IX, 340. — A vent, III, 146 ; de Vaugirard, I, 187.

MOULURES : bon usage, I, 69 ; chez Scamozzi, II, 327 ; chez Vitruve, I, 94. — De bois et de métal, VIII, 209. — De l'ordre dorique et du corinthien, I, 345. — Toisé, IV, 172-175 ; V, 58, 131.

MOUTON. Voir : Sonnette.

MURS : construction chez Alberti, I, 206, 265-267 ; II, 236-237, 246 ; chez Vitruve, I, 80 ; III, 290, 292-293 ; IV, 41, 55 ; nouvelle en briques, par de La Hire, III, 76, 275-276 ; III, 379-380. — Surplomb en dedans, I, 71 ; IV, 32 ; VII, 29 ; VIII, 26. — Toisé, IV, 149-152, 154-161, 325 ; V, 53-56, 60-67, 274-276, 283-284 ; VII, 67.

Divers :

Droits, compression des assises, V, 333 ; maillés, III, 290 ; de soutien, II, 119-124 ; chez Félibien, I, 106-107 ; chez Vitruve, I, 90 ;

VII, 30 ; en talus, modèle de Morand, VIII, 361, 364, 371, 381 ; IX, 21 ; de terrasses, III, 335 ; IV, 20 ; VII, 30.

MUSIQUE : doctrine de ses proportions appliquées à l'architecture, II, 203-204 ; VII, 221. — Secret pour composer en musique un art nouveau, par René Ouvrard, 1660, II, 204.

MUTULES, VI, 47 ; chez Vitruve, I, 21, 81.

N

NATATION : école, VIII, 319.

NAUPOTAME : navire de David-Leroy, IX, 332.

NAVIGATION : des bouches du Gange, VII, 244. — Travaux pour la faciliter, II, 126-128, 163-164 ; V, 17-18. — Voir aussi : Canaux, Écluses, Ponts.

NICHES, VI, 139 ; chez Alberti, I, 212 ; chez Blondel, III, 32-33.

NIVEAU : de de La Hire, II, 288 ; des anciens chez Vitruve, II, 221.

NIVELLEMENT : Traité de Bullet, 1688, II, XXIII-XXIV.

NOMBRES HARMONIQUES : applications d'exemples tirés de Vitruve aux, II, 204. — Voir aussi : Architecture harmonique.

O

Obélisques : d'Alexandrie et de Rome, III, 205-206 ; VIII, 354 ; chez Blondel, III, 10 ; des Égyptiens, IV, 2 ; de Port-Vendres, IX, 45. — Machines pour les élever, VI, 165. — Voir aussi à la table principale, à : Fontana et Zabaglia.

Offices : chez Scamozzi, II, 298.

Optique : effets, III, 255. — Observations sur quelques règles, par de La Hire, III, 81-82. — Voir aussi : Perspective.

Ordres. *Généralités.* Lecture des délibérations anciennes et examen des dessins demandés à Desgodets. Voir à : Desgodets, à la table principale. — Nouvel examen général, V, 141, 150-151, 154, 184, 186, 188-190, 192-204, 293, 334, 336-338, 348 ; VI, xxix-xxx. — Rapport général demandé à Tanevot. Voir à : Tanevot, à la table principale. — Chez Alberti, II, 245-246 ; chez P. Delorme, I, 125-148 ; II, 26 ; chez Loriot, VII, 81-85 ; chez Palladio, I, 6-7, 28-29 ; III, 77-84 ; chez Scamozzi, II, 311-328 ; chez Serlio, III, 145 ; modèles du s^r Six, VIII, 264 ; chez Vitruve, I, xxviii, 91-95 ; II, 212. — Définition, VII, 258. — Origine, VII, 65-66 ; discours de Blondel, VI, 257-258 ; mém. du même, VI, 264. — Optique par de La Hire, III, 81-82. — Parallèle en tables de Bruand, III, 322-323. — Proportions, I, 80-81 ; II, 175, 178, 179, 180, 181, 183, 185, 197-198 ; III, 182 ; VI, 7, 65-66.

Traités :

J. Bullant. Reigle générale d'architecture des cinq manières de colonnes, 1564. Voir à : Bullant, à la table principale. — Mém. de Camus, V, 187, 188 ; de de Courtonne, V, 187. — Explication, par Frémin de Cotte, II, xxix. — Dissertation historique et critique de M. Frézier, 1739, VI, 224 ; VIII, 77, 80 ; de Gabriel, V, 141, 184. — Cl. Perrault. Ordonnance des cinq espèces de colonnes selon la méthode des anciens, 1683. Voir à : Perrault, à la table principale. — Traité de Potain, VII, xxxviii, xlii, 87, 89, 98, 110-112, 237-238, 241-244. — Regola delle cinque ordini d'arch. di Vignole, 1563. Voir à : Vignole, à la table principale.

Divers :

Attique. Voir : Attique. — Colossal, II, 187 ; III, 320 ; VII, 111. — Composé, I, xxviii, 99, 142 ; VI, 136-

139 ; chez de Chambray, III, 250-252 ; erreur de Delorme sur celui du Colisée, I, 142 ; chez Desgodets, III, 134-138, 143 ; chez Palladio, Serlio et Vignole, III, 251-252 ; chez Tanevot. Voir à : Tanevot, à la table principale. — Corinthien, I, 70 ; V, 225-227, 232, 264, 277-278, 308, 328-329 ; VI, 97-99, 101, 107-109, 111-119, 122-125 ; chez Bulland, III, 247, 248, 257 ; chez de Chambray, III, 244-247 ; chez Delorme, III, 247 ; chez Desgodets, III, 124-127, 131-134 ; chez Palladio et Scamozzi, III, 246 ; chez Tanevot. Voir à : Tanevot, à la table principale. — Dorique, V, 192-204, 225, 236, 294-298, 300-301, 304, 307, 330, 340-341, 346 ; VI, 33, 47-53, 70-72, 74, 81-82 ; chez Blondel, II, 332 ; chez Bulland, III, 239, 253-256 ; chez de Chambray, III, 128, 236-239 ; chez de Courtonne, V, 191 ; chez Delorme, II, 265 ; III, 239 ; chez Desgodets, III, 122-123, 127-129 ; chez Palladio, Scamozzi et Serlio, III, 239 ; chez Tanevot. Voir à : Tanevot, à la table principale ; chez Vignole, III, 233-234, 237-239 ; chez Vitruve, I, 100-102 ; II, 213. — Addition de bases, III, 128. — Colonnes couplées, II, 167. — Manière d'accoupler les colonnes et les pilastres, par G.-P.-M. Dumont, VII, xi. — Proportions, VI, 210-211. — Embrassant plusieurs étages, I, 320 ; II, 275 ; VIII, 79, 103. — Français, VI, 145 ; opinion de F. Blondel, I, xxviii ; chez Delorme, I, 148 ; dessins de C. Dupuis, VII, xxx, 127-128, 131 ; mém. de Gimaray, VII, 127, 133. — Grecs, mém. de Cartaud sur leurs proportions, VI, 8-9 ; véritables, inconnus aux académiciens, I, lix. — Indéfini, I, xxviii. — Ionique, V, 204-216, 218, 225, 228-236, 243-246, 248-253, 265-267 ; VI, 74, 85, 90-96 ; chez Blondel, II, 333-334 ; chez de Chambray, III, 241-243 ; chez Delorme, II, 265-266 ; chez Desgodets, III, 123, 130-131 ; chez Palladio et Scamozzi, III, 241-242, 243 ; chez Serlio, III, 242 ; chez Tanevot. Voir à : Tanevot, à la table principale ; chez Vignole, III, 242-243. — Italique, I, xxviii. — Monarchique du s^r Dupuis, VII, 134-135. — Persique, cariatides, IV, 36. — Superposés, V, 219-221, 223-224, 237-238, 313, 315-316, 326-328, 348-349, 352 ; VI, 286, 288, 297-301, 321, 327, 337-338 ; VII, 17-20 ; mém. de Jér. Beausire, VII, 4 ; chez Blondel, III, 15-18, 27-28 ; mém. de Boffrand, VI, 8 ; dessin-règle de Bullet, III, 172-173, 178 ; dessins de Cartaud et de Lebon, VI, 10-11 ; mém. de Franque, VI, 291 ; mém. de Mansart de Lévy, VI, 321 ; mém. et dessin de Potain, VII, 1-3, 5, 9 ; chez Scamozzi, I, 310 ; chez Tanevot. Voir à : Tanevot, à la table principale ; chez Vitruve, II, 24, 215. — Position des colonnes, III, 152.

— Proportions, II, 198, 199 ; III, 310-312, 355 ; VI, 7. — Toscan, I, 126 ; VI, 27-28, 45-47, 59-62 ; chez Blondel, II, 330-331 ; chez de Chambray, III, 249-250 ; chez Delorme, II, 263-265 ; chez Desgodets, III, 120-121, 127 ; chez Palladio, I, 32-33 ; chez Tanevot. Voir à : Tanevot, à la table principale ; chez Vignole, III, 250.

ORGUE : hydraulique de Vitruve, II, 226.

ORIENTATION : chez Alberti, I, 264 ; II, 237 ; chez Delorme, II, 259 ; chez Palladio, I, 48-49 ; chez Vitruve, II, 206 ; III, 201, 286 ; IV, 43.

ORNEMENTATION : chez Scamozzi, II, 327, 329.

ORNEMENTS, II, 170 ; III, 48-49, 305 ; IV, 5-6, 38-39 ; VIII, 218, 229.

OUVERTURES : chez Delorme, I, 150-151 ; chez Scamozzi, I, 316 ; II, 308-309 ; chez Serlio, I, 285-288, 293-296, 302-304 ; chez Vitruve, I, 118-119. — Voir aussi : Portes, Fenêtres.

P

Pailliers : situation, I, 48.

Palais : de justice, voir à la table principale : Aix, Caen, Paris, Rouen. — Pontifical, V, 299, 301, 303. — Voir aussi à la table principale : Dijon, Escurial, Gênes, Madrid, Nancy, Padoue, Paris, Parme, Rome, Stockholm, Stuttgart, Venise, Vicence.

Paliers. Voir : Escalier.

Palme romain, II, 226.

Pal-planches, VIII, 96.

Panaches. Voir : Dômes.

Pans de bois, I, 110.

Pantomètre : usage par Bullet, II, xxiii.

Papiers peints, VIII, 308.

Parpain, I, 265.

Parquets : mém. de Boffrand, VI, 171.

Passage, IV, 124-125.

Pavé : toisé, IV, 218-219. — Voir aussi : Yeux-de-chats.

Peintres : leurs caprices, I, 161.

Peinture : traité pratique par de La Hire, II, xxviii ; procédés du s^r Vallée, VII, xli, 42-43, 46, 50-52 ; chez Vitruve, II, 219. — En détrempe, procédés du s^r Dandrillon, VI, 280. — A fresque, échantillon du s^r Joly, VII, 45 ; procédés du s^r de Cronstedt pour les enlever, VIII, 210. — Sur plâtre ou bois, procédés du s^r Picault pour les transporter sur toile, VI, xxxiii, 69-71. — Sur verre et porcelaine, VI, xxxiii, 279-280. — Toisé, IV, 215-217.

Pendentifs. Voir : Dômes et Voûtes.

Péristyles, III, 167 ; lecture de l'article de l'Encyclopédie, IX, 52 ; dessin de Serlio, I, 291-292.

Persienne : du s^r Viguier, VIII, 151. — Voir aussi : Jalousies.

Perspective : chez Blondel, III, 48-49 ; chez Vitruve, I, 87, 311. — Distance nécessaire à l'examen d'un édifice, III, 174-175. Voir aussi : Optique. — Traité par de Courtonne, V, 130. — Essai de Mauduit, VIII, 261. — Nouveaux principes de Brook Taylor, IX, 109.

Perspectives peintes, III, 207-208.

Pertuis : fermetures, III, 261-263.

Peson à ressort du s^r Hazin, VIII, 129. — Voir aussi : Machines à peser.

Physique : œuvres de C. et P. Perrault, 1721, III, 350.

Pied : antique et moderne, IV, 68. — Voir aussi : Mesures.

Pied-de-biche, I, 267.

Piédestal, VI, 33-34 ; chez Alberti, I, 206 ; chez Blondel, II, 339-340 ; VI, 33-34 ; chez Delorme, I, 132 ; chez F. d'Orbay, I, 113 ;

chez Palladio, I, 33 ; chez Serlio, I, 291 ; chez Vitruve, I, 117-118. — Composite, VI, 137-138. — Dorique, chez Delorme, I, 128. — Ionique, chez Delorme, I, 132. — Toscan, VI, 59-62, 66-67.

PIEDS-DROITS, II, 201.

PIERRES : choix, son importance, I, 186 ; V, 293-294. — Commerce, I, 333-335. — Conservation et altérations, I, 328. — Extraction, chez Delorme, II, 260 ; chez Palladio, I, 22. — Mise en œuvre, chez Alberti, I, 266-267 ; II, 236-237 ; chez les anciens, I, 265 ; chez Vitruve, I, 82-83 ; II, 209 ; III, 289-290 ; IV, 54 ; VI, 257. — Pose, polissage du lit, I, 83. — Mém. de M. Gaulhet sur leur résistance à la charge, VIII, 197, 204, 207. — Projet de taille hors Paris, IX, 207-208. — Toisé, IX, 193, 194, 195. — Variétés, VI, 163 ; de Finlande, VIII, 245 ; de France, IV, 54 ; d'Italie, I, 250 ; IV, 54 ; des bords du Rhin, VIII, 330-331, 338-340 ; de Sibérie, VIII, 231, 245-246, 253, 274, 275. — Voir aussi : Carrières, Bas-appareil, Biset, Bitte, Bizard, Bloc, Bon-banc, Chaux, Cliquart, Craie, Cressin, Durot, Franc-banc, Granit, Grès, Grison, Haut-banc, Jaspe, Lambourde, Liais, Libage, Marbres, Porphyre, Retombe, Roche-dure, Rude-hauteur, Rustique, Schiste, Souchet, Trass, Travertin, Vergelé, Yeux-de-chats.

PILASTRES : chez Blondel, III, 7-9. — Cannelures, VI, 83,

92-93. — Diminution, IV, 13 ; VII, 180. — Emplois divers, I, 98, 290-291, 300-301, 320 ; II, 19-20 ; III, 337 ; aux angles, II, 148, 166, 194 ; III, 152-155, 158-160, 162-163, 165, 275, 355 ; IV, 46 ; les uns devant les autres, III, 158 ; appliqués aux piliers des dômes, III, 156-158 ; avec des colonnes, I, 14-19 ; II, 165 ; III, 116-117 ; V, 146, 148 ; à éviter dans les ouvrages ronds, I, 68. — Saillie chez Vitruve, I, 85. — A bossages, III, 324. — Demis, I, 290-291. — Doriques, VI, 47-49. — Pliés, I, 96 ; IV, 46 ; V, 198.

PILES : épaisseurs, V, 333-335. — Voir aussi : Ponts et Voûtes.

PILIER boutant. Voir : Contrefort.

PILOTIS : méthodes, I, 49-50 ; chez Palladio, I, 24, 27. — Avis de Perronnet, VI, 319-320 ; Mém., VI, 320 ; VII, 62 ; Mém. de Soufflot, VII, 62. — Bois à employer, III, 226. — Machines à battre les pieux et à les arracher, III, 263-267 ; V, 270, 338-339 ; VI, 88-89 ; VII, 190. — Scie pour les receper, III, 266.

PIMPRENELLE : propriétés, II, 239.

PLACES PUBLIQUES, II, 186-187 ; chez Palladio, I, 56-58 ; III, 99. — Voir aussi à la table principale : Bordeaux, Montpellier, Nantes, Paris, Reims, Rennes.

PLAFONDS : méthode de J. Beausire, V, 181, 182.

PLANCHERS : pratique de M. Bruand, I, 153-154 ; du

sʳ Fourneau, VIII, 279 ; IX, 96 ; chez Palladio, I, 40 ; II, 3-4 ; III, 87 ; VIII, 137 ; du sʳ Taboureux, IX, 243, 244 ; chez Vitruve, I, 122 ; II, 219 ; VIII, 44. — Dimensions des bois, I, 155-156 ; II, 206. — Solidité, II, 181. — Remplacés par des voûtes, II, 56-57. — Incombustibles du sʳ Angot, IX, 77, 79, 80, 175. — Voir aussi : Solives.

PLANS : levé et nivellement chez de La Hire, III, 53.

PLATES-BANDES : chez Blondel, III, 30 ; chez Bullet, III, 342 ; chez Delorme, II, 271-272 ; III, 278. — Coupe des claveaux, III, 335 ; chez Alberti, I, 266. — A claveaux ou monolithe, II, 153. — De fer du sʳ Chopitel, VI, 150. — Usage du fer, III, 188-190 ; VII, 87-89, 110-111 ; VIII, 146-148. — Voir aussi : Architrave.

PLATRE : sa nature chez Alberti, I, 251. — Remarque sur les murs et autres ouvrages par Desgodets, III, 147, 151. — Fours et fabrication du sʳ Féroussat de Castelbon, VIII, 214, 217-218, 234-239. — Réflexions du sʳ Féroussat de Castelbon sur la mauvaise qualité du plâtre, VIII, 263. — Pierres à, III, 333 ; IV, 64-65.

PLINTHE, III, 324 ; chez Serlio, 324.

PLOMB : emploi, III, 74, 361 ; VII, 45 ; en lames minces à la pose des pierres, I, 83, 215, 216. — Laminage, V, VIII, 69-72, 74-78. — Mines, V, 75. — Nouveau procédé de soudure, VI, XXVIII, 250, 264, 267, 268-272. — Voir aussi : Cheneaux, Couverture.

PLOMBERIE : toisé, IV, 210.

PLONGEURS : appareils pour leur fournir l'air, V, 329.

POÊLES : en relief du sʳ Bartolin, VIII, 210. — Méthode de M. R. de Montalembert, VIII, 217. — Peinture aux émaux de porcelaine, IX, 240. — Qui fument, IV, 3-4. — Russes, plans et modèles de Vallin de La Mothe, VIII, 199-200. — Suédois, VIII, 105, 209, 211, 217, 230-231.

POIDS ET MESURES : unification, IX, 326.

POMPE : du sʳ Jacquet, VII, 153-154 ; du sʳ Thiais, VIII, 142 ; du sʳ Thibault, VII, 59.

POMPES A FEU du sʳ Barkley, VIII, 136-137, 138.

PONT-LEVIS, IV, 93 ; VII, 98.

PONTS : construction, II, 40-42, 102, 104, 129, 160, 183-184, 189, 192, 240 ; III, 199, 347-352, 354, 360-361 ; V, 72 ; IX, 215. — Chez Alberti, I, 271-273 ; II, 239-240, 249 ; chez Blondel, III, 38-41. — Fondations, III, 29, 328, 351. — Pilotis, VI, 319-320. — Reconstruction d'un pont à la place de l'ancien, IV, 80-81. — Réflexions sur la grandeur des arches par Bullet, III, 360. — Courbe des arches selon Galilée, I, 336. — Proportions des arches et piles, V, 327-328. — Cintres inventés par Ph. Delorme, III, 195. — Épaisseur des piles et des culées, V, 334-335, 337, 339, 340. — Hauteur

des voussoirs, IV, 242. —
Voûtes, II, 189 ; IV, 248,
324. — De bois, II, 40, 50,
51, 53-55, 56, 59, 94 ; III,
330, 350-351, 362 ; choix
des bois, IV, 22 ; conservation, III, 330 ; forme, IV,
263-264. — En charpente
du s[r] Mignerot, IX, 312,
314. — De fer, IX, 209 ; du
s[r] Calippe, IX, 128. —
Flottants, II, 160-161 ; précautions contre la débâcle,
II, 46-47. — Recueil de différents projets d'architecture de charpente et autres
concernant la construction
des ponts par feu Pitrou,
rédigés par le s[r] Tardif,
1756, VI, 264. — Voir aussi
à la table principale : Ardèche, Blois, Charenton,
Châteauneuf - en - Berry,
Château - Thierry, Cis -
mone, Courson, Érieu, Florence, Gard, Gien, Hen-
nebont, Italie, Joigny, La
Charité, La Ferté - sous -
Jouarre, Lyon, Mantes,
Montgarnier, Moulins, Nantes, Narva, Neuilly - sur -
Seine, Orléans, Paris, Poissy, Pont - de - l'Arche,
Pont - Saint - Esprit, Pont -
Sainte - Maxence, Pont -
sur-Yonne, Rhin, Rimini,
Rouen, Saint - Pourçain,
Saône, Savines, Schaffhouse,
Sedelle, Sens, Seurre, Sè-
vres, Sicile, Tonnerre, Wat-
tingen.

PONTS ET CHAUSSÉES : amé-
lioration du service, I,
XXXIX. — Traité de la construction, par Gauthier,
1714, II, 128 ; IV, XLVIII,
227-250 ; V, 286, 338. —
Voir aussi à la table principale.

PORCELAINE : émaux, emploi
à la décoration des poêles,
IX, 240 ; du verre, VI, 279.
— Manufacture, VI, 279.

PORPHYRE : carrières des Vosges, IX, 177, 183. — Manufacture d'ouvrages de, VIII,
252.

PORTAILS d'église. Recueil,
par Le Paultre, VII, 209. —
Voir aussi à la table principale : Boulogne, Genève,
Paris.

PORTES, II, 185, 195, 249. —
Chez Alberti, II, 230-231 ;
chez Blondel, III, 30-34 ;
chez Bullet, III, 199 ; chez
Delorme, I, 150 ; II, 273-
275 ; chez de La Hire, III,
54 ; chez Le Muet, III, 198-
199 ; modèles du s[r] Marteau,
IV, 313, 324-325 ; chez Palladio, I, 36 ; III, 88 ; chez
Vitruve, I, 114 ; II, 22-23,
257. — D'angle, IV, 18. —
Biaise, II, 193. — Dorique
chez Vitruve, I, 114 ; II,
23, 215. — Ionique, I, 114.
— Irrégulière, I, 114-115.
— En plate-bande, cla-
veaux, III, 133. — Qui peut
s'ouvrir en quatre sens à
volonté, du s[r] Beysse, VIII,
310. — Modèles du s[r] Marteau, IV, 313, 324, 325. —
Voir aussi à la table principale : Autun, Palestrina,
Paris, Rome.

PORTIQUES : chez P. Delorme,
I, 138 ; chez Scamozzi, I,
307. — Corinthien, chez Delorme, I, 149. — Hauteur
des colonnes, VII, 41. —
Proportions, I, 57.

PORTS DE MER : caisse pour la
défense, IX, 242, 248. —
Machine pour les curer et
approfondir, VI, 258.

POUDRIÈRE : projets de Peyre l'aîné, VIII, 186-187.

POULIE : du sr Fyot, VIII, 177.

POUSSÉE des terres, III, 276-277.

POUTRES : chez Ph. Delorme, I, 162. — Conservation, VII 6. — Dimensions, II, 155, 156 ; VII, 178. — Disposition, I, 122-123. — Qualité et usage, III, 22. — D'assemblage, VI, 44. — Moisées de Contant, VIII, 25-26. — Renforcées du sr Fourneau, IX, 87. — Modèle du sr Panseron, IX, 172, 188, 192. — Trop chargées, méthode de soulagement, VIII, 129.

POUZZOLANE : chez Alberti, II, 234. — Examen proposé par Colbert, I, 9. — Lettres de Cossigny, IX, 201, 202. — Mém. de Desmaret, VIII, 368. — Recherches de Faujas de Saint-Fond, VIII, 366-367, 380 ; IX, 16, 29. — Nature, VI, 211. — Expérience à Paris au Louvre, II, 208-209 ; III, 289 ; aux bassins des Tuileries, VIII, 380. — Usage, VIII, 366, 368, 371.

PRESBYTÈRES : réparations, observations de Desgodets, IV, 219-220, 224.

PRISONS : chez Palladio, I, 58.

PROPORTIONS en général, I, 321 ; II, 119, 136. — Motifs de leur établissement, I, LI, 5. — En architecture, VII, 220-221. — Chez Alberti, II, 203 ; chez Blondel, III, 50-51 ; chez Vitruve, I, 84 ; III, 295. — Éléments géométriques de certaines espèces de proportions que les anciens ont appelées des médiétés, par F. Blondel, II, 203.

PUITS, II, 159. — Appareil de Cadet de Vaux pour la déméphytisation, IX, 92. — Différents au sujet des puits, III, 213. — Toisé, IV, 151. — Voir aussi à la table principale : Paris, École militaire, Salpêtrière.

PYRAMIDES : chez Blondel, III, 10. — Tronquées, IX, 299. — D'Égypte, II, 127 ; III, XIII, 137, 192, 323 ; VII, 219. — De Vienne, VII, 18.

Q

Quais : construction, II, 48 ; IV, 224-226. — Fondations, V, 73. — Réparations, III, 276. — Voir aussi à la table principale à : Paris.

Queue d'aronde, I, 267.

Quinconces : mode de plantation, VII, 81, 82.

R

Rames : espace entre les chevilles qui les soutiennent, I, 101.

Rampes : en talus, toisé, II, 157. — Modèles du s^r Trompette, VIII, 134-135. — Voir aussi : Escaliers.

Ravalement : chez Palladio, III, 76.

Remplage : définition, I, 26.

Renflouage : du vaisseau « le Tage », V, 329-330.

Réparations : chez Serlio, I, 295. — Des presbytères et églises de campagne, IV, 219-220, 224. — Pour les réparations aux monuments divers, voir au nom : Châteaux, Églises, Ponts, etc.

Réservoir : construction. — Voir à la table principale aux articles : Chantilly et Lyon, Mitoyenneté, II, 193.

Ressauts, I, 44. — Voir aussi : Architrave.

Restauration. Voir : Réparation.

Retables : modèles des Montano, III, 218.

Retombe : un des bancs de pierre de Vernon, employé à l'abbaye de Saint-Ouen, I, 219.

Retraites : des murs, chez Palladio, III, 76-77. — Pour les solives, III, 90.

Revêtements : des arrière-voussures, voir à ce mot.

Rez-de-chaussée, I, 323-324.

Risberme. Voir : Écluse.

Rivières : méthodes de construire sur leur fond, selon Palladio, I, 24. — Voir aussi : Eaux.

Roche dure : extraction impossible à Trossy-Saint-Leu, I, 200.

Rococo : style, VI, xxx ; VII, 68.

Roue : de carrière, modèle de A. Loriot, VI, 272-273.

Rouille : vernis préservatif des s^{rs} Loriot et Crevel, VIII, 216-217, 230 ; du s^r

Rossignol, IX, 160, 161,
165 ; du s[r] Talamona, IX,
237-238.

ROUTES. Voir : Chemins.

RUDE-HAUTEUR : pierre à bâtir d'un banc de Vernon, II,
218.

RUDÉRATION : aire pour les
terrasses, I, 270.

RUINE : arrive plutôt du côté
du midi, I, 264.

RUSTIQUES : ouvrages, II,
190. — Pierre à bâtir des
bancs de fond, I, 210.

S

SABLES : sortes diverses et
qualités chez Alberti, I, 251 ;
II, 234 ; chez Palladio, I,
23, 26, 27 ; II, 4-5 ; chez Vitruve, I, 81-82 ; II, 205,
208 ; III, 288 ; IV, 45. —
Transformation dans une
masse, VIII, 306-307. —
Expérience de Gittard avec
celui de mer, I, 251.

SACRISTIE : de Notre-Dame
de Paris, VII, 146 ; de Saint-
Pierre de Rome, VIII, 344.

SAILLIES : toisé, II, 121 ; IV,
172-175 ; V, 58, 131.

SALLES : chez Palladio, I, 46 ;
III, 86 ; chez Scamozzi, II,
307. — Élévation chez Vi-
truve, I, 120 ; II, 218. —
Proportions chez Blondel,
III, 19 ; chez Le Muet, III,
198. — D'audience, chez
Palladio, I, 58. — Voir
aussi : Théâtres.

SALON : octogone, IV, 264.

SALUBRITÉ : chez Alberti, I,
165 ; chez Vitruve, I, 79 ;
III, 285 ; IV, 40-41.

SAPIN : espèces et propriétés,
I, 84 ; III, 199.

SAS. Voir : Écluses.

SAUTERELLE : usage, I, 26.

SCAMILLES : impairs chez
Blondel, III, 47 ; chez Vitruve, III, 48, 364.

SCELLEMENTS : au soufre, IX,
109. — Toisé, IV, 196-198.

SCHISTES ardoisiers, VII, 9.

SCIERIE : mue par la force de
la marée, VII, 222-227.

SCOTIES : tracé, II, 161.

SCULPTEURS : caprices, I, 161.

SECTIONS coniques et cylindriques. Nouvelle méthode
de P. de La Hire, II, xxv.

SÉPULTURES : projets de M. de
La Brière, IX, 189. — Temples et sépultures antiques
par Montani, III, xii. —
Voir aussi : Tombeaux.

SERRURERIE : toisé, IV, 210.

SERRURES : nouvelles du s[r]
Coty, IX, 263-264 ; du s[r]
Fontaine, IX, 145, 148 ; du
s[r] Georget, VIII, 311 ; IX,
153 ; du s[r] Merlin, IX, 77-78 ;
de J.-B. Paroin, VIII, 297,
298 ; du s[r] Landry-Poux,
voir, à ce nom, à la table
principale ; du s[r] Toque,
IX, 250, 255.

SERVITUDES, II, 121, 193 ;
III, 313-315 ; IV, 38, 84,
86-87, 125, 131, 265, 271-
278 ; V, 160 ; VI, 228 ; IX,

XXII. — Voir aussi : Coutume.

SINUS-VERSES, I, 259, 336.

SITUATION : choix, II, 268.

SOCLES : chez Alberti, II, 248.

SOFFITE : chez Vitruve, I, 81, 101.

SOL : coutume, IV, 90-91.

SOLIDITÉ : de la charpente d'une maison de la rue Mouffetard, VII, XLI, 239, 245-246, 249-255, 260-261, 328. — Des édifices, II, 199 ; IV, 93, 227 ; mém. de Boffrand, VI, 193 ; chez Vitruve, II, 205-206.

SOLIVES : disposition, I, 122-123 ; IV, 17. — Espacement en Flandre, II, 341 ; chez Palladio, I, 22 ; II, 3-4 ; à Paris, I, 22. — Retraite pour les porter, chez Bruand I, 154 ; chez Palladio, III, 90.

SONNETTE : à déclic du sr Brullée, VII, 30-31, 37-41 ; de F. Cocheri, IX, 242 ; du sr Fourneau, IX, 75. — Question de P. Lemaître, III, 266-267. — Modèle en bois, IX, 368.

SOUCHET : pierre à bâtir. On en trouve à Louviers, V, 23 ; 2e banc aux carrières de Montparnasse, V, 19. — Employé à la porte Pa-pale de l'abbaye de Sainte-Geneviève à Paris, I, 184.

SOUDURE : nouveau procédé du sr Thibaut, VI, XXVIII, 250, 264, 267-272.

SOUFFLET : de forge mû par l'eau, I, 77 ; exemple du P. A. Kircher, I, 77-78.

SOUFRE. Voir : Scellement.

SOUPIRAUX : nécessité, I, 25. — Voir aussi : Barbacane.

SOURCES. Voir : Eaux, recherches.

SPALME : nouveau mastic, VI, XXVIII, 155-156, 157-159 ; VII, 148 ; manufacture de l'hôtel de Lesdiguières, VI, 213. — Traité des propriétés et usages, 1753, VI, 156.

SPALTE : Mém. du sr Lucotte, VIII, 353, 388.

STATUES : habillement chez Blondel, III, 11. — Proportion avec les ordres, II, 253-254.

STÉRÉOTOMIE : éléments par M. Fresier, VI, 224. — Modèles du sr Le Turc, VIII, 206. — Voir aussi : Coupe des pierres.

STUC : du sr Clerici, VII, XXXVII, 20-21, 27 ; de M. Grisel, VIII, 200 ; chez Vitruve, II, 218-219.

STYLOBATE : chez Vitruve, IV, 69-70.

SURPLOMB. Voir : Murs.

T

TABERNACLES : dessins, I, 155, 164, 165, 265 ; modèles de Montano, III, 218.

TABLE : extensible du s^r P. Beysse, VIII, 310 ; d'un seul caillou et d'un seul cep de vigne à Écouen, I, 197, 198.

TABLEAUX, rentoilage des, VI, 69-71. — Voir aussi : Peinture.

TABLES : chez Blondel, II, 340. — Saillantes, III, 336.

TAILLOIR. Voir : Chapiteau.

TALC : arabesque du s^r Rougé, VIII, 266. — Bas-relief de N.-J. Guichard, VIII, 229 ; de J. Rousseau, VIII, 142.

TALON : usage, I, 66.

TALUS : des fossés revêtus, I, 273-274.

TAMBOURS. Voir : Colonnes, Écluses.

TAS : taille des parements sur le, I, 26 ; III, 76.

TEMPLES : chez Delorme, I, 149 ; II, 271 ; chez Montano, III, XII, 217-218, 225, 226, 231-232 ; chez Palladio, I, 60-76 ; III, 100-128 ; chez Vitruve, I, 86 ; II, 210, 215 ; III, 287 ; IV, 63, 70, 75-76. — Anciens et modernes par l'abbé May, VIII, 384. — Chrétiens, dispositions par David-Leroy, VII, 183, 184. — Projet de Ritter, VIII, 17. — Monoptères ronds, diamètre chez Vitruve, I, 307-308. — Portes, IV, 14.

— Pour les temples antiques, voir, à la table principale : Assise, Athènes, Balbek, Bélus, Bubastis, Éphèse, Isis, Jérusalem, Naples, Nîmes, Poestum, Pola, Rome, Tivoli, Trevi.

TERRASSES : leur établissement, I, 270 ; II, 26-27 ; chez Alberti, I, 269-270 ; II, 238-239 ; chez Vitruve, II, 218. — Escaliers, II, 211. — Étanchéité, III, 221, 269. — Joints de limaille, VI, 211.

TERRE : mesure de la, III, 286.

TERRES CUITES : émaillées, du château de Madrid, I, 246.

TESTUDO : de Vitruve, I, 45.

THÉATRES : projet de J.-A. de Bourge pour une salle d'opéra, VIII, 42-44 ; de Collet, IX, 137. — Parallèles des plans des plus belles salles d'Italie et de France par Dumont, VII, XI, 145-146, 191. — Exposition des principes qu'on doit suivre par le s^r Manginot, VIII, 40, 43, 44. — Projets pour Marseille, IX, 138-140, 201. — Chez Vitruve, II, 216 ; IX, 232. — Voir aussi à la table principale : Paris, Pola, Rome, Taormine, Vérone, Versailles.

THERMES. Voir : Bains.

TIRANT : de bois, chez Alberti, I, 267-268.

TOILES MÉTALLIQUES : de Saverlandt, IX, 161.

TOISÉ : en général, I, 106-107 ; II, XXIV, XLVI, 109-110, 121, 193 ; III 146-147, 170, 185, 215, 345 ; IV, XLV-XLVI, 84, 146-162, 164-179, 181-219, 330 ; V, 3-5, 8-9, 11, 168, 267-269, 271, 273-276, 283-284, 310, 315-316 ; VI, XXVII-XXVIII, 1-4, 7, 14-16, 19-21, 24-25, 38-39, 140, 143, 145-154, 159-160, 161-162, 164-167, 170, 173-174, 176-179, 181-184, 187, 211-212, 227-230, 237-241, 246 ; VII, 65 ; VIII, 284-285, 289, 291-292, 295, 297-299, 305-306, 355-357 359, 363, 367, 369, 383, 393 ; IX, XXI-XXII, 4-5, 17. — Voir aussi : Coutume. — Dépouillement des anciens registres par Jér. Beausire, VI, 230-233, 284. — Traité ms. de Desgodets. Voir à ce nom à la table principale. — Des Bâtiments du Roi, V, 11, 66, 156.

TOITS : chez Alberti, I, 211. — Poussée, II, 154, 155. — Voir aussi : Combles, Couvertures.

TÔLE : vernissée, mém., IX, 206.

TOMBEAUX : des Bourbons, I, 223 ; de Constance, I, 70 ; II, 283 ; de Diane de Poitiers, I, 239 ; de Marie-Thérèse, IX, 49 ; de Mazarin, I, 104, 105, 112 ; des Médicis, I, 135 ; II, 144 ; des d'Orléans, I, 240 ; d'Osymandias, III, XIII, 145 ; de Richelieu, VI, 99 ; des rois de Juda, III, 137 ; de Statilius-Taurus, III, 139 ; des Valois, I, 171, 173 ; IV, XXVII-XXVIII. — Voir aussi : Sépultures.

TOUR. Ouvrage de : du sr Fourneau, VIII, 272, 279.

TOURS : de Chalon-sur-Saône, V, 146 ; du Havre, II, 4 ; de Mestre, II, 235 ; III, 41 ; de Montlhéry, III, 281. Voir aussi à la table principale : Paris, Rouen. — Penchantes, III, 326. — Pour les tours d'églises, voir à ce mot.

TRAIT-DE-JUPITER, VI, 44.

TRASS, des bords du Rhin, VIII, 339, 340, 371.

TRAVERTIN : pierre à bâtir, carrières, IV, 54.

TREILLAGE : dessins de Loriot, VI, 172.

TREMBLEMENTS DE TERRE : charpente pouvant diminuer les accidents, IX, 159. — Découverte du sr Lebrun pour mettre les maisons en état d'y résister, VIII, 382. — Projet de M. de Villemaire pour mettre les bâtiments en état de leur résister, VII, 200.

TREUIL : levier d'arrêt, III, 265.

TREVERTIN. Voir : Travertin.

TRIGLYPHES : chez Delorme, I, 128-129 ; chez Vitruve, I, 101-102 ; IV, 75. — Emploi, VI, 47. — Gravure, I, 314 ; VI, 82-84. — Saillie, I, 34.

TRINGLES : de la fabrication de David à Corbeil, VI, 188.

TROMPES : tracé, V, 269. — Toisé, V, 106-108, 121-122, 238-240, 241, 246.

TROPHÉES : chez Blondel, III, 11.

TRULLISATION, VIII, 44.

TRUMEAUX : règles d'établissement, I, 304. — Sur arcades, II, 159. — Proportion chez Palladio, I, 31.

TUILES : nouvelle couverture, IX, 207-208. — Métal-

liques, usage à Saint-Pétersbourg, VII, 7-9.
TUYAUX : de plomb chez Vitruve, I, 123 ; II, 221. —
Air contenu] I, 77. — Résistance par Parent, III, 326.
TYMPAN : chez Vitruve, I, 94-95.

U

URINE : joints des terrasses, VI, 211.
US ET COUTUMES. Voir : Coutume, Toisé, et à la table principale : Paris, Coutume.

V

VAISSEAUX : leur construction confiée aux architectes chez Vitruve, I, 20. — Durée selon les bois, I, 84. — Hollandais, I, 84. — Destiné aux Indes, VII, 214. — Machine à les mâter, VI, 258. — Recherches de David-Leroy, 1785, IX, 185 ; son naupotame, IX, 332. — Voir aussi : Galères.
VASES : inventés par M. de Fontanieu, VIII, 271-272. — D'albâtre de Lorraine, VIII, 201. — De faïence du sr Olivier, IX, 251.
VENTELLES. Voir : Écluses.
VENTOUSES, IV, 37.
VENTS : souterrains, I, 25 ; II, 229, 236.
VERGELÉ : pierre à bâtir des bancs supérieurs à Trossy, I, 199 ; sa vente, I, 335. — Employée à Écouen, I, 195 ; à Royaumont, I, 198.
VERMICULATION, VI, 167.
VERNIS : composition des srs Laboureau et Bernard, IX, 52, 53. — Sans odeur, du sr Le Febvre, VI, 302, 311-312. — Contre la rouille. Voir : Rouille. — Art du peintre vernisseur, par Watin, 1771, VIII, 139.
VERRE : différentes espèces, IV, 218 ; VI, 180. — Procédés du sr Bernières pour sa courbure au feu, VII, 227, 240-241. — Blanc, du sr Rollanveaux, VI, XXVIII, 182. — Glaces gravées et discrètes du sr Bernières, VIII, 27. — Mém. sur l'histoire du, par Vigné de Vigny, VI, 280. — Voir aussi : Miroirs, Peinture sur verre et Vitrerie.
VERROU : du sr Callippe, VIII, 160.
VIDES : disposition, I, 27-28, 303. — Proportions, II, 139.
VILLAS : Hadriana, IV, 15-

16 ; VI, 304 ; VII, xxvi. —
De Pline le Jeune, II, 301 ;
IV, 11. — Voir aussi à la
table principale : Lonigo,
Loregia, Poizzuolo, Veraga,
Verla.

Vis : de Saint-Gilles, modèle,
II, 197-198. — Toisé, IV,
170 ; V, 97-98 ; VI, 182.

Vitrerie : toisé, IV, 217-219.

Voies : romaines, I, 271. —
Voir aussi : Chemins, et à la
table principale : Ostie,
Rome.

Volute. Voir : Chapiteau.

Voussoirs. Voir : Claveaux.

Voutes : généralités, II, 202 ;
VI, 50 ; chez Alberti, I,
268-269 ; II, 238 ; chez Delorme, II, 262 ; chez de La
Hire, III, 221 ; mém. du s^r
Laurent, VII, 263-264 ; chez
Palladio, I, 36 ; III, 87-88 ;
méthode de Potain, VII,
111 ; idée de Stirling, IX,
334. — Coupe des pierres,
II, 152. 158 ; VI, 239 ; VII,
111. — Épaisseur, I, 161 ;
V, 333-335. — Épaisseur
des murs, II, 246-247, 345-
349. — Poussée, III, 358-
360 ; IV, 20 ; V, 333-335,
339-340, 342 ; VI, 228 ; VII,
66 ; observations de Soufflot, VIII, 276. — Voussoirs,
charge, par de La Hire, III,
278. — Toisé, III, 345-346 ;
IV, 148, 161-162, 164-172,
348-351 ; V, 31, 35-52, 67-
69, 73, 78-85, 87-125, 168-
170, 173-178, 184-185, 231-
233, 283, 285. 288-290, 294-
295, 310-311, 317-318, 323-
324, 326, 329-330, 337 ; VI,
143-151, 178-179, 181-184,
211-212, 227-229 ; VII, 67.
Diverses :
D'arête sur plan carré,
III, 316-317. — De l'hôtel
de ville d'Arles, II, 59-60 ;
IX, 36, 334. — En berceau
biais, joints, III, 144. —
En bois, chez Vitruve, II,
219. — Construites en briques, méthode du comte
d'Espie, VI, 225, 228-229 ;
VII, 324 ; rapport de Tanevot, VI, 229, 234-235. — En
briques posées à plat, mém.
envoyé à Tanevot, VI,
xxxii, 74-81, 144 ; VII,
191-192, 322-324 ; mém. de
M. de Jussieu, VIII, 309 ; de
Soufflot, VIII, 358 ; expéri-
mentées au palais Bourbon,
VIII, 358. — En cul-de-
four, II, 167-169 ; corres-
pond le mieux au mot « testudo », I, 45. — Cylindrique,
II, 152. — D'église, critique
du dessin donné par De-
lorme, I, 150 ; sans arête,
IV, 18-20. — Elliptiques,
observations de La Hire et
de Bullet, III, 220-221 ; détermination de ses vous-
soirs, IX, 160. — Sans lunettes, III, 296-298. —
Minces, construction, VI,
213-214. — Destinées à être
peintes, I, 253. — En pendentifs, III, 298. — Pour
une pièce carrée, III, 358.
— En poterie, procédé de
M. de Saint-Far, IX, 156,
157, 159. — Emploi du
spalme de la manufacture
de l'hôtel de Lesdiguières,
VI, 213. — Surbaissées, II,
170 ; en brique, II, 57-58.
Traités :
Architecture des, par
le père Derrand, 1643, II,
200, 247, 345. — Mém. de
E.-M. Gauthey sur l'application des principes de la
mécanique à la construc-
tion des voûtes et des dô-

mes, VIII, 275. — Traité de la coupe des bois pour le revêtement des voûtes, par Blanchard, IV, 328.

Vues : coutume, II, 120 ; III, 204-207, 312-313 ; IV, 84-85, 108-110 ; VI, 228

X — Y

Xystes grecs : explications de Palladio, I, 60.

Yeux de chats : pierre à pavé, I, 210.

LISTE CHRONOLOGIQUE
DES MEMBRES DE L'ACADÉMIE

MEMBRES D'ORIGINE

1671, 31 déc. F. Blondel, L. Bruand, A. Félibien, D. Gittard,
A. Le Paultre, F. Le Vau, P. Mignard, F. d'Orbay, Cl. Perrault (ce dernier douteux).

1675, 23 déc. J. Hardouin-Mansart. (Brevet du 22 nov.)

1685, 16 févr. P. Bullet.

1687, 7 janv. P. de La Hire.

1687, 10 janv. R. de Cotte.

1693, 22 juin. J. Gabriel. (Pas de nomination régulière ; la date est celle de la première signature.)

1695,   juin. F.-J. Félibien fils. (Pas de nomination régulière. Succède immédiatement à son père dans la charge de secrétaire.)

1698, 17 juill. A. Desgodets. (Brevet du 3 nov.)

RÉORGANISATION DU 5 MAI 1699
ET DIVISION EN DEUX CLASSES

Ire CLASSE

P. Bullet, R. de Cotte, Delisle, F.-J. Félibien, J. Gabriel, Gobert, P. de La Hire, P. Lambert, P. Lemaître, A. Mollet père.

2e CLASSE

F. Bruand, Bullet fils, Cailleteau dit Lassurance, Cochery, Delespine, A. Desgodets, Gittard fils, Lemaître jeune, Mathieu.

Ire CLASSE

1706, 22 févr. Cailleteau dit Lassurance père.

1706, 22 févr. Delespine.

1706, 22 févr. F. Bruand.

1709, 22 mai. Boffrand.

2e CLASSE

1702, 13 nov. J. Prévost, secrétaire adjoint.

1705, 5 janv. N. d'Orbay (signature).

1706, 25 janv. G.-P. de La Hire fils.

1707, 10 janv. Aubert.

2ᵉ CLASSE

1707, 10 janv. Desgots (signature).
1708, 24 déc. Dulin.
1709, janv. Rivet (signature).
1717, mars. Tanevot (signature).
1717, juill. Delespine fils (signature).

RÉORGANISATION NOUVELLE, CONFIRMATIONS ET NOMINATIONS DU 31 MARS 1718

1ʳᵉ CLASSE

J. Beausire père, Boffrand, Bruand, J.-R. de Cotte fils, Desgodets, F.-J. Félibien, J. Gabriel, A. Lécuyer, Mollet père.

2ᵉ CLASSE

L. de Cotte, Delespine fils, Jossenay, N. d'Orbay, Poitevin, Rivet, Tanevot. (Pas de nominations régulières, ni de brevets, pour L. de Cotte, Delespine fils et Poitevin.)

1ʳᵉ CLASSE

1720, 11 mars. Desgots.
1725, 10 avr. L. de Cotte.
1728, 18 juin. J.-M. Hardouin.
1728, 18 juin. N. d'Orbay.
1723, 23 juin. La Guêpière.
1734, 15 févr. Cailleteau-Lassurance fils.
1735, 24 juill. J.-A. Gabriel.
1737, 24 nov. Leroux.
1739, 3 févr. Jossenay.
1740, 2 déc. J. Aubert.
1741, 16 nov. Tanevot.
1742, 21 févr. Garnier d'Isle.
1742, 5 juin. Vigné de Vigny.
1742, 4 juill. Cartaud.
1746, 1ᵉʳ sept. Legrand.
1749, 7 mai. Jean-Fr. Blondel.
1751, 1ᵉʳ août. Contant.
1754, 4 avril. Chevotet.
1755, 10 déc. Billaudel.
1755, 10 déc. Beausire fils aîné.
1755, 10 déc. C. Lécuyer.
1755, 10 déc. Soufflot.

2ᵉ CLASSE

1719, 3 janv. A. Mollet fils .
1720, 23 janv. J.-M. Hardouin.
1720, 23 janv. J. Aubert.
1720, 11 mars. La Guêpière.
1720, 2 déc. Leroux.
1723, 8 mars. Cailleteau-Lassurance fils.
1723, 8 mars. Vigné de Vigny.
1728, 24 juin. J.-B. Delarue.
1728, 24 juin. Garnier d'Isle.
1728, 15 nov. Promotion de huit membres nouveaux en vertu des lettres patentes des 8 et 25 octobre. Benoît, Jean-Fr. Blondel, Contant, de Courtonne, J.-A. Gabriel, Legrand, de Lespée père, Villeneuve.
1729, 5 déc. Billaudel.
1730, 13 nov. Vinage.
1730, 1ᵉʳ juillet. Chevotet.
1732, 5 mai. Beausire fils aîné.
1734, 15 févr. Deluzy.

Iʳᵉ CLASSE

1756, 31 janv. Deluzy.
1756, 31 déc. L.-F. Mollet.
1758, 13 févr. L.-A. Loriot.
1758, 2 mars. Aubry.
1758, 15 mars. Mansart de Lévy.
1762, 19 juin. Hupeau.
1762, 19 juin. Potain.
1763, 2 mai. A.-M. Le Carpentier.
1765, 3 janv. Lespée fils.
1767, 24 mai. Hazon.
1767, 24 mai. J. de Wailly.
1768, 3 janv. Perronnet.
1771, 22 déc. Franque.
1773, 7 mars. Moranzel (Thouroux de).
1773, 6 sept. Brébion.
1773, 28 nov. Rousset.
1775. David-Leroy. (Par application des nouveaux statuts de nov. 1775, enregistrés le 26 janv. 1776.)
1776, 13 mai. Moreau-Desproux.
1776, 24 juin. Coustou.
1776, 11 août. Desmaisons.
1777, 27 nov. Bellicard.
1780, 10 déc. Boullée.
1786, 9 mai. Trouard.
1791, 27 févr. Chalgrin.
1792, 10 mars. Jardin.

2ᵉ CLASSE

1734, 16 nov. L.-F. Mollet fils.
1735, 26 juill. C. Lécuyer.
1735, 1ᵉʳ août. Simonnet.
1735, 25 nov. L.-A. Loriot.
1735, 28 nov. Mansart de Lévy.
1737, 24 nov. C.-G. Aubry.
1739, 2 mars. P. Godot.
1740, 2 déc. Jérôme Beausire le cadet.
1741, 16 nov. Lebon.
1742, 21 févr. P. Ledreux.
1742, 27 juin. Cartaud.
1747, 14 août. Lespée fils.
1749, 23 nov. Soufflot.
1755, 10 déc. Jacques-Fr. Blondel.
1755, 10 déc. Hazon.
1755, 10 déc. Lefranc.
1755, 10 déc. Franque.
1755, 10 déc. Brébion.
1755, 10 déc. Potain.
1755, 10 déc. Le Carpentier.
1756, 10 févr. Moranzel (Thouroux de).
1757, 10 janv. Hupeau.
1758, 13 févr. Perronnet.
1758, 2 mars. Rousset.
1758, 15 mars. Pluyette.
1758, 23 nov. David-Leroy.
1762, 27 févr. Moreau-Desproux.
1762, 19 juin. Coustou.
1762, 19 juin. Desmaisons.
1762, 26 août. Bellicard.
1762, 26 août. Boullée.
1763, 2 mai. A.-A. Gabriel fils.
1765, 3 janv. Régemorte.
1767, 24 mai. Peyre l'aîné.
1768, 3 janv. Lestrade.
1769, 27 févr. Trouard.
1770, 7 mai. Chalgrin.
1771, 22 déc. N.-H. Jardin.
1773, 7 mars. Guillaumot.
1773, 6 sept. Ledoux.
1773, 28 nov. Couture.
1774, 31 janv. Billaudel fils.
1774, 6 juin. Gondoin.

2ᵉ CLASSE

1776, 22 avr. Cherpitel.
1776, 13 mai. Heurtier.
1776, 24 juin. Bellissart.
1776, 11 août. Antoine.
1777, 27 nov. Peyre le jeune.
1780, 10 déc. P.-A. Paris.
1781, 10 déc. Brongniard.
1784, 23 févr. Raimond.
1785, 5 déc. A.-J. de Bourge.
1786, 9 mai. Poyet.
1791, 27 févr. Arnaudin (d').
1792, 10 mars. Renard.

ERRATA

P. 63, col. 1, *au lieu de :* Buonarotti, *lire :* Buonarroti.

P. 192, col. 2, dans l'article Paris, Hospices, reporter à Bicêtre la notice écoulement des eaux intercalée à tort à la Salpê-trière et supprimer le renvoi.

NOGENT-LE-ROTROU, IMPRIMERIE DAUPELEY-GOUVERNEUR

9 782329 457604